全国大学出版社
庆祝建国五十周年藏书

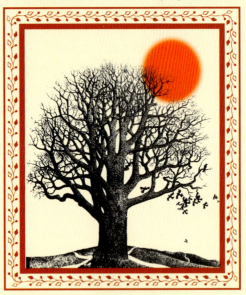

教育部社会科学研究与思想政治工作司

本书编委会

中国大学人文启思录

第①卷

顾问 周远清 季羡林

·华中科技大学出版社·

"曹操"谈曹操——鲍国安教授在讲演

人文讲座已成为一道崭新的"校园人文景观"

《中国大学人文启思录》……展现在任何专业的大学生面前的,都是一个色彩斑斓的思维天地……对提高当代大学生的文化品位、格调、情感和价值取向均大有裨益。

——摘自《人民日报》1997年2月19日书评

《中国大学人文启思录》……力求改变中国高等教育"重理工轻人文,重专业技能轻综合素质"的偏向……是内地"大学校园人文现象"的总结,也可容本港学生拓展知识视野,提高文化修养。

——摘自香港《文汇报》1997年7月22日报道

这本荟萃中国著名大学精典"人文讲座"的选集,被众多学者誉为"重塑中国大学人文精神的力作"。

——摘自《长江日报》1997年1月12日报道

《中国大学人文启思录》简介

　　重理工、轻人文，重专业技能、轻综合素质，是中国高等教育面临的严重弊端，而伴随市场经济而来的实用主义、急功近利的倾向，更是高规格人才成长的严重障碍。近年来，一批高校为拓展学生知识视野，提高学生文化修养，并活跃校园学术氛围，举办课外人文社会科学讲座，邀请大批学者、专家及社会各界人士讲演，吸引了数以十万计人次的大学生听众，形成全国报刊争相报道的"大学校园人文现象"。

　　本书汇集受到学生欢迎的人文讲座讲演录。主要由华中理工大学、清华大学、北京大学、北京科技大学、中国人民大学、复旦大学、华东师范大学等50所参加国家教委文化素质教育试点工作的高校师生提供。

　　第一卷收入50位国内外讲演者的讲演稿。主题涉及大学与人才，中国与世界，传统与现代，文化与思潮，文学与艺术，哲学与科学，经济与社会等方面。

目 录

加强文化素质教育　提高高等教育质量（代序）
……………………………… 国家教委副主任　周远清（1）

·大学与人才·

杨叔子　中国科学院院士　华中理工大学校长
　　传统文化·人文底蕴·大学教育 ………………………（1）

杨振宁　美籍华裔物理学家　诺贝尔奖获得者
　　我的治学经历与体会 ……………………………………（12）

周之良　北京师范大学党委书记　教授
　　世纪之交话人才 …………………………………………（19）

刘献君　华中理工大学党委副书记　文学院院长　教授
　　选择与人生 ………………………………………………（28）

张鸿庆　大连理工大学数学系教授
　　学习与创造 ………………………………………………（33）

徐葆耕　清华大学人文社会科学学院副院长　教授
　　走出"半人时代" …………………………………………（39）

沈致隆　北京轻工业学院副教授
　　哈佛大学《零点项目》的启示 …………………………（42）

李工真　武汉大学历史系副教授　博士
　　德意志大学与德意志现代化 ……………………………（50）

·中国与世界·

任继愈 北京图书馆馆长
  文化与交流 …………………………………………（59）
田长霖 美国加州大学伯克利分校校长　中国科学院外籍院士
  世界的大趋势 ……………………………………（62）
陈　平 美国德克萨斯州州立大学研究员　北京大学客座教授
  文化的差异与经济的竞争 ………………………（67）
葛剑雄 复旦大学中国历史地理研究所教授
  开放的观念与世界新文明 ………………………（75）
张正明 湖北社科院原副院长　研究员
  东西方思维方式之比较 …………………………（83）
张立文 中国人民大学哲学系教授
  走向世界的中国文化 ……………………………（88）
楼宇烈 北京大学哲学系教授
  21世纪中国文化建构问题 ………………………（94）
成中英 美国夏威夷大学哲学系教授
  21世纪：经济竞争力与文明说服力 ……………（102）

·传统与现代·

章开沅 华中师范大学前校长　历史研究所教授
  传统文化与现代化 ………………………………（110）
冯天瑜 武汉大学历史系教授
  中华元典精神的近现代意义 ……………………（117）
袁伟时 中山大学哲学系教授
  中国文化的现代化问题 …………………………（125）

蔡乐苏 清华大学历史系教授
　　毛泽东与中国传统文化关系的几个问题……………（132）
郭成康 中国人民大学清史所教授
　　博古通今　以史为鉴………………………………（142）
郭齐勇 武汉大学哲学系教授
　　中国哲学资源的当代价值……………………………（155）
黎红雷 中山大学哲学系教授
　　现代管理与儒家的智慧………………………………（167）
王先霈 华中师范大学原文学院院长　教授
　　禅宗与中国诗学………………………………………（172）
李德永 武汉大学哲学系教授
　　庄子的超越精神………………………………………（175）
舒　乙 中国现代文学馆常务副馆长
　　北京城的文化走向……………………………………（186）

·文化与思潮·

樊　星 华中师范大学中文系讲师
　　五四情结………………………………………………（197）
戴锦华 北京大学比较文学研究所教授
　　狂欢节的纸屑…………………………………………（209）
张　弘 华东师范大学中文系副教授
　　再回首：'95人文精神热潮……………………………（224）
张　洁 武汉大学中文系博士　副教授
　　黑马乎？黑驹乎？……………………………………（232）
王岳川 北京大学中文系教授
　　90年代诗人自杀现象透视……………………………（238）
谢　徽 西南交通大学社科系讲师
　　"泡沫文化"：繁荣还是危机 …………………………（245）

郑贞铭　台湾中国文化大学新闻传播研究所教授
　　现代传媒与青少年偶像崇拜……………………………（251）

·文学与艺术·

曾　卓　武汉市文联副主席
　　新诗漫谈…………………………………………………（256）
成文山　湖南大学原校长　人文学院院长
　　我的文学阅读与欣赏……………………………………（268）
蔡钟翔　中国人民大学中文系教授
　　语文修养与性情陶冶……………………………………（277）
邱紫华　华中师范大学文学院教授
　　悲剧精神与人生态度……………………………………（284）
鲍国安　中央戏剧学院教授
　　我演曹操…………………………………………………（292）
周华斌　北京广播学院教授
　　中国戏曲文化谈…………………………………………（298）
王克芬　中国艺术研究院研究员
　　漫话中华舞蹈……………………………………………（307）
江柏安　武汉水利电力大学艺术教研室讲师
　　音乐欣赏的基本观念……………………………………（312）

·哲学与科学·

涂又光　华中理工大学高教所教授
　　论人文精神………………………………………………（318）
张世英　北京大学哲学系教授
　　通古今之变………………………………………………（327）

夏佩尔　美国哈佛大学原教授　美国科学院院士
　　科学与人类知识……………………………………（331）
张曙光　河南大学管理系原教授　华中理工大学哲学系教授
　　人的世界与世界的人………………………………（338）

·经济与社会·

樊　纲　中国社会科学院经济研究所研究员
　　跨世纪的中国经济…………………………………（344）
蒋德海　华东师范大学法政系讲师
　　契约意识与法治文明………………………………（352）
赵孟营　华中理工大学社会学系副教授
　　社会学的理论视野…………………………………（360）
赵明华　西北工业大学社科系讲师
　　松下公司的激励艺术………………………………（371）
张代重　武汉市副市长
　　资本营运与搞好国有企业…………………………（375）

附　录

人文精神与现代科技对话——记华中理工大学的人文教育
　…………………………………………杨明方（388）
人文之钟长鸣钢铁摇篮——北京科技大学"星期四
人文讲座"简介 ……………………………许　放（391）
走向人文殿堂——清华大学人文社会科学讲座简介 ………
　………………………………………………赵莫辉（393）
知识分子·人文精神·大学教育 ……………姚国华（396）

后记……………………………………………………（400）

代序

加强文化素质教育
提高高等教育质量

国家教委副主任　周远清

　　提高大学生文化素质是我们这几年面向21世纪教学改革的重要思考，也是一个重要的探索。

　　为什么要提高大学生的文化素质？我们考虑有这么几个方面：

　　第一、切中当前的时弊。我们国家多年来是重理轻文，因此，文化素质教育方面存在着不少问题。比如，近年来有些地方迷信、赌博成风，还有吸毒、卖淫等现象，社会道德水准下降，情况很令人担忧。这有多方面的原因，但文化素质不高是其中原因之一。对此应该认真地思考一下，高等教育有什么责任。现在有些学生只讲实惠，不讲道德，不讲精神。高等学校总是受社会的影响，而且对社会上的有些消极影响，总是感到无能为力或力量不够，这又是为什么呢？另外，大学生的文化素质也存在不少问题。例如，某一个重点大学，前几年开设音乐课，一统计，89%的学生不会简谱。他们对京剧、民乐不感兴趣，一场演出，能坐1000人的礼堂，只有200～300人欣赏。

　　第二、提高大学生的文化素质是世界各国高等教育改革都在探索的热点。据说1988年1月有当代2/3的诺贝尔奖的得主聚集在巴黎开会，会上发表宣言，第一句话就是：如果人类要在21世纪生存下去，必须回首2500年去吸取孔子的智慧。这句话很值得深思！也有的哲学家提出，光明从东方来。这说明中国的优秀文化传统，不仅在中国，而且在世界上都有很大影响。现在，世界上一些高度发达的国家,虽然经济上得到很大发展,物质生活得到很大改善,但是精神生活衰落,社会面临许多危机。当然,我们认为这些国家的社会危机不仅仅是文化危机,但文化毕竟对社会有不可低估的影响力。所以,不少国家具有远见的专家们,提出了科学教育人文化。大家都认为日本从1868年明治维新后教育是成功的,但是最近有人指出:日本的教育是忽视另一半的教育,这另一半就是指伦理道德。1994年我们访问韩国,韩国总统教育咨询委员会的主任告诉我们,面向21世纪韩国高等教育改革的思路是,经济上学美国,但文化上要保持东方的传统。

从以上事例中可以看出,当前世界上都在考虑如何加强人文教育,如何加强做人的教育,如何使社会经济的发展同道德水平的提高协调一致,使人文教育同科学教育互相渗透。我想,作为一个社会主义国家,在马克思主义指导下,加强文化素质教育,更应该成为我们面向21世纪改革高等教育的一个重要的思考。

第三、提高文化素质符合我们党的教育方针,有利于培养德、智、体全面发展的社会主义建设者和接班人。最近通过的《中华人民共和国教育法》把这项教育方针定下来了。提高文化素质我认为是德育教育中很重要的一部分。我们的德育教育不是孤立的,而是综合型的,它包括政治思想、品德、文化、心理方面的教育,加强素质教育拓宽了德育教育的内涵,有利于加强德育教育。

第四、探索教育思想、教育观念和人才培养模式的改革。前一阶段,有些同志在争论"专才"还是"通才"。我想,不一定去争论"专才"还是"通才",可以提出加强素质教育或更加强调素质教育。1994年,在委属院校的校长书记会上,我提出在教学思想改革中的三个"注":注重素质教育,注视能力培养,注意个性发展,全面实行因材施教,得到了一些校长们的认可。"素质"的概念是什么?这是一个难题,我建议请理论家们去讨论。我的理解是:知识加能力,再加上一个能使知识和能力更好地发挥作用的东西——做人,可不可以做为我们所说的"素质"?我认为"素质"可以包括这样四个方面：一是思想道德素质；二是文化素质；三是业务素质——业务教学过程中也有一个培养学生素质的问题；四是身体心理素质。

把文化素质单独提出来，是因为过去那种比较狭窄的专业教育需要拓宽。一方面是专业口径要拓宽，我们的专业数现在已从800个减少到500个，我想1997年再进一步拓宽，将专业数压缩到250个左右。另一方面是所有专业都要向人文教育拓宽，即在所有专业中提倡加强文化素质教育。

在文化素质教育的做法上，各校都在探索。我认为对大学生进行文化素质教育将来要有个基本的规格。当然，我们并不是要求文、理、工、农、医全都一致，但是要有个基本的规格。这样，有利于把提高学生的文化素质纳入我们的培养计划。另外，还要列出一些要求学生应知应会的东西。最近，我看到一篇文章，说美国对高中毕业生，规定有十本书是必读的，其中有《共产党宣言》。估计我们的大学生，也不是全都读过《共产党宣言》。有一些基本的理论和知识，可要求学生必读。另外，还有些东西要求学生应知应会，比如，我们的唐诗应该会读，交响乐、钢琴协奏曲要会欣赏，有些著名的绘画作品要会欣赏。一个是基本规格，分层次、分科类的基本规格。另一个是列出一批必读书目，选出一些要求学生应知应会的知识。学校根据这些要求，采取措施，引导学生、要求学生，不断提高学生的文化素质。

关于文化素质教育还需要再明确以下几个问题：第一、文化素质教育的内容，我认为主要还是人文科学教育和艺术教育，当然，对文科的学生需要加强自然科学的教育。一开始不一定弄得太宽。第二、文化素质教育同政治课的关系，政治课是我们德育教育的主渠道，这一点不能动摇。政治课现在也正在改革，不能去冲击政治课。另外，我们的文化素质教育搞好了，会有利于学生学好政治课，二者相辅相成，这样就拓宽了德育教育的视野。所以，文化素质教育特别要在提高学生的文化品味、格调、情感和价值观的取向这些方面多做些工作。第三、暂时不要去大面积调整教学计划。可以多设些人文类的选修课。因为教学计划的调整到一定时候——特别是将来专业调整时肯定是要做的。可以开设些选修课或者限制性选修课,但主要的还是要通过课外教育,创造氛围,开设讲座,提出要求。我们要把提高大学生的文化素质纳入培养计划。希望教务处在这里起重要作用,不管是由校长牵头还是由书记牵头,教务处要管这件事情。当然,个别学校、专业做些试点,调整一下人文类课程和专业课程的比例也是可以的。为搞好这项工作,我们也会建议开设一些必修的和选修的课程,请学校研究。第四、文化素质教育同专业教育的关系。提倡文化素质教育不是要冲击专业教育,而是要从整体上提高学生的全面素质。但是,有一条,我们的业务课也要有一定的文化深度,包括教书育人。文化素质教育应该渗透到一些课程里面。第五、不搞花架子,不搞一刀切,不搞形式主义。我最反对大哄大嗡的,这不可能长久,也不符合教育规律。各学校可以各按步伐进行试点,但我们要组织交流,以便提高认识,探索如何深入开展文化素质教育。我们准备在北京组织一次专家报告会,请一些在这方面有较深修养和学术造诣的专家做报告,进一步提高认识。在提高认识的基础上,大家进行试点。第六、注意文化倾向。大家知道,文化是有倾向的。我们对学生的教育要把正确的东西和最精华的东西教给学生。

最后一点,必须加强教育理论的研究。加强文化素质教育非常重要,是个大问题,所以我们也是非常慎重的。一开始我希望有30个学校作为试点,但是在操作过程中要求参加的学校很多,有的学校三次到北京要求参加试点。所以,现在扩大到50所院校进行试点。这里确实有很多问题需要研究,学校教育研究所和有关部门要加强研究。希望大家在理论上加强研究,实践中积极探索,努力把这项工作做得更好。

△根据作者在第一次全国大学生文化素质教育试点院校工作会议上的讲话整理

大学与人才

●杨叔子　华中理工大学校长　中国科学院院士

传统文化·人文底蕴·大学教育

[在华中理工大学讲演]

一

最近,我们学校开了一个智能制造国际学术会议,来了几十位境外客人,其中有一些是华人。会议期间,他们和机械学院的研究生开了个座谈会。临别的那天晚上,有个境外华人跟我说:"你们学校研究生的业务素质很不错,但是对中国的文化、中国的传统思想了解不够。座谈时我问他们,'君子不器'是什么意思,他们没人知道。我又问了其他几个问题,他们也不知道。看来大陆的传统文化教育应当改进。"

那么,"君子不器"是什么意思呢？从字面上讲,君子,有学问的人;不器,不要作器皿。也就是说,不要一成不变,只有第一种用处、没有第二种用处,只能做一件事情、不能做其他的事情。一个有才华的人应该多才多艺,有多方面的功用,不能太单一了。这句话可以说是对当前教育体制过于狭隘的一个批判。

孔子在当时就提出"君子不器"的思想,可见,我国的传统教育里有非常好的东西。现在的中国教育有许多好的思想,但同时也的的确确需要吸取古代的教育思想,当然也需要吸收西方许多好的教育思想。中国有句古话,"温故而知新",温习过去的东西,古为今用,可以学到许多新的东西。

教育目的是什么?《四书》的第一本《大学》开头的第一句话是:"大学之道,在明明德,在亲民,在止于至善。"这句话是说,大学教人的道理,在于使人们净化个人的心灵,陶冶个人的情操,培养个人的善良美德,在于团结群众,教育群众,弃旧扬新,从而使人们达到真善美的最高境界。我们的大学培养人,不仅仅要适应目前的市场经济和经济建设的需要,而且更应该站在市场经济的前面,站在社会发展的前面,去引导市场经济,引导社会发展。大学培养的不是今天的人才,而是明天、后天、21世纪的人才。所以每次给新生作报告时,我说大学应该做的事情有三件:第一,教会学生如何做人;第二,教会学生如何思维;第三,教给学生必要的现代科学技术和文化知识,以及应用现代科学技术与文化知识的能力。

中国古代的教育思想,不但讲了教育的目的,而且讲了教育的内容。孔子讲"礼、乐、射、御、书、数",合称"六艺"。礼,主要指德育,"不学礼无以立",不学礼就站不起来,不能做人。乐,不仅仅指美育;礼是外在的,乐是内在的。乐使大家彼此相亲,礼使大家彼此相敬;乐使大家彼此相同,礼使大家彼此相异,这在《礼记·乐记》中讲清楚了。射,射箭;御,驾车;两者合起来就是体育和劳动;书,各种历史文化知识;数,数学。用现在的话讲,大体上就是要德、智、体、美、劳全面发展。

不但有教育目的、教育内容,而且还有教育方法。"学而不思则罔,思而不学则怠",只学习不思考,就会迷失方向,只思考不学习,就学不到东西。这里的学不只是向书本学,更主要的是向实际学，向社会学，学习与思考必须统一起来。"三人行，必有我师焉"，"如切如磋，如琢如磨"，不但要自己学习，而且要相互学习。"工欲善其事，必先利其器"，要想学习好，必须先把工具准备好。"或失则多，或失则寡，或失则易，或失则止"，见到的就看，到处看、到处弄，不行；学得太少了，不行；见异思迁，不行；太专一了，也不行。"知之为知之，不知为不知，是知也"，懂就是懂，不懂就是不懂，要实事求是，这才是真正的聪明。这是不是说，孔子就不创新了？不是的，孔子是主张创新的。孔子处在大变化的时代，只是一味地重复过去的道理，重复过去的事情，会碰得头破血流。孔子引用了这些话，"汤之盘铭曰：'苟日新，日日新，又日新'"，就是说，商汤的浴盆上写着，"如果每天洗涤自己，刷新自己，就要天天地刷新。""《康诰》曰：'作新民'"，鼓励自我创新的人。"《诗》曰：'周虽旧邦，其命维新'"，孔子引这两句是说，周国虽然是个古老的国家，她的使命却是夺取商的天下，除旧布新。孔子不但讲了教育的目的、内容和方法，《礼记·学记》上而且讲了为什么办教育，就是，"玉不琢，不成器；人不学，不知道"，"化民成俗，其必由学"。

二

大家看到，我校校务会议通过决定，为了加强人文素质教育，对新生一律进行中国语文水平考试。为什么呢？因为有学生给我来信讲："我们中国的大学生，英语四级考试不通过，不能拿学位；可是中文作文作不通，错别字一大堆，还能拿学位。我就想不通，这是为什么？"我们认为很有道理。进行中国语文水平考试，是加强人文素质教育的措施之一。另外，现在在校的学生，今年毕业的不算，每年要拿两个人文学科的学分，拿不到就不能毕业。我们的教师也要加强自身的人文修养，在对学生的教育过程中，起表率作用。教务处、成教院、研究生院与文学院将制定出具体的方案来。这样做,我认为有几个原因:第一,浅的原因,一个中国人,特别是中国的学生,不能用自己国家的文字与语言表达自己的思想,这是什么水平呢?第二,深的原因,如果你的中国语文不好,就很难说你对中国文化、对中国历史有什么了解,从而也很难谈在了解过程中培养对中华民族的感情。第三,我们不是搞大国沙文主义,也不是搞狭隘的民族主义,但是如果世界文化都单一化,全盘西化,没有多样性,单调的世界能有进步吗?有5000年历史的中华民族,有12亿人口的大国,如果不能保持与发展它的优秀传统文化,对人类历史的发展绝不是什么好事。中国,作为世界民族之林中的成员,要提高本民族的人文素质、本民族语文水平,这是毫无疑问的。

在加强理工科学生人文素质的同时,也要提高文科学生的科技素质。我给文学院提了一个建议:把人文社会科学教育和现代科技教育结合起来。我们学校有111位博士生导师,每周请一位博导给文科学生讲一次自己领域中的高级科普知识。如果每周两次的话,一年52周,也才104次。这些高级科普可以充实文科学生的科学技术知识,对于进一步发挥文科学生的作用,是大有好处的。

我校有位教授在《论人文素质教育》一文中引用了两个人的话:一个是孔子的,"绘事后素",绘画之前要把纸弄得很白,然后涂上色彩才能做出比较好的画。底子好,做出的画才好。我们要打好人文素质基础,才可能有较高的全面素质;另一个是著名的物理学家劳厄的,他说,重要的不是获取知识,而是发展思维能力,素质就是把所学的知识忘光后剩下的东西。现在我们国家的教育应从传统的应试教育转向素质教育,不是为升学、为考试而学习,最具有知识的人不一定是有良好素质的人。我听说80年代有一个地方的考生高考成绩特别高,他们是用一年学课本,用两年时间来应付考试。但他们升入大学后,成绩一年不如一年。为什么?他们靠的是死记硬背。我有个同学,每次考试都得100分,有次却拿了一段金属导线问我哪端为负，哪端为正。看来有知识没有基本的素质是不行的！事业上取得成功的人并不一定首先靠某种科学知识，而是往往首先靠自身的素质。人的智力因素不是最重要的，最重要的是自身素质。最近《江西日报》刊登了关于中科院院士谢光选的文章，文章中说到聂荣臻看到他的素质好，就挑他到重要部门工作。这都是非智力因素的作用。

办学校，尤其是办大学，有哪些内容呢？第一是选择知识，第二是继承知识，第三是创造知识，第四是传递知识。知识要选择，选择的结果是继承；不但要继承，还要会创新。创新是民族进步的动力，一个民族不会创新，就不能自立于世界民族之林。办学校最重要的一条是传递知识，而所传递的知识必须是经过选择、经过创新的。韩愈说："闻道有先后，术业有专攻。"学生超过老师恰恰是老师的光荣。作为老师，应该使学生有自己的新见解。

我校现在已开始全面实行适合我校情况的学分制。为什么搞学分制呢？讲简单一点就是因材施教。这是教学方面的一条很重要的原则。我们搞学分制不能跟西方一样，就是把很少数的天才、尖子选出来，另外相当一部分则让他们淘汰。这种做法不适合我们的国情，也不符合人类发展的规律。天才的人我们要选拔，一般的人我们也要尽可能地予以帮助。一个人要有成就，应具备三个条件：天资、勤奋和环境。我们因材施教就是给学生创造好的环境，来发掘学生的天资。我们的教学计划不要把学生都限死了，应该给学生留有广阔的空间，在知识的海洋中自由地来回遨游。学生本身就具有差别，有的学生这些功课很好，有的学生那些方面很突出，各有所长。我们的学生当中有这方面的人才，有那方面的人才，这是很好的事情，就应该千姿百态。我们的教学也就应该随学生千姿百态。

三

有人问我,"杨老师,你那么喜欢中国的传统文学,那么喜欢诗词?有什么好处呢?"姑且不讲文学中、诗词中直接表达出的那种令人感动的世界观、人生哲理,像文天祥的"人生自古谁无死,留取丹心照汗青",文学、诗词中间还有许多难以言说的深的含义,可以给人以启迪,给后人留下广阔的空间,去思考、去填充、去发挥、去开拓。很多人喜欢毛主席诗词,但毛主席不愿意给自己的诗词作注解,因为一注解,就没有机会让人去思考、去发挥了。柳宗元写过这样一首诗《江雪》:"千山鸟飞绝,万径人踪灭。孤舟蓑笠翁,独钓寒江雪。"这首诗抒发他被贬时的复杂心情。我却把它转移到学习方面上来。在艰苦的条件下,我们仍要排除各种干扰,如置身极为清静的环境,"独钓寒江雪"般地刻苦学习。深入钻研,去钓取所需的知识与能力。欣赏诗,不仅要懂得作者抒发的情感,还要把自己的情感与思想融进去。

我这个人很喜欢名山大川,但我舍不得花时间去玩。去过的地方,有很多之处,我都用心记下来了。1979年,我到过昆明,去了滇池边的西山,西山上面有两幅对联。其中一幅是:"置身须在极高处,回首还有在上人。"你爬到一座山顶上去看,会发现山外有山。做学问就应该这样,不要自以为到了顶了就不往上爬了。第二幅对联是:"高山仰止疑无路,曲径通幽别有天。"这也非常精彩。你爬到面对峭壁高山时,以为没有路了,可是仔细寻找,还是会发现曲曲折折的小路,沿着这条小径、险路,就可以攀登险峰,风光无限,又是一番新天地。

再比如,我到过镇江,大家都知道有一句著名的诗,"春风又绿江南岸"。这首七绝诗中的第一句是"京口瓜洲一水间",这个京口就是今天的镇江。镇江有三大名山,金山、焦山和北固山。其中我最感兴趣的是焦山,焦山上有一个地方是郑板桥读书的地方,那儿有幅对联非常精彩,上联是"删繁就简三秋树",下联是"领异标新二月花"。做学问就应该做到"删繁就简",教学也应该如此,抓住要点、抓住核心。三秋树上的树叶是不掉的,这种树叶可以说是经过考验的,可以面对寒冷的深秋。经不起考验的树叶早在第一秋、第二秋就掉了,怎么能到深秋呢?这正是我们做学问的道理。另外,一个人要有开创精神,应该说要有一种更高的东西,应该敢于带头、敢于标新立异。社会在前进,一个是量变,一个是质变;一个是求同,一个是求异。一个大的变化应该是在求同的基础上再求异。杨振宁博士之所以获得诺贝尔奖,就是因为提出了"在弱相互作用下宇称不守恒"这一"求异"的定理。金山、焦山、北固山的其他地方我都记不清楚了,独独这幅对联到现在还记忆犹新。所以说我国的许多对联里面都包含有很多学问。在此我就不一一列举了。

很多文章也跟对联一样,其中大有学问。苏轼的《石钟山记》最后有一句话:"事不耳闻目睹,而臆断其有无,可乎?"就是说事情不亲耳听到、亲眼看到,凭空去判断是有还是没有,行吗?1958年大跃进的时候,有人作了这样一幅对联:"情况不明决心大,心中无底办法多。"这是对当时情况的一种尖锐的批评。所以到最后每亩产40万斤稻谷这种超级笑话都闹出来了。再比如,中学课文里有一篇《爱莲说》,里面描写荷花"出污泥而不染,濯清涟而不妖","中通外直,不蔓不枝"。这些其实都是做人的品质,里面是干干净净,外面是正大光明。在当前的社会中,在面临经济大潮的冲击时,在拜金主义面前,我们做人就应该像荷花那样。

前些时,我们教研室的老师与研究生,到咸宁玩了一趟,去了温泉,去了竹山。由此我想到小时候躲日本兵,逃难到赣东,在翠竹参天的大山下生活了好几年的往事,心中很多感触,写了一首诗,前四句是:"旧梦儿时何处寻,雄山修竹碧森森。怒芽壮笋香飘土,凉竿柔枝爽拂云。"抗战胜利50周年了,地覆天翻了,与当年凄凄惨惨的景象相比,有无限的感慨,所以后四句是:"鸟语高低时远近，径通曲直忽幽明。今朝不再凄徨事，伴友偕徒乐踏春。"

四

《红楼梦》里薛宝钗给贾宝玉说过一个"五祖传位"的故事。五祖的大弟子神秀作了一偈，读起来很有道理："身是菩提树，心如明镜台；时时勤拂拭，莫使有尘埃。"而当"伙头军"的惠能却说："菩提本非树，明镜亦非台；本来无一物，何处染尘埃。"五祖认为惠能讲得好，就把衣钵传给了他。从个人来说，我们应该把个人事情看开一些，不要把个人看得太重。人生要过得充实，应该多做些有益于人民的好事。我当校长后，有记者问我有没有座右铭？我说："有啊，我早就有了。毛泽东在《在延安文艺座谈会上的讲话》中认为鲁迅的诗句'横眉冷对千夫指，俯首甘为孺子牛'就是我们共产党员的座右铭。"没有艰苦奋斗，没有流血牺牲，可能有今天吗？

1980年，我爱人请人从美国带回来一个彩色胶卷，照完了还要送到美国去洗；1981年又请人带回一部13英寸的彩电，惊动了左邻右舍，一看电视，就像过节一样热闹，房间坐满了邻居好友。现在又过了15年，翻天覆地，覆地翻天，彩色胶卷、彩电算得了什么，这是个人努力的结果吗？不是！这是大家努力的结果，改革开放的结果！个人的奉献应该大于他的消耗与索取，如果索取大于奉献，以金钱作为衡量一切的标准，人类社会怎么进步？我在很多情况下讲，现在中国很多的问题，不是用经济手段能够解决的。为什么？我们的经济实力与某些国家相比还相差得太远。拿我自己来讲，我的工资每月1000元多一点，这在国内高校里算是比较高的了。可是，新加坡大学教授的月工资1.5万新元，合人民币10万元，差100倍，你说增加？能增加100倍吗？不可能。如果要我留在华工执教，而不去新加坡，靠经济杠杆是不行的。我曾有一个研究生去新加坡研究学习，几个月后回来时，就有了很多钱。我如果说，你回来吧，我给你发工资。我每月能给一个博士发多少工资呢？一万元？五千元？不行！甚至一千元也不行。前几天，我到数学系参加座谈，我讲："搞教育就是清贫，教育＝清贫，数学＝清贫的平方。"我决不是说，教师不要富裕，搞"四人帮"的穷"社会主义"，而是讲，搞教育本身就是奉献，你不奉献就不要搞教育。中国传统讲感情，讲人与人的关系，中国有句古话，"士为知己者死，女为悦己者容"。我所在那个小摊子，为什么大家愿意留、愿意干呢？第一，大家彼此尊重，你的劳动我尊重，我的劳动你尊重；第二，你的劳动成果我承认，我的劳动成果你承认；第三，大家相互关心，相互支持。为什么大多数留学生愿意回国工作？因为两个字：感情。我们派到新加坡去的留学生期满都按时返校，没有一个留在那边。最近我在新加坡南洋理工大学碰到我们的一位青年教师，他对我说希望能回国工作。我问他为什么呢，他说："你看，跟我一起在德国得'洪堡奖学金'，一起工作和学习两年的，回到祖国后，事业非常有成就，而我在这儿，干来干去，总是给别人干的，心里不舒畅。"

对大多数人，特别是高层次人才来讲，重要的并不是钱，而是才能能否充分地发挥。他们首先愿意从事创造性的工作，愿意把知识能力贡献给祖国。只要后顾之忧少，只要人际关系比较好，就可以了。大家可以看到，我们学校幼儿园新楼已经落成了。建这新楼可不容易呀，因为财政比较困难，讨论建楼时，争论非常激烈；最后几经讨论，决定一定要建，为什么呢？表面的原因是旧楼是危房，万一倒下来会造成很大的事故；更深层的原因是，如果小孩子安顿好了，年轻教师就容易安顿下来。中国人是最讲感情的，可怜中国父母心，不重自己重子女，学校把他的孩子安顿好了，他自己住差一点也愿意。我们一定要把幼儿园、小学、中学办好，这还可以稳定我们大批的青年教师。

华中理工大学的发展，要有好的物质条件，更要有好的人际关系。人的问题往往是最关键的。当今有些人，无所事事，调皮捣蛋，要他走他偏不走；有能耐的人呢，要他不走他偏要走。有些事情，要他干的他偏不干,不要他干的他偏要干。这不是一个业务能力的问题。而是每个人做人的态度和相互间的关系的问题。总结起来只有一句话:我们想的、干的,都应该是主人翁,不是打工仔。

华中理工大学经过42年的历程,发展到今天这个程度,简单吗?有一次,我在北京开会,有位外籍华人对我说:"杨校长,你们华中理工大学很不错啊!"我告诉他:"别看到我们学校发展很快,但是校内困难很大,矛盾不少啊。可是,里面骂娘,外面帮忙。在里面骂得要死,到外面还是宣传华工的好。"里面有很多问题,很多缺点,骂是一种尖锐的意见嘛!有意见当然要提,有什么关系呢?不骂更糟糕!我们有许多困难,有许多问题,但我感到这是前进中的问题和困难,有一句诗,"芳林旧叶催陈叶,长江前波让后波。"春天来的时候,有的树上老叶子纷纷落下,但这和杜甫诗里晚秋北风下面"无边落木萧萧下"的落叶不同,是一种欣欣向荣的开始,就像长江水总是在向前推进一样,华中理工大学有一股蓬勃的朝气。杨振宁先生到我们学校来,在电影场作报告,你们坐了三个小时,我坐了两个小时。杨振宁先生后来跟我讲:"我非常感动。1945年我到美国后,包括到大陆来,还没有开过这么大的会议,而今天开了1万多人的会议,规模如此之大,秩序如此之好,热情如此之高,我从来没见过。"他走的那天,又给我们题词:"很高兴看到华中理工大学欣欣向荣。我深信在30年内,华中理工大学一定会成为世界一流的大学。"我们凭着什么呢?凭钞票吗?不是。凭着我们同学的精神,凭着我们教职工的精神,凭着我们的传统美德,凭着我们的社会主义制度,凭着42年的发展,这就是我们的方向。

"海阔凭鱼跃,天高任鸟飞。"现在形势很好,海阔天高,我们的学生要大展身手,大干一番。我们的教育也要海阔天高,任凭学生鱼跃、鸟飞。

△记录:亓新华 吴光钦 汪林波 整理:张晓梅

【编者絮语】讲演者作校长之前从未有过从政经验,有人怀疑:

凭他机械制造的经验如何管理这所两万多人的大学。开始人们只是发现谁都可以闯进校长室找他,渐渐地才意识到他提出了许多面向长远发展的改革,如文理基础学科的建设,尤其是对理工科学生的人文素质教育等等。

　　他经常出现在各种学生活动场合。他讲话都是即兴讲演。听者为他一腔激情,特别是丰富的古今典籍名句所感染。他是诗人,经常"有诗酬岁月",当诗社社长当得同样认真。也许这一切与他从小受严格的家学训练有关。

● 杨振宁 美籍华裔物理学家 诺贝尔奖获得者

我的治学经历与体会

[在华中理工大学讲演]

今天晚上,见到这么热烈的欢迎场面,我有很多的感触。今天晚上来了这么多的年轻人,我想不只是因为我在学术上有些成就,刘永龄先生在企业界有成就,我想,我们两个人怀有对于祖国的殷切希望。恐怕也是大家愿意来听我们讲话的原因。

半个多世纪以前,我曾经过武汉,再经广州、香港、海防,绕道到昆明,那个时候我15岁,念高中二年级。当时的武汉是满目疮痍,因为日本人已经打过南京,所以沿江有很多逃难的老百姓,还有许多溃不成军的国民党人,所以当时武汉街面上非常之混乱。

1938年2月,我们家到了昆明,我在当年秋天进了西南联大,在西南联大念了4年本科、两年硕士。这6年时间,在我一生的学习历程中具有决定性的影响。我曾多次地回想过这段时间,我觉得我得到了西南联大师生努力的精神和认真的精神的好处。

1945年我到美国芝加哥大学念博士学位。当时芝加哥大学的物理系是全世界最有名的,我之所以选芝加哥大学最主要的是因为费米教授在那里执教。费米教授是20世纪一位大物理学家,也是历史上最后一位又会动手,又会做理论研究的大物理学家,他在这两方面都有第一流的贡献。1942年他在芝加哥大学主持建造了世界上第一个核反应堆。人类利用自然界的能源最早是火,后来也用水。1942年费米所领导的核反应堆,可以说是人类历史上一个重要的里程碑。芝加哥大学当时是人才济济。费米教授1954年得癌症去世了,他死时才53岁。另外有位非常重要的物理学家,当时只有三十几岁,叫做泰勒。泰勒现在还健在,已经80多岁了。我在芝加哥大学做学问的时候,泰勒已经是位很有名的物理学家,后来更有名了,人们称他为"氢弹之父"。在芝加哥大学的两年给了我另外一个非常好的训练。

我常常回想我在芝加哥大学的训练和我在昆明西南联大的训练。在我一生的研究过程中,这两个训练最具有决定性的影响,而且是不同的影响。

在西南联大的学习,给我的物理学打下了非常扎实的根基,我把这种学习方法取名叫演绎法。什么叫演绎法呢?就是从大的原则开始,从已经了解了的、最抽象的、最高深的原则开始,然后一步一步推演下来。因为有这个原则,所以会推演出结果。比如说热力学第一定律、热力学第二定律。这个推演的方法,如果你学得好的话,可以学习前人已经得到的一些经验,一步一步把最后跟实验有关系的结果推演出来,这样可以少走弯路。

到芝加哥大学以后很快就发现,芝加哥大学物理系的研究方法跟昆明的完全不一样。费米和泰勒他们的注意点不是最高的原则,这并不是说他们不懂最高原则。这些是已经过去的成就,他们不会忘记,可是这些不是他们眼中注意的东西。他们眼光中随时注意的东西常常是当时一些新的现象,而他们的研究方法是先抓住这些现象,然后从这些现象中抽出其中的精神,可以用过去的基本的最深的原则来验证。我把这取名叫做归纳法。

归纳法常常要走弯路,因为你是在探索,所以你走的方向往往是错误的。比如说,泰勒教授是个热情洋溢的人,他早上到学校里来,走到走廊上立刻抓住一个人,不管这个人是教师还是学生,他说昨天晚上他有一个很好的想法,于是就把他的想法讲出来。过了一个钟头,他碰到另外一个人,他就讲另外一套理论。所以我说,泰勒教授一天大概有十个新想法,其中有九个半是错的。可是你想想,假如一个人每天都有半个正确的想法,他的成就就会不得了。这一点给了我很深的印象,因为这个办法跟我在昆明学的,跟从前我在北京小学、中学里学的是相反的。怎么说相反呢?就是在中国传统的教育体制下(我知道在今天的中国教育体制下,这个办法还是很普遍的),你要在你的脑子里分清什么东西是你懂的,什么东西是你所不懂的,不懂的东西不要去沾它,你要沾的东西是懂的;然后来了一个老师,拉着你的手,走到一个你还不懂的领域里,一直到你完全懂了为止。这是中国从前的传统的教育哲学,也是今天儒家传统影响之下的东亚国家的教育传统。对这个传统,大家知道有名的一句话,所谓"知之为知之,不知为不知,是知也"。这个办法有没有好处呢?有很大的好处。我之所以在昆明有很好的底子,原因就是受了这个教育哲学思想的影响。它可以使你少走弯路,使你一步一步地、完完整整地把一门学科又一门学科学好。

我刚到美国的时候很惊讶,美国的学习方法不是这样的。刚才我讲泰勒教授常常有很多新的想法,其中很多是错的,而他不怕把他错误的想法讲出来。他跟你讨论的时候,如果你指出他的想法有什么缺点,他很快就会接受;然后通过跟你的讨论,这些想法就会更深入一层。换句话说,他对于他不完全懂的东西不是采取害怕的态度,而是面临它、探索它。这个对于我有很大的启发。我在1948年得到博士学位以后,在芝加哥大学留校做了一年博士后,那时候叫教员。在那一年之中,我参加系里每周一次的讨论会,参加讨论会的人有费米、泰勒、尤里。尤里是20世纪的大化学家,他是发现重水的人。还有梅尔跟梅尔夫人,他们两位都是非常重要的化学家和物理学家,还有几位别的人,人才济济。在这个讨论会上,整个的气氛是探索的气氛。我记得这个讨论会常常没有固定的题目,大家坐着喝咖啡,谈谈有什么心得或新来的消息。我深深地记得我最早的一篇文章就是在这个讨论会上受到启发写成的。有次讨论会上泰勒说,他听说在伯克利有人发现了所谓不带电荷的 π 质子,而且这个 π 质子会衰变成两个光子;他又说这可以证明这个质子自旋是零。于是在座的人就问他怎么证明，他就给出了一个证明在黑板上。但这个证明很快就被我们打倒了，大家指出他的证明没有想清楚，想得太快。可是当天晚上回去后，我想他这个证明虽然不完全，可是却走了第一步，再走两步不仅可以得到他所讲的结论，而且可以得到更新的一些结论。所以过了几天，我就写出了一篇文章。这只是一个例子。

另外，我再给大家举一个例子。我从泰勒教授那里，也可以说无意中学到了一个做学问的方法。我在昆明的时候，念过量子力学，量子力学大家知道是物理学中的一门基础课，我念的是王竹溪教授所教的。他教得非常全面，而且也非常之深，我还留有王竹溪先生教的量子力学笔记。这笔记是用很粗糙的草纸记的，比现在的手纸还粗糙得多。这些笔记至今我有时候还要看，因为那上面有些公式我现在还要用。到了芝加哥大学，泰勒开的一门课也是量子力学，我又去重选了。泰勒非常之忙，所以他通常不备课，讲课的时候有时就会误入歧途。我那时对量子力学已经有相当多的认识，所以当他误入歧途时，我知道他就要出问题了，这对于我有很大的启发。因为当他发现他要出错的时候，他一定要想法赶快弥补，当他想法弥补时，思想就像天线一样向各个方向探索到底是什么地方走错了。那么，在这关口，如果你对这个题目是很了解的话，你就可以看出来他在物理学上的想法：他注意什么，不注意什么；哪些真正是他心里觉得值得注意的，哪些只是雕虫小技，是不重要的。通过这点我也学到了很重要的东西，就是像费米、泰勒这样的物理学家，他们对物理学的价值观念是什么，在这方面我受到了很大的好处。所以在十几年以前，在我60岁的时候，我在香港中文大学做了一个演讲，在演讲时我说我非常幸运。因为我在中国时是在中国传统教育哲学的影响下，得到了其中最好的精神；在美国，我又在一个截然不同的教育哲学影响之下，得到了其中最好的精神。我是两方面都得到了最大的好处，这是我非常幸运的地方。

1949年夏天，我从芝加哥大学去了普林斯顿高等研究所。这是世界有名的研究学府,里面没有研究生,教授也非常之少,大概一共二十几人,其中研究物理的四五个人,研究数学的七八个人,剩下还有几个研究历史的,研究考古学的。普林斯顿高等研究所跟普林斯顿大学没有关系,这两个机构都在同一个小镇上,是两个完全独立的机构。普林斯顿高等研究所最有名的人当然是爱因斯坦(爱因斯坦是最伟大的两位物理学家之一,另外一位是牛顿)。我在普林斯顿的时候,爱因斯坦已经退休了,不过他每天还到他的办公室去。当时物理方面有三四个博士后,我是其中之一。我们都不太愿意去打扰这位我们都非常尊重的老物理学家,不过他有时候作的演讲我们都去听,那时候我已经结婚了,有一个孩子。在孩子4岁时,有一天我带他走到一条路上。我知道爱因斯坦每天都走这条路到他的办公室去,我把他截住了。我问:"爱因斯坦教授,你可不可以和我的孩子合个影?"他说:"当然可以。"所以,我就照了一张像,这张像一直保存在我们家庭的相本里。

　　我在普林斯顿高等研究所前后呆了17年,这17年是我一生中研究工作做得最成功的17年,普林斯顿高等研究所有很多非常活跃的、从世界各地来的、工作最好的年轻人。我们有激烈的讨论、激烈的辩论,也有激烈的竞争。

　　到1965年,我的一位朋友叫做托尔,比我年轻两岁,他也是念理论物理的,他曾是马利安大学物理系的系主任,他把马利安大学的教师阵容从20余人发展到100多,他的行政能力是很强的。1965年,纽约州的长岛成立了一所新的大学,叫做纽约州立大学石溪分校,所以就请他做了非常年轻的校长。他对我说,希望我也到石溪去,可以帮助他一起创建一所新的以研究工作为主的大学。这对我,不是轻易能作决定的,因为刚才我讲过在普林斯顿高等研究所的17年,是我研究工作做得很出色的年代;而且在普林斯顿可以说是在世外桃源,没有这样那样的委员会,也不需要教课,可以每天用百分之百的时间做研究。不过考虑了一段时间以后,我答应去那里。为什么呢?因为那时我40岁出头,我了解到,人生不只是研究工作,可以把普林斯顿比做一个象牙塔,可是在世界上不只是在象牙塔里,在象牙塔之外还有很多重要的事情,包括教育年轻人。我把这点想清楚以后,就同意到石溪去了。

到现在我在石溪也有 29 年了。在这 29 年间,我所主持的一个物理研究所有许多的博士生毕业,他们都是我的学生,还有一些在研究方面有一些成就的同事,也是我的学生。另外我们有很多的博士后,这些博士和博士后都纷纷到世界各国去了。美国有一个很好的体制,就是一个学校的毕业生,学校不一定留他做教师(在国内我觉得没有努力向这个方向去做)。博士后做得很好的毕业生,我们通常也不留他。我们的博士和博士后分散在世界各个地方,他们都建立了他们的新的影响以及收了他们自己的学生。这个办法有很大的好处。

因为每一个研究所都有它的气氛,有它的注意方向,也可以说有它的价值观,学生分散到各个地方去,可以增加彼此观摩、彼此学习的机会。

常常有同学问我,说我们将要得到博士学位,或者我们正在做头两年的博士后,我们应该做什么样的题目,是大题目呢还是小题目?这个问题很重要,而且我在做研究生的时候,也问过费米。费米的回答很清楚,他说,他觉得大题目、小题目都可以想,可以做,不过多半的时候应该做小题目。如果一个人专门做大题目的话,成功的可能性可能很小,而得精神病的可能性很大。做了很多的小题目以后有一个好处,因为从各种不同的题目里头可以吸取不同的经验,那么,有一天他把这些经验积在一起,常常可以解决一些本来不能解决的问题。这一点,我自己就有很深的感受。

刚才贵校杨校长语重心长地跟大家讲了一些话,希望大家在目前不是百分之百完美的设备和生活条件之下,能够为中华民族的前途努力,做出贡献。在座的几乎有一万同学,我回想我在西南联大念书时全校只有 1000 名同学,而西南联大一共只办了 8 年,事实上大概先后只毕业了 5000 名学生,在这 5000 名学生里面,后来有大成就的学生非常之多。所以在今天1万个在座的同学里面，我想在以后20年、40年之内，能够对于你们的事业，对于中华民族前途的发展有大贡献的会有很多。我借此机会希望大家努力学习，努力工作，能够达到父母对你们的期望、国家对你们的期望和学校对你们的期望。

△华中理工大学校办供稿　未经本人审阅

【编者絮语】讲演者与香港著名企业家、亿利达奖金设立者刘永龄先生一起受聘为华中理工大学名誉教授。两人在万人电影场举行的隆重仪式上发表讲演，一个讲民族精神，一个讲治学体会；一个激动人心，一个回味深长。

● 周之良 北京师范大学党委书记 教授

世纪之交话人才

[在华中理工大学讲演]

你们是理工科学校,大家都这么关心教育问题,我非常感动。过去教育搞不好,恐怕与理工科介入得太少有关。(笑声)今天有机会和大家谈教育问题、人才问题,我想是很有意义的。现在一个很时髦的话题叫"世纪之交的思考"。它有两个特点:第一,它回顾过去,展望未来,思维跨度比较大,以百年为单位,不像我们平常的一天、一月、一年为单位。第二,由于长,它就可能比较深,这个量到了一定程度就产生了质变。只看鼻子底下的这点儿事,你什么也看不明白。世纪之交的思考略去了许多细节,看问题可能深些,更接近历史的规律性。在这些思考中有些人比较悲观——比如说,两次世界大战死了多少人啦!再打起来怎么办啊!有些人比较乐观——本世纪初才有了电,列宁说:电气化就是现代化。现在有了计算机、生物工程、航天技术等等,科技的发展超出了人们的想象。咱们对此暂不详谈,且来看看教育问题。对于教育的思考,是其他领域对教育界提出的问题,特别突出。

在本世纪中,战争是最突出的,两次世界大战打的水平够高的。你们从反法西斯电影回顾展中看到了,希特勒杀人,日本人活埋人,活埋之后还用脚在上面踩,那都是真的啊!军事战争之后是资源战争。海湾战争打什么?其实是抢石油嘛!本世纪能源消耗超过了多少个世纪的总和,形成了能源危机。能源成了争夺的重点，有的诉诸武力，有时用经贸之争，最后是科技之战，科技的背后是人才，是教育。所以大政治家、大经济家、有头脑的人都把人才问题或者说把教育问题越来越放到突出的位置，这是世纪之交思考的一个突出的问题。也有人预言21世纪将是一个教育的世纪。如果不发生世界大战，经济问题当然是最突出的，大家都是全力以赴抓经济，抓科技，其根本就是抓人才，抓教育。二次大战后相对和平的50年，许多国家的经济、科技发展到了相当高的水平，它投资给教育也有条件。办教育，一个是思想重视，一个是有可能的经济条件。

当然，有了这两个条件，教育并不一定能办得好，还差一个什么？教育思想。给你盖个非常漂亮的学校，招大学生，但是，老师们很笨，上课满堂灌，同样出不了人才。所以，重视教育，特别要重视教育观念问题。本世纪末的时候，世界各国都在抓教改，美国也在抓，日本也在抓，教改的幅度和力度并不比中国小，中国就是嚷嚷的比较多，真改的还不太多。在北京，我也知道一些学校，不停地往上加新课，什么新科技来了，加！但旧课一概不撤，只用加法不用减法这叫改革吗？（掌声）真正要把教育搞上去，一定要改革。

现在就教改提出的问题是非常多的，我不谈教育的全部问题，只就世界各国对新世纪人才的种种设想，给大家提供一点信息：美国80年代就开始搞教改，他们叫做以培养能力为中心的教改。原来的教育主要是传输知识，教师就是教书匠，把已有的东西灌输给大家，好的教师灌得比较巧妙，有灌的艺术，但基本上是满堂灌。后来美国就提出以培养能力为中心的教育改革。他们要培养的能力，不光是动手能力，也强调思维能力、观察能力及批判能力。按我们中国话来说就是独立思考。别一说能力就是动手，动手只是能力的一个很重要的方面，能力的内涵是很宽的。德国统一前，西德的教育在某些方面比东德改得更快一些，他们提出要培养向前看，有事业心，敢于冒险，不安于现状的人。日本提出要发展在复杂技术社会里承担领导重任所必需的想象力和批判思维能力。1995年，日本又提出教育要国际化、社会化、个性化。这个国际化是什么意思？用他们的话来说就是"要培养世界的日本人"。怎么培养？有人举了一个例子，我听了以后很是惊讶。他们让日本的孩子中午一定吃面包。日本是一贯吃稻米的，日本将来要走向世界，孩子就得练习吃面包。还有日本的松下公司办的大学，除了培养经济人才，还设了一个国际政治系。你理解吗？松下公司办学校，不只培养经济人才、科技人才。他们说，松下的产品要面向世界市场，没有一批世界政治家的支持是打不进去的。他们这个面向世界、面向未来的设计思路，大家可以参考。

  教育思想的变化，原来是重知识，现在是重能力。思维能力、动手能力、操作能力都包括在内。知识加能力就等于优秀人才吗？还不行，现在大家又提出"素质"教育，既重知识，又重能力，更重素质。那么，我们就要研究21世纪的人应具有什么样的素质？1994年10月，美国教育文摘发表文章认为：学校不应该只是教授课程，还应该教会学生如何适应高速变化的社会。学校传授的知识有限，就算你把四年老师讲的东西全都录在脑子里了，仍然是相当有限的，最重要的是人的素质。你具备了良好素质，将来才能适应社会。素质具有不可视性，它是通过行为，通过能力外化出来的。不是不重知识，我是说从重知识到重能力，最后到重素质，这是一种发展的趋向。人们对教育的思考越来越接近本质了。

  美国劳工部最近公布了美国青年2000年能力要求的五个方面：一、分配资源。就是青年应该能够确定、能够组织、能够规划、能够分配资源；因为世界的资源太有限了，要照现在这样的浪费，人类就把自己未来的路堵死了。二、人际关系。青年要有正确处理人际关系的能力，如何作为群体的成员参与活动，为他人服务，善于协商等。一个人只是自顾自，不仅在中国吃不开，在美国也吃不开。三、信息。要求善于获取信息，评价信息，处理信息，组织交流信息。四、系统。能够理解、监督、改进、设计系统。五、技术。运用多种技术进行工作。

讲了这么多,介绍国外的一些对新世纪的思考,由这些思考,我提出一个观点:人才规格是教育改革与发展的龙头问题,我们要培养什么人才?教育要有个明确的方向。同学们要成才,别把自主权都交给老师,老师考啥我学啥,这个是不完全的,因为你自己应该接受老师的教导,明确未来成才的规格,如果规格模模糊糊,就很难成为栋梁之材——高层次的人才。所以世界各国在展望新世纪的时候,也反思了现有人才的许多弊端,于是提出未来的人应该是什么样的或者说具备什么样的素质的问题。这是世纪之交思考的核心问题。从理论上说,就是素质观决定教育观。如科举,我们国家实行了好多年,它决定于当时的素质观。当时觉得什么人最好?能够读经典、注经典、按照经典写八股文的人是最好的。这种素质观决定了这种教育方法。有人问,现代化的人才有无具体标准?这很难回答。可做参考的是英格尔斯提出的人的现代化的十二条标准:一、乐于接受新事物;二、准备接受社会的改革和变化;三、思路广阔,头脑开放;四、注重现在和未来,守时、惜时;五、强烈的个人效能感;六、有计划的生活和工作;七、尊重知识;八、有可依赖性和信任感;九、重视专门技术;十、选择离开传统所尊敬的职业,敢于提出挑战;十一、相互了解、尊重和自尊;十二、熟悉生产过程。

依据党中央关于进一步加强和改进学校德育工作的若干意见的精神,确定培养人的素质要有三条准则:第一,适应时代的发展;第二,社会的进步;第三,建立社会主义市场经济的需要。这三句话大概就是"三个面向"的具体化。现在教育遇到的主要的一个矛盾,就是知识的无限性跟学习时间的有限性的矛盾。怎么办?我们不能仅仅靠传授知识完成教育任务,应该着眼于人的发展。有些人作过这样的统计:说一个人在大学学到的知识,对人起作用的顶多占50%,但是培养起来的素质是在一生中起作用的。青年的时候素质的培养就更重要。因为它是打基础的。

上大学学什么专业相对来说并不十分重要，关键是通过学习培养出好的素质，比如说，好的学习方法，正确的思维方法，良好的品德。你说一个人一辈子就干一种职业，永远不变，那不挺寂寞的吗？我们国家有一个词叫"专业对口"，学机械的就得干机械，学电子的就得干电子。我到日本问日本人，他们说没这词。我认识一个人，在国内学的是计算机，后来到日本工作，他们那个研究室五个人，只有他一个人是学专业的，其他几个年轻人都很活泼，一个学音乐的，一个学历史的，经过几个月的培训上岗了。问那个学音乐的："你学音乐的搞计算机是不是专业不对口？"那人说："学音乐陶冶我的性格，培养了我的聪明。你看我学计算机一学就会。"你能说学音乐的出来不唱歌、不教音乐就荒废了吗？决不能这么说。

大学的专业不宜过窄，学什么出去就用什么那很难说，关键是给未来的发展打基础。有同学老问："读《红楼梦》有什么用？"我答不出来，但我可以告诉你，不读《红楼梦》的人，不读唐诗宋词的人，文学素养特别差的人，他就脱不了俗。有的人穿着入时，仪表也不错，但说出的话，办出的事，总是上不了格，我说不清此中原由，猜想可能是连《红楼梦》都没读过。读了那些好书就会在你身上潜移默化地体现出来。说一个人聪明，很难说是学数学学聪明的，还是学古文学聪明的。有些新知识，有的人一天就学会了，有的人一星期才学会，这就是综合素质起的作用。前苏联的大教育家苏霍姆林斯基就提出教育要培养全面和谐发展的人，他教了几十年的书，后来当了校长，很多著作都是经验之谈。有的人说未来是原子时代，有的人说未来是科技时代，他在本世纪中就预言未来是人的时代。

什么叫素质？从生理学、心理学的角度来讲，素质是生来所固有的特征。后来素质的概念被泛化了，讲"素质"是指一贯具有的基本品质，或者说是潜能。素质是长期起作用的。一个人的知识可以不断更新，工作可以不断变化，将来大家毕业后如果多换几次工作，也没有什么坏处，综合素质好就能适应。我觉得年轻的时候养成的东西很不容易改，什么东西都有最佳培养期，良好素质的奠基在中学，形成在大学。根据世界各国关于世纪之交的思考，我们可以总结几个特点供大家参考：

首先，知识要全面，既要重视科学技术，也要掌握人文方面的知识。市场经济比较重功利，也会助长人们的功利观念、实用观念。教育不能仅仅是面向市场，还要适应社会进步的需要，满足人才成长的需要。1978年，美国哈佛大学提出要"回到基础"。他们搞了很多先进科技的课程，后来发现搞不下去了，毛病在哪儿？基础不够，所以提出要重视基础，要加强"五大领域"，每个学生必须在每一个领域选一门课，不管你是哪个系的。第一领域是文学艺术；第二领域是历史；第三领域是社会分析和道德判断。就是对社会问题进行正确判断，什么是真、善、美，什么是假、恶、丑。你不能说我现在研究机械，你让我干什么我就干什么。"二战"期间，很多著名的科学家研究的成果用于战争，有的科学家死也不干，有的被蒙蔽了，有的就昧着良心用自己的科学技术支持法西斯，所以，理工科也要学会社会分析和道德判断。第四领域是数学和自然科学，第五领域为外国语言和外国文化。成才要有宽厚的基础，这是没有疑问的。

要特别重视人文素质，人文科学教育人们理解人类文明是怎样产生的，人类社会是怎样组织和发展的，人对社会、自然、他人和自身应持什么态度等等。人文素质是人才基础的基础。现在人文危机、道德危机是全球范围内的事，看来科技至上是不正确的，社会要协调发展，才能真正进步，才能和谐，人民才能得到幸福。科技工作都在社会中进行，就必然要跟社会发生关系。今天贵校杨叔子校长在上午的会上提到：1988年一部分诺贝尔奖金获得者发表了一个宣言，说人类面临的种种危机，人类在新世纪如果要生存下去，必须回到2500年前孔夫子的思想里去。孔夫子强调"天人合一"，就是人与自然必须协调发展。未来的人应该是全面发展的人。

再讲一点,学会做人。有人写了一本书叫"人学",说人生有两件事,第一是学做人;第二是学做事。我认为学做人是更重要的。如果你不会做人,只会做事,即便你掌握了若干知识和技能,也未必能把事做好!我这么说,是对人的尊重,提高了人的尊严,人应该是社会和自然的主人,而不能是它的被动工具。做人首先要有德,德是人才成长的导向系统和动力系统,刚才已大致讲到了。重视人的身心健康、身体健康在现代化社会具有越来越重要的意义。我听德国的一个校长说:德国大学的体育课是上四年的,而且许多学生还参加一个地方体育俱乐部。毛泽东年轻时很注重锻炼身体,大风大雨时上岳麓山,经风雨,见世面,长征过来他不怕,60多岁还畅游长江,他老人家在身心健康方面给我们做了楷模。未来的新世纪需要特别好的身体,我不知道同学们对进入新世纪在身体锻炼方面作了什么准备,务请大家不要当小事看,我们民族的身体素质不是很强的,现在许多人却不重视锻炼。我了解的情况是:看球的多,踢球的少;化妆的多,健美的少;讲营养的多,讲锻炼的少。这样下去身体能好得了吗?女同学化妆再好,如不注意锻炼,没那气质,没那身材,能美吗?男女同学要讲漂亮,都要到操场上去,炼出风度,炼出气质,化不化妆都美。你们大学毕业二十三四岁,能健康地精神饱满地工作几十年,是对国家多大的贡献啊!

健康是个很宽泛的概念。有的同志只讲身体健康,不讲心理健康,我说不对。心理素质差,将来也很难有所作为。在计划经济体制下,由于种种原因,相当一部分人的依赖性特别强,这其实就是心理素质问题,自立、自强的意识比较弱。我在华中师大作报告,有个同学提出:"伙食不好,我们做出越轨行为怎么办?"我说这绝对是错误的。不要只依赖学校,钱少可以自己出去挣嘛!北师大的同学就出去搞家教,暑假不回家,一个暑假能挣1000多元。北京还有大学生搞了个生存锻炼队,每个人带少许几个钱,到北戴河去找工作，到晚上只有一个同学还没找到工作，晚饭没吃，第二天他的态度就变了，语言也变了，最后硬是说服老板雇了他。这叫"穷则思变"。（掌声）将来就业问题也是这样。对教授也是这样，北京有一个副教授就没有被聘任，他开始还态度强硬，第二个月写检讨，检讨四次才上班，上课特别认真。"大锅饭，养懒汉"，助长依赖性。

我们的同学从小学到大学，一般是一帆风顺，缺少磨练。新生上学家长护送的比较多，两个人送一个，三个人送一个，接待站的大汽车没上几个学生就满了，上车一看全是家长。（笑）同依赖性相联系的就是脆弱性，经不得挫折。没有经过什么挫折上来的也很麻烦。未来的市场竞争、社会竞争、国际竞争都很激烈，竞争就会有胜有负。应该对未来的挫折有所准备，提高挫折承受力。现在有些同学的"挫折心理"很差，年轻人偶尔也有自杀的，究其原因大多是人际关系，无非是同学之间、同宿舍之间磕磕碰碰，再就是所谓的"失恋"。有一个女同学，还是班干部，头天晚上还去找老师谈如何争取先进集体，情绪很正常。从老师家里出来之后跟一个男生在树林里聊了聊，她对男生表示了一点好感，男生拒绝了。第二天早上没起床，第二节课还没来，同学回去一看死了。天下人这么多，你爱他，他不爱你，你爱别人不就完了。这不是了不起的挫折。像我们那代人的挫折你们大概难以想象了。我当过"反革命"，受过批判，但是后来我依然站在讲台上。目前，我们生活条件逐步改善，但心理素质不一定会提高，教育不好反而会出现"富贵病"。日本人也是这么说，所以下雪天让孩子们光脚在雪地上跑，就是炼吃苦能力，防止"富贵病"。

心理健康问题的第三点：虚荣心。有的人老是同别人盲目攀比，人家穿什么我就穿什么，人家吃什么我也要吃什么，虚荣心太重，心理脆弱。觉得周围压力特别大，人家家里有钱花一千二千不在乎，自己没钱很自卑，也是心理不健康的表现。虚荣心也是心理素质差的一个方面，老被别人牵着走。外边流行的你没有，

你不会领导新潮流嘛！（笑）

未来的社会是竞争的社会，我不知道大家对走入正常的竞争有没有足够的思想准备？如果你还是那种思想，"皇帝的女儿不愁嫁"，"入了大学的门就是公家的人"，肯定不行了。就算你走后门找了一份好的工作，随着人事制度改革，你一两年做不出成绩来，人家会不会炒"鱿鱼"啊？现在有的大学就实行这个办法，讲师五年可以申报副教授，几次不行，"非提即走"。

我们民族历来важ视心理素质，《易经》上讲"自强不息"，也就是讲自尊、自立、自强。在改革开放时代培养这样的思想道德和心理素质就更是重要了。

总之，新世纪的人才是什么样子，我还说不清楚，就说几个特点供大家参考。人的素质，究根结底就是人的质量问题。我们中国人很多，数量没问题，关键是质量，12亿人出12个诺贝尔奖金获得者那就不得了了。就出百八十个教育家，那教育也不是现在这样。质量上去了，我们众多的人口就是取之不尽的人力资源；质量上不去，众多的人口就是巨大的负担。所以，应该进入以质取胜的时代。希望大家事事提高质量，学习提高质量，锻炼提高质量，社会工作提高质量，谈恋爱提高质量。（掌声）

△记录：轶名　　整理：曾令藻

【编者絮语】讲演者在华中理工大学参加会议，先是被他的学生请去别的学校讲演，轮到东道主请已是最后一天了。讲演时果真是笑声掌声迭起，可惜现场效果很难在文字上再现。据说他已做过三百多场这样的讲座、报告。

● 刘献君 华中理工大学党委副书记
文学院院长 教授

选择与人生

[在湖北工学院讲演]

我们时时面临选择,选择将伴随我们一生。譬如,你到食堂买饭时,打什么菜,荤的还是素的,你要选择;像今天听讲座,来还是不来,来了之后,是听完还是听一部分,是集中精力听还是边听边看书,需要选择;谈朋友,终身大事,需要选择;毕业分配,面对众多的用人单位,要反复比较、选择;政治信仰,需要选择;各种书籍浩如烟海,读什么书,需要选择;走上工作岗位,同样面临众多的选择。

从某种意义上说,社会和个人的关系,是一种相互选择的关系。人选择了社会,社会又反过来选择人的需要和行为,人就不得不去适应社会,选择自己。

那么,为什么说,"选择"伴随人的一生呢?这就要从人的需要说起。马克思曾经十分精辟地指出:"任何人如果不同时为了自己的某种需要和为了这种需要的器官而做事,他就什么也不能做。"这就是说,人类的全部活动,不管以何种形式、何种方式出现,其动因、目的和归宿都是出自人的需要。人的需要是多层次的,人的欲望是无穷的,但是由于生活环境和人类自身能力为人们提供的条件与人们的需要之间总是存在着差距,因而人们不得不根据客观条件,在多种需要之间因其迫切性和重要的程度而依次进行选择。这就是说，有什么样的需要，一般而言就有为满足这种需要的选择。就个人而言，人们为了生活，必须选择劳动来作为谋生手段；为了找到理想的伴侣，必然会对对方的年龄、相貌、性格、气质、能力等作出选择；大学生追求自我完善、自我实现，必然会在择业的问题上苦费心机，寻找适合自己能力与特点的理想职业。就生活而言，人们首先要选择基本的生存资料，解决衣食住行，在基本生存条件得到满足之后，人们才又选择发展资料和享受资料。社会发展也是如此。

　　社会越向前发展，人们选择的范围越广，选择的自由度越大。原始社会，人们只为基本生存而活动，选择的方式直接而单一。在自然经济社会，经济总是社会的第一选择，经济本身的活动没有什么太大的选择的余地，由经济所决定的生活，同样没有多大选择余地。随着市场经济的发展，商品丰富，经济生活进入了互相选择的阶段，因而选择的功能改变，选择范围扩大，选择的形式而随之发生变化。过去的单向选择，被多向的随机选择所代替。多向随机选择大大提高了社会选择的自由度。因而，在现代社会，个人的选择自由度也越来越大。

　　我们应该怎样对待选择呢？我认为个人对社会的选择和适应，决不是消极被动的，而是积极、主动并具有创造性的，正是人们的这种主动性和创造性，推动着历史的前进和社会的发展。

　　首先，我们要认识到，能否自主、成功地进行选择，是一个人是否成熟的标志之一，是一个人能否走向成功的重要关键性因素之一。社会千姿百态，人的能力各色各样，能否选择适合自己能力、水平、性格的职业、机会、发展方向，对一个人能否取得成功影响极大。看看我们周围的情况，有的人听任父母安排，随波逐流；有的一生都处在举棋不定，盲目发展的状态；有的高瞻远瞩，经过反复思考、比较，自主作出决定。不同的对待方式，将产生完全不同的后果。回顾我自己的情况，有两次自主选择，都影响了我的一生。第一次是小学毕业时，学校保送我上附近一所小学的附设初中班,是听从学校为我作好的安排,还是自己去考正规的中学?我选择了后者。由于考上了师资、教学条件比较好的中学,使我受到了良好的中学教育,为考上大学和以后的学习打下了良好基础。第二次是70年代末,我从业务岗位上抽出来,从事政治思想工作。作为一个党员,应该服从组织分配。但是,如何对待工作,做好工作,是可以选择的。在当时业务不吃香的情况下,我在做好工作的同时,坚持抓住业务不放。起初搞本专业,后来及时改为与工作联系十分密切的社会学、教育学。十多年来,几乎从来没有节假日,利用业务时间学习,研究,因而在业务上取得了一定成绩,而且对工作也极为有利。台湾著名人士朱高正先生在和我交谈时,谈到他的两个同学由于两种不同的选择态度,产生了两种截然不同的人生结果。其中一位中学毕业时保送上台北医大,大学毕业后,父母帮他找到了待遇颇丰的职业,又为他物色好了对象,结了婚。但这位同学感到生活毫无意义,非常苦恼,决定自己来一次选择。他给父母写了一封信,称自己从小听从父母安排,现在要自己做一次决定,望父母理解。他的决定是自杀。而另一同学,中学毕业时,学校也保送他上台北医大,但他没有去,自己考上了台大,选择了自己满意的专业,毕业后选择自己满意的职业,现在事业有成,心情也很舒畅。这样正反两方面的例子很多,大家在现实生活中随处可见。

其次,选择的前提是判断。正确进行选择,要掌握有关选择对象全面的知识,要有开阔的视野,要有一种穿透力,对事物作出比较准确的判断。对事物进行分析的方法多种多样。我认为著名记者艾丰在《新闻采访方法论》一书中所介绍的方法值得借鉴。艾丰认为,对事物要从纵、横、变三个维度进行分析,从纵向考察其历史和未来;从横向考察其现状;从变化中观察发展趋势,总结规律。在判断时,还要考虑事物所处的客观条件、环境,既要考虑"应该",又要考虑"能够"。世界上应该的事多得很,还要看它是否"能够"。每个人都会受历史、时代的局限,只能在既定的历史条件下创造历史。在现实生活中，不少人不懂得这一简单道理，能够做的事不去做，不能够做的事总在做，一辈子辛辛苦苦，一事无成。

再次，选择的方法是比较。哲学家苏格拉底的三个弟子向他请教如何选择女朋友。苏格拉底让他们沿着两旁长满各色各样花的小路，从中摘取一朵最大的来。第一个学生只走了一小段路，看到其中一朵大花，则摘下来，交给老师。老师说不行。第二个学生吸取教训，不急于摘，边走边看，总觉得不够大，一直走到尽头，大的错过了，只好从中摘了一朵交给老师。老师说不行。第三个学生吸取前面两个学生的教训，边走边观察，走到中间，从比较中摘下一朵自己认为最大的花，交给了老师。苏格拉底教导学生，谈女朋友就要像第三个学生摘花那样，从比较中选择。这个例子的真实性我无从考察，但其中揭示的道理是深刻的。我再给大家介绍一个例子。1987年、1988年，我曾组织部分干部、教师对毕业生进行调查，其中一件事给我留下十分深刻的印象。很多毕业生感到，毕业后刚到工作岗位，由于自己对工作要有一个熟悉适应的过程，领导对自己有一个了解的过程，因而总有一段"无事可干"的时期。这段时期怎么对待，大体有几种方式：领导叫干什么就干什么；玩，打牌，下棋，谈恋爱；准备考研；观察本单位状况，找出可能发挥自己能力的场所，积极准备，等待发展时机。你选择何种方式，将会影响你一生。凡是干得很有成绩的毕业生大多是选择了最后一种方式。因为自己有了充分准备，一旦机会来到，便可以大显身手，一展宏图。然而，在比较中，最重要的是要把握利弊观。任何事物都是利弊相交的，有百利而无一弊的事是没有的。但是，我们的大学生，思考问题常常是追求百利而又无一弊。例如，选择职业，最好是有利于事业发展，待遇高，名声好，大城市，离家近……世界上哪有这样十全十美的好事呢？比较和选择时，可本着"两利相争取其长，两弊相争取其短"的原则行事。只要利大于弊的事，就可以干。当然选择里面也会包含风险。因为选择是对未来的选择,未来是发展变化的。选择时,没有风险意识也是不行的。

△本人整理

【编者絮语】讲演者作为文学院院长,刚建院就策划并动员举办人文讲座。两年半以来,这一直是他最重要的工作之一。他毕业于电机专业,但留校后从事德育工作,发表60多篇论文和10多部专著。他的讲演有一种平实而富有内涵的魅力。

●张鸿庆　大连理工大学数学所教授

学习与创造

〔在大连理工大学讲演〕

著名数学家阿贝尔有一句名言："要向大师学习，而不是向大师的学生学习。"许多大师都从青少年时代开始自己的创造生涯，把创造和学习紧密地结合起来。众所周知，牛顿的许多重大贡献都是在25岁以前做出的。在21岁到23岁期间，他发明了微积分方法，发现了万有引力定律，在光学上也做出了重要的贡献，奠定了他一生工作的基础。高斯19岁时解决了圆的17等分问题，在格丁根大学读书的3年是他一生中著述最多的时期，24岁出版了他的伟大著作《算术研究》。帕斯卡16岁时证明了美妙的帕斯卡定理；拉格朗日19岁建立变分法，23岁时设想了他的杰作"分析力学"。前面提到的著名数学家阿贝尔只活了26岁，另一个著名的数学家高斯，只活了21岁。他们的成就世代流传，他们是数学史上璀灿夺目的明星。

对待创造有许多错误的看法。一种看法是"只有天才才能创造，我们是平凡人不能创造"。其实创造依赖很多因素，并不完全依赖个人的才能。文艺复兴以前的一段很长的时期内，西欧在科学史上默默无闻，文艺复兴以后，同样的地区、同样的民族却人才辈出，出现了许多所谓天才，出现了许多大师。有些科学家具有过人的天赋，例如反应敏捷，记忆力强，有速算才能，学生时代学习成绩优异等等，但是这些条件对创造既不是必要条件，也不是充分条件。数学家不一定有速算才能，有速算才能也不一定成为数学家；对记忆力也是一样，在某种意义上，理解比记忆更重要；反应敏捷诚然可贵，但即使反应迟钝，如能抓住本质的东西，锲而不舍，善于联想和发挥，以深刻见长，同样能进行创造。许多学生时代的学习尖子没有成为科学家，相反，许多"普通"学生后来却作出了杰出的贡献。著名数学家高斯两次考大学都没考上，爱因斯坦和希尔伯特在学生时代都不突出，后来都成为举世闻名的大师，对科学事业作出了不朽的贡献。帕斯卡是著名的神童，就神童这一点而论，他是时代的骄子，但就是在他以神童著称的几何方面，创造性的思想原则是由当时名气小得多的笛卡尔提供的。帕斯卡才华横溢，冠绝一时，他与笛卡尔和费玛是同时代人，比牛顿仅仅早20年。这些人尽管童年时代的表现不如帕斯卡突出，却都对科学事业作出了更大的贡献。三军可夺帅，匹夫不可夺志。别人否定你并不可怕，自己决不要否定自己。"人皆可以为尧舜"、"众生平等，皆可成佛"，如果把尧、舜、佛理解为能参悟宇宙规律的大师，那么这些话可以理解为在真理面前人人平等，人人都能创造，人人都能参悟宇宙的规律，人人都能成为大师。创造并非少数天才的特权，它是有强烈愿望和充分自主性的任何人的顺乎自然的行动。

对待创造的另一种错误看法是，"我懂得少，基础差，不能创造，只有懂得多的人才能进行创造"。其实并非如此。巴金的代表作《家》、曹禺的代表作《雷雨》和《日出》都是青年时代写出的，尽管后来他们的知识比青年时代更渊博、更丰富，却不能认为他们后期的作品一定比早期更成功。郭沫若写《屈原》时没有读过《李尔王》，写《虎符》时没有读过《东周列国》，他甚至认为如果读了这些书就写不出来了。广义相对论的数学基础是黎曼几何和张量分析，爱因斯坦创立广义相对论时既不懂黎曼几何也不懂张量分析，这些知识都是后来学的。在某种意义上说，只有进行创造，学习才有了明确的目标，才有真正的学习。量子力学的数学基础是希尔伯特空间理论，海森堡创造量子力学时，只是一个学生，他不仅不懂希尔伯特空间，甚至连矩阵理论也未学过，他完全是根据物理观点，独立地想出了矩阵乘法规则。以上举的都是名人的例子，至于一些不太有名的例子更是比比皆是，举不胜举了。为了对哪些总是要等到再学些东西才肯进行创造，虽有能力但没有信心的学生讲清道理，著名数学家耶可比打了一个比喻："要是你的父亲坚持要先认识世界上所有的姑娘，然后再跟一个姑娘结婚，那他就永远不会结婚，也就永远不会有你了。"

在科学中常常有这样的事例，一个长期不能解决的难题之所以不能解决，往往是因为人们局限于旧的方法，不能跳出旧方法的框框。例如用圆规直尺三等分任意角，许多精通作图技巧的几何学家用毕生精力研究这个问题，世代相传，前仆后继，技巧越来越高，方法越来越繁，问题却始终无法解决。这是因为旧方法的潜力已经发挥到尽头，必须跳出旧方法的框框，这时沉溺于旧方法的技巧之中就成为解决问题的障碍。真正解决问题的方法，不是从几何学的前沿前进，研究更多的作图技巧，而是退回到几何学的基本概念，研究几何学基本概念和代数学基本概念之间的关系，用代数方法处理几何问题，这就是建立解析几何。运用解析几何方法，古希腊三大几何难题都可以迎刃而解。建立解析几何的是笛卡尔和费玛。费玛是用业余时间从事数学研究的，笛卡尔是哲学家、物理学家和生物学家，仅用小部分时间从事数学研究。科学史上常常有非专业人员作出贡献的例子。列文·虎克终生以看门为职业，以磨镜片为业务爱好，他通过他的镜片看到了微生物世界。生物学家巴斯德借助这些镜片，发现了手术后高死亡率的原因。他虽然不是专业医生，从未给病人动过手术，却提出了手术消毒的方法，对医学作出了杰出的贡献。

还有一种错误的看法是，"简单的问题都搞完了，剩下的问题都是困难的问题"。实际上并非如此。详细剖析近年来科学的一些重大进展，它们的基本思想都是很简单的，往往可以追溯到大学和中学的课程,从大学教材和中学教材中找到线索。

学习离不开创造,学习必须与创造相结合,只有进行创造才能真正地学习。比如这个定理、这个公式是怎么想出来的,我能不能独立地想出来?这个定理或公式有什么用处,能不能找到新的应用?这个定理和公式有什么缺点,应该怎样改进?这个习题是怎样想出来的,有没有更简单的解法?没有伟大的猜想就没有伟大的发现。定理要先猜后证,猜定理是怎么想出来的,猜定理以后的发展,更进一步猜课程的体系,使整个课程如行云流水、自然而出,这时就会有体系我立、定理自出的感觉。再进一步考察这个体系有什么缺点,应该如何改进,猜体系以后的发展,这时就更接近创造了。

学问贵能得要,得要才算学问。书上的字并不是同等重要的,关键的就是几句话。读书要看其形式,读其韵味,分析其结构,感悟其意境,提炼出关键字。比如学习时我们可以问本门课程的基本定理是什么?基本公式是什么?它为什么是基本的,能不能用简单的几句话概括本书的思想?本门课与其他课有什么关系,能不能用一个简单的思想把它们统一起来?你觉得课程很难么,能不能搞得简单一点?微积分的基本公式是什么?代数学基本定理是什么,为什么它们是基本的?特征值、特征向量的"特征"两字如何理解,在各门科学中有什么应用?

为学者要自立门庭,要有思想。君子所过者化,所存者神,放之弥于六合,卷之不盈一握,心中只有一个或几个简单的思想,变化起来却无穷无尽,所以有学问的人总觉得学问是简单的。"易简功夫终久大,支离事业竟浮沉",简单容易方能发扬光大,支离破碎必然灭亡。"臻广大而尽精微,极高明而道中庸",当今科学发展,种类繁多,知识爆炸,而其核心内容是简单的。如同化学元素越来越多,有了元素周期表就可以掌握元素分布的规律一样,作学问就是要以我之约,御彼之繁,把眼前的道理、材料系统化、深刻化,找出其简单的规律。"删繁就简三秋树,标新立异二月花",

删繁就简、标新立异就是创造。当你能用自己的思想解释整个学科时,这时你就会感到"六经当注我,我何注六经",书本为我的思想服务,而不是我为书本服务,你就会成为书本的主人。

创造并不神秘,阻碍我们进行创造的与其说是天赋,不如说是错误的思想方法。我们要学习大师,学习大师的思想方法,与大师心领神会。所谓与大师心领神会,就是心与大师相通,精神与大师相会。大师相去已远,如何得知大师之心?读大师著作如由己出,无丝毫滞碍,则己心便是大师之心,即可谓大师与我同心。这时读书,如对晤古哲今贤,与千秋以前会心人促膝相谈,妙境生妙语,积渐悟为顿悟,情感包容八极,学术思想出入古今,堪称人生大快。

"漫漫长路远,冷冷幽梦情,万水千山独行,找我登天路径,我要把美丽拥抱,摘下闪闪满天星。"这首歌唱出了许多探索者的心声。创造就是拥抱美丽,从混乱中找出秩序,每次重大的创造都呈现给人们一幅美丽和谐的图景。"千山鸟飞绝,万径人踪灭。孤舟蓑笠翁,独钓寒江雪。"创造者的生活可能是孤独的:"万水千山独行,雪里一片清静",然而"有我美梦作伴,不怕伶仃",创造者的精神永不寂寞。一旦你有了要表达的意志,有了要说明的思想,有了要构成的系统,有了明确的目标,就会不辞劳苦,不顾道路是平坦还是泥泞,为了自己的理想而奋斗不息,风雨兼程。科学体系在未构成之前就是艺术,创造者让自己的思想在广阔的世界中自由驰骋,从哲学、科学、艺术各个领域中汲取营养,峻峭淡泊,悠远沉静,超尘拔世、空灵和谐,判天地之美,析万物之理,独与天地精神往来。托心身于宇宙,寓美感于人生,人生艺术化,艺术人生化。创造者的生活可能是清苦的,创造者的道路可能是崎岖的,然而创造者的精神是充实的。

美的最高境界是对宇宙的感悟,创造者在对宇宙的感悟中得到至高无上的美的享受。如果深入地观察自然界,看到周围的自然界向我们呈现的极其丰富的各种美的有趣的结构形式,马上就可以体会到应该为什么而生活。人类思维最美的内容和形式就是那些数学和物理的公式,智慧的声音呼唤着人们,这里有科学、哲学和艺术,这里有未来世界的美好,它像伟大的磁铁,把有志的青年吸引到它的身边。正是由于这种精神的鼓舞,科学的火炬才得以代代相传,不绝如缕。总有人坚守阵地,明其道,不计其功,在奋斗中开辟出前进的道路,推动科学的发展,推动社会的发展,在推动科学和社会发展的同时,也以优美的境界净化了心灵、美化了人生。

△大连理工大学教务处推荐

徐葆耕 清华大学人文社会科学院副院长 教授

走出"半人时代"

[在清华大学讲演]

我校建筑学院的一位老师告诉我：著名的建筑大师梁思成于1948年在清华大学作过一个讲演，标题是"半个人的时代"，谈文、理分家导致人的片面化问题。可惜的是，现在留下来的只有当时校刊上的简短报道，却找不到这份珍贵的讲演稿。

大师的讲演已过了半个世纪，但这个标题依然发人深省。西方学者马尔库塞撰有《单维人》一书，风靡世界，但马著比梁先生的演说晚了17年。我们不好说这个命题是梁先生首创，因为早在19世纪初德国诗人席勒就提醒世人注意这个社会陷阱，但我们却可以说，这个命题今天仍发人深省。因为我们还没有走出"半个人的时代"，而且，从世界范围来说，人的发展更加畸形化了。

马克思称高级共产主义社会以前的社会为史前期。近代科学强有力地推动了社会和人的发展，但同时带来科技与人文的分离。西方资本主义的商品经济使人变成商品，加剧了这种对立。中国实行社会主义市场经济以来，人的商品化现象也很严重，对金钱的追逐使一些人把自己变成了商品，变成赚钱的机器，凡于赚钱无实用价值的知识一概弃之如敝履。在目前的生产力水平和社会条件下，我们不可能实现马克思提出的全面发展目标，但如果在培养人这个问题上鼠目寸光，就会加剧这种分离，使我们培养的人更加畸形。

爱因斯坦说过，科学技术只能告诉我们"是什么"，却不能解决"应当怎样"。科技只能解决是非而不能给人以"价值"判断。"价值"判断需要另一个源泉——人文社会科学。科技与人文分离的结果，就两个极端而言，出现了两种畸形人：只懂技术而灵魂苍白的"空心人"和不懂科技、侈谈人文的"边缘人"。

有些不懂科技的"边缘人"是如此可怜，尽管他们心安理得地享受着现代科技成果，却把科技描绘成造成一切灾难的根源，他们实际上是被社会发展浪潮甩在一边的多余者，却喜欢把空洞无聊的自我写照当作社会现实，他们的"作品"只是顾影自怜和自我欣赏的社会泡沫。

另一些"空心人"的状况并不比"边缘人"好，他们自以为掌握了科技，其实是被科技所掌握，感情干瘪，思想空洞，不知道社会把自己带向何方，也不知道人为什么活着。

后一种倾向也许更值得注意。

有人把"科教兴国"改为"科技兴国"，去了"教"字。一字之差，谬之千里，"兴国"变成"亡国"。还有人把"教"理解只是为教人以技术知识，这种理解同样鄙琐。文化才是立人之本。

现在，有些大学生以为掌握了科技就有了一切，鄙视人文社会科学和艺术，结果被最低级的文化、艺术所俘虏，变得粗鄙、浮浅、自私猥琐、毫无责任意识，这是当代教育的一个悲剧。

早在本世纪初，一些西方著名大学（如哈佛、麻省理工学院）就注意克服这种片面性，探索文理汇通之路。哈佛的学生在一二年级要上"通识课程"，广泛涉及人文、社会和自然科学的各个方面。麻省理工学院（MIT）的工科学生要学占总课时的22%左右的人文课程。西方教育学家希望通过文理汇通，克服人的片面性，挽救日益深重的精神危机和道德危机。他们未必能达到目的，但他们的经验却对我们有益。

清华大学从50年代成为理工科大学，由于学校重视社科教育和校园文化建设，在一定程度上弥补了培养人的缺陷。现在，清华五六十年代的毕业生有不少人承担着国家各级领导工作，他们在学生时代大多有比较好的人文社会科学或艺术修养，这种修养多源于当时丰富多彩的校园文化活动。80年代以来，大量人文选修课的开设和文科学院的建立又把50年代的经验向前发展了一步。清华大学中文系文理嫁接的二学位（工学士加文学士）模式是一种具有战略意义的创新，有可能为"走出半人时代"探索新路。到了下个世纪，只懂科技不谙人文，或只懂人文不谙科技的"人才"将不可能再成为"大师"。未来的大师产生于文理会通。

△本人供稿

【编者絮语】讲演者1995年9月在华中理工大学参加关于文化素质教育的研讨会，因故推却了讲座的邀请。但第二天别的几位讲演者招来了太多的听众，只能分场举行。于是临时他又被紧急动员来"救火"。结果他的讲演在每个停顿几乎都赢得了掌声。当时讲的主题是："未来的大师产生于文理会通"，只可惜匆忙中未能录音。

他把事情经过用戏剧性的笔调写成《逼上讲坛》一文，文中称他当晚辗转不眠，30多年教师生涯中第一次遇到如此激情的听众。文章先后被学生报纸和正式刊物刊登，对清华人影响很大，谈人文和人文讲座，大都要谈起徐教授受"逼"之事。

●沈致隆 北京轻工业学院艺术教研室主任 副教授

哈佛大学《零点项目》的启示

[在华中理工大学讲演]

主持人介绍我是物理化学教研室主任兼艺术教研室主任时,我听到一片惊叹之声,同学们感到诧异。我在化工系开设《物理化学》、《胶体化学》等课程的同时,还面向全校和校外开设《交响音乐欣赏》、《欧洲近代美术史》两门艺术课程,一些人也不理解。我今天就要谈谈科学思维和艺术思维究竟有无共同之处,一个人能否既是科学家又是艺术家。

这个问题要从哈佛大学的《零点项目》谈起。这个项目1967年创立于美国哈佛大学教育研究生院,立项的起因是美国与前苏联的科学技术竞争,研究对象是艺术教育。大家都知道,前苏联第一颗原子弹是1949年试验成功的,整整落后美国4年。50年代在空间技术的竞争中,为了抢先把世界第一颗人造地球卫星送上太空,双方展开了激烈的竞争。前苏联使了个障眼法,假装一系列失败,麻痹了美国,于1957年11月发射成功第一颗卫星,开始了人类星际发展的历史。美国大吃一惊,奋起直追,但还是落后了83天,实际上到了1958年,美国也就等于落后了一年。(笑)美国上下一直认为自己是20世纪科学技术的超级大国,这下子大伤面子,举国感到耻辱。各部门首先指责教育界,肯定是你教育部门出了毛病。因为大家都知道,19世纪末科学的中心已从欧洲移向美国,一系列的现代发明创造都是在美国完成的。因此，教育部门也觉得对不住大家，认真反省起来。10年后，一些教育家提出这样的观点：美国的科学教育是先进的，但艺术教育落后。也即两国科技人员不同文化艺术素质导致了美国空间技术的落后。的确，从19世纪中到20世纪初，俄罗斯文学艺术达到了辉煌灿烂的顶峰。俄罗斯人总爱这样说，他们仅仅贡献出一个列夫·托尔斯泰，19世纪的俄罗斯民族就无愧于全世界。当然我们知道还有屠格涅夫、车尔尼雪夫斯基、契诃夫、冈察洛夫、普希金、莱蒙托夫等一大批不朽的伟大作家、诗人。除此而外，还有一位19世纪文学史上的怪才——陀思妥耶夫斯基，病态作家，相当于文学界的梵高，作品有震撼人心的极强力量。民族主义音乐是19世纪最重要的音乐流派之一，但其代表人物除了捷克的德沃夏克、挪威的格里格、芬兰的西贝柳斯等人外，差不多都是俄国人。如交响组曲《天方夜谭》的作者里姆斯基—柯萨科夫，交响音画《在中亚细亚草原上》的作者鲍罗丁，管弦乐《荒山之夜》和钢琴组曲《图画展览会》的作者穆索尔斯基。这三个人都属于作曲家"强力集团"的成员。另外还有被称为俄罗斯音乐之父、歌剧《伊万·苏萨宁》的作者格林卡。当然，最重要的当推柴柯夫斯基，他的作品内容深刻，形式完美，旋律动人，表现细腻而富有诗意，音乐形象鲜明，体裁十分丰富多样化，世界19世纪后半叶音乐史上难有人与之相比。

说到美术，19世纪的美国名画，你们能举出10幅来吗？如果能，俄罗斯名画你就能举出100幅。巴黎被称为艺术之都，有卢浮宫，美术史上的古典主义、浪漫主义、印象主义思潮皆诞生于此。全世界唯一能与之匹敌的，唯有莫斯科的特列恰柯夫画廊，俄罗斯的巡回展览画派和批判现实主义的美术作品。且不说列宾的《伏尔加河上的纤夫》、《意外的归来》等名作，仅《伊凡雷帝杀子》一幅画中对封建君主制黑暗、阴险、残暴的揭露之深刻，就难以找到另一幅画望其项背。还有苏里柯夫《近卫军临刑的早晨》，在反映历史事件的深度和广度上，恐怕不亚于达维特的《加冕》。而雅罗申柯的《到处是生活》、别洛夫的《送葬》、《三套车》对剥削社会中穷苦人民悲惨生活的描写和对不平等社会制度的控诉和批判，给人的震撼是法国作品无法与之相比的。

文学、音乐、美术三个方面，美国都不如俄罗斯。除了德莱塞和杰克·伦敦等少数作家外，这一时期在美国的著名音乐家有拉赫玛尼诺夫、斯特拉文斯基，但一查家谱全来自俄罗斯。

这些文化艺术背景决定了俄国人的艺术素质超过了美国人，但这是否会导致美国科学技术的落后呢？这些差距到底产生了哪些影响？对于空间技术的竞争到底有哪些间接的作用？这是《零点项目》所要研究的问题。为什么要以"零"命名？这些研究者可谓用心良苦，用"零"表示对艺术教育认识的空白。他们决定从头开始，因此这个"零"不是数学意义上的零，而是空白，叫 nothing 更贴切。20 多年了，哈佛大学的研究者一直在验证自己的观点。过去人们认为艺术思维与科学思维完全不同，科学思维是逻辑思维，而艺术思维是靠感情起作用的，要靠灵感。而《零点项目》的研究者认为艺术思维也要靠逻辑，科学是发现、分析、解决问题的过程，艺术过程同样要发现、分析、解决问题。对于大脑的工作来讲没有区别。他们认为形象思维和逻辑思维有很多共同之处，可以互相弥补、互相促进，这两种思维方式都是人类重要的思维方式。

《零点项目》20 多年来的花费是多少呢？今天上午我们在华工大开会还在讨论研究工科大学的人文社科教育需要多少经费，我们可以此为例做个比较。《零点项目》这些年来投入了上亿美元，参加工作的科学家超过了百名，在哈佛大学的规模远远超过了一个课题组，甚至超过了一个系。他们在 100 多个公立和私立的学校做实验，有的从幼儿园起连续进行 20 年的追踪对比，到目前为止已出版了几十本专著，上千篇论文。他们的研究成果对美国教育的影响特别大，以致于美国国会 1994 年 3 月通过了克林顿政府提出的《2000 年目标：美国教育法》，在美国历史上第一次将艺术与数学、历史、语言、自然科学并列为基础教育核心学科,即相当我们中学的主科或大学的必修课程,这引起了很大的反响。

《零点项目》的现任执行主席霍华德·加德纳还提出了认知上的一个新理论——多元智能理论,与本世纪初由法国人发明,至今在西方世界流行的智力商数(IQ)测试方法相对立。IQ测试在美国很流行,说穿了就是以此判断你这个人是天才还是笨蛋。(笑)我们中国是一考定终身,他们是一测定终身。上小学就开始测,家长一看智商太低,80以下,就说算了吧,干脆别学了。如果是130,好!超常儿童,将来上名牌大学没问题。它在美国测一次16美元。现在中国人也热衷于谈智商,你要开这么个公司,一定赚钱。(笑)多元智能理论认为这种智商测试所测量的只是数理逻辑分析的智能,非常片面。加德纳教授认为人类至少具有七种以上智能。一是数理逻辑分析智能;二是语言技巧智能;三是音乐智能;四是身体运动智能;五是空间位置智能;六是人际关系智能;认识他人的能力特别强,这样的人适合做领导。(笑)不要笑,也有例子,加德纳认为圣雄甘地将全印度人民发动起来追随他本人,靠的就是这种智能。第七智能是认识自己,有的人可能什么本事都没有,但对自己估计得特别正确,也是一种高智商。(笑)他认为全面的教育应该是开发每个人身上的这七种智能,最大限度发挥他的潜能。

李政道教授从80年代开始,每年回国两次倡导科学与艺术的结合,1993年和1995年两次在北京召开了《科学与艺术研讨会》,参加的有科学家和艺术家。科学家谈他们如何热爱艺术,如何理解艺术。科学家大多是热爱艺术的。爱因斯坦说过:"这个世界可以由音乐的音符组成,也可由数学公式组成。"他如此热爱音乐,几乎每天拉小提琴,就不是偶然的了。他常常和量子论的创始人普朗克一起演奏贝多芬的作品,他拉小提琴,普朗克弹钢琴。量子论和相对论是现代物理学的两大支柱。没有人知道这两位伟人一起演奏时交流过哪些科学思想,但人们可以猜得到,科学美与艺术美在他们心中是相通的。中国也有一批热爱艺术的科学家。李四光热爱音乐，是音乐家，知道吗？（笑）好，不知道我今天告诉你们：中国第一首小提琴曲不是马思聪写的，而是李四光写的。1920年他在巴黎创作了一首小提琴独奏曲叫《行路难》。1990年当上海音乐学院作曲系教授陈钢捧着刚刚发现的这首曲谱时，简直不敢相信这立意深邃、层次清晰、调性规范的乐曲出自李四光之手。李四光是学什么的大家知道吗？（答：地质）他是一位伟大的地质学家，但他早年学的是建筑，（笑）后来他研究构造地质，又创建了地质力学，用力学的原理来解释、推断地壳的构造。他热爱音乐，可是艺术启发了他的科学思维，所以说科学家特别支持艺术教育。钱学森大家知道吧？他会吹圆号，弹钢琴。李四光的夫人是音乐家，钱学森的夫人也是音乐家。钱学森80岁时，中国政府授予他"杰出贡献科学家"称号，中国至今只此一人。钱学森在致答词时就说到是夫人的艺术氛围启发了他，提供了新的思想，使他少走了不少弯路。他有名言："科学家不是工匠，科学家的知识结构中应该有艺术，因为科学里面有美学。"现代美学领域中最活跃的内容，一是技术美学，二是模糊美学，即在模糊数学诞生后用它来处理美学问题。这两个都是科学与艺术结合的产物。

那么艺术家参加李政道的研讨会干什么？画科学。参加画科学的画家有黄胄、华君武、吴冠中、常沙娜等。李政道给每个人出一道题目，都是当代理论物理最前沿的研究领域，请艺术家把其中的概念、原理用美术作品表现出来。研讨会办了这样一个画展，很轰动，江泽民主席亲自参加。李政道还在国际物理学年会上展出了中国画家的"科学画"，各国科学家佩服中国艺术家丰富的想象力和对理论物理的深刻理解。比如物理学现在有一种"超弦理论"，认为我们日常说的四维空间只不过是十维空间里的一根弦。这十维空间和超弦理论要艺术家通过画表现出来，让不懂的人理解，真不容易。但中国画家办到了，所以得到称赞。法国作家福楼拜说:"科学与艺术在山脚下分手,在山顶上会合。"李政道认为下一个世纪就是两者会合的顶峰。

人类社会的早期,科学与艺术是一体的。古希腊神话里缪斯是主管科学和文艺之神,相当于科学院院长兼文化部部长。(笑)分别建于1167年和1209年的牛津和剑桥,当时所设学科有神学、艺术、医学、天文、音乐等,艺术教育比重很大。庄子在《天下篇》里提出"判天地之美,析万物之理",把"判美"与"析理"作为一件事情的两个方面。16世纪开始,科学进入分析阶段,与艺术日渐分离。实验科学的倡导者培根就劝过科学家要像个自然的征服者,把力量集中在专门的科学目的上,不必细致地学习艺术。数学研究的划时代成就,物理、化学实验室里的卓越发现和显赫名声,使艺术学科黯然失色,艺术家们孤独地钻进自己的感情世界。分道扬镳使二者在各自的领域里取得了辉煌成就,同时也给两者带来困窘。本来人的左脑专司逻辑思维功能,右脑专司形象思维功能和综合功能,思维若长期集中在一边的脑半球内进行,容易产生心态失衡乃至心理畸型。牛顿患有神经过敏症,梵高患有抑郁症,大约与此有关。

下面我讲一些科学与艺术结合的例子。我教的物理化学中就有许多与艺术有关的东西。有一句名诗叫做"日照香炉生紫烟",去过庐山的人没有几个说烟是紫的,为什么李白说是紫的?有人就说李白是浪漫主义诗人,一浪漫即可任意想象,烟就成了紫的了。法国大革命失败后,人们对启蒙主义的理想失望了,现实生活太黑暗,还是到幻想中去寻找精神寄托,出现了浪漫主义。从此再没了英雄交响乐,只有幻想交响乐,悲怆交响乐。浪漫主义的理想追求,不一定存在于现实之中,所以有人将一千多年前李白的夸张手法扯到浪漫主义上,实际并非如此。19世纪70年代电动力学应用于光学提出一个有名的理论,即Rayleigh散射理论。大家知道,光线在传播过程中碰到物质会发生几种现象:反射、透射、折射、吸收和散射。碰到的物体比波长大,发生反射和吸收;

比波长小就发生折射和透射。若物体的大小与可见光波长差不多，则发生散射。Rayleigh 证明，散射光的强度与入射光波长的 4 次方成反比，也就是说，波长越长，散射光越弱。可知紫光最易散射，红光最不易散射，大多透射。为什么交通灯是红的？因为红光传播最远，雾天也能从远处看清。为什么太阳早晚发红，中午发白？早晚太阳光穿透较厚的大气层，其他光发生强烈散射，到你眼中以红光为主。中午穿透的大气层薄，七色光大多到你眼中，合在一起近似白光。因此李白当真看到了散射的紫光，不是什么浪漫主义的想象。（笑）

　　早期的印象主义美术也与物理光学有密切关系，并非像有些人认为的那样根据印象作画，它的名字是人们根据莫奈的名画《日出·印象》起的。1874 年巴黎的几位无名青年画家在一间工作室办了一个画展，结果无人前往，他们就拉人看，（笑）看完后大家都说不好。（笑）为什么呢？因为他们将伦敦泰晤士河上的雾画成紫色，而人们都认为伦敦的雾是灰色的，他们画的只不过是自己的错误印象，一钱不值。几十年后人们恍然大悟：伦敦的雾有时真是紫的。在以建筑物为背景时，伦敦的雾看起来才是灰色。经典的美术认为物体的颜色是固有的，什么色就是什么色，固定不变，文艺复兴的名画一律由棕褐色占统治地位。而早期印象派画家结合光学原理，特别是散射理论，认为物体的颜色不是一成不变的，而与时间、地点、周围环境有关，称为条件色。过去一般认为草是绿的，但从远处看，却是青色，在晚霞照射下，就成了红色或灰色。印象派早期画家的作品色彩非常鲜艳、醒目，令人耳目一新。巴黎有个印象派博物馆，人称"小卢浮宫"，人们从世界各地跑来，像崇拜卢浮宫里的《蒙娜丽莎》一样顶礼膜拜那些曾为绝大多数人嘲笑的作品。我在那里遇到一位美国来的教授，他连续参观了三天，反复只说一句话：他们怎么会创造出这不可想象的奇迹！我虽然没有正面回答他，但心中早有了答案：科学与艺术的结合创造出了这难以置信的奇迹。我的化学课讲到胶体溶液的光学性质,讲到 Rayleigh 散射时,就拿出印象主义作品的画片给学生看,其中有一幅很有名的德加的《舞台上的舞女》,不是从舞台的正面画的,而是从舞台顶部画的鸟瞰图。随着灯光的不同角度,跳芭蕾舞女演员的裙子呈蓝色、紫色、灰色。虽然大家明知这些裙子是白色,还是觉得这些画很真实,这就是条件色的魅力。这样教学生不但立刻弄懂了胶体的散射,记住了 Rayleigh 公式,对美术史的流派,早期印象派、新印象派、后印象派就都能说出个一二三。

科学思维与艺术思维有不同的一面,但更有相通、互补的一面,两者缺一不可。只有同时掌握这两种思维,才是全面发展的人。工科的学生不可认为自己缺乏音乐细胞、五音不全。我经常给人送音乐会票,有的人不要,还说:"我没有细胞。"(笑)文科学生也不要说自己不善于抽象思维而感情丰富,只会浪漫,(笑)这都是错误的。按照《零点项目》的理论,每个人都具备上述七种智能,每位同学应当努力发挥自己的潜能,成为兼具科学思维和艺术思维能力的复合人才。下面用李政道教授的一句话结束我今天的演讲:"科学与艺术是一个硬币的两面,谁也离不开谁。"谢谢。(鼓掌)

△记录:姜舒　　本人整理

【编者絮语】讲演者早年独钟于音乐,只是临考大学前个把月才决定考理科,进了北大化学系。但终于还是成了科学与艺术的两栖人。他的讲演风趣生动,待人热诚,许多学校都请他去讲演。

科学好像就是实验测量,公式定律,逻辑推理,数学计算。可是这只是它的显层次的东西,也是普通层面的东西。真正创造性的科学,源于深厚的哲学思维,艺术灵感,来自人们的信仰和对人与世界的感悟。

李工真 武汉大学历史系副教授 博士

德意志大学与德意志现代化

[在华中理工大学讲演]

德国的大学对德国的崛起具有特别重要的意义。自从1810年德意志人创办人类历史上第一所现代化大学——柏林大学以来,德国的教育现代化取得了令世人惊叹的成就,也成了所有工业化国家的样板。

一、建立现代化大学的原因

18世纪晚期的德意志大学教育在欧洲是非常落后的。狂飚突进运动的著名人物莱辛曾尖锐地指出:"德意志的大学只是些经院哲学式的神学院,它们正在行会精神、任人唯亲、裙带关系中,在普遍的僵化和经院哲学的败落中沉沦。"唯一一所稍具现代性的哈勒大学,也在19世纪初被法国占领者撤除了,因为拿破仑知道,征服一个民族最成功的方法就是首先打击它的知识分子。

然而,正是法国大革命与拿破仑战争的冲击推动了德意志的改革运动。欧洲所有的民族生存下去的条件已经发生了变化,要想生存就必须保持效率和竞争能力,必须进行民族的自我更新。改革家冯·哈登堡首相指出:"所有的国家都必须使自己强制性地接受这个时代的新原则,否则就死路一条。"这样,德意志内部正在形成的现代化意志动员起来了,从而也使得这个德意志分裂的世界中最大邦国之———普鲁士,成为了这场大改革的中心。

1807年的《堤尔西特和约》剥夺了普鲁士一半的领土,它流尽鲜血,一贫如洗,还得向拿破仑法国交付战争赔款。然而具有哲学家头脑的国王威廉三世对从哈勒大学逃出来的教授们说道:"这个国家必须通过它精神上的力量来弥补它物质上的损失。"在内阁讨论中,这位国王再度明确了他的态度:"正是由于贫穷,所以要办教育,我还从未听说过一个国家是因为办教育而办穷了,办亡国了的。(掌声)教育不仅不会使国家贫穷,恰恰相反,教育是摆脱贫困的最好手段。"国防部长沙恩霍斯特也表示支持:"普鲁士要想取得军事和政治组织结构上的世界领先地位,就必须首先有在教育与科学上的世界领先地位。"教育部长威廉·冯·洪堡认为:"大学是一种最高手段,通过它,普鲁士才能为自己赢得在德意志世界以及全世界的尊重,从而取得真正的启蒙和精神教育上的世界领先地位。"

因此,普鲁士决心废除败落的大学,建立理性的新组织——现代化的大学。通过教育的现代化来优化国民,以求获得更高的生产率,更高的纳税能力,更多的理性,更多的忠诚,更少的犯罪,更好的官员。

二、新人文主义的教育和科学定义

一种新的关于教育和科学的观念得到了贯彻,这就是理想主义的新人文主义。

康德哲学是一切普鲁士改革,包括大学教育改革的思想基础。他认为:"人不应被作为手段,不应被作为一部机器上的齿轮。人是有自我目的的,他是自主、自律、自决、自立的,是由他自己来引导内心,是出于自身的理智并按自身的意义来行动的。"

哲学家费希特也指出:"教育必须培养人的自我决定能力,而不是要去培养人们去适应传统的世界。教育不是首先着眼于实用性的，不是首先要去传授知识和技能的，而是要去'唤醒'学生的力量，培养他们的自我性，主动性，抽象的归纳力和理解力，以便使他们能在目前还无法预料的未来局势中自我作出有意义的选择。教育是全民族的事，要教育的是整个民族！"

被后人誉为"德国教育之父"的洪堡，提出了和谐发展的观点："教育是个人状况全面和谐的发展，是人的个性、特性的一种整体发展。教育是一个人一辈子都不可能结束的过程，教育是人的自身目的，也是人的最高价值体现。"他不仅创建了世界上第一所现代化的大学——柏林大学，还给出了现代的科学定义，这就是著名的"洪堡五原则"：

1. 科学是某种还没有完全得出结论的东西，还没有被完全发现，没有被完全找到的东西，它取决于对真理和知识的永无止境的探求过程，取决于研究、创造性，以及自我行动原则上的不断反思。

2. 科学是一个整体，每个专业都是对生活现实的反思，对世界的反思，对人行为准则的反思。唯有通过研究、综合与反思，科学才能与苍白的手工业区别开来。

3. 科学首先有它的自我目的，至于它的实用性，其重要意义也仅仅是第二位的。当然，对真理进行的这种目标自由式的探求，恰恰能导致可能是最重要的实用性知识，并能服务于社会。

4. 科学是与高等学校联系在一起的，唯有通过学术研究，科学交流以及对整体世界的反思，才能培养出最优秀的人才。大学生要学的不是材料本身，而是对材料的理解。唯有这样，才能形成他独立的判断力以及他的个性，然后，他才能达到自由、技艺、力量的境界。

5. 高校的生存条件是孤寂与自由，这就是"坐冷板凳"和学术自由，国家必须保护科学的自由，在科学中永无权威可言。

岂止洪堡，连国王威廉三世也喊出了这样的口号："大学是科学工作无所不包的广阔天地，科学无禁区，科学无权威，科学自由!"

三、德意志大学的特点

柏林大学开办以后,现代化大学随后在德意志 30 多个邦国如雨后春笋般地发展起来。普鲁士大学模式已成为了全德意志、继而也是全世界大学仿效的样板。归结起来,德意志大学具有以下特点:

洪堡创立的不是英法式的专业高等学校(Kollege),而是大学(Universitaet,英文中的 University)。这个词本身来源于德语中的 Universal,即普遍,无所不包,万有,广博之义。在德国,大学就一定是综合性的大学,与工科、实用学科的专门学院有严格区别,科学知识的推广和运用才是这些学院的任务,因而其地位和级别也是低于大学的。大学成为了对世界进行新解释、粉碎宗教迷信的世俗化中心,正是在这里,人文科学才摆脱了神学的束缚,而数学、物理、化学、生物,这些自然科学的新体系也才最后确立了它们真正的独立地位。

在德国的大学,教授们不再像神学院时代那样只能在一种思想体系中去思考了。不断地研究不为人知的东西,发现新规律,不断地向真理的接近,增长人类的新知识,这种对永恒的参与,成为了他们最高的道德义务,最高的存在形式。只有作为一位优秀的研究者,才可能成为一名优秀的大学教师;照本宣科,拾人牙慧的人在德国的大学中是做不了教师的。总之,研究被职业化了,大学成为了研究者的共同体,并开创了严格的成就原则。大学人事上的选择,不是考虑个人好恶,家庭的社会地位,甚至也不是口才、写作能力和教学技巧(这属于工科、师范教师的资格),而是研究的独立性、独创性和成果,决定着大学教授位置的占有。

在德国的大学中,只有教授才是国家公职人员。大学设有编外讲师和额外教授,其资格的获取需经国家严格的考试。他们拿较少的工资，但国家为这些年轻人设立了专门的研究基金。他们要得到教授的位置，必须献身于科学研究，必须向已形成的舆论挑战，必须冒着与他人在学术上冲突的危险，必须要有科学研究上的真正突破。事实上大多数突破都是由年轻人完成的。另外，德国大学里，教师绝不允许在同一所大学里升格。教师队伍中不存在某一所大学毕业出来的人占优势的现象，这不仅扫除了门户之见，而且也严肃了成果鉴定和职称评定，因为任何一位教授都不能允许没有真才实学者取得与他们千辛万苦才换来的同样地位。德国人最先作出的这种防止近亲繁殖、裙带关系的现代化措施，后来也在世界各大学中普遍推广。

各邦国之间展开了人才战，凡不是因学术水平而遭到驱逐的教授，在别的邦国和大学里总是大受欢迎的。柏林大学的著名学者舍恩莱因·奥肯因反普鲁士专制而遭到驱逐，立即受到巴伐利亚国王的热烈欢迎，并受聘为慕尼黑大学教授。普鲁士国王害怕有了这种样板后，会造成柏林大学的人才外流，便不惜以重金将他重新请回柏林大学。柏林大学神学教授费尔巴哈大反神学，教育部曾想开除他，身为国教教主的威廉三世犹豫再三，最后的决定是，干脆将他调到哲学系去吧。（笑声）之后又有大批"青年黑格尔派"也都调到了哲学系。总之，德意志的联邦主义、各邦国大学的多样性、虚荣心和竞争，弱化了国家和社会力量对学者的压力，因而也促进了学者们的能动性、灵活性和创新性。

大学同时也成为了德意志人才的收容所。大学和科学对于有才能的人具有特别强烈的吸引力。因为市民子弟通向其他社会领导岗位如管理、军事、政治的入口，由于向贵族优先权的倾斜而受到了限制。

大学也是国家的文化代表。1810年以后，国家已取代了教会成为了大学的财政提供者。大学成为完全世俗化的机构，自我决定内部的事务，如研究、教学以及科研成果的鉴定等。大学校长由教授们"轮流坐庄"，只需经国家的批准认可。

大学教授有任意的开课权，工资由国家支付，享受社会中上层的生活待遇。聪明的统治者懂得："经济上的压迫感是会影响到他们的思考的，虽然从事任何有价值的活动都是可以得到内心的满足的，但内心的满足是不能当作工资的，教授们是不能用他内心的满足来填饱他妻儿的肚皮的。"同时国家实行严格的退休制度，不管什么人到了65岁的退休年龄，都得将位置让给年轻人，但退休后仍能保持原有的生活水平。有一点是严格禁止教授们去做的，那就是，绝不允许大学教授去办公司。相反的是，历来德国的法律都规定，企业家凡资助一位教授的研究课题，并拥有这位教授与该校校长的联名签字的文本，可到税务局申请减税。若是投资于名教授的科研项目，或是资助创新性课题，不仅能获得减税上的好处，还能极大地提高该企业的知名度。因此德国的教授从来就不缺科学经费。直到今天，连别的发达国家教授也是用"气宇轩昂"之类的词句来形容德国大学教授。一位德国国家乐团的指挥若是能在他60岁生日时得到国家授予他的名誉教授的头衔，那他的一生就走到了光辉的顶点。

"为谋生而学习"在德国大学中是受人鄙视的。接受教育是德意志国民的一种义务。爱因斯坦也鄙视这种谋生的动机："这会直接导致对伦理价值的损害。我想的较多的还不是技术进步使人类直接面临的危险，而是务实的思想习惯所造成的对人类互相体谅的窒息。这种思想习惯会像致命的严霜一样压迫在人类的关系上的。"因此他强调："青年人离开学校时，应是作为一个和谐发展的人，而不只是作为一位专家。否则，他连同他的专业知识就像一只受过训练的狗，而不像一个和谐发展的人。（掌声）而要成为一个和谐发展的人，则需要培养全面的自我辨别力，而这取决于自由而全面的教育。"

德国大学生的学习有充分自由，可以到任何一所大学里去学习，只要那所大学还有名额可以注册。卡尔·马克思是一个很好的例子，他一年级在波恩大学，二年级在柏林大学，三年级在耶拿大学，最后在耶拿大学获得博士学位。德国大学里没有什么教学大纲，也没有什么必修课和选修课，你感兴趣的是什么，就可以去学什么。知识与科学本来就是一个统一的整体，没有界限。这种流动性和学习项目的选择自由，使得任何一名大学生都有机会与这个国家中最优秀的科学家讨论问题。他可以与同学进行结伴式的自由讨论，也可以独立工作，自由进入任何图书馆，查阅已公开的任何资料，在这里绝不存在任何学生与老师之间的级别限制。爱因斯坦回忆道："我们组织了一个科学与哲学的学习小组，自命为奥林匹亚科学院。在这里，大家兴致勃勃，劲头十足地读了许多物理大师和哲学大师的著作。我们边学习，边讨论，有时，念一页或半页，甚至只念一句话，立即就会引起激烈的争论。遇到比较重要的问题，争论还会延长数日。这种学习对于大家是一种极大的享受。19世纪末20世纪初是一个追寻科学原理的英雄时代，大家热情地渴望扩充并加深自己的知识，以便能在这英雄时代里有所作为……"年迈的爱因斯坦深有感触地说："自由行动和自我负责的教育，比起那种依赖训练、外界权威和追名逐利的教育来，是多么的优越呵！"

  国家要求大学教授与学者应处于政治和社会环境的彼岸，"远离社会实际政治与经济利益"。这使德国的学者成为一支与"有产者"相分离的特殊社会力量。科学的自由为国家和社会保存一支校正力量，以便能去校正那些在政治和社会上形成优势的东西，因为并非那些成了优势的东西一定都能将社会引向一个绝对健康的方向。当然，教授、学者们本身也是生活在现实世界之中的，因而也是各持不同观点的；更重要的是，这种校正能否真正作为现实力量存在，最终也仍要取决于他们的校正方案能否符合政治领导者的利益。这恰恰说明了知识界与国家官僚这两个集团之间的分立与合作。在德国现代化发展进程中，大学教授为国家官僚机器提供了大量可供选择的改革方案：例如社会保险制，福利国家方案，社会市场经济理论等，这些都是为克服自由放任的资本主义弊端所作的努力。

四、德国大学的世界性成就

科学技术是生产力,教育也是生产力,而且是更重要的生产力。科学与教育的崛起,已成为改造生活与世界的最为强大的决定性力量,德意志人为此作出了特别巨大的贡献。

这里有一个统计数字:在生理学领域里的重大发现中,1835年以前,德意志人取得了63项,而世界其他民族总共只有43项;到1864年,德意志人又取得了156项,而世界其他民族总共只有57项;1864年到至1869年,德意志人取得了89项,而世界其他民族总共只取得了11项。

在热力学、电学、电磁学、光学的发现方面,1836年前,德意志人取得了108项,英国与法国取得了206项;但是到1855年,德意志人又取得了231项,英国与法国总共取得了201项;1855年到1870年,德意志人取得了136项,英法总共只取得了91项。

在医学领域里,1819年前,德意志人取得了5项,英国与法国总共取得了22项,而到1869年,德意志人取得了33项,已超过了英国与法国总和的29项。

德国大学为这个民族赢得了世界性的辉煌。在这个一向被视为有着浓厚封建专制传统的社会里的大学,贯彻思考自由,科学自由,科学无权威,以及"远离社会实际经济利益"的原则,为人类造就如此之多的伟大思想家、科学家:哲学家康德,费希特,黑格尔,叔本华,费尔巴哈,马克思,尼采,海德格尔以及卡西尔;历史学家兰克,莫姆森,斯宾格勒;文学家歌德,席勒,海涅;经济学家马克思,李斯特,瓦格纳,艾哈德;社会学家韦伯,弗罗姆;数学家高斯,黎曼,闵科夫斯基,希尔伯特,哥德巴赫;物理学家弗劳霍荷,赫茨,哈伯,洛伦兹,普朗克,爱因斯坦,波恩,玛依尔,赫姆霍尔茨,伦琴;化学家现李比锡,奥斯瓦尔德,哈维尔、威尔斯塔特、瓦尔堡；以及地理学家洪堡。所有这些伟大的名字都是与德国的大学联系在一起的。

到19世纪末，德国已成为世界科学的中心。自诺贝尔奖开始颁发以来，已有95位德意志人成为了该奖得主。1933年以前的德国是全世界该奖得主最多的国家。美国与前苏联的尖端科技成就中很多来自于德国人的发现和发明。美国在二战结束时不惜打乱原定作战部署，调动五个师去抢一位德国科学家，这反过来证明了德国科学家的价值。

德国的世界科学中心地位在1933年后毁于纳粹专制之手。遭受政治和种族迫害而流亡美国的受过大学教育的德国人高达40余万。希特勒的文化专制和闪电战在最短的时间里，以最快的速度，完成了世界科学和文化中心的史无前例的洲际大转移，德国大学教育体制中的精华被以爱因斯坦为首的德国科学泰斗们传播到了美国。从某种意义上说，这是德意志人对人类进步所作出的伟大贡献。（掌声）

△本人整理

【编者絮语】讲演者专攻德国文化与德国现代化问题。他的讲演有一种高亢的节奏、饱满的激情，谈异国历史就如一面镜子，对于我们反省现实，极具启迪性。当人们把投向国外、投向西方的眼光最后都落在美国时，我们不应忘记西方文化的真正源头和创造力所在。那些德国人，当别的民族相继走出宗教的阴影时，这个很早就觉醒了的民族却只是通过宗教改革在信仰的方向上越走越深，似乎对别人的成就与繁荣不屑一顾，可是正是他们创造了人类最辉煌的精神文化，而且当历史轮到他走上中心舞台时，又创造了科学技术和社会生产的全新的成就。这个民族深厚的文化底蕴在西方世界中是少有的。本文只是一个特定的角度，但足以窥见其独特之处。

中国与世界

● 任继愈 北京图书馆馆长

文 化 与 交 流

[在北京大学讲演]

今天我是以老校友的资格来到这里,想谈一点哲学史与文化交流的问题。中国有5000年的历史文明,在这漫长的历史中,在我们走向世界的过程中,首先是在汉朝,建立了陆上丝绸之路,这成为与世界沟通的一个窗口。到了唐朝,除了陆上丝绸之路外,海上交通也有很大的发展。唐朝的造船业在当时是世界第一流的。唐朝的对外交流比汉朝有了更大的发展。

交流包含三个方面:一是经济的交流。最早是商人的往来;随着经济的发展,带动了第二个方面,即文化的交流。经济利益具有驱动力,接着就是文化交流;第三是政治交流。民间友好,丝绸之路的畅通,是政治交流的基础。经济交流带给双方利益,文化交流可增进双方互相了解,政治交流是经济、文化交流的保障。这三者不可分割。

交流有时代的特征。抗战时期,我在西南联大呆了8年左右,到边疆少数民族地区去过,看到处在边远地区的少数民族交通闭塞,多年与外界没有什么来往。有一个小山村,人口不多,多年来近亲繁殖，智力低下的占 10%，男子最高的只有 1.60 米，女子就更矮了。新中国建立 40 多年，这里达到服兵役年龄的男青年，报名征兵没有一个体格合格的。这说明缺乏交流，封闭了自己，体格、智力都得不到正常的发展。

学过历史的都知道，美洲黑人是从非洲贩运来做奴隶的。同一个种族，非洲大陆黑人很封闭保守；而在美国，黑人与各色人种交流。在美国，有十分之一是黑人，他们之中有歌唱家、运动健将，美国在奥运会上获得这么多的奖牌，大部分是靠黑人。有交流的环境促进竞争，容易出现人才。当年白人贩运黑人是犯罪行为，应当受到谴责，这里不是为贩运奴隶的罪行辩解。如果在平等友好往来的正常情况下，黑人不受歧视，能有与白人平等竞争的机会，他们的成就将更为辉煌。

以前我在北大读书时，北京的北大和清华当时都是综合性大学，都培养了不少人才。1952 年院系调整后，清华大学取消了文科，这是清华的损失。北大这所综合大学，多学科的设置增加了我们互相学习，互相观摩、交流的机会。这是一个可贵的学术环境，要爱惜它，利用它，多学科的综合大学有一种无形的作用。这不是说哲学系、化学系、物理系混在一起能解决什么具体问题，而是说多学科的大学形成一种学术气氛，让人们的思想活跃，能引发人们从多角度讨论问题。这只有在北大这种学术空气中才能感受到。

解放后，我们强调联系实际，联系直接经验，这完全正确。书本上的知识是别人直接经验的记载，吃砒霜要毒死人，用不着我们亲身去实践。让每个人每样都去实践，是不可能的。人的进步，在于善于集中前人的经验。智力资源越开发越多，如果只相信狭隘经验，会限制思维。所以人类要不断进步，不能不读书。教育的目的在于提高人的素质，人的能力是有差别的，人的知识有多有少，但人的道德品质没有多和少的差异，而在于品格的高下。道德好像是纯金，一两斤或几两，只要是纯的，没有杂质就具有金的价值。做人也是这样，我们生活在这个充满竞争的时代，人，如果尽力从集体索取，而不努力向集体做贡献，这种人越多，社会进步越慢；大家的投入多于支出，社会进步才会快。

我们求学是为学得知识，不管我们学的是什么科，在哪个专业，做一个合格的"人"是起码的要求。一个人不管你学什么专业，一定要学一点祖国的历史。特别是在中国，因为我们的历史很长，很丰富，不论你是学化学、学物理的，只要学习一点历史，不要求系统的学习，一天读一点，一生一世将受用无穷。学习了历史，才能真正理解祖国的伟大和可爱。对祖国的历史理解越多，我们爱国主义的基础越坚实。通过读历史书，也能了解过去我们犯过的错误，走过的弯路，借鉴过去，可以避免重犯同样的错误，变得聪明起来。

最后说到读书。科学工作者不能离开书，我希望大家能经常利用图书馆。现在社会信息量越来越大，知识更新的节奏也越来越快。新兴学科甚至二三年更新一次。抱残守阙，就要掉队，为时代所抛弃。希望多利用图书馆，随时更新自己的知识，不断充实，继续提高。学校教育有年限，增进知识，更新知识是一辈子的事。这是一种终身教育。图书馆就是承担着学校以外对人类进行终身教育的部门。

△记录整理：丘斯迈

【编者絮语】 本篇是编者根据北京大学"读书修身文化节"开幕式上的讲演录音整理的。讲演者是著名的哲学家，谈的道理却非常朴实生动。

● 田长霖　美国加州大学伯克利分校校长
　　　　中国科学院外籍院士

世界的大趋势

[在清华大学讲演]

　　我要讲的是关于世界的大趋势。人的思维每年都在变,去年我讲的跟今年就不太一样。你如果看我去年的演讲稿,可能与今年就有所不同,但也有大致差不多的基本思路,这就是我们要把握的世界大趋势。国内也经常讲要了解世界政治经济发展的动向。
　　我认为世界发展的第一个趋势是民主化。今天我不是讲怎样的民主,不管是社会主义民主、资本主义民主,市场经济的民主、计划经济的民主,但民主化没有一个人敢说不是一个世界的大趋势,是世界发展的潮流,所以说民主化是一个大的趋势。第二个大的趋势是国际化,现代网络的建立、交通运输的发展、电子通讯的运用把世界变得越来越小,我们的教育和我们的世界一样也应走向国际化。第三个是信息化,信息革命正在风起云涌地进行。第四个是我最新的观点,21世纪一个新的很大的动向,就是组织的机动化。一个组织机构一定要机动,一定要灵活,像人体一样,它永远在变,一直在变,这个在东方社会比较难以实现一些。
　　现在我来具体谈谈。第一,民主化。大家都知道,民主化是世界的必经途径,一定会民主。但是,一味民主,不是每样都变得很好,民主之后,就会吵吵嚷嚷,各方面好像都杂乱无章,每个人都来讲话,麻烦事就很多。会产生一些什么样的问题,我们不妨来一起探索。第一个问题就是"长程"的投入越来越小。像现在我们讲"科教兴国",科教的预算经费要逐步增长。我们说十年树木,百年树人,有些投入可能暂时看不到效果,要耐心等待。这是一个必经的过程。民主化常常会使人眼光短浅,急功近利。有人讲,哎呀,哪来那么多经费啊!真正有战略眼光的人,敢于在教育和科研上大胆投入的人,毕竟是少数。我做校长6年,我们学校的经费中,政府方面的就被削减了30%,还不算通货膨胀。但是我们还是要想办法维持我们的科研水平。世界各国都要发展,尤其是冷战之后,基本上不存在世界大战的危险,以后的时期最重要的竞争不是社会主义与资本主义的竞争,不是政治或者军事方面的竞争,而是以经济为主导的竞争。哪一国经济实力强,福利高,生活水平高,就成了强国。日本这个小小岛国,基本没有军事,居然成了世界上的强国,凭什么?就是经济。所以以后的竞争主要是经济的竞争。经济竞争最终的动力是什么?是科教。所以"科教兴国"这个口号非常正确!所以我要讲,在民主化这个趋势下,"长程"的投资非常困难。国会议员天天争论的是社会福利、交通、环境这些不能等的问题,还有安全的问题。可是教育和科研呢?常常没人管它。这样下去会影响长远的发展,我们要懂得这一点,学会去面对它,调整它。

第二,国际化。这里我不想多讲,在这方面大家都认识很清楚。我们的社会不可能再是一个封闭的社会,一定要跟广大的市场去交流,去贸易,并且要努力占有一个很好的地位。国际化与民主化有很密切关系。每个国家,像中国、像美国,都不能自给自足。这些词语现在好像不那么经常讲了!

第三,信息化。我也不想多讲。第四,组织机动化。我想多讲几句。这个世界越来越小,往返期越来越短,什么事情很快就会发生变化。组织做不到机动,你便不能适应这个社会的发展、变迁,所以组织要不断地变动、变迁。在这里我们可以得出三个结论:第一个是经济挂帅,21世纪最重要的是经济。第二个是同等竞争。过去人家说，中国比美国要落后100年，中国现在跟美国在很多方面不是在同一个地位竞争，但是有很多方面，比如现在我们说的信息革命，美国近10年才进入信息时代，中国如果早一点计划的话，可能很快跃进，所以我说现在很多国家都在同一地位上竞争，不像过去说的这也落后50年，那也落后40年，只要政策对，赶上来会很快。德国20年前发展很快，几乎要赶上美国了，最近时间走下坡路了，为什么？信息产业方面落后了。第三个就是必须分秒必争，这很重要。现在这个时代是个信息社会，我跟江主席，还有李鹏总理见面时说：再不赶的话，机会要丧失上十年。要赶快去赶，不必过多地害怕黄色的、黑色的或其他颜色的影响，什么事物都有不良影响，但是我们必须适应这个社会的大的趋势。

　　从这个大趋势来看高等教育，第一个最重要的，我想，做校长的，尤其要特别注意，就是预算的挑战。要维持高的水平需要很大的投入，但是现在国际化、民主化、市场经济化使学校的经费产生很大的变化。比如说现在我们学校的经费，州政府占1/3，联邦政府占1/3，其他的资金来源占1/3。30年以前则是经费的80%来源于州政府，联邦政府占20%。经费预算的挑战是21世纪非常重要的一环，学校领导，这一点应该看得很清楚，不能因为经费的欠缺而牺牲学术水平，但是怎么样解决是一个十分实际的问题。比如我们学校，便决定到国外去募款，大家认为不可能募到这么多的钱，结果呢？我们去年就募了1.5亿美金，今年我们继哈佛大学之后，已经超过了其他的大学。这样在一定程度上补充了政府少给的钱。在国内也可以想办法。现在牛津大学、剑桥大学，日本的大学，德国的大学，世界上所有的大学都面临这样一个问题，这是一个很大的挑战。第二个问题，因为市场经济，经济挂帅，学校一定要跟社会接轨，不能与社会脱节，要与社会挂钩，尽量地挂钩，而且要挂得对，不能挂错。结合的时候要注意到，不可能与每一点都结合，每一个学校要有自己的特色，每一个学校要定位。在国内,有人批评清华的学生有学无术。清华的学生优秀得很,基础课也学得很好,但是有一个问题,不能进入市场。同样,也有人认为,国内也有很多大学生是无学有术,比如说他们通过到工厂实习,实际经验很足,但是基础理论很欠缺,以后就慢慢地落伍了。怎样做到有学有术呢?这才是真正意义上的"学术至上"。我想,我们要很好地定位,跟社会接好轨。清华大学是一所以理工为主的综合型大学,这也和美国的大学一样。美国调查结果发现,这些理工学院的学生毕业以后5年之内,50%的学生已不是工程技术人员。现在美国的法学院要得最多的便是理工科学生,工学院的毕业生商学院也是最需要的。在美国,经济是高科技经济,你如果有高科技背景的话,那么你会显得得心应手一些。现在公共政治学在美国是一个热门学科,我有一个女儿就是工学院毕业以后到哈佛的公共政治学院的,因为公共政治学很需要有工学院的背景。现在美国有一个公认的观点,就是工学院不只是一个职业学科,而是一个人文学科的延伸,因为将来的领导、领袖人员都要有工学院背景的,所以一个学生最好到工学院去念一个学士,然后再去读法学院、商学院、公共政治学院、公共关系学院,各种各样的学院。学校定好位,这不是说学校与社会上的每一个阶层都对上位,这是完全不可能的,也是无用的。每一件事情都懂,也就意味着什么都不懂。第三点是信息的挑战,现在有一个新的动向,就是你要赶快上网络,你不上网络,你就要自我消灭。这里有一个很大的问题,因为现在上网络的话,学生倒还来得积极,但是一些机制要接受这些恐怕有些难度。信息的挑战将是21世纪一个很重要的挑战。组织机动化对大学也是十分重要的,组织机动化要求我们常常变,随时代的变化分秒必争,使它显得灵活自如。任何组织都有一个末期,我们的大学有许多成立了科学研究中心,研究我们如何改变组织发展方向以及它的生命期。现在世界上有一个很大问题,就是一个机构一旦成立,似乎永远不能撤销了,其实一个组织,一旦生命期结束,就该关闭,并且要快。总之,组织一定要机动化。学校机构也一定也得有特色,我们不要每个系均是全国最好的,或者是世界上顶尖的,但是每个系的某些领域应该处于领先水平,我们得集中精力,办好自己最好的专业。如果某些专业实在不行的话,我们不能马上"消灭"掉,可以让它挨饿,它就慢慢地最后消失了。

△记录:赵祥灿 未经本人审阅,编者有删节。

【编者絮语】讲演者是美籍著名华裔物理学家和教育家。他是中国科学院十位外籍院士之一。他经常到国内来讲学,语言风趣幽默,思想敏锐深刻,赢得很高赞誉。

● 陈 平　美国德克萨斯州州立大学研究员
　　　　北京大学中国经济中心客座教授

文化的差异与经济的竞争

[在清华大学讲演]

非常高兴到清华大学来,我是研究物理学的,今天,却要在人文学院与你们谈历史与文化,有点班门弄斧了。"文化革命"时,我本科毕业了,当了五年写作工人。(笑)当时,我常常思考一些问题,如中国为什么落后?中国为什么会有那么长的封建社会?对于这些疑问,我们得从文化方面来加以探讨。

如果大家常看小说,就会发现,中西方人打仗的方式是不一样的,中国人打仗讲的是人与粮。春秋战国时,越王勾践就奖励生育,男子多少岁不娶,女子多少岁不嫁,罚。朱元璋的办法是"广积粮",他还强调"高筑墙、缓称王",毛泽东改成了"不称霸"。(笑)中国人打仗就是,谁有粮食,谁就有兵,旗号一定,就可以北上平中原,南下征江南了。西方人打的就不是人与粮的战争,战争对他们而言是经济战与商业战。中国一有竞争,就会囤积居奇,政府就要抑商,而西方则要通商。中国的很多问题都出在重农抑商上。

葡萄牙人为什么要绕过好望角,哥伦布为什么要寻找新大陆,就是为了做生意、搞贸易、发大财。欧洲最困难的时候是靠牧业来维持经济的,这就有一个很大的问题,因为肉放久了就会臭,所以除牧业之外他们还得拿盐腌肉,还要臭的话怎么办呢,就往里面放香料,然而香料却产在印尼与爪哇一带,所以香料贸易发了大财。香料贸易甚至比丝绸之路还重要，丝绸贸易只是贵族所必需；而香料贸易，每个人都需要。近代西方国家的强盛，地理位置和航海业的发达起了很大的作用，无论是威尼斯也好，荷兰与英国也好，都是如此。

我是个物理学家，因而在研究历史、文化现象时，总爱从物理学的角度加以审视，它给了我很大的启迪。大家都知道热力学第二定律，讲的是高温物体必然会向低温物体传热，如此下去，最终会有什么结果呢？温差将完全消失，如果演化只有这一个方向的话，那么宇宙早就死绝了。有一位获得诺贝尔化学奖的物理学家就不相信这个道理。很明显，热力学第二定律与生物学是相矛盾的，达尔文讲进化与演变，生物总是由低级到高级，由简单向复杂的，社会发展也是如此。

在中国是什么样的情况呢？许多人讲，即使没有资本主义的入侵，中国自己也会发展出资本主义。实际上却是，直到20世纪中叶，还要割资本主义尾巴。为什么科学和近代资本主义产生在西欧，而不是中国、印度与阿拉伯呢？

物理学中封闭系统即静态结构，就是只交换能量而不交换信息。比如说盐、晶体，你把盐放在冰箱里冰冻，盐会慢慢变结实，但是盐不会慢慢演化，变成一个生物大分子，因为它是静态结构。由此我想中国没有发生近代科学与资本主义一个很重要的原因是中国的封闭状态，在这个封闭系统里，买卖可以做，思想与人员是禁止交流的。在这种情形之下，要有大的发展，实质性突破，将是非常不易。而在开放型的情况下就不一样了。

量子力学领域有一本好书，叫《生命是什么》。书里指出，如果要有生命的话，它必须是一个特殊状态。太稳定了，就像晶体一样自我封闭了；完全没有稳定，就是一盘散沙。生命第二需要的是负熵流，有负熵才有信息，熵是无序的量度，要是有序就必须是负熵。

还有一个非常重要的猜想。庞大的物理学大厦只有两块砖瓦，一块可称之为机械运动,一块就是布朗运动,即完全没有规则的运动。大多数生物既不像机械那样刻板,又不是一片混沌。有的同学可能会问,开放的系统必须是维持了负熵流的稳定的结构,稳定的结构并不是静态的结构,但稳定的结构如何会演化呢?这就要涉及到耗散结构,耗散结构是远离平衡状态下产生的,这种耗散结构可以找到更为有序的平衡点,而不会回到较低级的平衡状态去,混沌就是这样变为有序的。同时,生物又必须保持稳定状态,否则,生物就不会存在与演化了。它们的稳定得益于负反馈。控制论告诉我们,负反馈就是一个结构能产生一个与输入的变量相反的变量,从而变化得以抵消,结构才能处于稳定状态。但也有相反的情况,就是长得越多,长的就越快。癌细胞发展就是这样,革命的过程也是这样,我们称其为正反馈,正反馈是一种不稳定的结构。正反馈导致旧结构的破坏和新结构的产生。正反馈与负反馈二者间有一个细致的平衡,如果只有正反馈,世界就一片混乱,无所谓发展了;如果只有负反馈,世界只能固定于一种结构,永远也不会发展。因而,有人认为中国封建社会之所以不能发展到资本主义,或许是因为中国的封建社会太先进,太完善化了,它拒斥任何外来的信息,而闭关自守,任何外来的变化都被它消解掉了。

中国为什么会落后?在马克斯·韦伯看来,是因为西方信基督教,中国则信儒教,我们将这种文化研究方式称为文化唯心论。有个叫哥伦比亚的文化人类学者写了一些书,对许多在人们看来不好理解的文化现象从经济方面给予了合理的解释与说明,我们称这种文化研究方式为文化唯物论。因而,在别人看来是非常不可理解的习惯,譬如某种禁忌,规定什么东西不能吃,在它特有的情况下,显得非常合理。

有的学者认为,世界文明的转折点就是15世纪文化的分岔。当时,发生了许多奇怪的事情,中国是地少人多,西欧是地多人少。按理讲,地少人多的应该扩展疆土,地多人少的应该发展人口。事实却倒过来了，中国地少人多，却感觉到缺乏人口，所以要增加人口，在工业革命前，将人口增加了好几倍的唯一国家就是中国。西方有的是地，而且大部分是荒地，他们却感觉到缺乏生存空间，要向外扩展。原因就在于中国人种粮，西方人放牛，当时，一个家庭必须养100头奶牛，而这至少需要1500亩的人工牧场。有的人讲中国人没有效率概念，这是没有道理的。效率的概念是不一样的。西方从中世纪开始到现代工业都是一种消耗资源、节省人力的发展方式，中国呢，则是消耗人力、节省资源的方式，所以中国人有"谁知盘中餐，粒粒皆辛苦"之说。从而，中国人越是穷就越增加人口，人口增加超过了粮食产量的增加，人均粮食就越来越少，因而，中国就越来越闭关自守，这个恶性循环不被打破，中国绝不会产生工业革命。

　　读西方学者所写的世界史，你可以发现，列在其中的中国人只有老子、孔子等，还有毛泽东。我们知道，文化是由生活方式决定的，生活方式是由技术、生态环境决定的。我们发展的机会在哪里呢？要知道，只有抱怨的民族才是一个进步的民族，不愿意进步的民族，它从来不抱怨，中国之所以停滞落后是因为中国人非常安于现状，只求吃饱穿暖。中国之所以没有发展，就是因为在非线性的分岔点上时，中国的稳定性阻碍了它的演化，阻碍了它远离较低的平衡，进而达到较高的平衡态。中国要成为世界强国有没有机会呢？我觉得现在正是千载难逢的好时机。美国是现今唯一的超级大国，有的人讲美国要遏制中国了，但美国自身的麻烦却不少，美国的外债、财政赤字大得惊人。美国的资本家都明白，遏制中国，倒霉的是美国人，发财的则是德国人、日本人。(笑) 中国近些年经济强劲的发展势头显示出，她的强大是势不可挡的。

　　到美国的大街上转转，随便拿个小东西翻过来一看，可能写的就是"中国制造"，美国人是越穷越要买进口货，因为进口货便宜；中国人是越富越要买进口货，因为进口货贵。(笑) 现在美国发财最快的商店卖的几乎全是中国东西,就是因为中国货便宜。但如果美国将这些东西设限,不让中国货进去,能给美国创造工作机会吗?不可能。而且,美国的纺织业、制鞋业都死完了,不买中国的东西,买谁造的呢?当然,他们可以买比中国更穷的国家的,但他们拿了外汇之后能买美国的东西吗?不会,美国货太贵了,买不起,他们宁愿买中国造的。而中国人赚了那么多美元干什么呢?自然就可以购买美国货了。

现在美国最畅销的是好莱坞的电影,以及它的那些录像带、录音带。个人创造性的集中表现就是好莱坞。(笑)好莱坞的销路几乎是不可阻挡的,但好莱坞拍电影的风险越来越大,投资都要好几个亿,卖不出去就完了。美国人的创造性虽然不低,日本人却更精。索尼公司把哥伦比亚公司的产权给买下来了,你拍电影不是拍得好吗?卖座不是卖得高吗?赚的钱归日本人。(笑)再就是计算机硬件和软件。硬件差一点输给日本人与韩国人,因为他们有团体精神。美国人的个人创造性非常好,因而软件上还可以。但美国软件工程师工资太高,很多老板伤透脑筋,一定要把这份工资裁下去,所以就要把软件的活承包出去。现在,美国的软件公司里面当老板的还是美国人,下面干活的都是印度人、中国人和一些东欧人。剩下的一些产业是冷战时期集中搞起来的,比如,飞机、通讯、电力等。飞机行业的发展,以前靠军备订货,冷战结束后,军备没有了补贴,以致于时代公司被合并,麦克唐纳差一点破产。最后,波音公司工人举行了大罢工,原因是波音公司与中国签订合同,转让了一部分飞机部件的生产和技术,以便在中国生产、组装再返销美国。同时,波音公司大规模地裁减工人。这不是把工作出口了嘛!

美国并不是作为一个统一的利益集团来对付中国的。以前美国的经济有东西之分。东边是传统农业,西边是新兴工业,西边最愿意与中国做生意。讲个故事吧,卡特原来是个种花生的农场主。水门事件中尼克松下台后,政治出现真空,选举结果取决于几个大财团的投票，当时最大的投票团是加州和纽约。加州人想和中国做生意，希望中美关系正常化。西部民主党有个政客是个律师，很会作交易。卡特请他去游说加州，并且答应实现中美关系正常化。这时台湾也在加紧活动，很快把红包送到了议员们手里，连卡特的兄弟、亲戚都收到了去台湾的免费飞机票，这些人从台湾观光之后回来游说卡特保持美台关系。不料卡特知道后勃然大怒，把国民党甩掉了！（笑）

美国人讲，美国政府在贸易谈判时专门给美国公司帮倒忙，美中之间每吵一架，生意就让日本人与欧洲人拿去了一些。美国贸易代表团中懂经济的太少，而政客与律师太多。美国公司很着急，几个关键性工业的生存，事实上取决于能不能在中国这样的大市场上拓展空间，因此他们并不关心什么人权之类的问题。其实民主制度是最不能改变的制度，为什么呢？民主要保护各个利益集团的利益，没有谁"先天下之忧而忧"，我只关心我的利益，改革只能是牺牲他人的利益并维护我的利益，因而改革实质上是不可能的。

我想，如果中国抓住机遇的话，先开发石油，输出劳动力占领市场，再将美国的技术引进，过20年就可以上一个台阶。因而，中国应该将发展放在优先位置，而不要将自己放在一个被动挨打的受遏制的地位。中国要在21世纪有个好的前景的话，我们就应该吸收新的思想，改变陈旧的观念，但我们不可能对西方的社会制度、生活方式照搬照抄。在每一个问题上，我们顾及中国的国情，同时也要看到自己的优势，发展自己的优势。

问：陈老师，您刚才讲中国最优先的应该是发展，但是，发展什么呢？

答：我很高兴听到这个问题，因为这涉及到我的专业了。其实我是用数学模型来解释生物演化与社会发展的。如果你持经典热力学或均衡经济学这类过时的观点的话，你的理想的发展就是收敛的发展。另一种发展是非线性、开放性的发展，这种发展是由简单到复杂、由单一到多样化的发展。我持的是后一种发展观。所以未来不会是中外齐步走，大伙都吃汉堡包。你会发现美国人富了以后都不愿吃汉堡包，汉堡包是穷人买不起中国菜才去吃的。（笑）中国菜的花样多，味道好。比利时一个城市就有300多种啤酒。可见，发展其实就是多样性的发展。

从控制论到信息论，研究的问题就是事物为什么会存在，答案是：存在就是稳定，稳定就是优化的。那么，我们说发展是多样性的，事物是越变越复杂的，这可能吗？就是说，越复杂越稳定呢？还是越复杂的越不稳定？控制论专家阿西比经过细心的研究，得出的结果是越复杂的越不稳定。这一结果在数学家、物理学家、生物学家中引发了争论。人们挖空心思，将实验做得更精巧、更复杂，结果还是越复杂的越不稳定，因此我们只有承认这个事实。

再谈谈经济学的问题，经济学里有两个教条，现在这两个教条都受到动摇。一个教条是相信"看不见的手"会自动选择最优，我们在现实中发现，中国不是这样的，美国也不是这样的。实验经济学告诉我们一个简单的道理：市场行为不是自动最优的，而是与规则相关的，就是说不同的游戏规则就会有不同的结果。咱们从拍卖谈起，拍卖的方式很多，可以是荷兰式拍卖，从高价往低价叫；可以是英美式拍卖，从低价往高价叫，投标出最高价的人成交。所有的办法得到的结果都不一样。第二个教条就是均衡理论，它是有问题的，因为这一理论是封闭的，没有记忆与历史的，是线性的，从而解决不了任何现实问题。举个例子吧，计算机有两种型号，一种是IBM-PC，一种是苹果机，苹果机要比IBM-PC先进得多，但是IBM-PC先占领了市场。虽然有好的技术，但市场先被别人占领了，就麻烦了。这个现象被称为路径相关，此种情况下，初始条件占有重要地位。

问：请问，你对中国当前的腐败现象有什么看法？

答：我认为天下任何集团，只要有权力就有可能腐败。只有一个例外，那就是希特勒，希特勒极为自律，都不拿工资的。你们可以想象，如果一个独裁政权连送红包都不能买到一条路，那就十分可怕了。（笑，鼓掌）

现在中国存在大量的腐败现象，是什么原因造成的呢？多数人认为是政治制度造成的，我却认为是技术落后造成的。例如，在中国作交易，很多人都用现金交易，他要是坑蒙拐骗，你没有办法查。而在西方，一切交易都通过银行，在银行的高度技术化、计算机网络化之下，帐是不可能赖的，政府收税也有确定的依据，腐败很大程度上由此得到控制。要消除腐败，在发展技术的同时，还需要高薪养廉，要把官员待遇提高到一定水平，只有这样，优秀的人才才愿意去当官，官员也就不会因为生活艰辛的原因而去贪污、受贿。至于企业产权问题，我认为也是一个技术性问题，没有说产权能解决一切的，美国产权最清楚了，但问题依然不少，而且，产权明晰也是一个过程。好了，谢谢诸位了。（掌声）

△记录：清华大学人文讲座组委会
整理：姜德增　未经本人审阅

【**编者絮语**】讲演者的头衔显示他是一位物理学家兼经济学家，可是如果你不知道，只是看到他的手插在牛仔裤兜里，在讲台下来回走动，想到哪讲到哪，总有故事和妙语逗人发笑，其中不无独到的见识和智慧，你可能猜他是外交学家、政治学家、历史学家、哲学家……可惜离开现场背景，能整理成文的只是很少一部分了。

● 葛剑雄 复旦大学中国历史地理研究所教授

开放的观念与世界新文明

[在华中理工大学讲演]

自从亨廷顿的"文化冲突论"提出以后，海内外学人已经发表了很多文章，从多方面批驳了亨氏的谬论，近来声浪渐息，似乎已成余响。但我却以为，真正的论战还刚刚开始。一方面，亨氏在坚持他的观点，他的理论在西方颇有市场，"中国威胁论"成为一些政客和学者的热门话题；甚至已经有人预言中国持续增长的人口的需求将超出世界粮食供应的能力，因而必然造成全球性的灾难。另一方面，世界上正在发生的一些现象好像正在证实亨氏的论断。一些人把儒家学说抬高到不切实际的地位，并且称之为未来世界的文化主流；"大中华经济圈"、"华人经济"、"太平洋世纪"、"中国世纪"等等令人目眩的词语和更多激动人心的论据日新月异，以至出现了中国人也不愿接受的"世界第×"的桂冠。试问：要是中国真的要将儒家文化推行到世界；要是华人真要建立起一个经济或文化（当然随之而来的是政治）的超级帝国，西方人能不感到惊恐不安吗？能不佩服亨氏的先见之明吗？

这就有必要讨论这样两个问题：在未来的世界，不同文化间的冲突是否无法避免？如果有可能避免，我们又应该采取什么态度？

一

汤因比的文明兴衰学说使人们一直在预测西方文明何时衰落？东方文明何时复兴？哪一种文明即将取代哪一种文明？似乎历史永远只能是非此即彼的轮回。亨廷顿们的预言无非也是要人们相信，文明的冲突不可避免，所以西方文明的延续只能以遏制东方文明的兴起为代价。但是，为什么不能产生这样一种结局——人类共同创造一种集各种文明之长而又避各种文明之短的新的文明，它既不是西方文明的延续，也不是儒家文明或其他文明的复兴。从这一意义上说，现存的各种文明都消亡了；但从它们的优点都已被吸收的意义上说，它们都获得了永生。

在此我无意全面评价汤因比的学说，而且我认为，尽管汤因比对中国历史的认识和解释远不能令人满意，但他对世界文明兴衰规律的总结是值得肯定的。问题在于，适应过去的规律未必适应于未来，而目前和未来正处于人类历史上一个巨大变革的时代，随着客观条件的改变，文明兴衰的规律也将发生变化。

首先是人类精神文明的进步，特别是在观念、信仰、法律、制度等方面的进步，使全世界各国、各民族、拥有各种宗教信仰和生活在各种政治制度下的人民有了越来越多的共同性。联合国宪章、全世界绝大多数国家的宪法和法律都承认的一些基本原则，如保卫和平，制止侵略和战争；实行民主和法治，维护人权；保障信仰和思想的自由，政教分离；反对种族歧视，等等。尽管理论上的承认并不等于实际上的实行，但与有史以来任何一种文明最辉煌的阶段相比，也都不可同日而语。这不仅为世界和平和进步、各国和各民族的和平共处提供了政治上的保证，而且使各种文化有了共存、共荣的基础，因为至少在这些原则上，不同文化之间的差异已经或将要消失。

其次，物质文明的进步已经或正在缩小各种文化在物质方面的差异。科学技术和工业生产的方式早已消除了不同的物质文化之间本质上的差别。人们的物质生活和精神生活虽然继续保持着丰富多采，但其物质基础却越来越趋于一致，因而也越来越互相渗透。豆腐是中国人发明的，但今天日本的流水线在中国生产，新的凝固剂和防腐保鲜材料在取代传统工艺，并已经进入发达国家的超级市场。可口可乐是美国人的专利，但据说也用了中国的药材（由于配方保密，只能是"据说"而已），这并没有影响它风靡世界。

现代科学技术需要人类的共同努力才能发展和进步，生产、流通的效率不仅要以大规模生产为基础，而且要求全球的一体化。跨国公司的出现和扩大，金融、信息的国际联网，无不意味着在这些领域正在打破其他领域的各种界线。生态环境的保护已经使不同的国家、民族和宗教的人口不得不承认，地球是他们的共同家园，是一个不可分割的整体。任何一种文化，如果想要在未来生存和发展，就绝不能脱离世界。即使只是为延缓衰亡的到来，也离不开外界所提供的物质条件。在这种情况下，它自然也不可能脱离外界的影响。

再者，地理环境的制约曾经在文化的兴衰上起过重要的甚至决定性的作用，如气候的变化、河流的改道、某种疾病的流传、某些资源的枯竭，都可能导致一个帝国的崩溃、一个民族的灭绝或一种文明的消失。在可以预见的未来，尽管人类也无法超越地理环境的制约，但却能够充分运用地理环境所提供的条件，用科学技术来顺应客观规律。地球的资源是有限的，但人类的利用潜力却未达到极限，只要利用的效率得到提高，方式得到改进，同样数量和品种的资源就会产生高无数倍的效能。如果人类在超导技术、受控核聚变、生物遗传工程方面取得突破，那么现有的资源就足以满足全球人口未来相当久的年代内的需要。由于地理环境变迁而引起的文化衰落尽管还不能完全避免，但这一过程必将大大延长。

地理环境也曾经是文化传播的主要制约因素。在古代，一种文化的传播速度之所以缓慢，影响的范围之所以有限，以至有的文化在没有传播到外界之前就已灭绝，一个主要原因就是当时的人无法克服地理障碍所造成的传播困难。出于同样的原因，人们要认识、选择、学习、掌握一种先进的文化，往往需要付出巨大的代价，耗费漫长的时间。但现在，发达的交通工具已可在短时间内到达地球上有常住人口的每一个角落，先进的通讯手段已使大多数人能在原地了解世界上的最新进展。随着信息高速公路计划的实施，不仅将使信息传播的空间和时间差异缩小到可以忽略不计，而且将使人们由对信息的单向接受变为多向参与，由视觉和听觉的感知变为各种感官的全息体验和反应。信息革命对文化的影响并不局限于传播速度和效率的无限提高，更在于使每种文化都几乎同步地甚至超前地展现在世人面前，优胜劣汰的过程将大大加快。

暴力、战争和侵略曾经是一些文化灭绝的主要原因，也是一些文化得到强制推行的重要手段。随着人类自身的进步和科学技术的发达，以正义的战争反对并制止非正义的战争已成为可能，第二次世界大战最终以反法西斯的伟大胜利而结束就证明了这一点。海湾战争再一次证明，只要国际社会团结一致，战争就可以制止，侵略阴谋就不能得逞。海湾战争还首次证实了现代科学技术的威力：在没有人员进入敌方领土、不造成大量伤亡的条件下，依靠高科技武器取得决定性胜利。这使我们有理由相信，历史上曾经一再重演的穷兵黩武、屠杀异教徒、灭绝异族、毁灭其他文明的惨剧将得到有效的防范和制止。

总之，通过人类的共同努力，我们完全有可能创造出一种全球性的、世界性的、全人类的文明。尽管这种文明也会由盛转衰以至消亡，但与以往的文明相比，这一过程将大大延缓。而且人类完全有能力，在它消亡之前创造出更加辉煌的新的文明。如果把文化冲突解释为不同文化之间的矛盾、碰撞、挑战和竞争，那么只要有不同的文化就在所难免。但这样的"冲突"可以是求同存异,自由竞争,和平共处,而不是相互排斥,诉诸武力,你死我活。文化的大同并不影响各种亚文化之间的小异,就像华夏文化、基督教文化、伊斯兰文化内部本来就存在着相当多的小异一样,所以没有必要担心世界文化会从此黯淡无光、千篇一律,或者从此丧失了活力。

二

要以融合取代相互排斥和你死我活的争斗,开放是第一步,也是最关键的一步。如果全世界能实现真正的开放,各种文明融合为一个新的、共同的文明就不会是梦想了。

就中国而言,我们的确已经摆脱了长期的封闭状态,但离真正的开放还有相当大的距离。这倒不是说外国人来得还不够多,出国的人还太少,或者外贸量还不够大,很多方面还无法与国际接轨,更主要的是我们还没有确立正确的开放观念,没有一种真正的开放心态。

在中国悠久的历史中,不乏接纳外来文化、外来民族的优良传统,但并未有过正确的开放观念。就以最称开放、气度恢宏的汉朝和唐朝为例,我们翻遍史籍,看到的也只是天朝大国的慷慨大度和外族外国的仰慕归化。

西汉的通西域是军事外交的副产品,也是与军事实力的消长相始终的,所以到了东汉就会三通三绝,时断时通。汉武帝曾经倾其所有地款待"外国客",汉朝的法律却禁止本国的臣民走出国门。西域的作物、器具、服饰、音乐、舞蹈传播到中原,为华夏文化所吸收。西域和匈奴的人口也迁入中原,以后成了华夏族的一分子。但在整个汉代,以儒家学说为代表的传统思想从来没有受到外来的挑战,也从来没有学习外来文明的思想准备。自东汉初(可能更早些)传入中原的佛教的影响还很有限,并且从一开始就有了"中国化"的特点。与西方对汉朝的神奇传闻相反，我们在汉人的著作中根本看不到对境外世界的向往。除了政治、军事使者以外，汉朝没有向外国派遣过其他人员，也没有派学者和商人出国。所以在境外传播中原文明的只是降官、俘虏、难民和逃亡者，能够从对外贸易中获得利益的至多只有少数商人。

唐朝文化的辐射面和接纳面都比汉朝广得多，但在本质上与汉朝并无差异。尽管唐朝文明在实际上吸收了不少外来成分，但从未有过自觉的学习意识，尤其是在精神文明方面。同样，唐朝也没有产生过把自己的文化传播或推广到外国去的打算，而只是允许外国人来学习。值得注意的是，仅有的例外都是充满宗教热情的僧人——历尽艰险而从印度取回真经的玄奘，七次东渡得以在日本弘扬佛法的鉴真。这与同时代日本学者不惜葬身波涛，一次次加入遣唐使团留学唐朝，形成鲜明对比。作为中国四大发明之一的造纸术在阿拉伯世界的传播，靠的是怛罗斯战役的唐军俘虏，而意外地亲身游历了中亚、西亚并留下记录的，竟也是俘虏之一的杜环。唐太宗被称为"天可汗"的事实无论真伪，他对异族的态度却是一以贯之的，即应该是他们的君主、家长和保护人。在大批西域"商胡"、阿拉伯"蕃客"来中原经商致富、定居繁衍的同时，唐朝人在境外的发展几乎是一片空白。

我丝毫无意贬低汉唐的历史地位，也并非以今天的标准来苛求前人，只是要提醒人们，在继承传统的时候必须认识到它的局限。相对于其他时代的闭关锁国，汉唐的开放是进步的、积极的。但汉唐的开放观是建立在华夏文化绝对优越的心理基础之上的，只是居高临下地接纳异族文化，只是允许异族异国人学习归化，而不是鼓励本族本国人也向别人学习，或者积极传播自己的文化。由于在工业革命以前，中国在总体上确实具有不可动摇的优势，而在19世纪以前中国文化也从来没有受到过外来文明的挑战，这种开放观的负面影响还没有表现出来。但在中国已经明显落后，世界已进入多元竞争的时代，还要以这样的开放观来应万变，结果就只能是更加落后。中国近代化的艰难历程和数十年来的曲折,不能不归咎于这种"天朝大国"、"世界革命中心"的虚幻自慰,缺少的就是真正意义的开放观念。

但开放是双边、多边、全面的,是应该由世界大家庭的每个成员共同实行的。真正的开放,应该把本国、本族置于世界之中,作为平等的一员来传播、学习、吸收人类文明的精华。在判断一种文明的价值时,首先不是看其属于哪一个国家、哪一个民族、哪一种宗教、哪一种意识形态,而是它的作用和功能。用这样的标准来衡量,西方国家大多也没有做到真正的开放。当初的西方列强,曾经依仗着坚船利炮打开了不少落后国家的大门,他们强加给别国的开放,只是让别人门户大开,听任它们的侵略和掠夺。出于欧洲中心的文化观和白人至上的种族观,多数西方人认为自己拥有天然的文化优势,别人只有亦步亦趋的资格,而这就是他们对你们开放的恩典。直到今天,不少西方人还习惯于按照自己的价值观念对别人指手画脚,来判断其他国家、其他民族文化的优劣,甚至可以在完全不了解历史背景和真实情况的条件下信口雌黄。怀有这种心态的人,又怎么可能有正确的开放观念呢?

还应该指出,在中国这类一度落后过的国家中存在封闭、排外的心态和强烈的民族情绪是不足为奇的,这也是饱受西方列强和帝国主义屈辱的结果。中国人固然应该用新的眼光来认识世界,那些曾经给中国人的心灵造成创伤的国家更应该用开放和友好的真诚来消除他们的疑虑,而不是继续采取霸权行径,给中国的开放制造障碍,助长这些保守排外情绪。

世界大同,曾经是很多先哲前贤的理想,也被不少人讥为空想。如果"大同"就是将全世界合并为一个国家,实行一种制度,并且听命于一位圣君、一个政府、一个政党或一种政治势力;就是"溥(普)天之下,莫非王土;率土之滨,莫非王臣";就是实现"世界革命",那当然只是一种幻想,而且是历史的大倒退。但如果"大同"是指世界各国之间建立共同遵守的秩序,确立公认的行动准则，用谈判协商来解决问题，维护和平和发展，那么世界不是正在走向"大同"吗？这样来看世界文化的大同，这就不是一个非常遥远的梦。

所以，我希望21世纪既不是"太平洋世纪"、"中国世纪"或"儒家世纪"，也不是"基督教世纪"、"西方世纪"或"伊斯兰世纪"，而是世界世纪、全人类的世纪，21世纪应该成为人类创造世界文化的开端。同样，儒家文化、中国文化面临的迫切问题也不是如何走向世界或推广到其他国家，而是如何融入世界或适应人类未来的需要。己所不欲，固然勿施于人；己所欲，也未必就能施于人，而应该让别人来选择。能在未来的世界文化中占有一席之地，固然是一种文化的光荣；经过比较和竞争被淘汰了，也是一种文化完成了历史使命的标志，是包括这种文化的主人在内的全人类的共同进步。如果我们真的对中国文化有坚定的信心，就应该有这样的胸怀和气概。

△本人供稿

【编者絮语】讲演者从上海来武汉，人还未到，日程就排满了。但听说人文讲座邀请，那当然是非讲不可。后来，他去西藏考察途中经过武汉，又主动与我们联系。他的讲演精彩处，不仅在他有"铁嘴"之称的语言上，更在于他锐利的见识上。

张正明　湖北社会科学院原副院长　研究员

东西方思维方式之比较

[在华中理工大学讲演]

　　东方人和西方人的思维方式颇异其趣，既令人困惑，又耐人玩味。

　　东方以中国——尤其是古代的楚国为表率，西方以地中海沿岸的文明古国——尤其是古代的希腊为表率。从公元前6世纪中叶到公元前3世纪中叶，东方的楚人和西方的希腊人几乎同步达到了古代文明的顶峰。楚文化之所长即希腊文化之所短，楚文化之所短即希腊文化之所长。这个二元耦合的格局，酷肖太极的两仪。

　　《庄子·秋水》云："大知观于远近。"对我们来说，"远"的就是西方，"近"的就是东方。东方思维方式和西方思维方式，只有在比较中才能显示出各自的特性和特色。

一、迹　象

（一）科学与技术

　　西方看重理论，东方看重经验。知识，在西方哲人看来是目的，在东方哲人看来就只是手段了。

　　苏格拉底说："美德就是知识。"柏拉图认为做实验是亵渎神灵的行为，造器械是低级下流的行当。毕达哥拉斯住宅门口挂着一块牌子,上书:"未学几何者免进。"一个学生问欧几里德:"学几何有什么用处?"欧几里德勃然变色,对身旁的仆人说:"去拿三文钱来把那个年轻人打发走,因为他居然想知道学几何有什么用处。"这等话只有西方哲人才说得出来,这等事只有西方哲人才做得出来,在东方是不可思议的。

东方哲人所追求的,若非"仁"和"义",则必"道"和"德"。至于科学知识,却是无关紧要的。但是,他们看重经验,这可以举《庄子》的两则寓言为例。寓言"郢匠运斤",说楚国的郢都有一位姓石的木匠,技艺高超,让一位朋友站在街旁,在这位朋友的鼻尖上抹了一点石灰,抡起斧头,风驰电掣般砍过去,石灰被削得一干二净,这位朋友的鼻子全然无损。寓言"疱丁解牛",说宋国有一位厨师擅长杀牛,动作同最好的舞蹈一样悦目,声响同最好的音乐一样悦耳,只在肉与骨之间运刀,不用多费力气就能把牛分解成肉是肉、骨是骨,一把刀子杀了19年的牛没有磨过一次,却还像刚磨过的那么锋利。前一则寓言讲准确,后一则寓言讲巧妙,二者都靠经验。

熔模铸造法是西方先发明的,但最复杂、最精密的铸件出现在东方。如曾侯乙的尊和盘,至今无法复制。黄金分割律是西方的毕达哥拉斯发现的,对音乐和美术都有用,而毕达哥拉斯既不是音乐家,也不是美术家。东方在毕达哥拉斯之前就有了应用黄金分割律的经验,然而不知黄金分割律(1:0.618)之理论为何物。

15世纪以前,科学理论通常不能获得近期的经济效益,因而在物质生产上是看重经验的东方领先。16世纪以后,科学理论比较容易获得近期的经济效益了,看轻理论的东方就落后了。

(二)美学与艺术

西方讲求逼真,东方讲求传神。西方也有讲求传神的,但须以逼真为基础;东方也有讲求逼真的,但须以传神为前提。西方对艺术是愈具象愈擅长,东方对艺术是愈抽象愈擅长。因此,最具象的雕塑是希腊人戛戛独造,最抽象的音乐是楚人遥遥领先。诗歌也如此,希腊人擅长叙事,楚人擅长抒情。希腊艺术是模仿性的,楚艺术是创造性的。

(三)哲学和方术

西方倚仗论证,东方倚仗领悟(静观、默照、玄览、冥悟)。

西方的三段论(大前提——小前提——结论),东方的一指禅(遇门徒发问时,竖拇指以示之),形成尖锐的对比。

西方倾向于把神人格化,东方倾向于把人神格化。西方的神大抵与人同形同性,东方的神资格愈老愈奇。西方发展了各种体育竞技,东方发展了气功、内丹功、外丹功等等。

二、缘　　由

(一)生存环境

西方历史的中心舞台在地中海,东方历史的中心舞台在"海中地"。地中海在西方历史上的地位是众所公认的,兹不详述。

东方的中国人,早在《尚书》时代就以为自己生活在四海之中了。"四海",本义是东、南、西、北四个海,转义有四方、四境、四裔等。16世纪晚期,利玛窦在广东看到一幅中国人绘制的世界全图,这图中间的大陆是明朝的15个行省,周围是大海,海上的若干小岛是其他各国,所有小岛加在一起比明朝最小的一个行省还小,这是一幅典型的"海中地"之图。

"海中地"不仅被看成是世界的主体,而且被看成是物华天宝、人杰地灵的渊薮。"天朝无所不有"的观念根深蒂固,升到哲学上去,就是"万物皆备于我"。

(二)文化传统

地中海区的文明中心和民族主体都是变动不定的,此荣则彼枯;"海中地"区的文明中心和民族主体却是稳定不移的,文明中心不出黄河中下游和长江中下游,民族主体是华夏。

地中海区的文明内虚外实，是花环式的；"海中地"区的文明内实外虚，是花团式的。

地中海区在政治和学术上都无正统可言，就连有继承关系的也常被看成是没有继承关系的，数典忘祖可以为常；"海中地"区在政治和学术上都有正统可寻，就连没有继承关系的也常被看成是有继承关系的，攀龙附凤相沿成风，因此，元朝承认宋朝为正统，儒家、道家以及后起的佛家则是学术的正统。

（三）思维习惯

基于生存环境方面和文化传统方面的反差，西方人和东方人有不同的思维习惯。

西方人觉得世界是支离破碎的，如同许多相互挤压、相互撞击的版块；东方的中国人觉得世界是完整和谐的，早在战国时代就构拟了一个理想的体系，从中心到周围，甸服、侯服、绥服、要服、荒服各五百里，要服和荒服是由所谓蛮夷戎狄居住的。

西方人容易觉得天与人是相分的，东方的中国人容易觉得天与人是相合的。

西方人总是从地中海这边望着地中海那边，习惯于外向、外求；东方的中国人总是四面望着中间，习惯于内向、内求。

先秦时期的中国，东部民族下葬时头向从东，西部民族下葬时头向从西，南方民族下葬时头向从南，北方民族（夏、殷、商）下葬时头向从北，通例如此，像一朵迎春花的四片花瓣，这是举世独有的奇观。传说的"黄帝四面"，以及商代人面方鼎，就是这种文化模式和思维模式的象征。

西方人习惯于大开大阖的革故鼎新，东方的中国人习惯于自我修正、自我调适的踵事增华。

三、趋　向

近代和现代的趋向是：东方是学习西方，而西方则在学习东方。西方和东方都有一座"围城",城里的人想跑到城外去,城外的人想跑到城里去。无论科学与技术,美学与艺术,哲学与方术,乃至政治与军事,莫不如此,然而程度不等。

君不见,在东方人学习西方的科学与技术的同时,西方的一些科学家运用道家的理论,发明了二进位,创立了有机建筑学派,获得了诺贝尔物理奖和化学奖,还写出了洋洋大观的《中国科学技术史》!

君不见,在东方人学习西方的美学与艺术的同时,西方的一些美术家学习了东方美术和非洲美术,创立了各种各样的现代美术流派!

君不见,在东方人学习西方哲学的同时,西方的一些学者在学习东方哲学!在华盛顿的一家不大的书店里,竟同时有十多个版本的《老子》英译本出售。在东方人学习西方的体育竞技和医道药理的同时,西方有越来越多的人醉心于东方的针灸、气功和武术!

君不见,在东方人学习西方传来的种种社会学说和政治理论的同时,美国前总统里根在一篇国情咨文中引用了《老子》的"治大国若烹小鲜",说它对美国也适用!在东方人学习西方的军事技术的同时,美国的西点军校在讲授《孙子兵法》!在海湾战争中,美国官兵人手《孙子兵法》英译本一册。

在未来的世界里,东方思维方式和西方思维方式都将因交流而得以提高,但彼此仍将有相异之处。

下个世纪东方思维方式的主流,或许是不薄理论爱经验,不薄逼真爱传神,不薄论证爱领悟。

△本人整理

●张立文 中国人民大学哲学系教授

走向世界的中国文化

[在北京科技大学讲演]

一、西方文化对东方文化的冲击

19世纪以来,东方文化在西方工业文化的冲击下,回应乏力。从"师夷之长技以制夷"(魏源语)提出以来,向西方学习成为东方的时髦或潮流,甚至以挤进西方国家的行列为荣。在东方受西方之侵略和殖民的情况下,有识之士思考的问题,往往是如何救亡图存?如何引进西方的技术和制度?如何赶上西方国家?即对西方文化的挑战作出回应,于是提出"中学为体,西学为用"的口号。直至中国改革开放的80年代初,仍然停留在这个水平上。

这就是说,东方有识之士囿于内因外缘和社会急需解决的现实问题,思考的范围无论是物质层面、制度层面、还是价值观层面,都是西方资本主义工业文明进程中所触及和思考过的问题,甚至是已解决的问题。即使是对于形而上学层面的人文学说,也是以拿来主义为取向。于是近现代的东方学术思想,基本上是在西方学术思想的后面爬行,以引进、接纳、消化西方学术思想为任务,以西方的思潮为思潮。如实用主义思潮、新实在论思潮;尼采热、弗洛伊德热、萨特热、分析哲学热等等,无一不紧跟西方,犹唯恐跟之不及。

在这种思想指导下,东方近现代的改良家、变法家、革命家,以西方的物质文化、制度文化、价值文化为楷模,照搬照抄。如果能有所结合本国实际,就算是一大创造了。因此,东方近现代的有识之士只是对西方文化挑战作出直观的回应,从而失去了对人类共同面临的挑战问题的关注及相应的回应。在人类所面临的前沿问题上,听不到东方学者应有的声音、主张和设想,东方文化放弃、或者说退出了人类和世界的舞台,而让西方文化占据了人类和世界文化的殿堂,这就助长了西方文化傲视世界的气焰,时至今天,西方仍动辄以自己的观念强加于东方,甚至到了只准州官放火,不准百姓点灯的境地,东方文化的独立、平等受到了践踏。

二、化解人类五大冲突的和合之道

20世纪七八十年代,随着东亚经济的腾飞,接踵而来的中国的改革开放,经济的持续增长,引起西方学者对东亚的刮目相看。西方学者依据马克斯·韦伯的理论,认为东亚经济的整体腾飞背后存在着一种无形的精神力量,并与东亚社会文化背景有密切的关系,这样就把东方文化(以东亚为中心)推向了世界的前台。

东方学者在思考东亚经济起飞事业背后无形的精神力量和社会文化背景的同时,开始摆脱以西方的价值尺度为尺度的思考方法,而是提升到对人类和世界所共同面对的冲击所作的回应的层次。这就是以解决人类和世界所面临的共同冲突为自己的职责,回到了东亚古代人以思考世界的前沿问题和解决人类所面临的共同冲突为己任的地位。

这种思考层次和视角的转变,有利于从东亚传统文化与现代化论争的种种困惑、纠缠中解脱出来。

21世纪人类面临着严峻的挑战和冲突。概而言之有五个方面:一是人与自然的冲突。环境污染,资源匮乏,土地沙漠化,人口爆炸,臭氧空洞,疾病肆虐,生存危机等等,人类面临着生存与毁灭的冲突和挑战。

二是人与社会的冲突。当前国际社会南北贫富极其不均,东西发达与不发达极不平衡;经济移民潮与反移民;种族、民族、性别歧视;小规模的各种性质的战争连绵不断,直接危害人民的生命财产的安全,黑社会组织,恐怖组织,贩毒吸毒以及贿赂公行,政治腐败,金钱社会等等,人类社会的正常生存和发展受到威胁。

三是人与人的冲突。人情淡薄,人际的关系紧张,个人至上;道德失落,行为失范,人文环境破坏,道德危机加重。

四是人的心灵的冲突。现代人际的疏离,家庭解体,老小失养,孤寡无依;加之竞争激烈,生活紧迫,工作压力,使得人的精神世界极度空虚和孤独,心灵的苦闷、痛苦、烦恼、焦虑、悲哀、愤怒、冤屈、压抑等等,无处倾诉,找不到爱护。造成悲观失望,精神失常,自杀等等。

五是文明之间的冲突。无论是德国的施宾格勒把人类分为八个独立的文明,还是英国的汤因比把人类文明史分为26个文明,但对于人类文明直至当代影响最大、最深远的,主要可为四大文明圈:即儒教文明圈、佛教文明圈、伊斯兰教文明圈、基督教文明圈。由于各教的经典、教义、教规、仪式的区别,以及风俗习惯、生活方式、宗教信仰、价值观念、心理素质、道德伦理、行为方式的差异,就会发生各种形式的冲突。甚至内部各派之间也会发生冲突。除此四大文明圈之外,还存在多种多样的人类文明,亦会发生不同形式的诸多冲突。

此五大冲突外,还有许许多多错综复杂的冲突,它们关系着人类生命的存在和发展。对此东西方学者提出了各种各样的理论、学说和设想,企图化解现代人所面临的冲突和挑战。若以此为标准,来实现一切文化,则无所谓西方文化与东方文化的绝对界限文化(即东、西之分),也可以跳出传统文化与现代(即古、今之殊)两极的框架。

化解人类五大冲突之道，大同和平理想的和合学是最佳化的文化方式的选择和最佳化的价值导向。和合不仅是中国文化价值的基本取向，亦是东亚各国文化价值的基本取向，是东亚各民族多元文化整合的人文精神的精髓。

所谓和合，是把自然、社会文明中诸多元素、要素的相互冲突、融合，与在冲突、融合过程中各元素、要素和合为新结构方式、新生命、新事物的总和。

宇宙间一切现象都蕴涵着和合，一切思维都浸润着和合。和合蕴含五义：

（一）差异与和生　"和合"概念见于《国语·郑语》。和合的主旨是生生，唯有和合，才能变易、转换为新生命、新事物，所以和合是新生命、新事物作为和合者之"在"或"有"的一种根据或根由。"天地絪缊，万物化醇。男女构精，万物化生"（《周易·声辞下》），"天地合气，万物自生，犹夫妇合气，子自生矣"（王充：《论衡·自然》）。由人类自身男女（夫妇）交合而生新生儿，天地，阴阳的合气，而生天地万物。

（二）存相与式能　天地间的存、有都是相。无论物相、事相、心相，还是道相、法相、名相，都是存有之相。存相分殊，分殊而有别；别即有对待，有对待便有冲突；有冲突就需要选择，由选择才能换为式能。式能是指存相方式的种种潜能、能力，亦指存相所蕴涵的潜能方式或潜能结果。作为方式潜能的"能"，是无限的、活泼的、日新的，是天地万物存相的动力和生力。

（三）冲突与融合　冲突是指诸元素性质、特征、功能、力量、过程的差异和由差异而相互冲撞、伤害、牴牾状态。冲突包含差异，是差异的激化。冲突既有原结构方式的突破、破坏；又有秩序结构的冲击、打散。由无构、无序而需要重建结构、秩序、方式，这便是融合过程。"融"有明亮、溶化、流通、和谐的意思。融合是指任何差分的诸要素在其差分或继承过程中，各自的生命潜能、力量、特质、价值均有赖于另一方的聚会、渗透、补充和支援。和合包容了冲突和融合，作为冲突融合的和合体，它是一种提升，使原来的冲突融合进入一个新的境界。

（四）汰劣与择优　和合是诸多差分元素之优质成分的和合，并形成新事物或新结构方式；和合也是一个不断符合真切的过程。选择说到底是主体人的选择，择优是主体人在选择过程中的价值取向。汰劣是对于差分中不符合于和合需要的元素、要素的淘汰。优与劣作为价值判断，可分为现实层面的公平、正义、合理和超越层面的真善美。

（五）烦恼与和乐　人的生与死、贫与富、贵与贱、哀与乐、善与恶等等的冲突，对人生生命构成一种精神上的压抑与紧逼，因而产生恐惧感、孤独感、疏离感。它是人类普遍的主观感受，使人的精神与心理失去平衡，从而烦恼、痛苦。和合协调、和谐人的精神生活中的烦恼、孤独、空虚等冲突，净化心灵。可以由人和而天和，进入人乐而天乐的天人和乐的和合境界。

和合五义，都蕴涵着融突理论，即关于融合冲突关系的理论。

三、21世纪文化的五大中心价值

基于这种"融突论"的和合观念，来思考21世纪人类文化战略问题，以观人类21世纪所面临的五大冲突，以至种种多元冲突，可取得一些共议。这些共议可概括为五个中心价值或五大原理。

（一）和生原理　和生原理是以"地球村意识"与"太空船意识"为基点和基础的。人与自然、社会、文明之间以及各民族、国家、集团、阶层之间，都应互相和生。如人与自然关系，自然制造了人的生命，而又异化了人，人成为自然的主宰者；人亦创造了人与自然关系的异化。在这种互动中，人的生命与自然生命，应建构和生意识。因为任何一方的生命受到威胁或危害，另一方的生命亦会遭到威胁和危害而不可逃。和生必然有竞争、冲突，如优胜劣败，但这种竞争、冲突是导向和谐、融合，即融突而和合。

（二）和处原理　人在与自然、社会、文明的共处中。但由于人的价值观念、思维方式、风俗习惯、文化素质、宗教信仰的差异，亦会发生冲突和竞争。应以温和、善良、宽容、恭敬、节俭、谦让的态度共处。这样的共处意识应成为人类自觉的责任。

（三）和立原理　立是站得住，自立、独立、自作主宰的意思。人囿于优胜劣败的偏见，总想显示人的无所不胜、无所不能的力量，导致毁灭性地征服自然。制造大量高效杀人武器，以对立面的消亡为自我力量的实现。其实任何事物都有自己独立的、特殊的生存或存在方式、形式和模式。对此，必须建立和立意识，绝不能唯我独优，唯我独尊，唯我独立，以致强加于人，搞霸权主义。这种和立意识，就是孔子讲的"己欲立而立人"，"己所不欲，勿施于人"精神。应以开放的、同情的、宽容的胸怀，接纳自然、社会与其他文明，以求多元和立。

（四）和达原理　自然生态环境各有优劣之分，社会发展亦有先后之别，文明的特质、信仰、价值观相距甚远，基于此，各国、各族、各文明既要走自己发达之路，亦要有和达的意识。发达国家与不发达国家、发展中国家都应具有共同发达的意识。和达意识是在21世纪多元文化、多元发展、多元模式等各种错综复杂情境中求得协调、和谐，以获共同发达，这便是孔子说的"己欲达而达人"。

（五）和爱原理　和生、和处、和立、和达意识的基础和核心是共爱。人在与自然、社会、文明的关系中生活，就要懂得爱，学会爱，这是人的生命存在的第一要义。不能使人类世界充满仇恨。在高科技的21世纪，毁灭人类比建设人类要容易得多！因此，人类应该化解所面临冲突，逐渐实现大同和平的理想社会。

和生、和处、和立、和达、和爱五大原则，亦即五大中心价值，是21世纪人类最大的原理和最高价值。东亚文化在化解人类所面临的共同冲突中，将走向世界。

△北京科技大学文法学院供稿　编者作了删节

●楼宇烈 北京大学哲学系教授

21世纪中国文化建构问题

[在北京大学讲演]

一

思考21世纪中国文化建构问题,首先有必要反思中国文化在20世纪走过的道路。

总体上来说,20世纪中国文化走的是一条以接纳西方文化为主的道路。中国的末代王朝经过康熙、乾隆、嘉庆三朝盛世后,自道光起开始走下坡路,朝政日趋腐败,国力日益衰弱。著名思想家龚自珍在鸦片战争前夕就深刻地指出:"即使英吉利不侵不叛,望风纳款,中国尚且可耻而可忧。"

鸦片战争的失败,彻底暴露了中国封建制度的腐朽没落,同时也暴露了中国传统文化结构上"重道轻器"的偏颇和弱点。所以,当时思想家提出"师夷之长技以制夷",强调学习西方列强"船坚炮利"的器物文化。以后兴起洋务运动,主要就是引进西方有关制造枪炮、机械等器物文化。在他们看来,传统政治制度、人伦道德、社会习俗等方面远优于西方,因此不必改变。于是,便提出了"中体西用"的根本方针。

1894年甲午战争失败,洋务派30年的心血毁于一旦,人们对"中体西用"提出了疑问。严复当时撰文批驳"中体西用"论在逻辑上和实践上的谬误，认为中西各自"体""用"之间存在着不可分割的关系，不可随意嫁接，指出若要以西学为用，则必须同时接受西学之体，否则就是"牛体马用"。

这时人们心目中的西学之体，主要是西方社会、政治制度，亦即"治统"方面的文化，如民主、自由、立宪、共和等。从戊戌变法到辛亥革命，从康有为到孙中山，他们关注的是对封建政体的局部改良抑或根本的改变。戊戌变法和辛亥革命失败的现实，迫使人们思考中国传统文化中最深层次的"道统"问题。1915年开始的新文化运动，全面检讨中国传统文化，主要集中在经过宋明理学系统化了的封建宗法、专制制度与封建伦理纲常观念、道德规范。同时，全面学习西方文化，特别是西方资本主义的平等、民主、自由的政治制度、学术风格及个人主义的价值观等等；马克思主义的社会主义思想也在中国传播。1919年五四运动，高举"民主"和"科学"两面大旗，大声疾呼"打倒孔家店"、彻底粉碎"吃人的旧礼教"，把批判传统文化和接纳西方文化运动推向了一个新的高潮。

自此，中国文化确定了以接纳西方文化为主的基本格局。由于第一次世界大战暴露了西方文明的种种问题，受俄国十月革命以及当时流行的无政府主义和马克思主义思潮的影响，20年代初中国思想界一度出现对西方文明幻想的破灭和对东方文化、中国文化的反思。1920年初，梁启超旅欧回来后发表的《欧游心影录》和1921年出版的梁漱溟的《东西文化及其哲学》最具代表性。然而，在当时切盼中国富强的目光中，西方列强是现代化富强国家的样板，因而很自然地把西方化和现代化看成了一回事。

20年代末至30年代中，又展开了一场有关西方化和现代化，以及西方化与中国本位文化问题的大讨论。当时国内学术界分为复古派——主张保存中国固有的文化，折衷派——提倡调和，中西合璧，西洋派——主张全盘接受西洋文化。

第三派就是要中国文化彻底的西化，认为：现在世界的趋势，既不容许我们复返古代的文化,也不容许我们应用折衷调和的办法,那么,今后中国文化的出路,唯有努力去走彻底西化的途径。西洋文化无论在思想上、艺术上、科学上、政治上、教育上、宗教上、哲学上、文学上都比中国好。就是在衣、食、住、行的生活上头,我们也不及西洋人讲究。在西洋文化里面,也可以找到中国的好处;反之,在中国的文化里未必能找出西洋的好处。

与此同时,反对"全盘西化"论者针锋相对地提出了建设"中国本位文化"的口号。1935年初,王新命、何炳松、萨孟武等十位教授发表了一个"中国本位的文化建设宣言",劈头第一句话就说:"在文化的领域中,我们看不见现在的中国了。"这样有些危言耸听,言辞激烈,目的是为了提醒世人不能一味模仿外国,而"要使中国的政治、社会和思想都具有中国的特征。"为此,他们主张:中国是既要有自我的认识,也要有世界的眼光,既要有不闭关自守的度量,也要有不盲目模仿的决心。不守旧,不盲从,根据中国本位,采取批评态度,应用科学方法来检讨过去,把握现在,创造将来。

"中国本位的文化建设"的主张,被"全盘西化"论者批评为"中学为体,西学为用"的最新式化装,但也引起了不少人的关注与赞同,有的学者说:"没有本位意识,是绝对不可与外来文化接触的。"有的学者则说:"一个民族失去了自主性,决不能采取他族的文明,而只有为他族所征服而已。"一些学者还特别强调:"'科学化'与'近代化'并不与'欧化'同义,所以我们虽然科学化、近代化而不必欧化。""现代化可以包括西化,西化却不能包括现代化。"他们认为,中国的现代化,既要"将中国所有西洋所无的东西,本着现在的智识、经验和需要,加以合理化或适用化",同时也需"将西洋所有,但在现在并未合理化或适应的事情,加以合理化或适用化"。

尽管在各次论战中公开宣称要"全盘西化"的人并不是很多,但由于历史的原因,把现代化认同于西方化事实上占了主导的地位。正由于此，长期以来在中国传统文化的认识和处置方面存在着严重的片面性。

二

应当说，在以往的一个世纪中，中国文化大量引入介绍西方文化是有其历史的必然性和必要性的，它对中国社会的进步发展是起了积极的促进作用的。这一时期对于中国传统文化的清算和批判也有其历史的合理性，有利于人们摆脱几千年旧观念的束缚。

然而，当我们回过头来冷静地审视与反思中国文化所走过的道路，不难发现其中存在着认识上和结构上的偏颇。其中最突出的问题，是中西文化比重的严重失衡。近代新式学校的教育制度、课程设置基本上是仿照欧美（以后又是前苏联）模式，而课程内容也以西方文化为主（数、理、生、化和外语自不必说，史、地是中外对等；音乐、美术的题材可能是中国的，而方法则都是西洋的；中国语文语法几乎全是从洋语语法中套用过来的）。反之，中国传统教育方法几乎全被摒弃，中国传统文化专业内容更少。因此，中国知识青年所具有的西方知识远比西方知识青年所具有的中国和东方知识丰富。

人们习惯把当今世界文化分为东西方文化两大类型。中西方文化之间的差异，从根本上来说是不同类型文化之间的差异。然而，不同类型的文化，由于具体历史进程的差异，又会显现出许多时代性差异的特征来。在以往一个世纪的中西文化论争中，许多人注意到了中西文化类型上的不同，并强调不应对西方文化盲目崇拜，对中国传统文化妄自菲薄。但由于中国社会历史发展阶段、经济发展水平落后于西方社会，因此人们更注意和强调的是两者之间的时代性差异。

"二战"结束以后，特别是60年代中期以来，东方地区不仅在政治上摆脱了殖民地或半殖民地，取得了独立，一些国家在经济上也取得了高速的发展。正是这种政治、经济、社会境况的变化，使中西文化的时代差异正在缩小，也促使了东方民族对自己文化传统的反思和自觉，并开始恢复对民族传统文化的自尊和自信。这正是我们所以提出要重新认识中国传统文化的现实根据。

时代上的差异可以通过社会变革和观念变革来迎头赶上，乃至消除。文化类型上的差异要复杂得多，不能用"赶上"的方法去解决，而且可能永远不能消除。因为，文化类型的差异，是在各自地区、民族、国家文化的长期发展中形成的，历史传统特有的性格和精神风貌（诸如生活习俗、礼仪举止、思维方式、价值观念等等），会深刻地影响着文化发展的总体方向和特点。不同类型的文化之间也在交流。融通是一种交流，冲突也是一种交流。这种交流总是以自己的文化为主体去吸取别的文化。因此，在不同文化的交流中，主体意识是不能没有的。

以往对中国传统文化激烈批判的一个重要方面在实证科学上。在西方实证科学最为兴旺的时期，理性至上与逻辑推理，实证至上与普遍有效等被视为唯一的科学方法，非理性的、非科学的东西便是愚昧落后的、神秘主义的，应当被淘汰。中国传统思维方式与实证科学的思维方式相距甚远，于是在实证科学的目光里，中国传统文化就成了落后无用、必然要被淘汰的东西了。

现在，这种情况也在发生变化。现代科学的发展，越来越发现实证科学的方法远不是完满的，更不是唯一的。而东方（包括中国）传统文化中那些模糊、混沌的理论与方法却给人新的启示。

当代著名化学家，1977年诺贝尔化学奖获得者普里高津曾说："中国文明具有了不起的技术实践，中国文明对人类、社会与自然之间的关系有着深刻的理解。"他列举了一个人：当作为胚胎学家的李约瑟由于在西方科学的机械论（以服从普适定律的惯性物质的思想为中心）中无法找到行之有效合于认识胚胎发育的概念而感到失望时，他先是转向唯物辩证法，然后也转向了中国思想。从那以后，李约瑟便倾其毕生精力去研究中国的科技和文明。

他对他的互补性概念和中国的阴阳概念间的接近深有体会,以至把阴阳作为他的标记。这都表明在中国传统哲学整体直观的朴素方法和谈玄说道的形而上学中,包含着丰富的现代科学理论的"源泉",只要人们善于发现并诠释之,则将对现代科学发展发生积极的推动作用。

没有民主思想,缺乏科学精神,是新文化运动以来,大部分知识分子对中国传统文化抱有的两个解不开的情结。五四时期高举民主与科学两面大旗,正是这种情结的表露。时隔将近一个世纪了,中国社会和文化形态也已发生了根本的变化,世界范围的文化观念也在发生巨大的变化,我想这两个情结也到了应当化解的时候了。

三

通过以上的反思和分析,我认为,中国在下一世纪的文化建构中必须注意两个方面:

一是调整好中西文化的比例,确立中国文化的主体意识,树立对中国文化(包括传统文化)的自尊和自信。

二是调整科技文化和人文文化的比例,充分认识人文文化在社会发展和进步中的重要意义,扶植和发展人文文化。

关于第一个调整,已经很清楚,无需多讲了。然而,还有一些人对中国传统文化抱有很深的成见。一些人就常常把提倡继承和发扬中国传统文化的意见,与"复古主义""封建意识"等联系起来而加以反对。

不容否认,传统文化中的糟粕部分及其消极影响,在任何时候也不敢说已经清除干净了。只要有合适的环境,它就有可能死而不僵,有可能沉渣泛起。然而,我们也绝不能因噎废食,不敢去继承传统文化中的优秀部分,发扬其积极的影响,更何况今天还有多少人脑子里有"孝悌""忠信"等伦理观念?有一些人在模糊不清的西方"自由""平等"等观念的驱使下,连如何遵守正常社会分工下个人职业伦理的观念都没有。因此,从当前来讲,很有必要强调继承和发扬中华民族的传统美德,吸取传统伦理观念中那些合理的内容,建立符合时代精神和需要的伦理观念和社会秩序。

第二个调整,不仅对中国文化的建构,而且对世界文化的发展也具有重要意义。

20世纪科技文化获得空前发展,它在天道(物理)探求方面所取得的成就,超过了以往的所有世纪。然而,在人道(伦理)的探求和建设方面,特别是接连发生的两次世界大战,出现了一股新人文主义的思潮以及一批向往东方文化人文精神的思想家。我国二三十年代的那场中西文化大讨论,也与这一时代背景有着密切的关系。当时,有些中国学者已深刻地认识到:"技术和机器说是能解放人类于自然权威之下,然而不能调节人与人之间的关系。资本主义时代的科学尤其只用在人与自然之间的技术上,而不肯用到或不肯完全用到人与人之间的社会现象上去。"技术的发展愈多,人类的物质的需要也愈多——如此辗转推移,永无止境。

本世纪下半叶高新科技的高速发展,物对人的引诱力和支配力越来越强大,注重人伦道德的人文精神被追崇物欲的浪潮所淹没,人文学科也由此而受到冷落。有见识的人们发现,现代高科技的开发和应用,使人类征服自然的手段和力量越来越强大,同时这些手段,以及人为环境给人的依赖也越来越大。人为环境中的任何一个环节出问题,都有可能使整个社会生活陷于瘫痪。这也就是说,人类正在不断地沦为自己所创造出来的高新科技的奴隶,个人、社会和国家正在不断丧失自我和个性。这成为当今世界最严重的危机。

由科技发展带来的社会问题,最终归结于现代人的价值取向。当今世界是一个讲求实力的时代,实力竞争,把全人类逼上了一条无限追求物质增长的险途而不能自拔。追求物质财富和生活享受成了现代人的主要人生目标,甚至唯一的目标。自然环境和科技手段都只不过是达到人们某种功利和享受的资源、工具。更有甚者,他人也成了一种物,一种相互利用的关系资源。于是,人与自然的关系,人与人的关系,都被严重地扭曲了。因此,克服和摆脱这种人类创造力的自我异化,单靠科技的发展是无法解决的,而只有重兴人文精神,充实人们的精神生活,健全社会的文化结构,重塑现代人的价值取向才有可能。

△本人供稿。原稿14000字,编者作了压缩。

● 成中英　美国夏威夷大学哲学系教授

21世纪：经济竞争力与文明说服力

［在华中理工大学讲演］

今天题目也可以是"经济竞争与文明说服"，我喜欢对称的句子，中国文字很讲究对称。我想从未来人类发展即人类文明会以何种形态出现这个角度，谈谈中国社会及其文化传统将面临到什么样的问题。这个世界的秩序，是由两种力量造成的，如大家所了解的物质文明和精神文明。表达物质文明的力量是什么？从我们对近代历史的了解，就是经济力量。经济的发展是物质文明发展的基础。大家问为什么西方经济发展比东方快？物质文明更进步？有一个现象值得注意，西方人追求财富，这与西方的历史有关。早期希腊有向外的竞争倾向，它是山区，要维持生存不易，所以要向海洋发展。罗马帝国之后，西方走入中世纪的宗教社会。当中世纪的禁锢打破之后，人们把眼光放到物质世界。一种对物质世界征服的欲望，造就了西方物质文明的发展。从历史上来看葡萄牙、西班牙、英国、法国、德国一直到20世纪的美国，基本上都在向外扩充，都在掌握控制物质的力量，都在聚集财富。对物质世界的征服的心理也逐渐扩充、发展。在这个意义上讲，物质主义、经济发展是现代性发展的一个核心。

现代化的中心思想就是要建立现代性。现代性最开始体现为对自然的控制，对自然知识的掌握。现代性是一个非常重要的观念，它一方面表现在控制、征服自然的财富、自然的资源，简言之，就是表现在经济的竞争力，表现在物质文明和建设上；另一方面也体现在精神文明上。我们现在讲现代化往往考虑到的是现代的物质文明，大家怎么样有财富，怎么样进行物质的建设，享有物质，创造看得见的东西。这样的了解是偏颇的。事实上西方现代性的发展，一方面掌握了自然的物质，同时要用物质世界带来的方便去建制一个合理的社会，让每个人感觉到祥和、满足。这是精神文明的一面。现代性的这个方面体现在政治、社会和学术活动上。在这上面，现代性表现在对自由、民主、正义的追求。由于中世纪给人一种被束缚的感觉和经验，现代人要打破一些旧有的制度，建立合乎人的理性的政治制度。在18世纪法国大革命的口号"自由、平等、博爱"中可以看出，博爱是现代性的要求，要建立一个合理的社会，需要人与人之间具有充分的关怀。在这口号之下，现代性在政治建设上实现比较多的是自由，其次是平等，最少是博爱。就是说现代性作为一个理想，实现了一部分价值。法国大革命提出的这三个价值也没有完全实现，作为自由这样一种价值需要长期的努力。在这个意义上，美国革命带来的自由的价值更大，这是现代性的进一步发展。

在社会、学术、文化方面，现代性体现在人跟人的一种文明活动上，体现在人民的自由决策上，更重要的是提出了一个做人的理想。这个理想是西方从16世纪到现在逐步发展出来的，也是想逐步来完成的，它表现在对四个层次的自我认知上。

首先是"理性自我"。人追求的是对自然的认识，同时也是对自我的本质的认识。人生应该是合理的，人应有认知的能力，所以理性作为人的本质在现代性中体现得很清楚。所以现代性在文化上重要一环是对理性自我的肯定。

其次，理性自我作为现代社会现代性的建设者，逐渐发展为"责任自我"。责任是人和人进入契约、进入理性社会组合，这个社会的理性组合有一定的规则，对这个规则有一定的遵守，便产生了一种社会责任，这是现代性的一个重要发展。我把这叫做从理性自我走向责任自我。

再其次，由于对现代社会逐步的认识，到19世纪这个责任自我更从功利主义的眼光来把握大多数人的公共利益，从责任自我演化成"功利自我"，把自我看成是实现社会功利的一种物质的或非物质的载体。

最后，20世纪功利自我发展为"权利自我"，所以在现代性发展当中又具有另外一层面，这就是权利主义。人不但能为社会的功利作出贡献，而且能为个别自我争取应得的权利或权益。

总的说来，现代性在精神文明发展方面体现在这四个层次的自我认知上。现代的人是理性的；现代的人是要有责任的；现代的人应该为大众功利考虑后果；最后，现代的人应该主张自己的权利。只有当"自我"达到这样地步的社会才是合理的、正义的社会。所以在这个意义上看，现代性在文明的创造上有它的吸引力。这个创造的文明或精神，我们叫文明的说服力。说现代性是有文明的说服力，不是把它看作一种物质上、经济上的成就，而是看作一种精神上、理论上、价值上的成就。这就是为什么我说今天世界发展的一个基本观点，归纳出来，一个是物质上的经济竞争能力，一个是精神上的文明说服能力。

但是面向21世纪，人类是不是就安于现在的体制？西方的现代性是否能满足人类的需求？这是个重要问题。我现在要提出的是，在中国未来发展中所面临的是经济的再度竞争，文明的再度竞争。经济的再度竞争是需要掌握更多的科技，需要发挥更多的物质文明的创造力，更需进一步掌握自然，因为经济发展的真正原动力在于掌握自然的知识，可又不止于自然的知识，还要发挥人的潜力，人的组合能力。所以我最近提到：过去认为经济的发展只是靠劳力，靠资本，只是靠这些基本的物质资源，但事实上最重要的是如何组合这些资源，如何利用这些资源。换言之，经济的真正发展在于具有一种有力的管理能力。敢于组织、管理、综合、推动才是经济发展竞争力的一个焦点。所以，在现代经济发展中，我认为至少有二种或三种物质资源的组合或竞争方式：一种是西方的或者说美国的管理科学，一种是日本的管理伦理，一种是中国的管理哲学。

我们仔细考虑美国经济发展的动机、动因，除了科学知识非常丰富，物质资源非常丰富，更重要的是美国能用科学的管理知识来组合生产，来推动消费。在这个意义上讲，管理科学在美国诞生不是偶然的。但美国的管理科学是不是具有普遍性，适用于所有人的管理，适用于其他社会的管理，这是我们必须考虑的。

70年代日本工业、商业发达，日本管理伦理也有一种强势竞争，美国企业受到很大压力。它的竞争重点在于经济的发展不只是在制造良好成品，而且在制造具有吸引力的高品质的成品。这种品质的要求是一种文化因素造成的，是一群人的有效的组合，一种共同投入的精神，一种共同营造的创造力。所以日本的管理在这个意义上讲超出了美国，日本的产品比美国的更有销售能力。它的汽车、手表、照相机，因为设计精美，经久耐用，节省能源而为一般人所接受。现在中国要发展经济能力，要在21世纪具有一种经济的竞争性，是不是要步美国和日本后尘？是不是只是模仿美国？只是引进美国的管理？显然，这是做不好的。因为你永远只能在别人的后面赶，再说管理和社会因素变化都是比较快的。

日本的成功在于有效地利用了日本的文化，用日本社会的潜力来生产高品质的产品。同样中国要增进发展，有竞争的能力，也必须把现在的科技和制造技术与中国的文化、中国的智慧等众多因素结合起来，形成具有特色的中国的管理哲学、管理制度。21世纪的竞争能力在于人的潜力的开发，在于人的潜力和科学的潜力密切合作。假如一个社会能把人的价值和目前知识密切结合，把人和物密切结合，必然发挥更强的经济竞争力。我们不要把经济看成一种单纯的生产力，而要看成一种管理力。这是第一个要素。此外，精神文明还能建立一种文明的说服力。文明是多方面的，它牵涉到政治、社会、文化，也包含了经济。仅有经济的竞争力，突然建立一个物质文明非常强大的社会，这个社会若无精神，其价值何在？中国儒家言，富而不仁也，行之不远。富了也没有什么意义。

今天大家追求财富，追求金钱，这是经济发展过程中的自然现象，但是它不是一切。财富和金钱是要实现人的价值，社会的价值，是要实现更广大的社会的建造。在80年代末90年代初，台湾地区经济发展后，台湾商人到美国去，留下了暴发户的印象。今天我担心的是在中国大陆，对金钱的狂热追求，在不到十年时间已有过多的暴发户，可是在交往中相互都得不到尊重。因为没有文明，只有财富，只有一个物质的自我，而没有一个精神的自我。作为一个现代人，不应只看他的财富，而要看他的财富怎样运用，财富是怎样拿来帮助建立可敬、可信、可爱的社会。一个人有了竞争能力变得很霸道，面目可憎，行为粗鲁，用他的财富来购买别人的尊敬和服从。一个社会是这样，那这个社会就是落后，不符合现代性的目标。

中国文明在竞争上是痛苦的。中国要走向现代、走向现代化，在今后发展中，还要看到现代性的缺点，现代性的限制，现代性的问题所在，注意到现代性带来的危机。

建构自己的现代社会，可以有几种方式：一是直接模仿西方的现代性。二是接受现代性的后果，跳过现代性。三是掌握现代性和现代人的缺点、问题，在自己的文化基础上面去修正，去改造现代性。我认为只有在第三种方式中建立的文明才具有说服力。

我们知道，西方现代性的展开是一个逐渐发展的过程，经过了一番努力。要同时掌握理性，掌握责任，掌握一种创造功利的能力，掌握个人的权利。但是人们对现代性往往只考虑到一个方面，这造成了现代性的自我消解和危机。现代性的危机体现在过分的功利，以个人主义为中心，以集团利益为中心。美国这样成熟的社会，现代性造成的危机，已经达到了一种令人困惑的程度。由于功利主义，人人求利，造成了其他价值的失落，造成了家庭、青少年、老年人的价值失落，也就是说在规则力量之下社会伦理遭到了破坏。功利主义往往受到权利意识的影响，把原来创造公共利益的层面冲掉了。每个人只追求最多的利益和快乐。这是社会很大的一个弊病。这产生了一个后果，即在极尽求利之下，人又丧失了他的理性，人丧失了原来的理性控制自我的能力。功利主义的过度发展造成了生态环境的破坏，也就是说以人为中心，以个人利益为中心的行为，破坏了环境。美国开始检讨这样一种后果。很多商业行为，甚至政治行为，都是只顾个人、集团利益。理性行为在功利的诱惑之下变为非理性的。

所以21世纪人类的竞争就是文明的竞争。文明的竞争在于能不能建立一个更有人性的、更具有生命力的、更具有人的价值的社会，是不是能塑造一个更平衡的人，更健康、更合情合理的人。现在的人往往因为利而丧失了理，因为理而丧失了情，丧失了人性的整体，忘记了人的全面的价值，全面的需要，现代的人变成了不平衡的人。

现代性需要新的发展，需要新的文化基础来给它以合理安排。有权力就要发挥责任，讲功利就不要忘记德性，这才是一个合理的制度。做到这点，一个以人的整体性为需求的概念提出来了。我们把这个概念定义为"德"或"道德"。道德一般认作是非善恶。但这里的道德不是这样的含义，而是人的整体的一种平衡状态，这不会被单一的欲望操纵。举例某个人适合于从事学术研究，从事于教育工作，可是不顾自己能力、兴趣、爱好，为了钱而"下海"，最后受到压抑，即便成功也很少怡然自得。不是说他不想要钱，而是他后来发现，毕竟还是一个整体的自我，一个内在自我更重要。要掌握内在的整体性决定自己的行为，不能只以外在的、大家都有的方式来决定自我。这就是德的意识，一个人没有德，就是没有整体，没有对自我的掌握，即使能获得很高的功利，最后还是感受到不幸福，感受到痛苦，因为他失去了做人的基本价值。个人在世界上都是作为一个整体，要找出自己的整体位置，不是只以某个地方、某个区域特殊的外部环境来决定自己。人要建立一个整体的宇宙认识，要有一套宇宙观，人生观要建立在宇宙观上，这才有广阔的空间来实现人的德和价值。只有在这样的空间、时间里，才能把现代性的价值、现代性的追求组合得当。

现代性在今天面临着重大危机。因为在现代性各方面的发展中，人丧失了个人，背离了现代性发展的初衷，人缺少了调适现代价值的能力，人常常为偏见、一时之遇而陷入困境。如讲权利而忘记讲责任等等。

我最近提出一个比较完整的权利概念。世界上所有的权利，相对于有权利的对方，还应有责任。衡量自己的权利，你要找出权利的对方是什么？权利对方是不是对你有责任，假如权利对你没有责任，那你选择的权利显然很有问题。你掌握权利，你接受权利，是不是对另外的人另外的事有另外的责任。假如你只有权利没有责任，那你的权利也不是完全的权利，是错误的权利。

权利包含有正义的观念，不是单纯个人自私的表现。子女有要求父母养育的权利，父母有养育子女的责任，传统社会里，子女要反过来回报父母的养育之恩。这是一种平衡。现代社会里，如在美国，子女未必照顾父母。怎样平衡呢？只有靠国家福利。另外，靠对下一代的养育的责任来平衡从上一代那里得到的权利。世界不存在只有权力而没有责任，这是在现代性社会要坚持的。功利是实现自我的方式，这样才能走出危机、困境，同样，德性就是对别人的关怀，通过对正常自我、整体自我、对责任的关怀来建立一个整体的社会，类似于功利建设，不能因功利而丧失人的整体，包括一种人应有的仁爱之心。这是通过对现代性多种价值的平衡、多种价值的整合来实现的。

假如中国文明能掌握现代性，并能走出现代性困境，那么中国文明的发展便具有很大的潜力。中国文明有掌握限制现代性困境的能力。这个能力来自对中国文化和中国哲学的深度思考，来自对中国传统价值的重新认识。儒家提出了人的整体概念，道家提出了自然的整体概念。人的整体可以发展为德,用德来掌握权利,掌握人的责任,掌握人的现代性,掌握人的整体概念。道更能激发人的整体感,获得一种生活的资源。所以,基于这样一种思想文化资源,我们可以说中国的文化、中国的哲学价值具有改造、发展现代性的潜力。在这个意义上,21世纪中国的发展不应该只看作经济的竞争。我不是说经济竞争不重要,而要加上人的因素,它涉及到新的管理哲学,新的管理制度。它的未来成就还在提供一个为人所能够欣赏的、有高度吸引力的、高品质的文明,能提供一个文化,一个未来社会整体。科学知识的发展要有整体性,中国文明的资源开发,可使中国人走向一个既有德又有道的社会。开发中国文化资源,掌握德来整合现代经济,将是中国文明走向21世纪的重要力量。假使不走这条路,中国就会迷失在现代性之中,陷入现代性困境中。如果中国人不掌握自己的文化资源,发展自己的文明的价值观念,而是西方人鉴赏到中国文明能带给它整体性价值而加以开发,一定会走在中国人前面。这才是中国人的悲哀,这才是中国人的耻辱。

△记录:谢劲松　整理:谭仲鹬等　未经本人审阅

传统与现代

● 章开沅　华中师范大学前校长　历史研究所教授

传统文化与现代化

〔在华中理工大学讲演〕

一、继承与重建精神文明

我曾应邀到美国，继而日本，后又到台湾从事研究与讲学，颇多见闻，感触也极深。一般说来，东方文化讲究精神文明，中国精神文明更是源远流长，而现代西方人则偏重追求物质文明，至今已是弊端百出。但我回国后却产生了一种古怪的感觉：我们现在物质文明发展很快，而对精神文明的重视还赶不上西方及日本和新加坡。当然，西方精神文明早已存在堕落趋势，很多海外有识之士呼吁用东方文明来补救西方文明，把中国传统文化中的优秀部分用于西方精神文明的重新构建。

重建中国适合时代潮流的人文主义，应是当务之急，是关系民族命运的头等大事。我曾到沿海开发区去看过，坦率地讲，我们的文化氛围和品味并不比西方强，某些方面甚至更差。西方有基督教文明，这是传统文化，也源远流长，渗透在很多方面。有人把宗教等同于迷信，这是对中世纪宗教的传统看法。现在基督教已有了很大变化，美国很多人把它看作传统文化，宗教色彩已逐渐淡化。

武汉电视塔（曾是江城人民引以为荣的塔）上面曾经出现的洋烟广告让人看不顺眼。若这类广告出现在巴黎埃菲尔铁塔上，会引起民众公愤。对香烟广告一般有限制，何况在这样代表民族精神象征之处。即使在香港，堂而皇之的香烟广告下面，也要注明香烟有害的文字。前不久，有关部门来检查，洋烟广告才撤了下来。

社会风气不好，主要是百姓水平低，还是某些导向出现偏差？我觉得是后者。某些地区有人说："革命时期靠红色娘子军，开放时期靠黄色娘子军。"某些地方甚至出现"无娼不盛"，用孔老夫子的话说，真是人欲横流。我讲这些的目的是说新的人文主义重建刻不容缓。有人说这是经济发展必须付出的代价。将来社会发展了，"仓廪实而知礼节，衣食足而知荣辱"，总有一天，会促进精神文明的。香港曾被称为文化沙漠，后来经济繁荣了，对文化教育也非常重视。但我们不能采取顺其自然、无所作为的态度。我们应该大声疾呼，提醒社会与政府的注意，并尽自己的力量投入重建。

我在台北有两位朋友，都是著名的中国近代史学家。今年夏天到武汉访问。参观了武昌起义博物馆，看了以后很难过，说红楼被小摊贩糟踏得不成样子。作为武昌起义纪念馆名誉馆长，我很难为情。向管理人员转达这个反映，并提出文化遗址品味亟待提高，对小摊贩要加强管理。管理人员却说："他们为什么不先打个电话？"这话耐人寻味。但他们也有说不出的苦衷，一是无权管理商贩，二是资金严重不足，不创收连日常工作都难以开展。听说西安和其他地方的遗址也有类似情况，真让人担心。

二、正确对待现代化与传统文化的关系

社会上曾有种错觉,即把传统文化和现代化截然对立起来。现在情况明显变化了,提倡传统文化的呼声日益增强,但对两者关系的正确处理应作深入理解。

辛亥革命前期,当时老讲"中体西用",严复就不同意,认为"体"和"用"是联系在一起的,譬如牛体有牛用,马体有马用,决不能"牛体马用"。辛亥革命时期有人提倡革命是为了反抗精神权威,批判祖宗,甚至要革"天"命。五四时期人们在政治革命迭遭挫折之际,又从文化寻找根源,这在当时的社会效应有正负两方面。为了推翻旧的政治权威,必须从理性上批判,但批判的结果往往有两种。其一,健康地、批判地接受传统文化;其二,粗暴地、片面地否定传统文化。后者是一种"左"的思潮,发展到极致,就带来深重的文化灾难。它已给社会造成了不良影响,经常使人们产生一种错觉:只要现代化过程中出现一点问题,就马上归咎于传统文化。好比现今一个人患了艾滋病,却怪祖宗不正经,可笑又可怜。

传统文化和现代化之间并不存在不可逾越的鸿沟。任何一个国家在现代化建设过程中,对文化传统大部分是保留的。日本、新加坡发展了,但它们把传统文化保存得很好,中国文化也保存了很多,因为中国古代的传统文化已溶合到他们的民族文化中。利用传统文化中的有用的东西来促进现代化,这是很聪明的做法。涤荡旧社会的污泥浊水,决不意味着与传统文化彻底决裂。

北京本是历史名城,但现在已被钢筋水泥淹没了。巴黎、柏林的老建筑保存得很好。法国古老的拉丁区至今风貌依旧。而中国摧枯拉朽地拆毁了老建筑,这的确是一个民族文化素养、精神境界问题。

现在重游西湖已很难认出旧貌。西湖周围违章建筑太多,把

原有景观弄得元气大伤。在庐山，牯岭已完全变了样，牯岭公园已看不到原有的湖光山色，只看到一片乱七八糟的房子。这个优美的风景区，单靠小小一个庐山管理局怎么行。它应该属国家级，像美国的国家公园一样严格管理，不允许任意破坏。

提倡精神文明重建，发扬中国固有的优良传统，包括新民主主义时期，社会主义建设时期，也要吸收西方人文主义的优秀成分，再加上今天新的创造，三点结合起来，以我为主，以今为主，就可以做得更好。长期以来由于对传统文化的偏见，使我们不能正确继承传统文化的精华部分。

三、传统文化的多元性及变迁性

前人说过，不要把传统文化看作绝对的好，或绝对的坏。不要看作简单纯粹的板块，要看到中华文化的多源头和多元性。因为，从地区上讲，中华文化虽有代表性的主流文化，也有非主流文化，如荆楚、巴蜀、吴越和兄弟民族等各种各样的文化。所以我们今天在继承传统文化的精粹时，绝不能把它单源化、单一化。

光从文化的源头来讲，中华文化有好多个。现在崇敬黄帝、炎帝，我们常把它们作为中华民族源起的象征，但绝不能过分夸大，谁也不知道他们到底是什么样子。近代，黄帝是被"炒"热的，辛亥时期不仅有黄帝纪元，还有黄帝肖像，那是为了革命宣传。现在不宜再作情绪化的简单处理，应深层地理性思考，研究如何更完善地处理历史文化源头，来增强整个中华民族的凝聚力，否则会出乱子。

中国是多民族国家，许多民族都有自己的文化源头，而且在中华民族和文化的发展过程中，相互渗透融合，都有自己的贡献。我们应在"炎黄"热、"华夏"热中保持清醒的头脑，看到某些简单片面的宣传中隐伏的负面效应。

如果强调文化的多元性，反过来设想，假如荆楚文化成为中华文化的主流，中国现在也有可能很强盛很活跃。荆楚文化与中原文化不同，它粗犷、奔放、充满浪漫色彩和丰富的想象力。当然里面有很多鬼神，鬼神不能看作迷信，它也是文化的一个重要源头，是人类与自然交往沟通中想象的产物。这种想法似乎荒诞不经，但目的是提倡中华文化的包容性，要有更广阔的胸怀，不能"定于一尊"。

我们一讲传统文化，就觉得似乎《四书》《五经》才是传统文化，这不对。姑且不说远古文化的多源头，即便从战国的百家争鸣也可看到中华文化的多元性。到了汉代的罢黜百家定于一尊，儒家文化才逐渐占统治地位。再到魏晋南北朝及隋唐，外来佛教文化逐渐繁荣，中国文化又有了很大变化，非常丰富，更具生命力。其后宋明理学的兴起，从学术上讲有进步意义，但它同君主专制主义结合起来，成了统治者的意识形态，其末流更是畸形发展，给民族的发展造成严重障碍。

今天再看传统文化，不能再用定于一尊的正统眼光，更不能用单一的价值观来评价。这样才能古为今用，推陈出新。

四、用超越的心态对待传统文化与外来文化

历史上曾有两种片面观点：一种是把传统文化当作现代文化的障碍，恨不得把传统文化彻底消灭；另一种就是对传统文化的顶礼膜拜，把传统文化神奇化。

在当前对外开放贸易中，有些地方领导人认识水平的低下简直惊人。譬如，公开宣称："外资就是上帝。"与此相对应的，就是把传统文化庸俗化，这实际是帮倒忙。如磨山（武汉东湖）楚城景观的建设，充满楚文化情调，有较高文化品位。把毛泽东早年手书《离骚》刻在巨大的石壁上，有气魄。但也有败笔，如楚市的花轿，非常浅薄粗俗。我们需要的是精品，而不是市侩。台湾对文化的传承，相对比较重视，但在商品大潮的冲击下，也有

走向粗俗的倾向。表面上，连街道名称都是忠孝路、仁爱路，好像很尊重传统文化，讲究传统道德，其实有些事很可笑。就说讲孝道吧，我有个台湾亲戚，我们相约为舅父扫坟。他太太问我大陆和美国祭墓有什么习惯，我说来束花和花圈就行了。但后来上坟时还是带了香烛、纸钱。烧的纸钱不仅有新台币，还有美元。想得挺周到，但很好笑，据说还有烧信用卡的。在台湾，父母死后通常要大办丧事，有条件的还请和尚念经，有些听着热闹，其实是录音，据说日本还有机器人和尚念经。你看，科技发展竟使丧事也"现代化"起来了。

当然，这些情况大陆也有，但不如他们"讲究"。所谓"慎终追远"，到了这种地步就虚有其表。传统文化极端商业化、粗俗化，变成了市侩文化或伪劣的民族文化。在台湾有些地方，哭丧竟成为一种职业。有位职业哭丧小姐把死者弄错了，办丧事的人家死的是父亲，母亲还在，她却哭成"我的妈呀！"丧事成了吵架大会，这岂非对传统文化的亵渎。当然大陆也有类似的笑话，有家老太太死后，乐队竟吹奏起《妹妹你大胆地往前走》。也许我把消极的现象讲得太多，但目的是强调要正确对待文化，要在深刻理解的基础上加以继承，发扬优良部分，扬弃糟粕。千万不可盲目赶潮流，一提倡文化革命便横扫一切，把孔庙的碑统统打断，一提倡重视传统文化，又简单重复，而且用市侩的口味来重复。在建设精神文明的过程中，应具有健康、强壮的心态，积极发掘古今中外各种文化的精华，古为今用，洋为中用。我国是屹立于世界民族之林的大国，经济、文化、科技已有举世瞩目的发展，我们再也不是"东亚病夫"，"一穷二白"，因此，在文化上应该和在经济、政治、外交上一样，无需顾虑重重，怕这怕那，要有勇气实行"拿来主义"，把古代、近代、外国、中国的一切传统文化中的东西，凡对我们有用的都拿来，统统为我所用，加以吐纳、吸收，以重建世界上最优秀的精神文明。

△记录：王军玲　　本人整理

【编者絮语】讲演者是第一批应邀登上华中理工大学人文讲座的著名学者之一,他以生动、幽默、平和的语言揭示了现实中存在的问题,道出了人生社会的哲理,赢得众多学生的尊敬。此后,不管国内外学术活动如何繁忙,只要在家,他每请必到。

　　作为一位历史学家,他告诫同学:一个民族保存着还是抛弃了自己的历史,是它将要强盛还是衰落的标志;作为一位教育家,他对教育面临的问题感到忧虑,而对加强人文教育的行动备加赞赏;作为一个正直的知识分子,不管在谁面前,他都敢直指现实。但作为一位导师,他要求同学:牢骚要发,工作要做。

●冯天瑜　武汉大学历史系教授

中华元典精神的近现代意义

[在华中理工大学讲演]

今天谈的是我最近几年的一个研究课题——关于中华元典精神与现代化运动的相互关系。

一

所谓"元典精神",是指一个民族的"文化元典"所集中体现的原创性精神。

这种典籍因其首创性及涵盖面的广阔性、思考的深邃性,而在该民族的历史进程中成为生活的指针,我们把它们称为"文化元典"。印度的《华陀经》、《佛经》,波斯的《古圣经》,柏拉图、亚里斯多德等希腊诸先哲的论著,犹太及基督教的《圣经》(《旧约全书》与《新约全书》),伊斯兰教的《可兰经》,都被相关民族视作"圣典"或"元典"。在中华文化系统中,堪称"元典"的是《易》、《诗》、《书》、《礼》、《乐》、《春秋》等"六经",诚如熊十力所说:"'六经'为中国文化与学术思想之根源",因《乐》亡佚,中华元典实为"五经"。与之相关的《论语》、《孟子》、《老子》、《庄子》、《墨子》等典籍也具有"元典"性质。

文化元典是特定时代、特定地域的产物,当以历史文献视之,"六经皆史"即此之谓也。同时,元典的某些基本精神又能观照久远的岁月,反复地被后人所重新刻勒,对该民族的价值取向、行为方式、审美情趣、思维定势造成深远而又常新的影响。元典的这种超越性并非某种神秘因子所造成,乃是由其基本特质所致:它们的思考指向宇宙、社会和人生的普遍性问题,而这些问题是各个时代的人类所始终关心的。也就是说,元典讨论的是不朽的主题,同时,元典在回答这些始终困扰着人类的普遍性问题时,提供的是一种哲理式的框架,而并非实证性的结论;是一种开放式的原型,而并非封闭的教条,这使元典不致因内容和形式的时代局限沦为明日黄花,而以一种灵感的清泉,赢得不朽性,一再发挥巨大的启迪功能。

由"五经"等典籍组成的元典精神千百年来被中华民族一再实践,不断焕发出新的生命力,从而成为一种古老而又常青的传统。尤其是在某些历史的转折关头,元典精神,或者说元典精神的某些侧面,因新的时代条件的激励,更放射出灿烂的光辉。

二

从文化史角度审视,近代文明既是对中世纪文明的继承和发展,同时也是对中世纪某些束缚社会进步的制度和精神的否定。近代文明实现这种对中世纪的否定,往往藉助于对古代文明某些因素的"复归"。当然,这种"复归"并非复古,而是一种螺旋式上升的进程。

这种向"哲学原旨"、"文化元本"汲取灵感,获得前进基点的文化现象,不仅在西方出现过,在东方也多次出现。中国哲人对此早有领悟,古哲且不论,即以站在中国古代与近代分界线上的思想家龚自珍(1792~1841年)为例,便有相当精辟的识见。龚氏说:

万物之数括于三:初异中,中异终,终不异初。

稍后的经学史家皮锡瑞(1850—1908年)在论及清学演变时,

曾概括道：

> 学愈进而愈古，义愈推而愈高；屡迁而返其初，一变而至于道。

龚、皮两氏所谓的"终不异初"、"屡迁而返其初"，是中国古已有之的"无往而不复"思想的发展，其说以"万物一而立，再而反，三而如初"立论，虽然保留循环史观的痕迹，却又透露出"否定之否定"的思想因子，表现出近代早期的中国学人已朦胧地意识到：一种文化在蜕变过程中，为了摆脱现状带来的束缚，有着发扬"原本"的趋向，而这种发扬原本，可以开创出民族文化的新生面。

考之以中国近代思想文化史，"返其初"，也即回归、发扬元典的现象，可谓俯拾即是。19世纪中后叶活跃在中国思想界的先进文化人，从徐继畬、魏源到冯桂芬、郭嵩焘、王韬、薛福成、马建忠、郑观应、何启、胡礼垣，进而到康有为、梁启超、谭嗣同，继之到孙中山、章太炎、邹容，其具体见解虽各有差异，但菲薄"近古"（秦汉以来，尤其是明清的专制社会），崇尚"远古"（尧舜之时、三代之治），并以此求新、求变，却是他们共同遵循的一条思维路向。这条路向似可称之"返本开新"，或曰"以复古求解放"。

与林则徐、魏源同为较早"开眼看世界"的徐继畬（1795～1873年），最先向国人介绍英、美、法的民主政治。他在19世纪40年代撰写的《瀛环志略》一书中，称赏华盛顿及其所实行的民主共和制度。值得注意的是，这种盛赞之词恰恰是将近代西方比拟为中国三代，将西方近代民主政治比拟为中华元典（如《礼》）所早已阐发的"禅让"、"天下为公"等"古道"。徐氏说："华盛顿，异人也。起事勇于胜广，割据雄于曹刘。既已提三尺剑开疆万里，仍不僭位号，不传子孙，而创为推举之法，几于天下为公，骎骎乎三代之遗意也。"

在这里，徐继畬开辟了将西方近代民主政治附会中国"三代之治"的先河。继徐氏之后，改良派思想家几乎无一例外地采用了类似的运思方式。

冯桂芬（1809～1874年）在19世纪60年代即倡导学习西方技艺，他反复论说：只要有长处，"虽蛮貊吾师之"。为着阐明"鉴诸国"的必要性，冯桂芬请出了"元典"："孔子作《春秋》，有取于百二十国宝书。伊古儒者未有不博古而兼通今，综上下纵横以为学者也。"

为着证明改革现实政治的合理性，冯桂芬一再援引"元典"：
> 古今异时亦异势，《论语》称"损益"，《礼》称"不相沿袭"，又戒生今反古。

稍后于冯桂芬的改良派诸人多有类似言论，其思维路向都是以元典证新义，以新义释元典。

将上述思维路向推向极致的是维新主帅康有为（1858—1927年），他的变法理论基石是"三世进化史观"，这种史观以达尔文的"物竞天择"说、斯宾塞的社会进化说为触媒，同时又从《周易》的"穷变会通"说、《春秋公羊传》的"三世"说、《礼记·礼运》的"大同小康"说脱胎而来，与中华文化元典有着血肉相关的联系。继起的梁启超（1873—1929年）也深悉此法之妙，他在1896年撰写的《古议院考》中论述道："敢问议院，于古有徵乎？曰：法先王者法其意。议院之名，古虽无之，若其意则在昔哲王所恃以均天下也。其在《易》曰：'上下交泰，上下不交否。'其在《书》曰：'询谋佥同。'又曰：'谋其卿士，谋及庶人。'其在《周官》曰：'询事之朝，小司寇掌其政，以致万人而询焉。……'其在《记》曰：'与人交止于信。'又曰：'民之所好好之，民之所恶恶之……。'"在同年撰写的《变法通议·自序》中，梁氏更广为采摘元典精义以论证"变法"的必要，因循守古的荒谬。

梁启超1901年撰写的《十种德性相反相成义》，在提倡"独立精神"时，以《中庸》"中立而不倚"释之；在提倡"自信力"时，以《孟子》"自谓不能者，自贼者"，"自暴者不可与有信也，自弃者不可与有为也"释之；在提倡"虚心之自信"时，以《论语》"三人行必有我师"、"立于己者，常以为世侯圣而不感为鹄"释之；……梁氏等人此类援古以证今的论述，不胜枚举。

近代革新思想家反复引述文化元典，意在借古义以证新义，从而增强其变革主张的权威性，以收"托古改制"，"崇儒更化"之效。康有为曾直言不讳地说明，自己作《孔子改制考》，把孔子扮成"改制"先驱，为的是"借古以自重"。康氏说：

> 布衣改制，事大骇人，故不如与之先王，既不惊人，自可避祸。

改良派思想家言必称三代，文必据元典，都在不同程度上出于与康有为相类似的策略考虑。然而，对于他们的这种论证方式又不能全然以"策略"和"宣传手段"视之。这批求学、致仕、著述于咸丰、同治、光绪间的进步士人，都是从中古走向近代的过渡型人物，他们的学养决定了其思想的新旧杂糅、中西合璧，中华元典决不只是他们招摇的一面旗帜，而确乎是他们赖以安身立命的精神支柱，得以运思的启示录，同时也是他们接纳西学的基点和母本。梁启超将这一层意思表达得十分透彻：

> 舍西学而言中学者，其中学必为无用；舍中学而言西学者，其西学必为无本。无用无本，皆不足以治天下。

他们的得意之笔便是"以古证新"，或曰"以中国之古证西来之新"，使其维新主张与古文古训相沟通，正如梁氏所说：

> 能以今日新政，证合古经者为合格。

维新派思想家的灵感有两大来源：一是对元典精神的依托，二是对西学的采纳，两者彼此配合，共同构成变法维新思想的复杂状貌，使其颇富时代风貌的理论同时带有厚重的古典风格和民族色彩，不致给人一种舶来品印象，从而增强变法维新思想为国人认同的能力。与此同时，又因西学的刺激，改良派思想家的重新阐发和变法实践的磨砺，文化元典中蕴藏的原始民主、因时求变等内涵，在清末大放异彩，并被赋予新的时代意义，从而使元典精神再一次显示出行健不息的生命活力。当然，改良派思想家在会通中西的过程中，又表现出若干牵强附会，这一方面是由于他们对西学知之尚浅，另一方面是由于他们对古学未脱依赖。后来，梁启超在1920年撰写的《清代学术概论》中对此有所反思。他说：

> 中国思想之痼疾，确在好依傍为名实混淆。

这里所谓"好依傍"，正是指的不能从西学故道中走出，新论要靠"托古"方能面世。梁氏进而指出：（托古之）"病根不除，则思想终无独立自由之望"。诚哉斯言！这可以说是对改良派发起的思想运动的一个批评性总结。

三

仅从思想宣传方面而论，与改良派政论相比，革命派从思想到文字多已卸下古色古香的服饰，极少康有为"孔子之圣，光并日月；孔子之经，流亘山河"之类的"颂圣"式言论。他们的宣传较少顶着古人的冠冕，而是直言不讳地宣称："余维欧美之进化，凡以三大主义：曰民族，曰民权，曰民主。"并说："今者中国以千年专制之毒不解，异种残之，外邦逼之，民族主义、民权主义殆不可以须臾缓。"他们在自己的旗帜上毫不含糊地书写"中华共和国"、"中华民国"字样，从而鲜明地展现出民主革命纲领。因此，辛亥革命近代性的鲜明程度是空前的，它再也没有像维新变法运动那样去企求旧制度、旧偶像的庇荫，而是率直、勇敢地将自己的现代化政纲公之于天下。这应当说是中华民族精神的一次跃进。然而，辛亥革命虽在一定程度上摆脱了对古学的"依傍"，但辛亥革命同样继承并发扬了元典的原创性精神，这尤其表现在对于"忧患"意识的沿袭，"革命"精神的弘扬，"华夷之辨"的改造，"民本"、"民主"等观念的新用上。仅以孙中山等人倡导"革命"而言，其所依据者，最重要的便是《易传》中"汤武革命，顺乎天，而应乎人"这一经典论断，视革命为顺乎历史潮流、纾解民困的一项崇高使命，国人因而景从，各种反对革命的论调望风披靡，败下阵去。这不能不说是元典精神伟力的表现。

辛亥革命之后勃发的五四新文化运动，以"反传统"的外观出现，其实，五四精神仍然与中华元典精神保持着深刻的内在联系。以五四的主体精神——救亡思潮而论，便与元典的忧患意识一脉相通；五四的社会变革观念，与元典的变易哲学有血肉关系；五四的民主追求，则与元典的原始民主以及民本思想贯穿着内在脉络。总之，从元典的忧患意识到近代的救亡思潮，从元典的变易哲学到近代的社会进化论，从元典的华夷之辨到近代的民族主义，从元典的原始民主和民本思想到近代的民主主义，从元典的"汤武革命，顺天应人"到近代的社会革命论，都有着深刻的血缘关系。

总之，得益于元典精义的启迪，是中国近代化运动的一个普遍现象。而中华元典精神一再被近代中国先进人物所重新阐释和发扬，既是近人借古意以证新义，又是近人以新的时代精神改造古意的一种双向性过程，而这一双向性过程被近人反复运作，正说明元典精神作为一种"文本"，具有被后人一再解释，不断赋予新义的巨大潜能。

四

元典精神的近代意义，还尤其显露于现世。

20世纪以降，工业文明在全球范围取得长足进展，特别是"二战"结束后的半个世纪间，包括中国在内的世界各国在工业化的轨道上突飞猛进，文明的器用层面、制度层面和观念层面都发生着愈益深刻的现代化转型。然而，"现代化"给人类带来的并不是单一式的进步，而是善恶并进、苦乐同行的矛盾过程，正所谓"省忧喜之共门兮，察吉凶之同城"。一方面，由于现代人类对自然、社会和人生的规律性有了更自觉的认识，又具备较之以往强大得多的改造世界的能力，因而赢得超迈往昔的自由，其生活质量也随之大为改善；另一方面，工业文明的弊端随着现代化的纵深发展而愈益昭彰。就与自然的交互关系这一侧面而论，以"征服自然"、"向自然索取"为行动指针的工业文明在造就巨大财富的同时，也带来始料未及的严重问题：温室效应、生物多样性的惊人损失、环境污染、资源系统崩溃、人口爆炸、城市膨胀和畸形发展，都以惊心动魄的规模和速度呈现在现代人面前。就人与人的关系侧面而论，工业文明取得了社会契约化、法治化、民主化的重要进展，却又带来社会的失衡和人的异化，物欲主义的泛滥、道德的沉沦、两种文化（科学文化与人文文化）的分离割裂等令人困扰的问题层出不穷，显示了个人失调以至社会失调的危险趋向。

面对上述严峻形势，人类正在寻觅解决途径。在这一努力过程中，元典精神可以给予我们以启示。如《周易》提出的"立天之道曰阴与阳，立地之道曰柔与刚，立人之道曰仁与义"，揭示了天人之际的和谐原则，一方面要保持人与自然的和谐关系，另一方面保持人与人之间的和谐关系，惟其如此，方能"乐天知命，故不忧"。中华元典所贯穿的一天人、合知行、同真善、兼内外的融通精神，行健不息、生生不已的好勤乐生主义，人道亲亲的人文传统，以及德业日新意识、社会改革意识、文化包容意识、不走极端的守中精神等等，经过创造性转换，无疑将成为现代人克服"现代病"的良药。这便是在"退却与重回"中获得民族文化原创性动力的"返本开新"之路，用新见变化古典气质的革故鼎新之路。这种双向性的辩证发展进程，正是中华文化现代化的正途。

△本人供稿

【编者絮语】讲演者也是第一批登上华中理工大学人文讲座的著名学者。近年来，他揭示了每一个历史悠久的文明都有一种体现在其早期典籍中的原创精神，这种"元典精神"一直是这个文明延续和发展的核心。

●袁伟时 中山大学哲学系教授

中国文化的现代化问题

[在中山大学讲演]

中国传统文化在现代化过程中的作用

中国传统文化与现代化,这是一个老生常谈的问题。不过,细想一下,有些问题仍然若明若暗。

现代化的成败在一般情况下,不取决于文化。经济制度、经济政策和政治状况才是决定性的。不过,把文化混同于政治,使之意识形态化,变成抗拒经济和政治变革的堡垒,它就有可能成为现代化的主要障碍。在19世纪下半叶的清帝国就曾出现这样的局面。最近几十年也出现过文化与政治、经济关系很不正常的状况,延误了现代化的进程。

现在的讨论似乎已经超越这个阶段。以日本及东亚"四小龙"为例,论证儒家思想是现代化资源的看法颇为流行。余英时等学者长期以来更一再论证中国传统文化不但不缺现代意义,而且还可补西方文化之偏。不能忘记两个基本事实:一是日本历史的转折点是两次大规模的"西化",即明治维新的"脱亚入欧"和第二次世界大战后在美国占领下强迫民主化。"四小龙"则都长期经历过殖民地统治阶段。他们的政治、经济、文化制度的框架基本上是西方式的,各自的特点不占主导地位。二是正因为日本保留传统文化的负面因素（如忠君思想等）太多，成为其一再发动侵略战争的原因之一。从上一世纪70年代侵略中国的台湾开始，甲午战争、"九·一八"开始的侵华战争、太平洋战争，中国及东亚各国吃尽苦头。

以这些国家和地区为根据，过分夸大东方传统文化对现代化的作用是难于令人信服的。

至于余英时等人及其他现代新儒家对中国传统文化的研究，我在理解和同情之余，有几点意见：

第一，任何一个文化系统的内容都是庞杂的。他们从传统中找出"现代性"，其实是戴着西式眼镜在古老的东方文化仓库中取其所需。合适的留下，不合适的摒除。本来任何对文化的解读都不可避免融入读者的主观因素，他们则显得更加突出。

第二，他们的中国传统文化足以为西方文化纠偏扶危的说法，是本世纪初以来在好些国家一再出现的东方文化救世论的延伸。西方社会危机存在一天，这种社会思潮就会时隐时现。不过，这是一种探索，只有时间才能判定其价值的高低。

第三，他们的主张与其说是对思想史的阐释，毋宁说是以中国传统文化为建立自家理论的资源。同一切理论见解一样，它被接受的程度和影响的大小都有待时间去裁定。

第四，现代化是不可抗拒的历史趋势，任何文化都要或迟或早与社会现代化过程相融合。韦伯强调新教伦理对资本主义的作用，那是从发生学的角度剖析原发性的资本主义。而对后发展国家和地区而言，以市场经济、自由、民主、法治为基本特征的现代社会制度也已成了顺之则昌逆之则困的洪流。差别仅在于或迎或拒以及迎拒的方式的不同对这个历史性的转变过程留下自己的印记。各种古老的文化都在这一过程中蜕变。腐朽成分僵化为历史文物，供后人凭吊；生机仍存的成分则融入新的社会生活中潜滋暗长、争奇斗艳。中国传统文化、伊斯兰文化、佛教文化、印度文化……都必然走上这条不归之路。只有从这个历史高度去观察，才能恰当地回顾过去，展望未来。否则，对内我们不能恰当地评价先秦至明清文化的成就与不足，不能正确理解20世纪包括新文化运动在内的连绵起伏的启蒙；对外则无法正确评价正在转化中的其他古老文化。随着泰国、马来西亚、印尼等国指日可待地成龙成虎，大谈儒家资本主义的时候，应该预留一些篇幅给"伊斯兰资本主义"、"佛教资本主义"。在肯定中国传统文化蜕变后可以与现代社会制度结合的同时，不应走向另一极端，仿佛儒道文化的特殊基因是包医百病的仙丹。

中国传统文化在现代社会当然有其正面的价值。但谈论任何问题都忌笼统。传统文化是由各个部分多种成分组成的。文化无非是人处理同自然或人际关系经验的积累和升华。人的生活随着文化的发展而提高。换句话说，文化的功用在于提高人的生活素质。不妨以此为出发点，观察一下中国传统文化。

优秀的文学艺术是永恒的。唐诗、宋词、中国画……已经且将继续陶冶着一代又一代的中国人，在其他民族中也有可能找到日渐增多的知音。

优秀的科学技术也是永恒的。虽然我们已告别了活字印刷等技术，但这些发明对人类文明的贡献及它所体现的勇于探索和创造的科学精神也是永恒的。而历久弥新的中医中药也许能发展成为影响越来越大的现代医学流派。

文化还有一个风俗层面。文化人类学称之为小传统。这是一个民族生活样式的很重要的一个方面。这个领域的不少事物（当然不是全部）体现着人们的善良情谊，有助于净化心灵，减轻现代化过程必然大为扩张的金钱关系的负面作用。

如此等等，不一一列举。我想，上面说的大约不会有多大的争议。但一进入更深的层面，涉及思维方式、价值系统等问题，情况就颇为复杂了。

以思维方式来说，誉之者认为中国传统思维方式的优点如注重整体和辩证发展等等，是现代科学技术和文化发展的丰富资源，撇开那些混水摸鱼的百"子"千"师"不谈,东西方都有不少严肃的学者正孜孜不倦地在探讨。毁之者则认为中国传统思维方式逻辑不严密,抽象的深度不足,意识形态与学术不分……是现代科学文化在中国发生和发展的障碍。

谈到价值系统,更是众说纷纭。20世纪中国文化史的重要内容之一就是对传统价值系统的清算。在一代代启蒙学者看来,不批判传统文化对人的价值的贬抑,自由、平等的现代人际关系无从建立,人的尊严难以确认。而在另一些学者特别是新儒家及其他东方文化主义者看来,中国传统文化不但包含着现代西方文化的种种优秀价值观念,还包含着可以医治现代病的种种良方。

我想,对生活在20世纪90年代的中国人来说,传统文化仅是可供使用的资源之一。人不能割断传统,但任何传统都不足以满足现代人的需要。儒释道三家每一家都有不同的流派。任何对传统的诠释,其实都是诠释者自己的理论或体系(如果称得上是理论或体系的话)。我们不是生活在先秦或宋明,传统文化的思维方式和价值观念从整体上说是不应固守的,局部则应各取所需。因此问题应该归结为,什么是对待传统文化的正确态度。

在我看来,文化为人存在,而不是人为文化存在。看到一些国家宗教极端主义者用残酷手段甚至不惜血流成河去维护某些据说是神圣不可侵犯的信念,总是感到不可思议。但对中国人来说,不过是五十步笑百步。从19世纪60年代争论要不要师夷长技到70年代不惜重金购回吴淞铁路予以拆毁,乃至后来义和团摧毁西方文化的蠢行,真令人心酸。但事情没有完结。最近看了艾晓明博士写"文革"的纪实小说《血统》。中国知识分子如果都能读一读这本书,可能很有好处。当时的信件、检查、日记,加上刻画入微的心态,真可称为"文革"珍贵文献集。更为珍贵的是她揭示荒诞所凭藉的思想。"今天的中国人拥有一个共同的血统——文革出身","每个人都有他自己结束文革的时间",这是值得人们三思的箴言。如果停留在责备某一个或几个人的水平上,那就太肤浅了。近10亿人不惜献上10年时光,真诚地捍卫某种思想文化的纯洁;惊回首,却是一场噩梦。这种文化心态源于哪些基因?扪心自问,自己是不是真的已告别"文革"?要摆脱历史重负不是轻而易举的事。按今天的实际情况,忽视传统文化对现代化的作用不是主要危险。急迫的任务倒在于如何树立对文化的正确态度。

文化现代化的标志

中国传统文化的现代化预设了一个前提:文化必须现代化。值得探讨的是如何界定文化的现代化。如果在这个问题上缺乏共识,所谓传统文化现代化的讨论便失去依据。文化既是精神又是制度。在20世纪90年代来探讨这个问题,主要标志是有没有以下三大项:

第一,有一个达到当代水平的文化积累、发展和传播的系统。它又包含着四个子系统:学校、图书馆、研究机构、大众传媒。

第二,有一个与国际接轨的信息传输系统。现在是全球化时代,是信息时代。闭目塞聪,对任何国家和个人都意味着愚昧,可能招来本来可以避免的落后和危险。不但要有达到当代水平的电子信息系统等物质设备,还要有相应的开放心态。林则徐时代就提出要睁开眼睛看世界,痛心的是至今仍没有完全做到。

第三,有一个容许诸子百家自由争鸣的文化环境,真正实现思想自由、学术自由。这是从精神上走出中世纪的最重要条件。

有了这三项才有可能逐步提高中华各族人民的素质,使之成为具有现代科学文化知识、现代价值观念、适应现代社会生活的群体。如果离开这三项去谈什么文化现代化,不过是南辕北辙。

这是从社会环境的角度去考虑问题。至于说文化理论或文化内容本身的发展,已经包含在上述三项之中。只有在这三大项为基本框架的情况下才有可能实现。例如,能不能说现代新儒家(或其他思想家)建立了自己的理论体系就是中国传统文化实现了现代化呢？如此说可以成立，梁漱溟、熊十力、冯友兰、张东荪等建立自己理论体系的二三十年代,中国文化便已实现了现代化,我们今天的讨论就是多余的了。

某一种理论和文化内容的建立是思想家的事,应该为思想家、理论家、哲学家创立和宣扬自己的理论提供广阔的空间。但现代文化是在多元并立、自由交流、自由传播、自然更替、自由选择、各取所需的状态下向前发展的。法律只禁止危害社会的所谓文化。因此，对发展中国家来说，与其把过多精力集中于讨论某种公式或理论，不如花大气力去改善文化发展的社会条件。

为大师的成长创造良好的社会条件

广州提出建立国际大都会的奋斗目标后，不断有人提出建立国际大都会的内容之一是应该有学术文化大师。这个建议不无道理。这个问题的实质仍是要建立良好的文化生态。广东比较有钱。用大价钱请几个大师来也许能点缀一时，但能缩短与文化现代化的差距吗？

苏晨先生在《羊城晚报》发表文章，尖锐地指出：大师是不能靠领导"封"和"捧"出来的。这实际是对当前畸形的学术评价系统的批评。这方面怪事很多，用心收集一下，有心人不难写出一部十分精彩的《儒林内史》。这类笑话当然无助于现代文化的发展。

真正企盼大师出现，就要敢于冷静地审视广州地区的文化土壤。

以物质条件来说，到几个主要图书馆去看看，经费窘迫，管理落后，图书残缺，说得坦率一些只有四个字：催人泪下。这样条件不要说培养大师，要让中上水平以上的研究生和教师"吃饱"都不容易。

再从软环境看，真正的学术研究就是推陈出新，出类拔萃的人才或有所创造的学者必然不甘于匍伏于别人脚下,要求不断突破固有的框框。真正的大师更要大大超越前人。广东在经济上很开放,学术文化上怎样呢?经济理论上略有新见的人,都饱受批判,要是有真正的大师出世,恐怕也是命运难卜的。也许有人会说:这是过去的事了。那可以反过来问一下:广东真正出现了百家争鸣的局面了吗?这里有没有现代文化正常发展所必须的学术自由和宽容呢?

一切热爱中国文化、有志推动中国现代化事业的人士都应该为改善学术文化的软硬环境尽心尽力。知识分子本身则更应在艰苦的环境下毫不气馁,努力奋斗。特别是要继承优良传统,真正以民族的脊梁为楷模,为了社会发展和人民的利益,坚决维护自己学术探索的权利。

鲁迅是真正的大师,他对广州可没有留下多少好印象。陈寅恪也是真正的大师,他在广州写下的却是:"滕有文章供笑骂,那能诗赋动江关。""越鸟南枝无限感,唾壶敲碎独悲歌。"在走向21世纪之际,应该结束这类可悲状态,赢得广大爱国的正直的知识分子的心。

　　　　　△整理:曾德雄　《开放时代》杂志记者

●蔡乐苏 清华大学历史系教授

毛泽东与中国传统文化关系的几个问题

[在清华大学讲演]

今天和大家探讨毛泽东和中国传统文化的关系。现在这方面的书很多,我翻过一些,总感觉到作者在用某种概念、模式来分析问题,没有写出毛泽东的思想的神采。这么一个伟人,写得一点神采都没有,那肯定有问题。今天我想专门谈五点有关思想方法的问题。

一、传统文化的原初状态与装饰状态

文化的原初状态是指它的本来面目。比如,四书五经的原文就是原初状态,"注"就不是。原文有原意和后来解释的意思,二者并不完全相同。文化的装饰状态是指后人加工、整理、化妆、打扮过的状态。许多历史人物、思想体系在不同的需要之下,被穿上了各式各样的服装,然后走上历史舞台表演。后人认为这就是孔子,那就是关公,其实它们与本来的面目相去甚远。

孔子本来的样子与后2000年不断加工解释的形象是很不相同的。当时他并不受人欢迎,到这里不行,到那里也没饭吃。在一个人心惶惶、你争我夺的动荡的世界里,一个清醒的人所有的行为和思想一般是难以被人接受的。孔子说自己"知其不可为而为之",把希望寄托在未来。他死后,到汉代地位大大提高了。魏晋时，佛学玄学兴起，直到唐代，他的地位在下降。到宋代，他又穿上新的衣服，成了文化的主角。直到清代，地位都很高。只是到五四时期，才被一批先进的人士，陈独秀、鲁迅等批得一蹋糊涂。关公也一样。当初不过是个武将而已，顶多勇敢一些，但几百年后可不得了，一级级上升，到了和皇帝平级的地位，叫"关帝"了。现在新加坡、日本和香港地区还可见"关帝庙"，这都是后人的需要。研究中不区别原初状态和装饰状态，就乱了。

近代以来，人们看待历史、自然和社会的观念与古代不同了，思维方式也变了。古人喜欢从整体来看问题，近代以来人们用分析眼光看问题。古人用循环轮回的观点看历史，近代则采用西方的进化的观点看历史。过去的不好，现在的好；现在的不好，未来的好；世界、人类、自然都是一步步前进的。用这种进化的观点去看待传统文化，去装扮传统文化，传统文化还能有光彩吗？近代以来有文化的人大多喜好用外国人的这种观点看问题，好多人的名声、成就都是以外国人观点解释中国文化而获得的。这样一来，中国传统文化就穿上西服了。

问题是孔子是否是这个穿上西服的形象呢？这是值得深思的。从整体的、循环的、中国式的观点看宋明理学，本来是很不错的东西，是圣人之学，是内圣外王的君子之道，一到近代的分析的、进化的、西方人的观点之下，就成了客观唯心主义和主观唯心主义。这种分析方法，从不同学科和视域来切割历史、人物、思想，社会学把这部分切去，哲学把那部分切去，三割两切之后，历史还有生气吗？宋明理学本来是很能启发、教育人的，后来变成了简单的客观唯心主义的程朱理学、主观唯心主义的陆王心学。

毛泽东是五四时期成长起来的人物。他与孔子的形象，与宋明理学是什么关系呢？这不能不考虑到上述问题了。有人解释青年毛泽东和宋明理学有关系，就说与唯心主义有关系。外国人也跟着说毛泽东从根本上就是个唯心主义者，所以他搞了"文化大革命"。其实毛泽东理解的宋明理学未必是这么理解的。这就要求我们搞清传统文化的本来状态和装饰状态，毛泽东到底与哪个状态有关系。

二、传统文化的主干与枝叶

中国传统文化源远流长，博大精深。要分清主干和枝叶，才能说清楚毛泽东与传统文化的关系。比如说，青年毛泽东很喜欢看智谋方面的书，像明代冯梦龙编的《智囊》，里面有许多小故事，很能启迪人的聪明智慧。但如果我们只看到这一点，说毛泽东和传统文化的关系就是和智谋诡计连在一起，那就乱了。

传统文化里，民情风俗、文学艺术、绘画舞蹈、民歌民谣，包括军事文化，都是枝叶。毛泽东的诗词、书法都不错，他读书时的练习本就抄有颜体的《离骚》，这个本子后来被放大在武汉东湖边上的大石头上，写得相当好。但是我觉得这只是他和传统文化的枝叶的关系。而更根本的是与传统文化的主干的关系。

传统文化的主干是什么？我的理解是两个东西，一是道统，一个是政统。如果连这个"统"都没有，就谈不上传统文化了。道统是理论基础，比如说我们现在的道统是马克思主义、毛泽东思想，是邓小平的建设有中国特色的社会主义理论。今天的政统是什么呢？就是中华人民共和国政权存在的合法性。台湾还有一个自称是"中华民国"的政权，谁是正统谁是伪统呢？当然我们是正统。伪统就是不合法的。要使一个政权合法化，要做很多意识形态方面的工作。中华人民共和国成立之初，为了让国际上承认，做了多少工作呀！在国内，要让各个党派、全体人民都认为这个政权合法，所以召开政协会议。这些都是文化的主干。

今天是这样，古人呢？中国人很懂得要有一个道统、一个政统。政统不合法，皇帝就当不下去了。中国古代的道统是四个字："经世济民"。这是它的根本。一个皇帝或者宰相对人说：我们做皇帝当宰相就是要剥削你们、镇压你们！那他们的权就掌不下去。

他们必须说为了"济民"。那么这个道统操作的程序呢？也是四个字："内圣外王"。先内后外，先修身，再去治理天下。不修身，自己就不正，你怎么去治人呢？这是中国政统的根基。它的历史依据和传递脉络是什么呢？是尧舜禹汤，文武周公，孔子孟子。尧治天下就是为了老百姓；大禹治水，过家而不归，也是为了老百姓。孔孟完了以后，比较复杂，各个时代都有道统的继承人。到近代，真正称得上道统的，我认为应数康有为，他一生有做圣人的境界，有比较完整的体系。

中国古代政统的问题很复杂，尤其是改朝换代和两个以上的政权同时并存的时候，谁是正统呢？在历史上，一般来说有五种形式：1. 地方政权膨胀成中央政权，如周武王原来是商的一个地方政权，把中央政权打倒了，他就要证明自己的合法性。《周易》、《尚书》、《诗经》大概有这方面的意思。秦国统一六国，成了中央政权，也有一个合法性问题。2. 中央政权内部的权臣或实力派取而代之，像东汉的王莽，夺权后要论证自己的合法性；曹操是权臣，夺天下之后要说明我做得对，你们要听我的。3. 率领下层人民造反，夺取中央政权，像刘邦、朱元璋。我们共产党从某种意义上也是这样子呀！4. 皇族后裔复辟或当傀儡，像刘秀、刘备以及近代的宣统溥仪等。5. 少数民族入主中原，获取政权，像忽必烈，但也要说我打得对，我的政权代表全中国。后来的清朝，都说自己是正统。这些为某一政权服务的意识形态，是文化的主流，是传统文化的基本内容。

青年毛泽东关心的主要不是政统文化，而是道统文化。道统文化主要解决的不是政权的合法性问题，而是政权的指导思想，精神出发点和归宿，追求的根本目标，比如共产党追求共产主义，你要你的干部全心全意为人民服务，这是道统文化问题。毛泽东与传统文化主干的关系体现在这个道统上。

三、道统文化的正流和末流

正流，用今天的话说，就是言行一致，表里如一，它的态度是内圣外王，经世济民，是发自自己内心的，不是人家要求你去济民，是你自己诚恳地去济民。为了当先进才去做好事，那是末流。你要为人民服务是内心的需要，是自己生命的体现。像我今天来讲课，是我自己学术生命的需要，我愿意干这事，不是给我100、200块钱才干的。这是中国道统中最好的最精彩的东西。后来有人把它说成唯心主义了。这下好了，大家都来搞末流，那这个世界还能不腐烂吗？中国古代贪官污吏不少，但历代都有清官，他们是道统文化正流的体现。宋朝以后，有相当一部分人"先天下之忧而忧，后天下之乐而乐"，这句话我们用滥了。但细想一下，说这个话的人他为什么能说得出来。文天祥"留取丹心照汗青"，他不是说给人听的，而是身体力行，付出了自己生命的。这是正流。

末流才是假道学，嘴上讲道学，心里是另一套，把道学当作升官发财的敲门砖。科举考试，说得非常好，为的是自己的好事。陈独秀有一段讲道学末流的文字很精彩，他说："后世的人，往往有读书万卷，所行所为，还是天良丧尽。文词才华，可以取功名富贵，而气节品行，一毫也不讲究，甚至于天天读理学书，挂道学招牌，却是问起他的心地来，还是一个卑鄙龌龊的小人。"我们今天有的学生考政治，不信那个东西，非要那样写，否则上不了大学。这就是末流，假道学。把仁义道德当作获得名利的手段，工具理性，时间长了，一定是败坏了真正的道学的声誉。但这不是说真正的道学失去了它本身的价值，就像我们说真正的马克思主义的光辉不会因为假马克思主义而失去一样。

如果分不清正流和末流，好，一听毛泽东与道学有关，那就是假道学，这就不对了。像严复很懂西学，以宣扬西学为己任，其实细想会发现他批的是中国的假道学。他非常尊重宋代的真道学，他认为近代这样一个你争我夺、人心惶惶的时代，非常需要宋人的态度。

四、道统正流中的"尊德性"与"道问学"

道统文化发展到宋代，逐渐分化为两种趋势，一个是先信仰后学问，一个是先学问后信仰。尊德性是前者，道问学是后者。

一般认为朱熹代表道问学。他认为先要多看书，求学问，通过循序渐进，格物致理，最终确立信仰。与之相对立的是陆九渊，他说要高屋建瓴，先立信仰，后讲学问，如果你没有信仰，再怎么求学也是白求，弄不好就是假道学。如果相信我的心是和宇宙相通的，再读书求学，就有方向，有目的，就会看到处处有学问，处处有真理。你到清华来，是出国留学还是为中国做一件事，这是信仰。没有信仰，学为什么呢？遇到困难就会灰心，甚至要跳楼。心中要有个方向，这个方向并不是唯心的，而是对世界、对自己本质的认识。一个人的信仰立起来不得了，人就高大了，精神升华了，解放了，与宇宙融为一体了。我们中国的文化，不同于西方近代科学文化，它是含混的、整体的，许多词如道、义、天、本、心、大等都是从不同角度讲同一个东西，它们没有严格的定义。人的本性和整个世界是相通的，而且人人皆有善良、仁爱、恻隐、是非、羞辱之心。孟子说，看到小孩站在井边，不管是好人坏人，都着急。这个东西是学校里教会的吗？不是。我看一个外国电视片，警察抓小偷，让他把裤子脱下，小偷犹豫了半天不脱。小偷也有羞辱之心。这是人善良的根，是天生的。你的心要保持这个状态，做好事就容易了。有的人善心不明显，因为心中让自己的私欲包围住了，善良之心散发不出来。圣人就是总保持纯洁的状态，这样他就可以为人民服务。所以要先立爱人之心，博爱之心，有了这个信仰再读书才有价值。没有信仰，求学可能是去干更多的坏事,就走到反面了。

朱熹和陆九渊,路子虽然不同,但目的都一样,要求得一个道的本源,如果勉强套我们现在的说法,一个是演绎的路子,一个是归纳的路子。如把黄河源头比作道的本源,陆九渊的"尊德性"是在黄河源头往下漂,朱熹则是从下往上划。到底谁好,我看不一定要作评论。

毛泽东对"尊德性"很重视,中年晚年有过一些鄙视知识分子的倾向,可能与此有关。西方也有反智识主义,认为没有信仰的话,知识就没有意义。"文革"中出现"读书无用"、"知识越多越反动"的论调。

五、青年毛泽东对"大本大源"的思考

毛泽东在1917年8月23日给他的老师黎锦熙的信中很明确地说明他对传统文化的认识:"欲动天下者,当动天下之心,而不徒在显见之迹。动其心者,当具有大本大源。"他说:"夫本源者,宇宙之真理。"后面这一句用唯心主义就解释不通了,为什么?前面说要动心,后面说本源是宇宙的真理,心是宇宙的真理。从宇宙方面看是客观的,从心来看是主观的。宋代的学问把宇宙和心连成一个整体,不分内外。毛泽东说:天下生民,各为宇宙的一分子,宇宙的真理,存在于每个人的心中,虽然偏全不一,但每个人都有。我今天以大本大源来号召,天下之心其有不动者乎?天下之心都动了,天下事有不能为者乎?天下之事可为,国家有不富强幸福者乎?所以他说以后要用大功夫探讨大本大源,探讨清楚了,就可以解释一切。这就如我刚才说的跑到黄河源头漂流而下,什么东西看不清楚呀!

毛泽东还说,今天的人他能看得上的只有袁世凯、孙文、康有为三个人。"独康好像有本源","然细观之,其本源究不指其实在何处,徒为华言炫听,并无一干树立、枝叶扶疏之妙"。康有为

也没有立起来。那时的人讲变法，都是从枝节入手，议会、宪法、总统、内阁、军事、实业、教育等等，都是枝节。枝节不可少，但没有本源，就没有一个精神，搞得不好和本源背道而驰。讲军事、经济，你袁世凯为谁服务都不清楚，搞得再多，不就是为你袁家天下吗？"天下纷纷，推其原因，一没有内省之明，二不明天下应以何道而后解动。"就是用什么办法改造天下。所以当今之世，宜有一个大气量的人，从哲学、伦理学入手来改造哲学、伦理学，从根本上变换全国的思想。这是青年毛泽东说的话。他的一生不就是从哲学、伦理学入手来变换全国的思想吗？《实践论》《矛盾论》的根子就在这里。

毛泽东主张要先立志，先立本。他说有人动不动要自己子弟立志，什么叫志呀？"志者，有见乎宇宙之真理。"如果说我要当一个军事家、教育家，那不叫立志，只能叫模仿。他说真想立志就必须先研究哲学、伦理学，以其所得真理，奉以为己身言动之准，立之为前途之鹄。十年未得真理，即十年无志。你读十年书，清华博士毕业了，还没有人生的目标，那就是说你还没有志。"圣人，得大本者也；贤人，略得大本者也；愚人，不得大本者也。圣人通达天地，明贯过去、现在、未来，洞悉三界现象。"

青年毛泽东的这些思想，直接受他的老师杨昌济的影响。杨在日本留学六年，在英国两年半，德国留学半年，中西学都很好，湖南有名的教育家，蔡元培把他调到北大当教授，杨很器重青年毛泽东。毛泽东考虑的是立本，是宇宙、人生的大事，所以把个人与女孩的事并没放在心上，后来呢，时间长了，与杨开慧产生了感情。毛泽东毕竟也是热血青年嘛。

杨昌济的思想是弘扬理学，他说要把朱熹和陆王的观点调和起来，但主要还是陆九渊的路子。他说："所见大，则所志大；所志大，则所学大；所学大，则所思大；所思大，则所为大；斯为大人矣。"毛泽东的一生，"大"也是一个标准。"所见小，斯为小人矣"，你只认得自己研究机械、计算机，在小圈子里动，那你就成不了大器。我们清华大学的大教授，那都不是说只是一个行当的专家。杨昌济的思想怎么来的呢？他去日本之前就是梁启超、谭嗣同在湖南办的时务学堂的学生，梁、谭都是"大"思想的路子，他们又是从康有为那里学来的。康有为讲"天上人间"，大同思想。他年轻时候，先生让他读了很多书，他想，读那么多书干什么？他要先立本，于是一个人躲起来闭目养心。他的同学说他疯了。后来他回到家乡思考天、地、人之间的关系。康有为的路子又是龚自珍、魏源的路子，是公羊学的路子，是陆王的路子。这种学术的传承，不能小看。

青年毛泽东究竟立了哪些本呢？我归纳了四点：1. 把人的良心和欲望统一起来。这与宋代"存天理、灭人欲"不同。他说，食欲所以善生存，性欲所以善发达，与本源的良心并不矛盾。但他又说，过度的食欲和性欲是良心所不许可的，是矛盾的。2. 宇宙与人只有一个本，不是两个本，现象上不同，本质上一样。男女、阴阳、大小、彼此、生死、好恶、正反、清洁与污垢、美丑、明暗等等，都是现象上的不同。既然宇宙本源是同一个东西，那就是相通的了。我这个人是一个整体，每一个细胞必然也是相通的，拿针扎屁股一下，肯定要叫起来，因为疼着啦。过去讲"仁"就是"通"，"麻木不仁"就是"麻木不通"，就是这个意思。我们放大了来看，人类是一个整体，动物界是一个整体，整个星际也是一个整体，是一个"大我"。"爱必兼爱，成不独成"，好比爱必须是爱整个身体，没有爱这个指头而不爱那个指头的。后来讲"全心全意为人民服务"，本质也在这个地方，你是社会的一分子，要为整体着想。毛泽东说，那些小人虽然牵累我们这些君子、大人，但从慈悲的角度也要救他们，否则就失去了我们的责任。毛泽东后来接受社会主义、共产主义思想决非偶然的。3. 世界上各种现象只有变化，没有生死。他说人的生死是人的最大痛苦，但从本源上看是一个聚散的问题。坐下来细胞聚在一起，死了心脏不动了，慢慢被细菌拉走了，其实并未消失。由此推及国家民族、宇宙，都是愈变愈新。所以人死对那些狭隘的人来说是痛苦，对毛泽东本人来说是一个"奇境"，他说人还可以经受没有生命的另一个世界，那有什么可怕呢？这是一种浪漫主义胸怀。他家的人为革命赴汤蹈火，他自己也那样放得开。人的生死问题解决了，什么问题就放得开了。否则老是有忧愁，有困难。"仁者不忧"，愈变愈新，去了一个旧宇宙，换来一个新宇宙，何乐而不为呢？这是多大的气量呀！4. 现象与本体的关系上，他认为现象就是本体，本体就是现象。为什么呢？人是个整体，每个细胞都是现象，但都体现着整体，恐龙蛋里发现一点点东西就可以化验出恐龙的遗传信息。毛泽东讲这个道理是说每个人都是这个世界的一部分，你本身就是一个整体，你要改变世界的整体，先要改变每个部分。如果离开每个人，宇宙就没有意义了。宇宙没有地球、太阳、月亮，还叫宇宙吗？一个国家离开每个人还算国家吗？所以一个人就是中国，改变中国就是要从改变一个个人开始。用现在的话说，就是从现在做起，从自己做起。

△记录：清华大学人文讲座组委会　　整理：姚遥等

● 郭成康　中国人民大学清史所教授

博古通今　以史为鉴

[在中国人民大学讲演]

"停滞的帝国"
——从佩雷菲特对中国的论断说起

常听人说，大学生得有点儿史学素养。史学素养指的是什么呢？提高史学素养究竟要达到什么目的？

法国国务活动家和作家阿兰·佩雷菲特以1793年，即清乾隆五十八年英国马戛尔尼使团访华为题材，写了一本《停滞的帝国——两个世界的撞击》。在书中，他突出了中国人僵化不变的观念和凝固停滞的社会，一再渲染英国使团在华见到的万世不变的儒家信条和陈规陋习，认为正是它扼杀了人的创造精神，封闭了中国人和世界的正常交往。这种看法并不始于佩氏，对所谓中国历史的一成不变最早进行概括的大概首推黑格尔了。他在1822年说过："中华帝国是一个神权政治专制国家。家长制政体是其基础；为首的父亲，他也控制着个人的思想。这个暴君通过许多等级领导着一个组织成系统的政府……个人在精神上没有个性。中国的历史从本质上看是没有历史的；它只是君主覆灭的一再重复而已。"黑格尔最后以"任何进步都不可能从中产生"武断的口吻为中国历史的前途作了可悲的论断。佩雷菲特把黑格尔这段话放在

《停滞的中国》的卷首。可是，至少在黑格尔之后，中国政治、经济、社会、思想文化等等都发生了翻天覆地的变化，这又当作何解释呢？本世纪五六十年代，美国以研究东方学而著名的哈佛学派提出"西方冲击，中国反应"的模式企图回答这个问题，认为正是借助于西方的外力冲击才能使中国这样有古老文明然而已经停滞的老大帝国发生由传统向现代化的深刻变革。这种观点相当长的时期里主宰着西方人对近代中国历史的看法。

思考这样沉重的历史问题，不是为了获得高谈阔论的资本；关注现实，以史为鉴，"察往而彰来"，才是历史学家最终的目的。兼历史学家和政治家于一身的佩雷菲特先生更是如此。1960年佩雷菲特首次访华时这样谈他最突出的印象："这个社会同马戛尔尼伙伴们描写的社会十分相似，简直可以说每个中国人的基因里都带有乾隆帝国时的全部遗传信息。"此后，无论是10年后"文革"中的中国，还是30多年后的改革开放他到中国，都一再指出："乾隆和马戛尔尼没有死；他们的精神仍然存在。"佩雷菲特对中国、英国乃至世界的看法正确与否暂且不论，他的以深厚的史学素养为依据，热烈地、执著地关注现实的精神却不因中国政局的起伏跌宕，历时30余年之久而没有一点削减。太史公司马迁说："究天人之际，通古今之变。"看来是逾越国界、肤色、民族、政治信仰、价值观念之间区别的全世界史学家以及所有希望加强自己史学素养的人们研究历史的共同的宗旨和方法吧！

人口、外国银元和通货膨胀
—— 鸦片战争前清帝国是否停滞了？

尽管佩雷菲特先生与中国十分友好，他为撰写《停滞的帝国》一书曾6次访华，但是他的著作中的"欧洲中心论"历史观，我们不能苟同。

鸦片战争前清帝国是否真的"停滞"了？如果没有鸦片战争，

没有来自西方的外力冲击,中国会永远陷于王朝兴衰更替的泥潭中不能自拔吗?

中国文明在世界长期保持领先地位是举世公认的。佩雷菲特先生也承认,"中国直到16和17世纪仍能以大量的发明和讲究文明领先于西欧而成为世界上最先进的国家"。1640年,以英国资产阶级革命为标志,世界历史翻开了近代的第一页,1644年清兵入关,定鼎北京,清帝国建立。这以后中国是否很快停滞落后了呢?不然,实际上中国对西方的影响至少到18世纪要比西方对中国的影响还要大。美国东方学研究专家费正清曾说:"欧洲是打开了对华关系的入侵者,因此,欧洲首先感受到这种新关系带来的冲击,这决非是反话,因为正是欧洲人在海外所发现的人,使他们敏感起来,刺激和吸引他们前往海外。"英国东方学学者赫德森也曾说:"18世纪,在相当长的时间里,中国文化在巴黎的影响,比之欧洲文化在北京的影响强有力得多。"今天的学者甚至进一步指出,这一时期中国在军事、经济、贸易方面也不逊色,赫德森就明确说过:"不要忘记,在中国与欧洲的首次战争中,获胜的是中国。"(指1889年中俄雅克萨之战)。

是的,当时正处于所谓"康乾盛世"的清帝国不仅在东亚,而且在整个世界都被公认为具有悠久文明的、最强大的一个国家。

但是,从18世纪晚期开始,中国的声誉在西方人的眼中一落千丈。马戛尔尼经过实地考察,对中国总的评价是:"清帝国好比一艘破烂不堪的头等战舰,它之所以在过去150年中没有沉没,仅仅是由一班幸运的、能干而警觉的军官们的支撑,而它胜过其他邻船的地方,只在它的体积和外表。"延续了一个世纪之久的欧洲"中国热"以马戛尔尼访华打上了句号。19世纪初黑格尔讲"任何进步都不可能从中产生",恐怕是对中国传统文化最严厉的批判。

18、19世纪之交欧洲对中国评价一百八十度的大转向是否符合历史的实际?

为了说明这个问题,先举出17世纪中叶到19世纪中叶大约

200年间物质生活中的一些数字,作为论述的基点。

首先是人口。以世纪而论,世界人口从6.41亿增至9.19亿,增幅为43.37%;中国人口从1.51亿增至3.13亿,增幅为108.67%。如果与欧洲比较的话,18世纪后半叶欧洲人口年增长率为4‰,中国仅据官方典籍上内地各省人口数计算,就达到10‰以上,可以说,鸦片战争一二百年间中国人口增长的速度在本国前所未有,在全球举世无比。这从一方面足以证明,能够养活如此庞大的人口,农业的产出也不能不有大规模的增长。事实上,在鼓励垦荒的政策引导下,千千万万的无地贫民从平原进入山区,从内地进入边远地区,中国的耕地被空前大规模地开发出来,传统农业社会的生产力水平达到了空前高度。

再来看白银的大量内流。白银内流从明朝中叶以后就开始了,从16世纪开始,特别是整个18世纪,却完全是另外一番景象:"夷船必得风信,于五六月间到,所载货物无几,大半均属番银。"以至西方史学家"把中国描写成吸引全世界白银的唧筒"。无可辩驳地证明当时中国在经济上巨大的实力。由于茶叶、生丝、磁器等出口增长,势必带动东南沿海地区手工业和农业(特别是经济作物)的发展,又亟需江南、湖广、四川、广西等内地省份剩余的大米沿长江、西江顺流而下以供民食。乾隆年间,江宁(南京)"烟户稠密,需用食米甚多,皆系仰给客米接济,三五日客贩不至,米价即昂"——可作为商品经济发展地区城镇的代表;珠江三角洲"贫无隔宿米,富无十日粮"——则是商品经济发达地区民生的写照。以区域性市场逐渐成型为标志的地区性分工和商品经济发展都达到了中国历史上空前的高水平,它可能是当时中国最带"近代性"征兆的现象。

总之,数以亿计的新增人口和数以亿计的外国银元这些物质生活领域或可称为带有"世纪性"特点的新现象,已经构成了将最终动摇和瓦解传统的政治体制、社会结构和价值观念体系的最深层的原动力,它们将把古老的中国社会慢慢推向大变革的前夜。

白银内流和人口激增使清朝政治、经济、财政、金融体制面临严峻挑战。

清朝通行的货币是银和制钱两种。康雍乾嘉100余年间，数以亿计的外国银元流入中国，以银贱钱贵。政府为保护货币体系的稳定而加大制钱的投放量，到18世纪中期以后60年间始终把制钱年铸造量保持在30亿文以上，从而使银钱比价逐渐持平，白银和制钱投放量的扩大固然刺激了18世纪中国经济的繁荣，但也成为物价上涨的重要原因。18世纪前后百余年之间，价格总水平上涨了300%，造成当时财政、经济、社会以至政治方面的困厄局面。直接关系到全国财政金融稳定、曾盛极一时的三直铜生产由于通货膨胀到乾隆后期已原形毕露了。由政府垄断的漕运和食盐生产18世纪中期以后也百弊丛生，开始萎缩衰败了。而关系到整个农业的耗资巨大的河工海塘工程由于物价上涨，原材料及资金短缺，最后七拼八凑才算了结。物价持续上涨造成的另一个问题是国家公职人员实际收入下降，这导致乾隆中期贪风大炽，陋规泛滥，吏治迅速腐败。

鸦片战争爆发前夕，人们都不同程度地感受到了中国已处于大变革的前夜。著名的思想家龚自珍形容当时的社会是"日之将夕，悲风骤至"，这8个字不仅仅预示着中国历史上屡见不鲜的王朝覆灭即将到来，而且也蕴涵着传统时代所未有的新的意味。亘古未有的人口成倍地急剧增长和数以亿计的外国银元流入中国，并以通货膨胀为中介力，逐渐侵蚀着、动摇着几千年来儒家信条所构建起来的传统秩序。传统的占统治地位的农业文明和专制主义中央集权的政治体制都面临着严峻的挑战，社会发生根本性变革的源泉和动力不是来于西方或其他什么地方，而恰恰正是由中国历史自身的矛盾运动所决定。显而易见，在本质上，中国历史有其自身明晰的发展脉络。

对中国历史作如是观，是因为历史本来面貌就是这样；西方许多忠实于学术不带政治偏见的史学家也与我们同时对"欧洲中心论"进行清算，从而得出了大致相同的结论。

　　大约从本世纪中期开始，在世界历史研究领域，一种新的更加合理的世界观和历史观逐渐为人们所接受，认为世界上不同文明和不同民族、国家都处于平等地位，都有权利要求对自己进行同等的思考和评价，不允许将任何国家、民族或任何文明加以贬低或摒斥。与此相应，西方汉学家进一步意识到"欧洲中心论"世界观的局限性，并对帝国主义和殖民主义成见在学术领域的反映进行了严肃的反省和批判。在美国，从哈佛学派旧垒中出来的叛逆者以批判本学派"西方冲击—中国回应"的模式为契机，针锋相对地指出"正是中国社会本身才是一切根本变化的源泉"，并由此而促进了包括研究方向和研究方法在内的引人注目的变化。这种全新的历史研究取向被美国学者言简意赅地表述为"在中国发现历史"——这也是对黑格尔老先生"中国的历史从本质上看是没有历史的"经典论述的反戈一击。渗透着"欧洲中心论"历史观的《停滞的帝国》的作者佩雷菲特也受到他所在大陆的同行的尖锐诘责。

"三跪九叩"——与"欧洲中心论"
同样荒谬的"中国中心论"

　　不过，《停滞的帝国》对当时——乾隆皇帝思想和心理分析有入木三分的刻画，作者的睿智和机敏的思维所具有的发人深省的震撼力量，往往令人不免掩卷长思。在叙述因礼仪之争，英使觐见陷入危机时，佩氏写道，乾隆"是宇宙秩序里至高无上的人物，并是这秩序的保证者。世界上没有一个人能与他相比。要感知同一世界，必须属于同一世界，也就是说要具备同样的心理结构"。

　　佩雷菲特指的是乾隆坚持英使觐见时要行"三跪九叩首"大礼这件事。的确，乾隆的固执在今天看来实在有点儿难于理解。

　　皇帝接受英使的觐见，就存在一个无法回避的觐见礼仪的重大原则问题。中国周边藩属国觐见大皇帝的礼节是很隆重的,对他们来讲最屈辱的也是三跪九叩大礼,但英使还没到北京,中英双方就在觐见礼仪上发生了争执。乾隆通过密旨指示中方接待大臣,以自己的名义婉转开导该国使臣遵守天朝法度。但乾隆的良苦用心被马戛尔尼坚决抵制了,这使他恼恨异常,于是接待英使的许多活动被取消了,更重要的是,英使来华的一切经济、外交的要求全部不能予以考虑。道理很简单,乾隆直截了当地说:"此次该使臣等前来热河,于礼节多未谙悉","似此狂妄骄矜,朕意不惬!"

然而,说乾隆是精神病患者也罢,他固执坚持"三跪九叩"按中国古老的传统是完全合理的,有充分根据的。

乾隆的思想至少可以追溯到两千年前春秋时代的华夷观。当时中原地区的国家对自己的文明有高度的自我优越感,因此将周边地区居住的未接受"周礼"的蛮夷狄看成是近于禽兽的野蛮人。后来人们渐渐认为,华夷之间的根本区别在于"礼仪",在于文化,而不在于种族。这种"华夷之别"的思想,到了后来又演变成统治阶级的世界观,并以此为据建立了一套实质上是处理国家与国家之间关系的朝贡制度。明清皇帝都以"天朝大皇帝"自居,认为中国是世界的中心,周围国家不过是藩属国。其经济方面的利益得失,大皇帝并未放在心上,而仅仅把它看作一种"制夷"的手段,外夷恭顺,则予以优厚的回赐;反之,则以停止其朝贡,作为惩罚。

以悠久而先进的中华文明为后盾的华夷秩序和朝贡制度,自地理大发现,葡萄牙和西班牙等西方殖民者纷纷来到中国后遇到了严峻的根本性的挑战,但明、清帝国在一个相当长的时间里还有相当实力继续陶醉在天朝上国的美梦之中。明朝嘉靖年间,王希文力陈不准"佛郎机"(即葡萄牙)来广州"朝贡"的理由是:"堂堂天朝"完全没必要收取佛郎机"轻渎之贡"。

由此看来,在1793年秋中英首次通使中,乾隆的荒唐表现也就不难理解了。

需要指出的是,华夷观念不独皇帝才有,而且也是当时士大夫乃至整个社会的普遍认识。曾目击英使觐见乾隆的军机章京管世铭写了一首题为《避暑山庄恭记》的诗:

献琛海外有遐邦,生梗朝仪野鹿腔。
一到朝廷齐膝地,天威能使万心降。

在诗后,管世铭自己作了注解:"西洋英吉利国贡使不习跪拜,强之,止屈一膝。及至引对,不觉双跽俯伏。"这种不惜歪曲事实自欺欺人、荒唐可笑的心态和乾隆皇帝又有什么差别呢?

毋庸讳言,"以中国为中心"的历史观和世界观是十分值得我们警惕的传统文化中的糟粕。

"世眼休自窄"——"中国中心论"和"欧洲中心论"都不能科学地客观地认识历史,认识世界。不过,就是乾隆时代,也有人不同意"中国中心论"。比管世铭稍长、也作过军机章京的大诗人赵翼有一次去宣武门天主教堂拜访钦天监监正刘松龄(出生于斯洛文尼亚的天文学家)等西洋传教士,他看了堂中所供的貌如美少年的天主像,欣赏了"绘于壁而突出"的所谓"线法画",听了由管风琴演奏的圣诗,还饶有兴趣地登上了观星台,用"千里镜"眺望西郊玉泉山,竟惊异地发现:宝塔近在咫尺间,砖缝历历可数。这一切域外异物使赵翼耳目一新,心情激动,在一首五言古诗中,他这样抒发了自己的感慨:

始知天地大,到处有开辟。
人巧诚太纷,世眼休自窄!

"世眼休自窄"无论当时还是现在都犹如暮鼓晨钟般的警句。

世界文明究竟是多元化的,还是一元化的?从古至今都是一个不可回避的重大问题。

中国文明不仅源远流长,而且其在文化史上的发展也具有连续性,具体表现在语言文字发展的连续性和学术发展的连续性,最具有完整意义。正是由于这一点,中国文明在一个相当长的历史时期，一直处于世界最先进的地位。同样，欧洲文明也可以溯源到古代希腊和罗马的文明。恩格斯说过，"没有希腊文化和罗马帝国所奠定的基础，也就没有现代欧洲"，从希腊、罗马那里，"差不多可以找到各种观点的胚胎萌芽"。世界上灿烂的古代文明还可以举出尼罗河流域的埃及、两河流域的苏美尔地区和印度河流域，以及中美洲和安第斯河谷等文明。因此，今天世界上不同地区、不同种族、不同民族的人民都有权利，也都可以追寻到自己文明的源头，并为本地区、本民族灿烂的古老文明而自豪。

摒弃世界文明一元化的观点似乎还不够；如果说自古至今文明是多元的，那么，各种文明之间是否有尊卑高下之分呢？是不是只有自己所属的文明才是最优越的呢？世界上是否存在着一种带有普遍的适应性的文明呢？

佩雷菲特在《停滞的帝国》中尖刻地抨击了乾隆以君临天下的口吻写给英王的"敕谕"，他说这份中西关系的奇文"是我所知道的给人印象最强烈的变态典型。对于一个民族——一种文化，一种文明——来说，这种变态不仅表现为自视比他人优越，而且在生活中认为世上唯有他们才存在"。这种对18世纪中国妄自尊大的文明优越感的刻薄批评无疑是正确的。不过，与此同时，或比这更早一二百年的时间，那些带着拯救异教徒灵魂的真诚愿望，不远万里，风尘仆仆来到中国的西洋传教士们不也是要中国人接受他们自视为优越的基督教文明吗？那些携着坚船利炮，绕过半个地球泛海而来的海盗商人和打着"维护贸易"旗号的政府远征军，不也是要把中国纳入到以欧洲为中心的国际经济秩序和政治秩序吗？而佩氏这一评判本身不也正含有他所批判的观念自视比他人优越吗？时至今日，西方的某些政治家不是还要把他们自视为最优越的资产阶级民主政治和人权观等推销给一切国家的人民吗？

世界文明从来是多元的，而各种文明之间也从来没有尊卑高下之别，我们不承认世界上有那么一种带有普遍性的、具有绝对优越性的文明。这样说，是不是人们就无须对自己文明的长处和特点进行严肃的审视,并与外域文明作出科学的比较呢?

完全不是的。一种文明无不包含着优长和短缺既对立又统一的两个方面,而且在漫长的历史长河中,优长和短缺都不是一成不变的,往往会互相转化。从确立起专制主义中央集权的政治体制,到诸子百家争鸣中形成的儒、道、法等诸家学术思想,这是中国文明的"早熟性",但中国文明的种种长处从一开始就掩盖着某些足以致命的短处,例如,夜郎自大、孤芳自赏的自我优越感。同为文明优越感,中国又与欧洲不同,在历史上几乎见不到中国凭恃武力或其他方式向外国强行输出自己的意识形态、政治制度这样的事例。这种不具有侵略扩张性质的文化传统固有其值得称道的一面,但同时,其中存在的自我封闭、不求进取的倾向(佩雷菲特形象地称之为"集体孤独症")也阻碍了社会的发展。再举人文色彩极其浓重的儒家思想来说吧,不管中国社会内部酝酿着怎样深刻的变化,统治者总是以不变应万变,总是设法让变化了的现实去适应已经过时的神圣教条。清朝雍乾之际通货膨胀的压力搞得方方面面捉襟见肘,狼狈不堪,皇帝并未考虑从财政经济体制上进行根本性的变革,而是以事实迁就教条的文化传统,扼杀了改革的生机,挫伤了人们的进取精神。对中国文明有着特殊感情的李约瑟把中国的儒家教条与欧洲中世纪的思想相比,认为彼此都离不开"原始的假说",因此束缚了自然科学的发展。

以上讲的,是从史学观点来论证世界文明是多元化的,而古今中外的一切文明都处于经常的变化之中。从整体上讲,东西方文明没有优劣高下之分,而从一种文明在一段时间内的具体作用来看,则又应当予以审慎的分析和评价。

"究天人之际,通古今之变"
——史学素养的根本目的

上面从其他侧面谈中国的历史,大家似乎可以从中得到一点印象：第一，史学虽然是以研究历史为己任的一门学问，但它却具有关注现实的学术品格，这和社会科学的其他学科并无区别；第二，出于认识现实的需要，史学家和一切希望加强史学修养的人总是自觉或不自觉地通过梳理历史、认识历史、解释历史来达到自己的目的，或为自己对现实的认识寻找历史根据；第三，要比较准确地把握历史和现实，就离不开正确的历史观，而正确的历史观从来就是和人们对包括自己所在国家在内的整个世界的认识密不可分的。

以上几点实际上已经回答了我开始提出的那两个问题：史学素养指的是什么？史学素养究竟要达到什么目的。

史学素养，就是经常地学习和研究历史。人们总是把丰富的历史知识称为有史学素养。当然，通过史学丰富知识，启迪智慧，陶冶性情，涵养德性，都可以算作有史学修养。但我认为，这还没有揭示出史学素养的真义是什么。

我觉得还是司马迁高明，他两千多年前讲的"究天人之际，通古今之变，成一家之言"在今天仍不失为史学素养的最高境界，这句话所揭示的史学素养的宗旨和方法今天来看也是十分深刻的。

"天"，是先秦时期人们历史观念的一个基本范畴，通常指冥冥之上有一个人格化的神。那时的人们认为，人世的治乱兴衰是由"天"决定的。司马迁苦苦地探索着天道与人事之间是否存在联系这个神秘课题，最终他好像对传统观念发生了动摇。司马迁为项羽写了一篇很好的传记，很同情他，但对项羽乌江自刎前所讲的"天亡我，非用兵之罪也"却不以为然。他认为，项羽把命运归之于天"岂不谬哉！"应该说，"究天人之际"仍然是我们今天加强史学素养所面临的课题。法国著名的社会史专家布罗代尔对18世纪世界各国人口同时处于急剧增长这个现象十分有兴趣，他认为世界各国历史发展有某种程度的"共时性"。他也是苦苦地探索着"天人之际"。据布罗代尔解释，原因在于气候（气温、雨量、气压），17世纪晚期至19世纪初全球都处于气温回升的大环境中，这是从人口的全球性普遍增长而论。把眼界放宽些，为什么在距今7000年至4000年左右，在两河流域、尼罗河谷、印度河谷、黄河流域、克里特岛、中美洲和安第斯河谷，在同一个长时段内相对独立地发生了从原始社会向文明社会迈进的历史性变革？这也是"究天人之际"的一大课题。

下面讲"通古今之变"。司马迁的意思并不是不需要把包罗万象、繁复杂乱的历史现象梳理好，因为这是学问的基础，但横跨时空的历史人物、历史现象那么多，究竟整理哪些、认识哪些呢？应该是那些困扰着、激动着、吸引着史家的种种现实问题。因此，司马迁把那些令他寝食不安的与现实问题有关的历史现象进行整理研究，写出了彪炳千古的《史记》。不过，司马迁十分清醒，他总结说，"通古今之变"的《史记》只不过是"一家之言"而已。同样的道理，我们上面谈的中国历史，以及中国与世界关系，佩雷菲特关于"停滞的帝国"和"乾隆没有死"的评断，也都是"一家之言"。"横看成岭侧成峰，远近高低各不同。"历史的庐山真面目远远没有被世人彻底看透，对客观的历史的认识，远远没有穷尽。中国和世界已经流逝而去的岁月，将不断地为后世一代又一代人提供永远也发掘不尽的认识自己所处时代的宝贵的借鉴材料。但无论如何，"通古今之变"的史学基本宗旨和基本方法是不会改变的。

不能穷尽对历史的认识，并不意味对历史认识的正确与否没有客观标准，更不意味着人们不应当力求用正确的历史观阐述历史，解释现实和展望未来。

正确的历史观的培养，应当是一个不断提高自己史学素养和不断提高自己马克思主义理论素养的实践过程。我在这里强调的是，要以马克思主义理论为指导，逐步对中国历史形成一个比较宏观的看法，因为只有这样，才能认清今天的中国既不能墨守成规，也不能照搬西方，而只能走有中国特色的社会主义道路；只有这样，才能以高度的尊严感做一个堂堂正正的中国人。同时又要以谦虚宽容的态度，做一个虚怀若谷的中国人，全面吸收迄今为止世界上所有文明的长处和优点，借鉴一切国家，特别是欧美、日本由传统向现代化变革的有益经验。总而言之，只有逐步形成一种跨越时空的、具有宏大历史内涵的正确世界观，才能找到自己正确的位置。

  古人说过："马不伏枥，不可以趋道；士不素养，不可以重国。"肩负中国未来的年轻的大学生任重而道远，自觉地加强包括史学在内的人文社会科学和自然科学的全面素养，不仅是个人安身立命之本，也是祖国和时代的要求与期望。

△中国人民大学教务处供稿
整理：程红　冯晓东

● 郭齐勇 武汉大学哲学系教授

中国哲学资源的当代价值

[在华中理工大学讲演]

一、达用篇：中国智慧与现代企业管理

中国的管理哲学（不仅仅指儒学），确有许多方面值得我们珍视，值得我们再发挥，再创造。其中，我认为尤显重要的有七个字：生、变、和、中、敬、群、无。

（一）"生"的原则。生的原则即创造性原则。《周易·系辞传》曰："天地之大德曰生"，"生生之谓易"。中国哲学崇尚"生生之德"，即以人的创造性精神匹配天地乾坤父母之大生广生之德，尽人能以弘大天性。中国"尊生"的传统，即尊重、发扬创造性的生命精神，强调全面发挥人的潜能，参赞天地之化育，理性地适应并进而主宰天地。在管理学上，《周易》的管理智慧，即把自强不息、生生不已的主体精神，"元、亨、利、贞"的流衍创化的客观历程和效法天地的自然之道结合起来。这样，它就不是单方面地强调开拓创新，穷通变易，而在一定程度上又涵盖了顺应自然之意。因此，开与阖、守常与应变、原则性与灵活性、创造性与继承性（创业与守成）的辩证统合，即是企业管理的一种高级的智慧或艺术。

（二）"变"的原则。"变"也是一种"生"。但"生"的意涵

主要是"创生"、"生化",而"变"的意涵主要是"变通"、"制宜"。《周易》被人称为"变经",《老子》五千言通篇讲变化之道,《孙子兵法》的战略策略更是应对瞬息万变之经典。《易》《老》《孙》之预测学、管理学和谋略学,总结了自然、人事正反诸方面的经验教训,对吉凶、祸福、穷达、存亡、生死、利害诸关系的把握,提供了最佳趋避的模型和最佳应变的方法。在阳与阴、否与泰、剥与复、损与益、革与鼎、既济与未济之间,寻找因条件变化而不断求变的契机。由是而提出了因时、因地、因物、因位制宜的要求。所谓"制宜",是主观价值与客观实际配合得宜,关键在管理主体的感通化裁之功。中国哲学提供了一种高级的变通智慧,这种智慧和西方科学管理方法不同,是具有根源性的智慧,或者说是一种人文的睿智,把管理看作是以人的价值主体为依归的。有的学者称之为"道智"或"道术",以区别于西方知性的科学的管理。另一方面,《老子》、《易经》、《易传》、《孙子兵法》关于刚柔、予取、进退、攻防、正奇、明晦等等权变谋略的思想,在市场营销、价格战等方面,提供了灵活的战术计谋、市场权术等辩证智慧。商场如战场,军事辩证法可用于商战。

(三)"和"的原则。"和"主要指"和谐"及"多样统一"。孔子讲"和为贵","和而不同";史墨讲"和实生物,同则不继,以他平他谓之和";《礼记》讲"和也者,天下之达道也"。中国哲学关于天地人我之间的"和谐"思想、"宽容"思想,不仅为人类自然环境的生态平衡和人文环境的生态平衡提供了睿智,不仅可以纠正人们片面执著于"斗争哲学"的负面影响,而且是现代社会管理和企业管理的重要思想资源。现代管理强调人与自然、人与社会、人与人、人与内在自我的协调关系,强调一种宇宙一体、普遍和谐的整体观念。我国儒道诸家素来肯定并发挥的"天地与我并生,万物与我为一","仁者以天地万物为一体"和"民吾同胞,物吾与也"的宇宙家族思想及推己及人、润物及物的意识,在未来世界具有越来越重大的作用,对于企业之间及企业内部人际关系的处理,乃至企业效益的显发有着重大的意义。

(四)"中"的原则。"中"指"中道",无过无不及。与"和"略有不同,"和"是强调容纳相异的人才、意见,保持一种生态关系,"中"则指处事所掌握的"节"与"度"。"中庸"只是平常的道理,于平常中见"道"。"尚中"、"执中"的管理方略,对"过"与"不及"之两端持动态统一,使各种力量与利益参和调济、相互补充,在大小、刚柔、强弱、周疏、疾徐、高下、迟速、动静之际保持弹性,具有一种节奏感,实在是一门高超的管理美学。

(五)"敬"的原则。这里指尊重人才和敬业精神。严格地说,中国哲学区分"仁"、"诚"、"忠"、"信"、"敬"、"恭"诸范畴。宋人陈淳的《北溪字义》颇有分疏,我们这里笼统言之。现代企业的经营之道,在正常的市场经济秩序的规约下,一种健康而有效率的竞争,决不是假冒伪劣的天下,根本上应是在延揽、使用、对待人才方面,内部员工的敬业精神方面,产品质量信誉方面,即是对内对外的诚信无欺的态度。忠于职守、团队精神、勤奋严谨、真正的主人翁态度和责任感,作为企业伦理或工作伦理的建设,无疑是现代企业管理的首要前提。有人认为,儒家伦理强调维持系统整合的价值而不重视目标达成的价值,因而不利于竞争和效率。这种看法是有片面性的。从长远的背景上来看,东方现代化与西方现代化的不同,即在于东方文化精神积淀在其工作伦理之中,不是以个人主义为动力,而是在注重不同人的利益的同时,更加肯定勤奋和睦、敬业乐群、相互协调及对企业的忠诚、奉献、责任。另一方面,管理者对各种人才、各级员工,使得人人的德、位、禄、用相称,使之各遂其性,各显其能,而不至有不平之感,亦是儒家治平天下的一条重要原则。这在现代社会与企业管理中,亦是一个十分重要的现实问题。

(六)"群"的原则。这里指群体本位(包括家族本位)、群体协作精神。当前我们需要重新厘定现代化进程中个体与整体的整合与互动原则。传统礼治(人治、德治)社会重视群体价值,有一整套协调个体与群体之利益、意志、关系的办法。其负面则是个体的独立性往往被淹没于社会群体的伦理纲常之中。在以个体为元点或细胞的市场经济生活秩序中,现代社会较之传统社会的巨大进步是个体性得以确立。也就是说,个体的生存权利、私有财产、经济权利、政治权利、教育权利、人格独立与尊严及道德价值实现权利的不可剥夺,不可让渡,及其法律保证和舆情保证,是有序化的现代社会生活的支点。在此基础上重建适合于市场经济的社会整体秩序、公共利益,保证公平竞争,承认与肯定他人及社会整体权益的实现,重建社会公正、正义等道德原则,调节个体与整体的关系,调节义与利的关系,是现代管理中的重要环节。东亚现代化的一条成功经验是凭藉传统文化资源,调整劳与资、民与官、私与公、个体或家族企业权益与政府的行政工程、个人主义动力与团队精神取向和孝忠国家社会之间的关系。这显然具有现实意义,以克服西方的某些"现代病"。

(七)"无"的智慧。这里主要指道家"无为而无不为"、"无用之用乃为大用"的方法学,亦即重视管理中的软件。道家之道,虚灵不昧,是无用之大用。那些看起来并无实际效用、虚无抽象的企业精神、企业哲学、企业价值观、企业凝聚力等,却渗透到企业管理有形有用的各个方面,正所谓"无之以为利,有之以为用"。实有之用是有限之用,虚无之用是无限之用。在管理中,科学的、工具性的,例如财务、成本或计量的管理是有限之用,而公司文化精神、一代人风的培育却是无限之用。管理不仅仅提供结构、计划、规章、控制、分工的原则,更重要的是观念、价值、信仰、氛围、文化。因此,成功的企业都能形成自己独特的价值信念,形成一种凝聚力,使员工自觉地为企业目标奋斗,并使这种文化精神在员工中代代相传。这才是决定企业成败、兴衰的根本。

总之,中国哲学提供给现代管理学的智慧是多方面的,其核心是把人作为企业最大的资产或真正的资源。人才是决定企业成败的关键,企业竞争就是人的竞争,而管理就是充分调动人的因素,充分开发人的资源,充分发挥人的主动性和创造性,充分协调人与人之间的各种关系。人文学的管理比纯科学的管理具有更深长的价值,二者当互济互补。

二、立体篇:中国哲学与现代人安身立命

东亚新崛起使得人们对西方文明中的"现代性",对传统东方文化与现代化的关系作出重新估价。这不仅反映在前述企业管理之中,而且反映在人的终极关怀和精神寄托方面。人类不是(或者不能总是)近视的、浅显直接、急功近利、只顾得上应付近忧而没有远虑的爬行者。在当今商潮澎湃、人必曰利的氛围中,真正的有识之士所考虑的是如何回复人的本位,保持人的尊严的问题。市场经济、民主制度、科学技术、理性精神,自由、人权、个体人格的解放和在法律面前人人平等,这样一些价值的生根,无疑是中国现代化的主潮,也是中国向西方学习的根本。另一方面,不管物质昌明、科技发达到什么程度,人的终极托附、安身立命的问题总是一个无法由科学或物质取代的问题。现代社会是一个天、地、人、我日益疏离的社会,而中国哲学所提供的根源意识和人文睿智恰恰可以救治诸如此类的现代病。

中国改革所面临的最大困难其实不仅仅在于经济的无序,而且在于道德的沉沦。几十年来传统的道德面临着新的挑战,尤其是金钱至上、贪污腐败的挑战。几千年来儒家人文精神可供滋养现代心灵的宝贵资源,作为东方现代化源头活水的重视教育、尊师重道、重视道德人格素质培育等民族传统美德,需要我们在新形势下重新认识和发掘。这是培育现代化所需要的一代一代健康人才的一个极其重要的方面。否则,就不能调治当下的人文环境,孕育出能够托起中国未来现代化所需要的德业俱建、素质极佳的人才。纵观全球各地区的现代化,呼唤本民族传统的人文精神,以

传统价值批判现代化的负面，几乎成为一大潮流，成为一个十分现实而迫切的问题。

一个民族，一个人，活在世界上总要有"家"可归。工业化、商品化、现代化带给当代人的病痛就是在精神上流落街头，无家可归。在钱权交易、升官发财、功名利禄、醇酒妇人的追逐中，心灵方寸之地，良知自我之所，已告沉沦，那也等于失去了整个世界。人们在厌倦了名利的争逐之后，才可能转而寻找心灵的归所与故园。因此，中国哲学所讲求的人之所以为人之道，所提倡的精神境界和人格修养，所尊崇的气节操守和道义担当，所重申的做人原则和治世原则，所阐扬的人生的意义和价值，在今天不仅没有过时，而且具有现代与后现代的意义和全世界的普遍价值。就全世界范围的现代化来说，包括西方的现代化，不借重于自己民族传统的精神文化资源，是根本不可能成功的。西方现代化以希腊、罗马文明、基督教精神和近代人文主义作为自己的源头活水，东亚现代化也以包括中国宋明理学精神在内的儒教文化作为自己的源头活水，中国大陆的现代化必定不可能将传统精英文化弃之如敝屣。否则，那就是无本无根的现代化。人们在当今的现代化建设中，已开始惊呼中国物质资源的匮乏，然而还没有更多的人，包括知识分子中的大部分人，认识到中国精神资源由于近世以来片面地毁谤传统造成的严重匮乏。物质资源的短缺是一个有形的问题，精神资源的匮乏则是一个无形的问题。无形的问题无所不在，无孔不入。所以，我个人认为，下一世纪中国思想史的重要走向是由离异到回归，由批判到重建，由糟蹋圣贤到再建民族精神，由毁弃崇高到再建崇高，接上儒、释、道精英文化的主流和大统。重建道统，实现道统、学统、政统、治统的相互制衡，纯洁世道人心，与法制社会的秩序和市场经济的秩序建设，并不相矛盾，毋宁说是一种最好的补充。这还只是就社会层面的文化建设来说的，如果就人的生存处境来说，从人生终极之地的安立说，从寻找生命托付之所、安顿我们的人生来说，儒释道的文化理想，在今天仍然是非常重要的资源，值得认真地发掘和发展；在对待我们民族的祖宗所创建、赓续的民族精神的心态上，我们提倡一种温情和敬意的态度，而不能像近世大批判运动那样，作断章取义的毁辱、歪曲。传统文化的负面在现代化运动中的洗汰、代谢，在各民族的现代化中都是一个自然过程，而不是一个主要问题。现在的主要问题是：传统精英文化提供给现代化的道德资源、价值资源应如何回采、重铸？

（一）儒家的安身立命之道。儒家精神是一种"极高明而道中庸"的精神，儒家境界是一种道德境界和超道德的"天地境界"。所谓"极高明而道中庸"，就是说我们不必做什么惊天动地的事情，在平常的生活中，在现世伦常的义务中，在某种社会角度和社会位置上，我们每个人都可以非常崇高地生活，不苟且，不偷堕。只要我们对于生活有高度的觉解，我们所做的平常事就有不平常的意义。作为普通人，无论我们能否成就某种外在的功业，那是不重要的；只要我们顺着天地父母的秉赋有所发挥创造，我们的内心得到了某种精神的满足，这就实现了我们生活的目的。儒家经典五经四书所讲的是天人之际和性命之原的问题。我们生活于其中的宇宙大生命和我们个体的小生命是相互关联的，天赋予我们人的本性，人之所以为人的本性，是一种目的理性、道德理性。

儒家认为，人存在的价值，人的文化生命的本质，在于成就道德人格。只要挺立了道德自我，以良知作主宰，我们就能超越世间各种境遇，超越本能欲望，以出世的精神，干入世的事业。儒家的形上学，把天道与性命、超越与内在都打通了。"天命之谓性，率性之谓道，修道之谓教。道也者，不可须臾离也，可离非道也。""唯天下之至诚，为能尽其性。能尽其性，则能尽人之性。能尽人之性，则能尽物之性。能尽物之性，则可以赞天地之化育。可以赞天地之化育，则可以与天地参矣。"这就是说，我们人的生存，是根极于天地的。我们有物质欲求、情感欲求，不离开平凡的生活，但我们为社会尽道德义务，就是"率性"，即遵循天性，这就是"道"。所谓"教",不过就是"修道",就是让每个人觉悟到遵循"道"。中国传统教育是人文的教育,即在覆行实践中,培育人们的道德人格。一旦人能充分地护持自己的生命理性、道德理性,人就能全面发挥其本性,可以回应天地的生命精神,把人的精神提高到同天的境界,与天地鼎足而三。儒家的学问都要落实到人的生命的价值和意义上来。人在宇宙中的地位由此而确立。儒家主张通过仁爱之心、四端之心、良知之心的推广,推广到他人,甚至推广到瓦石草木鸟兽,把人的精神提扬到超脱寻常的人与我、物与我之分别的"天人合一"之境。

与西方哲学重外在超越、以理性来追求价值之源不同,中国哲学重内在超越,价值之源就在自己的心中。心灵之家而不是超越的上帝,成为根源之地。西方宗教与哲学强化了超越界与现实界的分裂与紧张。中国没有西方意义上的宗教,中国哲学代替了宗教的职能,但它把理想境界与现实人生统一了起来,通过"为仁由己"、"尽心知天"的内倾路径(而不是外向路径),把事实(或现实)世界与价值(或超越)世界统一了起来。这样,形而上与形而下贯穿、衔接起来了,超越形上学点化为内在形上学,通过践形尽性的工夫,使价值理想在现实人生中完全地实现出来。这样,尽管现世不免有卑浊黑暗,但人们生活于其中,照样可以超脱解放,把精神向上提升,使超越的理想在现实世界中完成、实现。人类理性所能设想的"天""道",成为宇宙万物、人类生命的本原,亦是一切价值之源。儒家以其早熟的文化智慧,化原始宗教之玄秘为道德之仪轨,以理性的道德价值支配人心的情绪,这在世界文化史上都是一笔绝无仅有、不可多得的精神遗产。儒家提扬的"居敬"、"体仁"、"存养"、"立诚",在现代物欲横流、尘世喧嚣,人们疲于追逐,内心紧张焦虑,层层心防,种种顾忌,利益至上,亲情与友情沦落,人生如天涯行脚、人海漂泊之际,具有治疗学的意义,这都是不言而喻的。当心灵之"家"安立不住的时候,人存在的基础必然发生动摇。

(二)道家的安身立命之道。道家是儒家的一个补充。与儒家不同，道家通过否定的方法，否定知识、名教，甚至一切外在形式的束缚，包括儒家的仁义的束缚，化解人生之忧。道家所说的自由是精神的超脱解放，不是指放纵形体的情欲。如果执著于外在物欲的追逐，功名利禄的追逐，束缚于名言名教，那就会被物所主宰，不仅不自由，而且形成"机心"、"芒昧"，阻隔人与天地的合一。所以，庄子要化掉物形，才能作逍遥无待之游，达到"独与天地精神往来"的境界。庄学讨论了人的生存处境。此身有限，吾生有涯。以有形有限之生投入天下，他要面对无限的时空、知识、意义、价值，"无限"令他不安。在熙熙攘攘的人世和各色人等的不同欲望之追逐竞争中，人心承受了巨大的压力和痛苦，他不知道自己身在何处，如何化解这些痛苦、困惑？庄学把人提升为太空人，超越升华，不为俗累，宛若大鹏神鸟，抟扶摇而上九万里，背云气，负苍天，遗世独立，飘然远行，翱翔太虚，使有限人生获得无限的意义。

　　《逍遥游》强调得其自在，歌颂生命自我的超拔飞越；《齐物论》强调蕲于平等，是对物我之间的同体肯定。前者讲适己性，后者讲与物化。这就是说，逍遥无待之游只有在天籁齐物之论的前提下才有可能。庄子的这一自由观对现代社会和现代人生有重要的意义。也就是说，这种自由观的思想前提是反对唯我独尊，主张宽容。承认自己的价值，必须以承认别人的价值为前提；承认自己的个性自由、人格尊严，必须以承认别人的个性自由、人格尊严为先导。这种思想肯定各种相对的价值系统的意义，决不抹杀其他的人、其他的学派、思潮的存在空间。在《齐物论》这种平等的价值观的观照下，每一个生命，都可以去寻求自我超拔的途径。总之，道家庄子的人生哲学和人生智慧，启迪我们由现实到理想，由有限到无限，致广大，尽精微，遍历层层生命境界，求精神之超脱解放，直至个人与无限的宇宙契合无间，人们从超时空的境界中再回到现实中来，到最高境界时，道家又以道为出发地，向下流注："道生一，一生二，二生三，三生万物。"因此，道家理想也须贯注到现实人生之中。道家思想对于现代人生的安立，具有极高的价值。

（三）佛教的安身立命之道。佛教的人生智慧，是一种破除各种偏执，空掉一切外在的追逐、外在的攀援，破开自己的囚笼，直悟生命本性的智慧。佛教智慧启迪人们解脱生活的重负、忧患和痛苦。禅宗的反本归极、明心见性、自识本心、见性成佛之论，亦是叫人悟得人之安身立命处。佛教以双遣对破来消解心灵上的执著，以一种解构的方法，使人自知其限制，自虚其心，自空其说，以求容纳别人。这不仅是个体修养的方法，也是现代社会共存互尊的必须。佛教启示人们反观自己的心灵的无明，对治一切贪、瞋、痴、慢、疑、恶见，扩阔自己的心灵，从种种狭隘、偏见中超脱出来，使自己日进于高明之境，而不为无明所缚。现代人对自己的心灵、生命及价值取向缺乏反省，对自己的思想与行为过分自信，对工具理性过于迷执，而佛教的人生智慧无疑可以提供调解治疗。禅宗教人"了生死"。生死能了，则一切外在的执著都可放下，使有限的生命进入无限，人们不再为自己的有限性惶惑，他的"紧张"、"不安"可以消解，他的创造性反而可以爆发出来。

中国儒释道三教都有弊病，都有不少负面、消极的影响，但如果我们体悟其原始意义，则不难发现它们所讲的都是"生命的学问"，其特殊的智慧都落实在"人生的方向"上。这些特殊的人生智慧，深究人类存在的最深层次的问题，有助于人们重新反省生命的意义和人生的价值，有助于人们寻找失落了的自我。其当代价值远不止我们前述的这些方面。重新发掘，批判地继承、创造地转化传统资源，以促进我国现代化的健康发展，是民族文化建设的重要的工作之一。

三、余 论

在中国现代化这一宏大的系统工程中,人们从不同思维视角,关怀着不同的建设层面。本文的关怀,显然不是物质层面的关怀,不是制度层面的关怀,甚至也不是思想文化层面的关怀,只是与之有关的心性的关怀。我们如果平心静气而不是跟风赶浪般地省察西方现代化和东亚现代化,不难发现,人类现代化事业的一个重要的建设层面是心性层面。我们要超克西方现代病,同时要解决自身现代化建设中面临的困难,从长远观点看,应当把心性建设放到一定的高度。中国传统以教育为立国之本,教育不应片面地理解为科学知识的传播,而应理解为人文精神的重建。中国人文教育的终极目的是培育民族精神,淳化代代人风,提高人们心灵的素质,帮助人们修养身心,达到一种真善美统一的人格境界。

人总是生存于宗教情绪、自然生态、社会关系、自我意识与情感等四维空间之中。中国人文精神意在使人们契合天道生生不已之德,使人自识真我,生发一种个人道德价值的崇高感,对天下万物、有情众生等各自的内在价值产生一种博大的同情心,从而洞见天地同根、万物一体。中国哲学提倡一种公正平和的心态,使一切生命、万物万有在不同的存在领域中各安其位。中国传统哲学资源,特别是其中本体论、宇宙论、人生论的思想,有助于解决当代人精神的惶惑、形上的迷失、存在的危机、生命的困惑,有助于救治当代人"上不在天,下不在地,外不在人,内不在我"的荒谬处境。由于生活处境的复杂,同一个人在不同的主客观处境中可能有不同的心灵境界,从而出现多重人格。人生处于不同的意义与价值的网络之中,存在的多重性使得人生境界有了差别。不管我们的科技、商业如何发达,不管我们从事的现代职业如何先进、精密,人性的培育,心灵境界的提扬,人们从实然的人向应然的人的超越,总是不可替代的。这对于人类、民族与自我来说,是生命攸关的大问题。本文的主旨即在于指明,中国文化与中国哲学的资源,不仅在"用"的层面(企业管理),而且在"体"的层面(安身立命),都是现代化的源头活水,不容轻视。

△本人供稿

●黎红雷　中山大学哲学系教授

现代管理与儒家的智慧

[在中山大学讲演]

　　现代管理理论，从美国工程师泰罗1911年提出"科学管理原理"以来的几十年中，取得了突飞猛进的发展。各种观念、理论日新月异，层出不穷。但细观这些观念和理论，似乎都是西方人的"专利"，与东方人无缘。一讲到管理，行必指现代，言必称西方，似乎已经形成了一种思维定势。

　　可是，本世纪六七十年代以后，有着东方文化背景的日本和东亚"四小龙"在经济上的迅速崛起，引起了世人的思考：这些东方国家和地区的成功，除了政治、经济等相关因素之外，仅就管理而言，到底有什么独特之处？其中有没有文化因素在左右？如果有，这一特定的文化因素又是什么？

　　被誉为"日本近代工业化之父"的涩泽荣一，一生参与创立或主持过600多家工商企业。到了晚年，积其毕生的成功经验，总结出五个字："论语和算盘"。他把自己企业管理上的成功，归结为儒家智慧同现代管理技术相结合的结果。

　　管理，是人类最古老最基本的社会实践之一。而从文字发明开始，便有了关于管理活动及其思想的记载。古代社会的管理比较简单，比较笼统，基本上包含在"国家管理"的框架之内。现代社会则划出"行政管理"和"经济管理"两大部类，还有许多更细的分类。但是，古今的管理活动及其思想理论之间，存在着某种内在的联系。

中国汉代大历史学家司马迁，在《史记·太史公自序》中曾经记录下乃父司马谈关于古代思想各家要旨的宏论。其中指出："夫阴阳、儒、墨、名、法、道德，此务为治者也。"这里的"治"字，译成现代汉语，就是"管理"。在司马谈看来，诸子百家，尽管立论不同，持义各异，其共同目的都在于如何管理好国家。这恰如其份地点明了中国古代思想的"管理学"性质。

从汉武帝采纳董仲舒的建议，"罢黜百家，独尊儒术"以后，儒家思想才登上官方正统管理思想的宝座，形成了以儒家为主，道、法、兵等各家为辅的基本格局，并影响到周边国家。

以下从六个方面，挖掘中国古代儒家的管理思想，以得到智慧的启示。

一、"劳心治人"：关于管理本质的智慧

现代管理理论分别提出了诸如"管理就是协调"、"管理就是对于人的管理"、"管理就是运用心智的活动"等众多命题。而儒家以"治人"为中心，探讨了"为政"与"治人"、"劳心"与"劳力"以及"和"与"同"的关系，分别从管理的对象、分工和协调功能等角度，对于管理的本质问题作出了自己的回答。在儒家看来，人是管理活动的中心，"其人存，则其政举；其人亡，则其政息。"他们把人（包括君主、官吏和老百姓）当作国家管理的基本对象，所谓"为政"就是"治人"。儒家主张"劳心者治人，劳力者治于人"，肯定劳心者即脑力劳动者对于社会发展的巨大作用，这就把管理当作一种运用心智的实践活动。儒家主张"和为贵"，认为"天时不如地利，地利不如人和"，在管理者与被管理者之间主张"和无寡"，在最高管理者与下属管理人员之间提倡"和而不同"，这就把管理活动当作一种协调的过程。

二、"人性可塑":关于管理人性的智慧

现代管理理论先后提出了诸如"X—Y 理论"、"经济人"、"社会人"等假设。而儒家的管理人性论也十分丰富。孟子由"性善论"推出他的"仁政"学说。"性善论"与现代管理学中的"Y"理论相比,二者的相同之处在于承认人性本质上是善良美好的,把管理工作寄希望于人们的精神追求。二者的相异之点则在于:在研究旨趣上存在着道德评价与行为描述、管理者行为与被管理者行为的差异,以及人性之恶究竟是来自先天还是来自后天的不同看法。荀子的人性论全面地说,应该是"性恶—善伪论",他由此而推出自己的"礼义之治"。在管理活动中究竟是以礼义教化为措施还是以严刑重罚为手段,不仅是荀子与韩非子人性论的区别,也是荀子人性论与现代管理学中所谓"X 理论"的区别。孟子的"性善论"、荀子的"性恶—善伪论",以及儒家别派告子的"性无善无不善论",世硕的"性有善有恶论",其共同点都是师承孔子,主张人性可塑,导人为善。管理究竟仅仅是对人性的适应,还是对人性的塑染与改造,这是儒家人性论与现代管理学中各种人性理论的根本区别。

三、"人之能群":关于管理组织的智慧

现代管理分别在组织的性质、形态、功能、结构等静态方面,以及在组织的管理、运营、变革、发展等动态方面,提出了许多宝贵的见解。儒家的管理组织理论则集中体现在荀子的"群论"之中。在荀子看来,人类之所以优于其他生物,就在于人的社会性(合群性)。"群"是人类生来就有的功能,而要使之成为现实的社会组织,就必须有"分";要保证社会组织的合理性,就必须有"义"。所谓"分",作为组织手段,是人类生存的保证,社会正常

运转的前提,组织有序化的标志,在此基础上所形成的社会组织可以使人类的整体力量得到汇集和放大。"分"作为组织结构,则包括社会的等级结构、伦理结构、职业结构以及国家的管理机构等。儒家所提倡的"五伦"(父子、君臣、夫妇、长幼、朋友)是中国传统社会组织形态的基石。它所包含的家族主义倾向在现代管理中已不具有普遍意义;但其中所追求的亲密型的人际关系,对于现代社会组织来说,却依然是不可或缺的"润滑剂"。

四、"无为而治":关于管理行为的智慧

现代管理中的行为理论,其内容十分丰富,既包括个体行为又包括团体行为,既包括组织行为又包括领导行为,儒家的"行为理论"集中在对领导行为的探讨上,其中心就是"无为而治"。(参见《论语·卫灵公》)"无为而治"其实是中国古代管理思想各家各派的共同理想。它的内涵就在于如何以最小的领导行为来取得最大的管理效果,即所谓"最小—最大原则"。儒家所理解的"最小的领导行为"就是"以政为德",即以道德的手段来达到无为而治的目的。认为领导者应该实行"象征性管理",只要搞好个人的道德修养和对下属的道德教化,就可以一以驭百,坐以待劳,"垂衣裳而天下治"。儒家并认为,领导者应该实行"分级管理","任官得人",集众人之长而免去众人之劳,用人得当而充分信任,敢于放权而又抓住大事。儒家还主张,领导者应该"行其所无事",巧于使民,惠而不费,为而不为,"不管之管",从而达到无为而治的管理极致。

五、"以德以礼":关于管理控制的智慧

现代管理的控制理论,其对象包括人、事、物、行为等。儒家的管理控制论讲的主要是对人的控制,包括"道之以德"的

内在控制和"齐之以礼"的外在控制。"道之以德",就是强调道德价值观的精神指导作用,它要求管理者通过自身的模范行为,把一定的价值观念灌输到组织成员中去,使之化为发自内心的自觉行动。"齐之以礼",就是强调礼义制度的规范作用,它要求管理者带头遵守一定的社会行为规范,从而对被管理者起到示范和引导作用,使后者感化和归服。从广义上说,儒家之"礼"也就是"法",即治理国家的法规;儒家之"礼治"也就是"法治",即按一定的法规进行管理。

此外,儒家之"人治"并不一概排斥"法治",它看到"法不能独立,类(律例)不能自行"、"徒善不足以为政,徒法不能以自行",主张把"人治"与"法治"结合起来,并造就执行法律的相应环境,具有一定的合理因素。

六、"安人":关于管理目标的智慧

目标是一切管理理论和管理实践所追求的终点。儒家管理思想的根本目标是"安人"。在此前提下,儒家代表人物设计了不少国家管理的具体目标模式,包括孟子的"仁政"、荀子的"王制",以至《礼记·礼运》中所描绘的"大同"社会的理论蓝图等等。而孔子所提出的"安人"思想,就像一根红线,贯串在上述具体的目标之中,随着时代的变迁,这些具体的目标也许会过时,但其中所蕴涵的"安人"理想对于不同社会不同类型的管理活动都具有启发的意义。

△本人供稿

●王先霈　华中师范大学文学院原院长　教授

禅宗与中国诗学

[在华中理工大学讲演]

　　禅宗是中国佛教最大的宗派，延续时间最长，影响最大。诗歌是最富于想象力的文学体式。禅宗和诗学的关系，涉及宗教思维与艺术思维的关系。在人类精神领域、文化领域，文学艺术、宗教和科学是三个基本的方面，艺术思维、宗教思维、科学思维既互相区别、互相对立，又互相渗透、互相补充。爱因斯坦说："科学如果没有宗教就是瘸子，宗教如果没有科学就是瞎子。"科学给宗教一双眼，宗教给科学两条腿。这话多少有些道理吧。学习现代科学和后现代科学，多一些想象力，有一点浪漫情调，或许不无用处。

　　中国佛教在唐代达到高峰。以玄奘为代表的法相宗努力接近印度佛教原旨，也的确接近了原旨，这个宗派却很短命，很快消亡了。呵佛骂祖、自立门户的禅宗却一直传到现代，目不识丁的农民，学识渊博的文人如白居易、苏东坡、黄庭坚等都愿意信奉。中国文化史上的这个现象实在值得深思！不仅此也，禅宗在日本、朝鲜也发生过很大影响，至今在西方仍发生着影响。世界绘画之都巴黎有一个印象派美术教授，对向他求教的中国学生说："世界上最好的绘画理论在中国，在《坛经》里面，你怎么跑到巴黎来学画呢？"《坛经》是禅宗的经典。《坛经》并没有谈论绘画，但它的思想同西方现代派在深层上的确有相通之处。禅宗的思想与现代科学、与后现代科学的理论,也有某些相通之处。有一位西方科学家夸张地说:"我和我的同行们几十年做了很多工作,到头来不过是为中国的老子、庄子等古代哲学家们提供了几条例证而已。"我们不能太认真地对待这类话,更不能因此而沾沾自喜。但是,中国古代哲学,包括宗教哲学中有富矿,它可能激发创造性思维,应该引起高度重视。恩格斯在《自然辩证法》中,把佛教徒同古希腊人一起作为辩证思维高度发达的人,他的话是完全符合实际的。

禅宗的一个基本命题叫做不立文字。他们认为,佛教的最高智慧,教义中的精髓,不能够用语言表达,不能够在佛教的文字中寻觅。禅宗的实际创始人六祖慧能说:"诸佛妙理,非关文字。"本来,语言是人类思维的主要的基本的工具,是人类交际的主要的基本的工具。这是不应怀疑、不能否定的。但是,长期以来,我们的语言学教科书不承认存在无语言的思维和无思维的语言,这就值得讨论了。不但在宗教思维中,而且在艺术思维中,最关键、最精髓的思想,往往是非语言的、超语言的。能说出来的、能写出来的,往往是比较一般的、表层的。量子物理学的权威波恩说:"真正物理学上的最精彩的最坚实的东西,是语言不可传递的。"他举日常生活中的例子说,你说"绿"的时候和我说"绿"的时候,脑子里体验到的是一样的吗?他认为,不一样。虽然也有一样的成分,那就是一般化的,个人独特的、独创的成分,是"绿"字不能传达的。诗歌的很高境界是,用语词传达超语词的东西,用语词创造超语词的境界。语言是一种指示方向的符号。禅宗和尚说,为了回答"什么是月亮",人用手指指向夜空,问的人"当因其指而看其月"。倘若把手指当作了月亮,岂不是个大蠢人!同样,为了回答"什么是诗?""什么是美?"以及"什么是量子?"都可以下一个定义,但那定义只是手指,不是月亮。教科书的阐述,老师的讲解,都只是手指,看书、听课的学生收获不一样,盯着手指眼珠不转的是笨学生,顺着手指找到月亮的,是聪明的学生;顺着手指看到比老师更多、比教科书作者更多的，是最好的学生。

禅宗不同于其他宗派的另一大特色是反对坐禅。佛教一向主张静坐，坐有很多的讲究。禅宗"初祖"菩提达摩面壁九年。佛教有"若人静坐一须臾，胜造恒沙七宝塔"的说法，只要静坐一小会儿，比修造像印度恒河的沙子那么多的宝塔的功德还大。但禅宗后来不赞成静坐。唐代道一和尚在衡山静坐修行，怀让和尚到他身边磨砖。道一问："磨砖何用？"怀让答："作镜。"道一说："磨砖岂能成镜？"怀让说："坐佛又焉能成佛！"读书，做研究，要坐得下来，要有"坐功"。泡舞场、搓麻将的多半不是好学生。但是，光有坐功也还是不够的，还要充分发挥自己思维的创造性。禅宗主张自性见佛，认为佛性就在你心中，无需外求。佛性被物欲、被世俗的心理遮蔽，去掉这些遮蔽物，你就见到佛性了。

我今天想说的就是一个意思。我们要有开放的胸襟，要善于向外国学习；同时，也要充满民族自信。中国人从古到今都不乏智慧。意大利的女记者法拉奇，邓小平给过她颇高评价。1993年她在北京演讲说："多少年来，我到中国很多次，中国人现在抛弃了自己很多好的传统，追求我们西方某种罪孽的东西。我在西方失去了什么，想到中国来寻找，结果中国多数人抛弃自己好的东西学我们西方坏的东西。"是不是多数中国人都这样？不一定。无论如何，法拉奇抱着善意说这番话，即使是逆耳之言，我们还是可以反省一下。我们大家内心都有不少智慧的闪光的东西。我祝你们"自性见佛"，在民族的文化自性中，在本人的智慧中，在人类的智慧中，把握真理，把握人生。

△记录：周长城　　本人整理

【编者絮语】"禅"是一种境界，是难以言说的。讲演者讲禅，表情、语言都很平静，视线定在前方偏上，一只手不经意但也似乎有节奏地微微摆动，台下满场听众鸦雀无声。事后不少人说有一种特别的体悟。

●李德永　武汉大学哲学系教授

庄子的超越精神

［在华中理工大学讲演］

庄子思想中最启发心智、令人神往的，是那富有诗情哲理的超越精神。打开《庄子》中的千古名篇《逍遥游》，你的思绪便不期然地被那幅气势磅礴的海天腾飞图吸引住了。你好像化为飞鹏，为了飞向光明的"天池"，深深躁动于"北冥"之渊：首先由曳尾之鱼化为插翅之鸟，然后鼓动双翼，掀起洪波，乘着天风海涛，腾跃而上，自由翱翔于蓝天白云之间，你的视野也随着无限伸展，投向"远而无所至极"的广阔世界。这样，你身居斗室，神视九天，瞬间片刻中获得一种"遗物离人而立于独"的超越感。作为诗人、哲学家的庄子是通过什么样的思维途径来作他的超尘拔俗、凭虚凌空的逍遥游的呢？这种超越现实的逍遥游对现实人生是否有其积极意义呢？

一、从有情到无情

庄子是一位具有深沉忧患意识的思想家。他面临"无动而不变，无时而不移"的社会大变动，对人的自然本性、现实遭遇和命运前途作了全面考察和思考。

与儒家的"明乎礼义而陋于知人心"不同，他非常重视被礼义规范所掩盖、限制了的人的最基本的自然欲求："目欲视色，耳欲听声，口欲察味，志气欲盈。"他反对那种过高的物质要求，但他唯一追求、认为必不可少的则是"素朴"生活条件下的精神志气的充盈和自由。以马性为例："夫马，陆居则食草饮水，喜则交颈相靡，怒则分背相踶，马知止此矣。"只要任其喜怒就够了，此外别无所求。以葬礼为例，那种以"颜色之戚，哭泣之哀"来赢得"吊者大悦"的表演只不过是"溃溃然为世俗之礼，以观众人之耳目"。因为它不是出自内心的"自适之适"，而是勉为其难的"适人之适"。庄子强调的是"自适"、"自得"、"自取"、"自喻"、"自事"，即"任其性命之情"的自己而然，而不是通过外力"矫饰"的"使之然"。这是庄子追求个性自由的自然人性论观点。

　　但是他的自由幻想却陷于现实的困境之中。首先，作为"万化"之一的人，不能声称"人耳人耳"而自我特殊。在"以天地为大炉，以造化为大冶"的宇宙大环境下，不得不承认这一辛辣的真理："死生，命也，其有夜旦之常，天也。人之有所不得与，皆物之情也。"其次，作为群体之中的个体，在礼乐刑政的社会制约下，有两个压顶"大戒"：其一是"不可解"的"爱亲"的亲子之"命"，其二是"无所逃"的"事君"的君臣之"义"。正是在自然和社会两大异己压力下，芸芸众生，困苦颠连呼叫于"不能规乎其前"的坎坷命运之中："天乎！人乎！""君乎！牧乎！""父邪！母邪！"陷于天人、君臣、亲子等层层网络中的人还有什么个性自由可言："一受其成形，不忘（亡）以待尽。与物相刃相靡，其行进如驰，而莫之能止，不亦悲乎！终身役役而不见其成功，恭然疲役而不知其所归，可不哀邪！人谓之不死，奚益！其形化，其心与之然，可不谓大哀乎！"勾心斗角的人事磨擦，劳而无功的终身奔波，形化心亡的最终结局，这一人生悲剧使庄子一再悲叹、茫然困惑了。

　　然而悲愤的极端就是亡情的开始。为了解开生死恨（或生死恋）的情结，庄子冷静思考生死命运问题。认为被尊为灵长类个体生命的人不过是"假于异物，托于同体"的暂时存在。或寿或夭,谁贵谁贱,孰美孰丑等等,虽万有不齐,但都是宇宙自然的"伟哉造化"。这种造化,"整万物而不为义,泽及万世而不为仁",无情意,无计度,完全是冷冰冰的客观必然性和偶然性在起作用,对之而有感激、怨恨之心,都是自作多情,庸人自扰。"已化而生,又化而死"的生死转化,只能由它,不能由你。对于它,"其好之也一,其弗好之也一。其一也一,其不一也一"。不管你的主观好恶如何,结局终归要统一于这种"不可奈何"的必然性。只有"知其不可奈何而安之若命,德之至也"。一旦自觉认识到这一点,就会主动抛丢幻想,积极面对现实:既然"未生不可忌(禁)",就痛痛快快地生;既然"已死不可阻(止)",就坦坦荡荡地死。这不是"无人之情"吗?是的。但这是跳出了"以好恶内伤其身"的人情小圈子,而"謷乎大哉,独成其天",在思想境界中获得一种与宇宙乾坤同其悠久的"无乐"之乐,名之曰"至乐"。有了这种觉解,就会欣然面对死亡,"鼓盆而歌"(或"临尸而歌"),以无限宽广的心怀,赞美"变而有生"、"变而有死"的转化之理,反思"大块载我以形,劳我以生,佚我以老,息我以死"的生死之义,从而在更高的层次上"悬解"人生困惑,重估生存价值,开展理想生活:"故善吾生者,乃所以善吾死也。"用伟大的生,迎接伟大的死,向伟大的宇宙大家庭报到。此之谓"大归"。

二、从有限到无限

庄子把人们的视野从苦难深重的现实人生引向海阔天空的理想世界,在从有限向无限的思想漫游中,充满了诗人哲学家的激情和幻想。

对于事物,他不像惠施那样的"弱于德,强于物"。缺乏审美情操,专注物理分析,给予人的只是一些名言知识,而不是"备天地之美,称神明之容"的美感享受。庄子对世界则充满了审美感。他抱着"与天为徒"的宽广胸怀,怀着"与物为春"的喜悦心情来"乘物以游心",乘其所见所亲之凡物,游其所思所想之春心。他用"恣纵而不傥"的大手笔勾勒出生动活泼、仪态万千的谐趣图。鹪鹩巢林图突出的是"不过一枝",偃鼠饮河图突出的是"不过满腹",池鹢腾跃图突出的是"不过数仞",它们在狭小的天地里食息"翱翔",毫无它慕之心。他的鲲鹏展翅图,水击三千里,高飞九万里,旅程六月息,由陆到空,由北到南,所高扬的是"负山岳而舍故,扬舟壑以趋新"的英勇奋搏精神。他的河伯望洋图更是意趣横生,发人深思。当秋水灌河,涯岸旷阔,"不辨牛马"时,河伯"欣然自喜,以为天下之美为尽在己",及至"顺流而东行,至于北海",看到了"不见水端"的一片汪洋时,"乃知尔丑",深惭自己的气量原来如"崖矣"之小。他的"万窍怒号"图更是不同凡响的风穴协奏曲,那大地无意发出的气息(风)吹入形状不同的孔窍,发出音色不同的声响,在"前者唱于而随者唱喁"的感应协奏下,"冷风则小和",若有"大地微微暖气吹";"飘风则大和",恍如"高天滚滚寒流急";忽然"厉风济,则众窍为虚",天籁静寂了,却把人们引入深沉的哲学反思:"咸其自取,怒者其谁邪!"还有影子问答的短剧。"罔两"(影外之影)埋怨影子道:"行而止,坐而起,你怎么这样'无特操'呢!"影子回答道:"我是'有待'而然啊!但我之'所待'又有'所待',我之'所待'如蛇腹蝉翼的捉摸不定,我那里作得了主啊!"听起来,多么诙谐,但又多么令人同情。更有别出心裁的"无端崖之辞":独脚夔羡慕多足之蚿,蚿又羡慕无脚之蛇,蛇又羡慕无形之风,风又羡慕能见之目,目又羡慕能思之心。这种物物相慕的苦恼反衬的则是庄子所渴求的自得之乐。总之,庄子是用多情之眼玩赏自在之物,赋予它们以人格、气质、情趣,使"万物复情"。这与其叫做"物化",不如叫做"化物",把原来无情无思的自在之物转化为有情有思的为我之物。鱼游而已,但经过庄子一"观",则赞不绝口:"鯈鱼出游从容,是鱼之乐也。"蝶飞而已,但经过庄周一"梦",则"栩栩然胡蝶也,自喻适志欤!"庄子确有"腐朽复化为神奇"的手法，要把他所见所闻的有限世界化为他所思所想的理想世界。

但庄子的情思不止于此，他眼望天地有形外，思入飘渺无影中，向更为广阔深远的无限时空超越飞升。

孔子"登东山而小鲁，登泰山而小天下"，气魄够雄伟了，但抬头一望，"巍巍乎，唯天为大！"就此止步了。孟子所养的"至大至刚"之气"充塞于天地之间"，也够"浩乎沛然"了，但终止点也只是"天之高也，星辰之远也"。荀子"登高山"、"临深谷"，慨然有感于"天之高"、"地之厚"，但他明确提出"将有所止"，反对漫无边际地"穷无穷，逐无极"。惠施在"逐万物而不反"的基础上抽象出"至大无外，谓之大一；至小无内，谓之小一"的最高命题，但以"无外"、"无内"定其"至大"、"至小"之限，仍然是个"至此止步"的封闭体系。"善言天"的邹衍"推而大之，至于无垠"（空间），"推而远之，至于天地未生"（时间）的"先验后推"之"术"，是一个无限延伸的开放体系，但他的兴奋点主要在于具有现实意义的"大小九洲说"和"五德终始论"，对时空无限论没有进行理论探讨。只有《老子》才自觉探索有限与无限的关系，提出"有生于无"、"复归于无极"的最高哲学命题。"无"既"无"矣，不可再"无"，"无"已"极"矣，"无"外无"极"。《老子》攀登的高峰是否已到"绝顶"，"至矣，尽矣，不可以加矣"了呢？"游心于无穷"的庄子把《老子》的终点作为继续前进的起点。他认为世界"莫知所归"、"无所终穷"，没有最终的归结点。"无极"到顶了吗？没有！"无极之外复无极"。就时间而论，"其往（过去）无穷"，"其来（未来）无止"。就空间而论，也是"四方上下""无穷"。因此，寻找开端，确定终点的封顶法是无法封死"未始有封"的无限世界的。因为："有始也者，有未始有始也者，有未始有夫未始也者。有有也者，有无也者，有未始有无也者，有未始有夫未始有无也者。"不管你所开之端、所定之点如何自封为到了"无极"，但仍然有"未始"为你所开之端，有

"未始"为你所终之点。因而这篇"未始"论实际上做的是无始无终、无头无尾、永远开卷、永远无法交卷的"宇宙"论:"有实而无乎处者,宇也;有长而无本剽(末)者,宙也。""无"者,强调的是只有超越具体有限性才能显示"宇宙"之无限。《墨经》的"宇宙"论则是:"宇,弥异所也。""久(宙),弥异时也。""弥"者,强调的是只有遍及具体有限物始能成就"宇宙"之无限。同一"宇宙",而所观不同:《墨经》是"东、西、家、南、北","古、今、旦、莫(暮)",目视于方内;庄子是"天地并欤!神明往欤!"神游于方外。他"乘天正而高兴,游无穷于放浪。"纵使高处不胜寒,也要望长空,梦寥阔,"旁日月,挟宇宙",向无限的远方飞去。多么积极开放、富有青春活力的逍遥游啊!

庄子"以天下为沈浊,不可与庄语",怒而飞,向无限上升;但他还是"独与天地精神往来,而不敖倪于万物,不谴(拘泥)是非,以与世俗处。"他从天外飞回了,突破了"以俗观之"的局限性,换上"以道观之"的眼镜,从无限与有限统一的视角高度,多侧面、多层次地观察事物,重新评估其地位和价值。泰山与秋毫不是大小相异太悬虚了吗?但是与比泰山更大者比较起来,泰山为小;与比秋毫更小者比较起来,秋毫为大。因此,两者都具有二重性,它们的差异性是相对的。这种相对性,夸张一点来说:"天下莫大于秋毫之末,而泰山为小。"这不是弄颠倒了吗?是的,但这正是一个翻天覆地的大颠倒,它大长了秋毫的志气,大灭了泰山的威风。思想的解放,认识的深入,精神境界的提高,大大需要这种极富辩证思维的颠倒法!别自高自大吧,与无穷大比较起来,"天地"小如"稊米";别自卑自贱吧,与无穷小比较起来,"秋毫"大如"丘山"。比上不足,比下有余。经过这样一比划,则大中有小,小中有大,"差数覩矣",各种思想包袱卸掉,心理重新得到平衡,也好向新的领域轻装前进了。这是什么精神?是阿Q精神吗?值得商榷。

三、从有我到无我

人总得有点精神。从有我到无我,勇于舍弃,乐于追求,在对小我的否定中成就大我,实现更高级的理想追求。这是庄子"无己"论中值得剥取的积极内容。

庄子无情揭露那些"满苟得"式人物的丑恶灵魂。他们认为"富之于人,无所不利",只要掌握了财富,就可以"侠(挟)人之勇力而以为威强,秉人之知(智)谋以为明察,因人之德以为贤良"。既然"勇力"、"知谋"、甚至"贤良"都可以利得之,就不择手段地牟取暴利,公开宣称:"无耻者富,多信(言)者显,名利之大者,几在无耻而信(言)。"庄子把这种"无耻"之言、"无足"之心名之为"贪",而把那种"动以百姓,不违其度"的作风称之为"廉",并进一步分析:"廉贪之实,非以迫外也,反监之度。"同一外部条件,思想境界高者,"势为天子而不以贵骄人,富有天下而不以财戏人"。因此,反贪倡廉,要从思想入手。而人人"相与吾之"的自我中心思想则是问题症结之所在。如果"为人太多,自为太少",那当然是"图傲(高大)乎救世之士";如果"拘(借为"取")一世之利以为己私分(有)",就会利欲薰心,无所不用其极。"其耆欲深者,其天机浅",发展到"舐痔"以邀宠,"诵诗书以发冢",连起码的人格都不顾了,还谈什么妙契自然的"天机"!

针对过分膨胀的有我论,庄子倡导"至人无己"论。既然只有"至人"才能"无己",不免陈义过高,多有"不近人情"之处;但它对于净化心灵,解放思想,确有独到之处。

庄子以寓言形式讲了许多神仙式的修养之道。偊的"撄宁"之道,歌颂的是置身纷繁境地,保持心情安宁的坚定性。但这绝非一日之功,而是勇破三关的结果:"三日"而"外天下","七日"而"外物","九日"而"外生"。一关比一关难,但一破再破,最后突破生死关，就一朝解脱，豁然开朗，从小我圈子中独立出来，获得精神上的绝对自由。"三外"之中，"外物"最关紧要，因为物质生活条件一项最为切己，喜怒哀乐之情，有我无我之分，每每萦怀于此。庄子认为，虽然"养形必先之以物"，但要"不以物挫志"。因为"有大物者，不可以物物，而不物，故能物物。"过分追求难得的"大物"，则物愈小而身愈小，不免身为物役；只有不为物役，才能超然物外，保持"独往独来"的主宰地位。故"不物"不是否定必要的物质生活条件。因此，颜回的"坐忘"不是忘怀一切，他所需要忘却的，一曰"仁义"，二曰"礼乐"。因为他信守"克己复礼为仁"，"其心三月不违仁"，儒家思想包袱较重。至于物质生活条件，仅有"箪食"、"瓢饮"、"陋巷"这最后防生"三宝"而已。他之所以"不改其乐"者，取其"苟简易养"而已；并此"苟简"而"外"之，身且不养，遑论"物物"！故"坐忘"之中不包括"外物"。物质生活条件之必不可少，庄子是有切身体会的。他家贫，向监河侯借米而不得，曾"忿然作色"，以鱼自况：如果"斗升之水"都喝不到了，不就成了摆在市场上的"枯鱼"了吗？因此，庄子的"外物"之说，仅在抑制过分膨胀的物欲追求，把人们的视野从小我引向大我，跃进到更高的理想目标。

但"人卒未有不兴名就利者"，当其奔命于名利之场，争先犹恐后，岂能等闲"忘"而"外"之？于是庄子精心设计了一种心理上的封闭—开放疗法。这就是假托仲尼教诲颜回的"心斋"，其要诀有三：

其一，止念。念由心生，心由物动，而物之来通过感官渠道的传导，故首要"无听之以耳"，使"耳止于听"；耳已失听，而心犹思，故次要"无听之以心"，使"心止于符"（停止心与境会而起计度之念）；这样"离形去知"，把感觉器官和思维器官全部封闭，不就麻木痴呆，"白黑在前而目不见，雷鼓在侧而耳不闻"了么？荀子所欲解除的认识缺陷，正是庄子所欲达到的情致心态。

他所描绘的有道之士都具有"形如槁木、心如死灰","答焉（相忘）似丧其耦","熬然（不动貌）似非人（木偶）"等外貌特征，他们似失去反应能力，但因减少精力消耗而得保"神全"。如"醉者之坠车"，正因其"无知"，故"虽疾不死"。又如养鸡，凡虚骄昂首、盛气易怒、见景打鸣者均不堪斗；独有始终"无变"，"望之似木鸡"者，众鸡望之却步，荣获"斗鸡"桂冠。唯人亦然，到了"忘其肚胆，遗其耳目"，失去了对于事物的敏感时，也就减少了对于事物的依从性，增强了超然于事物之外的"自行"度。"夫无所悬（牵挂）者，可以有哀乎？彼视三釜三千钟，如观鸟雀蚊虻相过乎前也"。

其二，集虚。消极封闭，难于做到心"无所悬"："夫且不止，是谓坐驰。"如果形虽枯坐而心却外驰，怎么办？办法是把意念转移到"听之以气"，"徇（使）耳目内通而外于心知"。这就是耳目内敛、任气出入而无所用其心的"集虚"之法。因为气是冲漠无朕的，故目之所视，"视乎冥冥"，耳之所听，"听乎无声"，不断积累的结果，而"冥冥之中，独见晓焉；无声之中，独闻和焉。"不知不觉间发现了曙光，听到了和音。这种奇异景观的出现并不奇怪，这乃是"游心于淡，合气于漠"而自然产生的结果。在庄子看来，潜心默守清虚淡漠之气可以积累无限的能量，这是智慧、勇气等等取之不尽，用之不竭的深厚来源；而这些原来是被功名利禄等等情结窒息了的。只要持之以恒，心与气合，这些意想不到的能量就被释放出来，这叫做"解心释神"。同时，"通天下一气耳"。借助于清虚之气的流贯，就会使人的"精神四达并流，无所不极"。所以，"唯道集虚"功夫全在集累清虚之气。到了"纯粹而不杂，静一而不变，惔（淡）而无为，动而以天行"的火候，洗涤出来的清虚高洁的灵魂就可以"上际于天，下蟠于地"。但这种心灵的开放并非一放即逝的闪光，而是"虚而待物"，契机潜藏，物之未至，虚以待之，经常保持至虚至静之心而静观默视，于无有所为之中蕴藏着大有可为的潜能。这种心态被庄子描绘为"尸居而龙见,渊默而雷声"。这是居而未飞的潜龙,默而未响的郁雷,恰如握而未出的拳头,引而未发的弦箭,力量含藏,随时可以应机而出。这种"集虚"而成的潜能,其内涵如老子之"虚极静笃",其功能同样可以达到孟子浩然之气的"至大至刚"。不过孟子的"集义",其"扩而充之"的道德情操,刚烈之气外扬;而庄子的"集虚",其"虚而待物"的淡泊情怀表现为柔弱中的坚定,潇洒中的激烈,有更大的韧性和耐力。

其三,一志。止念是止其所不止,积虚是虚其所不虚。不止而止之,不虚而虚之,没有极大的韧性和耐力不行。故"心斋"之要,贵在"一志"。"虚而待物"是物之未至,虚以待之,而目的是为了物之已至,顺而应之,做到"感而后应,迫而后动"。这不是被动地被推着走,而是主动地顺物行。"无所于忤,虚之至也"。要使物我之间减少对撞,必须明确掌握主客之度,才能"明则虚,虚则无为而无不为也"。这种"无为而无不为"的绝招是从专心一志的勤苦磨练中得来的。庖丁解牛,"奏刀騞然,莫不中音","技"够高超的了;解牛成功,"提刀而立,为之四顾,为之踌躇满志",气够自豪的了;但"以有厚入无间"的精妙契合恐怕还是从"岁更刀"、"月更刀"的无数失败中总结出来的。驼背老人黏蝉如地上拾物之易,这一"巧"招也是经过五六个月的苦练得来的。当其举竿黏蝉时,"虽天地之大,万物之多,而唯蜩翼之知"。思想多么集中。总结经验,就是"用志不分,乃凝于神"。吕梁能手在"悬水三十仞,流沫四十里"的激流中游泳,"与齐(漩涡)俱入,与汩(涌流)皆出",其虚已以"从水"的自如感也非得自一朝。开始是"生于陵而安于陵",毫无下水经验;以后"长于水而安于水",不知喝了多少水,最后才"不知吾所以然而然",从必然王国进入到出没从容的自由王国。名匠庆削木为 (乐器),见者惊为鬼斧神工。其创作过程,首先是"斋以静心",务使"其巧专而外滑消",做到专心于技艺之巧而消除外念之杂;然后进入深山老林细心观察,直到发现有"天性"好木近似于其所欲得者,稍一"加手",即成神 。其妙合自然("以天合天")之巧也是从"凝神"苦求中得来的。

总上以观,庄子的逍遥不是轻松的潇洒,其超越也不是随心所欲的纵身一跃。"水之积也不厚,则其负大舟也无力","风之积也不厚,则其负大翼也无力"。这是有待于客观条件。还有主观条件:"以瓦注(作赌注)者巧,以钩注者惮(胆怯),以黄金注者惛(昏乱)。"这是因为越是贵重之物就越产生"重外"心理。"凡外重者内拙",主观上不能超越外在压力,就只有胆怯心慌,无灵巧之可言了。独有那种"无人"式的神箭手,虽"登高山,履危石,临百仞之渊,背逡巡(背渊退行),足二分垂(悬)在外",而发射自如,毫无"恂(眩)目之志"。但这种无畏之勇恐怕还是"有待"而然。如果没有诸如"止念"、"积虚"、"一志"等等磨练之功,从何而来如此高超、胆大的智慧和勇气。"至人者,上窥青天,下潜黄泉,挥斥入极,神气不变。"这当然是超越一切的"无待"了。但这种"无待"恐怕还得有待于"有待",即"无己"的思想准备和刻苦的实际磨练。没有这两条,爬行而已,敢于自由翱翔而面不改色心不跳吗?而且也不可能"冷然(飘然)善也"地永远翱翔下去,以鹍鹏之远举,至多也只能起自北冥,止于南海,不能常保其飘飘然,"时则(或)不至而控于地而已矣",和池鷃一样。——这就是我的超越观。

△本人供稿

● 舒　乙　中国现代文学馆常务副馆长

北京城的文化走向

[在清华大学讲演]

一、推土机与文物的噩运

今天我想谈谈咱们的北京城。北京城可说在我们这一代面前发生了翻天覆地的变化。经济发展到一定程度，老百姓便要求改善生活环境，这就要盖新房。大概全国城市面貌都从10年前开始大变，一天一个样。估计5到10年内，中国很多著名城市会变得完全不认识。这其中也包括北京城。

北京城将不复存在。据估计，北京城文物，从很小的比如说一块碑，到很大的比如故宫，共7000处。在咱们眼前，可能有6000多处要被消灭。有一部分人对此忧心忡忡，我是其中之一。我今天来谈谈这个问题，因为我想，贵校建筑系的祖师爷如活到现在，他比我更会忧心一百倍。这事儿在国际上更引起了注意，看到北京人在重复这种破坏文化的蠢事，特别着急，他们频频向中国政府、博物馆、老百姓发出忠告，可惜没多少人听。

解放后，周恩来总理曾想出个聪明的办法把一批文物保存下来：给文物戴上帽子，还分大中小三个号；（笑）大的叫全国级文物保护单位，中的叫省市级，小的叫区县级。这个办法在当时看来稀松平常，却很实用——文物有了法律地位，只要戴上帽子，就绝不能拆掉或挪作它用。过去几十年中，北京市这7000个点中有1000多个戴上了帽子。其中国家级的20几个，包括长城、天坛、颐和园、周口店；北京市一级的200来个；区县级的共700来个。这种制度限制了很多人去破坏文物。但由于种种原因，另外6000多个点没戴帽子，但我估计大多数命运不会好。危房改造已由郊区向城市中心（二环以内）推进，这意味着把里面的四合院都将用推土机推掉，然后盖上居民楼、商业街。这件事分片进行，按政府规划，十年内就推得差不多了。那6000多个文物也会被推掉，可能拣出来一些集中存放，但有些是不能挪位，一挪位就完了。这就是我们面临的问题。

最近北京在搞一件事。西直门大街有个叫八道湾的地方，那里有一处鲁迅故居。鲁迅最早来北京做教育部佥事，住在宣武区菜市口绍兴同乡会会馆，在那里他写出了《狂人日记》、《孔乙己》，所以现在那儿挂了个"鲁迅故居"牌子，是宣武区的保护单位。西直门八道湾则是周氏三兄弟住过的大院子，鲁迅在这儿的南房写出了著名的《阿Q正传》。之后，兄弟失和，鲁迅被弟弟、弟媳扫地出门，然后在西四牌楼附近一个砖塔旁借了个小院子住了8个月，再然后又买了阜成门大街里面有"老虎尾巴"的那所房——"老虎尾巴"是鲁迅自己设计的。这样，在北京一共四个地方是鲁迅住过的。解放后，许广平把这所房献给国家建了鲁迅博物馆。四个地点有一个是国家级，一个是区县级，这就做得很好。

可是，砖塔胡同和八道湾的都没人理睬。当确定1000个文物单位时考虑过八道湾；因为这儿写出了《阿Q正传》，要是在国外，必是旅游胜地。可这儿因为住过的周作人牵扯了鲁迅，没成为文物保护单位。一直到1995年下半年，传出消息说这一片地给了某房地产公司，要建高楼拿来搞房地产。文化界的人就有意见了：就冲《阿Q正传》也应留作个纪念；有人又说，周作人作为五四运动的健将甚至领袖之一，这儿也应有他的一席之地。我本人也说了很多。结果市文物局接受了，就去对房地产公司说，你们是不是高抬贵手，把这地方留下来？房地产公司也让步了。可是最近又糟了糕，《光明日报》的《文化周末》头版头条一个什么人反对保留，理由是：一，既然有了《阿Q正传》这本书，那房子就算了；二，那里毕竟住过周作人这十恶不赦的坏蛋。这真大大出乎我的意料。最近有更可怕的消息，好像鲁迅的家人反对。我真不知如何是好。

由此觉得，北京市在这个历史关头还是有好多东西没抢救。

二、北京城的文化景观

北京是世界上有数的文化名城之一，一砖一瓦都有着浑厚的文化底蕴。为了引起大家的兴趣，我先介绍点北京的好东西。

北京有个法海寺，法海寺座落在石景山区，很近。北京西山有几个山口，其一被人写作"模式口"，其实是"磨石口"。山口进去是磨石口老街，不远处有一个岔路，岔路进去是一个小山峪，山峪里郁郁葱葱，躲着一个古庙，这就是法海寺。因为有200多平方米的明代壁画，故其地位相当于故宫、长城。那真是个好地方，凡我接待的来北京的客人，我都介绍他们去那儿：你不是想看佛教石窟艺术，不是想去敦煌吗？去法海寺绝对不虚此行。

我很奇怪，这么大价值的一个地方，10个北京人里竟有9.9个不知道。我个人判断，那些壁画至少有这么几点值得咱们尊重它，爱护它：第一，佛教是从印度、尼泊尔传入的，途径可能是经丝绸之路或经四川或经缅甸，主要是丝绸之路。从新疆西部到甘肃到河西走廊，不断有佛教石窟艺术，越往西越古老；越往东越年轻。敦煌有1500年历史，法海寺只有550年历史，属于明代中叶。这表明佛教确有这么一个传播过程：佛教慢慢地民族化，最后完全融入中国文化。法海寺的壁画是纯粹的中国佛教艺术，比如女菩萨的鼻子，西边是通观鼻，跟希腊人的差不多；法海寺内女菩萨的鼻子是弯的，完全中国人模样。男人最明显的是胡子，越往西边胡子越茂密，到了法海寺，则是标准的山羊胡子。第二，美术刚兴起时，线条非常粗犷、写意、潇洒、古朴，慢慢地变得细腻了。法海寺应该是最细腻的那一段，它在中国美术史上不可缺少，敦煌的那一段也替代不了它。第三，敦煌的东西是不署名的画匠绘制的，带有浓郁的民间色彩；法海寺的画都是名家的作品，这在中国的壁画中很少见，其中为首的那个叫作宛福清。由于是全国名画家的作品，使得这批壁画的价值很高。第四，这个庙是皇帝最宠幸的太监李童造的，施工队与监工都来自皇家的营造司，故这些壁画是全国用料最豪华的。大的轮廓线是金粉堆填的，小线则全用金粉描。去看壁画，带上大电筒，只要一打亮，漆黑一片的佛庙顿时金壁辉煌。也幸亏没光，不然金粉早给抠去了。这些壁画能保留下来真是奇迹。民国时，各色人等混居在内，这些人就在有壁画的大殿里生火作饭。当时的宗教观念使这些人敬畏佛像，不敢去损坏壁画。"文革"中，法海寺对面北京九中的学生来造反，当时唯一的一位看庙老人婉转地告诉他们这不是"封建"，但学生不听。后来老人被迫让他们先砸画像前的十九罗汉——那个李童竟然把自己也塑在那儿，正在此时，雷电大作，学生有点害怕，老先生灵机一动："快跑！"壁画终于被保留下来了。

解放后一批文化名人到过此庙，比如徐悲鸿、叶浅予。他们当时都曾向有关部门建议保护，再后来被提为国家文物保护单位，正式开发，房子也整修得很好了。

东西两厢壁画画的是菩萨，正面是34位天神，背面有三幅很大的观音，高度有3米多，安详地坐在那儿。这让我想起了意大利西斯廷教堂的西斯廷圣母像。圣母赤着脚，抱着圣婴，安详地平视前方，两边分别是童子和老人，呈三角形结构。咱们这壁画也是三角形构图，中间是水月观音，一边是童子，一边是月下老人，用手搭了个凉篷，奇迹一般！观音披的半透明白纱，是由一小团一小团的白花组成。每小团白花是48根丝线，通身如此，细腻到这种程度！周围有很多植物诸如荷花、菊花之类，还有很多野兽，其中一只小狐狸耳朵上的血管都很清楚。大家可以乘着双休日去法海寺看看，保证不虚此行！

我还想继续馋馋大家。南边丰台区的世界公园旁边，有个大葆台汉代古墓。真是可惜。这是"文革"时挖出的。"文革"时所有科研全部刹车，唯独考古这门特别发达，因为挖人防工事挖出很多好东西。当时挖到了一个宝贝——黄肠题凑，这在《后汉书》中有记载，某一个王去世后皇帝赠的一种葬具就叫"黄肠题凑。""黄肠题凑"就是一根根柏树的芯，大概五米长的方子，树质比较坚硬，里面的松香凝聚在树芯里，使树变成黄色。一万多根木料方子码起来，外头弄上土、木炭、白泥，把里面保护起来。这是亲王一级的人才能享受的待遇，后来从泥里挖出印章，证明墓里躺的是燕王。政府把这儿搞成个大博物馆，进去后有一种历史的沉重感。河北满城有另一种葬具"金缕玉衣"——一套玉片用金线串起来。大葆台也有，可惜被盗了。死者七窍里还塞了玉，这一切证明死者下葬的规格很高。

还想介绍个地方。北京西南边快到河北了，有个云居寺，云居寺座落在西陵的必经之地上。清朝皇帝都埋葬在东西二陵：康、乾、慈禧埋在东陵，雍正埋在西陵。里面除了唐代、辽代的塔外，还有非常令人敬佩的石经。1.2米长，0.7米宽的石块，上面非常规矩地刻着佛经，一块就是两页。把它们藏起来的和尚非常有远见，因为当时是晋朝（五代的后晋），有的皇帝不喜欢佛教，认为它是外来的东西，于是烧佛经、驱和尚、毁寺庙——历史上有过这么几次"灭佛运动"。一个主持下了恒心，刻出石经，把它封在石洞里或埋在地下，使它消灭不了。——他预见到一千年后有"文化大革命"。（大笑）这些东西传了很多代，很隐蔽。"文革"后期，清理辽塔塔基时，发现有一块指路牌："往前三步。"（大笑）于是开挖！在一个大游泳池的土坑里面有一万多块石经！中间填的是锯末、沙土，一层层码好，最后夯实，就如同一块平地。现在简陋地把这一万多块石头放在铁架子上展览给人看,很不好。我建议你们一定去看看这世上仅有的石头大书。

清华的隔壁圆明园也有些好东西,我不知道你们去过畅春园、福海和后面的那个圆明园没有。你们应该到圆明园看一看,领略一番圆明园西式建筑的风格。

西式建筑有几个特征:第一是石头的。中国古代建筑多是土木的。第二是雕塑,每个建筑群旁边都有一大堆雕刻。第三,大量的"喷泉"。由圆明园大水法开始,你就可以看到七八个建筑旁边有大量的"喷泉",它们的样子很像法兰西的凡尔赛和俄罗斯彼得堡的夏宫。故宫则与此大不相同:占地非常的大,规整、对称,讲究的是中国式气派。但清朝皇帝并不傻,找西方设计师绘图建造了圆明园。后来的皇帝一年起码有8个月住在圆明园,根本不回紫禁城。看了大水法这批东西,历史的凝重感油然而生,你会联想到中国近代史的许多事情。

北京的历史文物非常的精彩,很多东西大家平时并不注意,但它们却具有不可估量的历史、艺术和人文价值,这些构成了北京这个文化名城。

三、京城历史文物保护与现代化的冲突及其出路

说实话,保护历史文物是遭到部分北京市民反对的。他们从自己的切身利益出发,巴不得把胡同、四合院全都铲除,赶紧住进有煤气、自来水和抽水马桶的楼房,所以保护文物遇到了阻力。而市委书记、市长在任期里,他们要表现政绩,就得多拆房、多盖房。官方与好多居民想到一块儿了,很多文物就危在旦夕。可这堆在他们眼里无任何实用价值的破烂,却蕴含了极大的人文价值,因为这是历史。我曾去过高尔基在喀山的家。大家知道,高尔基是穷人,靠自学成才。父亲是酒鬼,母亲也经常不在家。他跟外公——脾气古怪的染坊老板生活,和外婆比较好。他外公的

那片作坊现在仍然保留着。虽是一堆破烂，每年却有几百万人像朝拜圣地一样去参观，就因为里面有历史和文化。

西客站修好后，八车道的大路一直修到菜市口，不敢再往前铺了。因为再向前走一步，就会碰到无数的文物。（笑）这里有个药店叫西鹤年堂，是戊戌政变中斩六君子时监斩官坐的地方——这儿本应立上个五六丈的六君子雕像。再往前，就是康有为、谭嗣同、鲁迅的故居，还有"公车上书"的地方，这就是活的历史！中国历史到戊戌政变时加快了脚步，引出了后来的一大串革命。谁拆了，谁绝对是历史的罪人！

可现在矛盾就是这么尖锐：药店被拆了，下一步就轮到几处故居。你走到那里肯定会落泪，这是中国历史文化的悲哀！美国不过只两百多年的历史，但在高速公路上驾车，你经常可以看到一块棕色牌子，上面写着："这儿有历史文物"，（笑）可能就是几块石头。美国人把那点儿历史极其郑重地保护起来。他们用轿车把孩子载来，指着那些石头告诉孩子："美国历史，伟大！"（大笑）要在北京，每一间老屋都包容着比那深厚得多的历史的容量。应该尽量把历史上有名的事件、人物遗迹保存下来，要像美国那样，把中国历史三步一个、五步一处地展示给大家！

但北京市原来的有些领导是不注意文化的，这不是因他们下台了才这么说，过去就有过很多争吵。比如说北京最重要的商业街王府井，北头有个"吉祥剧院"，是北京唱京戏的一个小剧场，杨小楼、谭鑫培、梅兰芳等京剧名家都在那儿唱过。后来那儿拆了，建个什么商业中心，却没有留给"吉祥剧院"一个席位，因而引起京剧界一片抗议声。市长这才注意到了，命令在商业中心四楼留了个四百座位的小剧场。然而这个平息了，第二个抗议又来了。东安市场北门左右两厢是一座旧书店。东安市场解放前原有五条书店街，上百家旧书店。解放后没落了。加之在新的设计中又没有安排，现在连最后一个也消灭了，真是非常可惜。传统消失了，于是知识分子不干，（笑）市长们只得又命令在新的东安市场给旧书店留一个席位。这儿声音没落,王府井南边全国最大的新华书店又要拆了,因为要盖东方广场,要把那一带"推平头"。书店门口挂了牌子说"某某日关门"。这下不光知识分子,一般市民也在店门口徘徊、摄影留念。毕竟他们跟这个大书店是有感情的。

四合院往往是四面有房,中间一块空地,门一般在东南角。空地里种花、种树、种草,因为北京房屋比较矮,树冠都高于房顶,站到景山最高处的亭子里往下一看,除了紫禁城一片黄琉璃瓦外,周围皆是郁郁葱葱。这真是有非常超前的现代意识:每个家庭都有那么一片绿地,一个天然的环境净化器。外国很多人在经历了城市膨胀所带来的拥挤后,都跑到城外修个一两层的小楼,叫做"别墅";(笑)北京的每个四合院就是一个小别墅。从现代的环境意识看,四合院是非常科学的,倘能保持这种结构,内部尽量现代化,我觉得是世上独一无二的好地方。

现在北京人口暴涨,所以没办法,只好把树砍了,搭了无数小棚,院子就不成格局了。人与树间发生了达尔文说的"物种竞争"(笑)——最后大概会导致绿色植物的全部毁灭。

保护四合院较切实可行的办法,是把一些居民搬到郊外去,好学校也搬到郊外去,按市场规律,少量人留在城内住四合院。紫禁城周围若干胡同留下,比较大的宅子成片地留下,比较有名的会馆留下,保留若干东西,使北京不致变成东京、纽约,里面当然可以尽量现代化。巴黎、伦敦和欧洲一些城市就是如此:街道比较窄,绝对是步行街,禁止汽车通行;街道是很大的鹅卵石铺成,两边是古老的房子,但走到里边却很现代化。日本东京也有一系列规定,在这些地方修建的房子不准超过多少层,等等。这些都可以借鉴。

可惜,现在北京虽想到了这些问题,但没有操作细则,明明是个成片的保护区,突然从中盖个高楼,一下子把整片都破坏了。

那么什么是现代化?现在有个很滑稽的逆向运动。一些历史比较悠久的城市，居民几乎家家有点硬木家具，当然不一定是紫檀、黄花梨之类。现在北京城的居民为了追赶现代化的脚步，花了不少钱买非常低劣的沙发——表面是合成纤维的装饰材料，造型非常粗糙，要实行"家具现代化"！（笑）他们卖的硬木家具哪儿去了？有识之士把它收集起来，稍微修整一下，五万块一件卖到海外去。每年，这种修整或新做的硬木家具被走私到台湾省的竟达800吨！台湾人弄去干什么？人家先几步富起来了，他们修五星级饭店，大堂里富丽堂皇的吊灯，下边吊着两块大格子——来自福建农民弃用的窗户，不上一点油漆的真正的镂空窗户；大堂里的白墙不作任何装饰，只镶上两三块这种窗格子。北京居民的建筑大概也会有这么一个类似的循环。现在高楼的建筑材料不能经受历史的考验，大概几十年后就会被淘汰。而且，北京现在的高级建筑外形非常粗糙，外装修一律是白瓷砖，整个儿一个个厕所！试想几十年之后，人们必定极端痛恨此类建筑，大概会出现在这样的"逆向运动"。

家具发展到明代，突然在南亚发现了珍贵树种，以紫檀、黄花梨为代表，极其坚硬。进贡给中国皇帝，做成家具之后余下的边角料也保存于皇宫仓库；之前未发现这种树，之后这种树又用光了：故家具以明代最为珍贵。明代家具以其线条古朴、简练见长；而清代因为有钱，家具开始追求繁华、庞杂，搞很多雕刻，艺术上反而下去了。

北京有个文物专家王世襄，研究明代家具，贵族出身的公子，留过洋，文化很高，小时候就接触了很多这类东西。后来他开始把自己的见识科学系统化，写出了大部头专著：第一本是《明代家具研究》，另一本是《明代家具鉴赏》，全书都用彩照把他所收集的国宝级家具一一加以实录，并加以研究。书在香港印刷，大陆发行，轰动全球。这书引起了全球"中国古代家具热"，中国古代家具与中国古字画、古瓷器一样被竞相收藏。美国竟然成立了世界上第一个中国古典家具博物馆，把走私出去的国宝级的东西

加以研究和展示。王世襄先生去看过,美国人很尊重他,他对某件家具的赞美,会成为第二天美国报纸的通栏标题。(笑)

中国社会科学研究有三大成果,一是郭沫若的《青铜器大全》,二是沈从文先生的《中国古代服饰研究》,还有就是王先生的《明代家具研究》。中国老百姓不知道这个,看一只紫檀家具缺了一条腿,或者某个铜包角不见了,以为没有价值了,就把它廉价处理了。这种态度非常类似北京人对待四合院,是很需要重新审视的。举这个例子可以以小见大。

北京城有自己的特色,应该保护它的特色,它的优秀品质是处处有空,不是每个地方都拥挤和嘈杂,甚至你站在马路上还能看到西山呢!

我最近有机会去上海,发现他们有很好的做法,很是钦佩。我在不同的场合大讲上海,在《北京日报》发表一篇题目鲜明的文章:《应该向上海学习什么?》。

上海外滩原有一大排银行,解放后被化工、建材、卫生、税务、劳动局加上市政府占了。上海市领导决定把这些地方腾出来,通过招标还给银行:他们要造就一个金融中心!在市中心人民广场上建三个大建筑:一个是上海市联合办公大楼,市政府和各个局都迁进去;对面盖个上海博物馆,旁边修个上海大剧院。而且他们说到做到,市政大楼、博物馆现在已开始使用开放了。"文革"后,王世襄先生还有100多件珍贵的明代家具幸存,他想在北京搞个私人博物馆,一直没人理他。上海博物馆于是派了专家找到他,请求把那些珍品放上海展出,王先生毫不犹豫地答应了。北京的宝贝就这么到了上海。(笑,掌声)

我曾到上海博物馆看过,风格比较洋。外面的围墙用了意大利红色大理石;广场中央设计了一个花园,全是露天的磨光的大理石。栏杆是抛光的不锈钢管,故意用了很多美国的绿草坪,养了无数又白又胖的鸽子。(笑)底下是掏空了的,有地铁通过,许多清洁女工每时每刻在那儿扫地。礼拜天,很多上海人全家在那儿转悠，非常骄傲！（掌声）最繁华的淮海路上，辟出一块地，两年内将盖一座8万平方米的上海大图书馆，他们就是要让人看看：我这个商业中心注意文化。上海也跟美国一样，仅200年历史，本是个小渔村，古董不太多。但外面的文化都被引进来提高自己的素质，所以他们的凝聚力很强。

你在北京城"打的"，会发现每个司机都是大批判家，（笑）认为自己很高明；上海的老百姓，他们的确认为他们的领导比自己看得远。上海外滩很有意思，本来很窄的一个小公园——就是："华人与狗，不得入内"那地方，把它加宽，巧妙地伸出到黄浦江面上，然后立了个陈毅的大铜像——"上海缔造者"。北京从未有名人雕像出现在马路上，空空如也。上海交响乐队在拓宽的外滩演奏，听众人山人海。真是经济、文化都注意到了。

刚才讲到的诸多矛盾、文化现象等都是信口所至，反正想到什么说什么。希望今天这个讲演能对大家有所感染，让大家在这方面也能动点脑筋，将来能把北京城的好东西保存下来。

△记录：清华大学人文讲座组委会
整理：姜青林等

文化与思潮

● 樊　星　华中师范大学中文系讲师

五四情结

[在华中理工大学讲演]

上篇：五四精神与 20 世纪文化主题

德国思想家雅斯贝斯曾经认为："历史有一个轴心……它必须给西方人、亚洲人以及一切人都带来信念……因而能为所有的人都提供一种共同的历史观点。"各民族都有过自己的"轴心时代"，应该补充说明的是：不仅各个民族都有过自己的"轴心时代"，而且在大变动的世纪里，也会产生出新的"轴心时代"——它以无穷的魅力吸引着一代又一代人的目光，导引着历史的前进航向。

20 世纪，是中国历史空前剧烈大变动的百年。它充满了变幻的风云，令人眼花缭乱。然而，当我们在世纪末的终点回首百年巨变时，我们会注意到一个现象：五四时期，是 20 世纪中国的"轴心时代"。这不仅因为它是新文化运动的起点，而且还因为它产生了 20 世纪中国的基本文化主题，孕育了新文化运动内部的基本矛盾,从而也规定了20世纪中国文化思潮发展的基本路向。不论是哪个阶级阵营的思想家,也不论是哪个时代的文化人,都对五四精神作出独到的阐释,都将自己的事业与五四精神联系在了一起。一直到世纪末,"重返五四"、"超越五四"仍然是海内外思想文化界的两个常说常新的话题——这便是五四的巨大影响力!

因此,对五四精神的分析便成了对20世纪中国文化主题的阐释。

五四运动的直接导火索是反对军阀政府的卖国行径。因此,爱国救亡是五四运动的第一主题。应该指出的是:爱国救亡一直是中国传统文化的一个重要主题。中国传统士大夫素来便有"以天下为己任"、"天下兴亡,匹夫有责"的使命感。鸦片战争以后,爱国救亡又一次成为压倒一切的主题。甚至直到20世纪后半叶,中国人已经告别了任人宰割的历史,爱国救亡的主题也并没消亡。如果说20世纪前半叶的爱国救亡主要指的是反抗西方列强的宰割,那么,20世纪后半叶的爱国救亡则充满了追赶现代化的焦灼感。毛泽东当年把现代化的紧迫与"开除球籍"的危机感紧密相联,一直到80年代末,关于"球籍"与"危机感"的热门话题还在思想界引发过一场大讨论。由此看来,20世纪爱国救亡思潮的不同于传统爱国救亡思想之处,主要在于现代意识——现代化,一直是20世纪思想家、政治家与广大百姓的共同梦想。

那么,靠什么救亡?靠什么追赶现代化?

五四先驱的回答是:靠"科学与民主"。倡导科学,不仅因为科学是现代化的第一推动力,而且因为科学思想是"改造国民性"的重要思想武器——胡适奉杜威的实验主义为圭臬,鲁迅尊达尔文的进化论作指南,周作人以霭理士的性心理学当作人性研究的基石……这一切,都改变了20世纪中国思想的精神面貌。而20年代"科学与玄学"的大论战、50年代"向科学进军"的热潮、70年代末"攀登科学高峰"的热潮,也都可以看作是五四倡导科学的一次次历史回声。而倡导民主,则显示了五四先驱对现代化进程的远见卓识：没有政治民主化的保证，便不可能有真正意义上的现代化。因为民主就意味着反专制、反奴性，也唯有反专制、反奴性，才可能焕发民众的创造热情。这样，民主也成为一个世纪的梦想：从孙中山先生的"民主主义"到"工农翻身做主人"的理想、青年学生"争民主"的一次次运动、知识分子"百家争鸣"的心声，直至世纪末一直不绝于耳的"健全社会主义民主与法制"的口号……

科学与民主，是两个极大地改变了20世纪中国面貌的口号，尽管20世纪的中国风云多变，科学与蒙昧的较量、民主与专制的斗争，几起几落。

但这还不是五四精神的全部。

事实上，就在"科学与民主"的口号响彻中国思想界之时，第一次世界大战的悲剧已经昭示了无情的真理："近代人因科学发达，生出工业革命，外部生活变迁急剧，内部生活随而动摇……唯物派的哲学家，托庇科学宇下，建立一种纯物质的，纯机械的人生观，把一切内部生活，外部生活都归到物质运动的'必然法则'之下……意志既不能自由，还有什么善恶的责任？……现今思想界最大的危机就在这一点……这回大战争便是一个报应。"（梁启超语）另一方面，辛亥革命以后中国政治的混乱局面也使先驱者注意到："挂了共和招牌"并不等于实行了"宪政"。"宪政实施有二要素，一曰庶政公诸舆论，一曰人民尊重自由，否则虽由优秀政党掌握政权，号称政党政治则可，号称立宪政治则犹未可，以其与多数国民无交涉也。"（陈独秀语）后来，30年代苏联的"肃反"和六七十年代中国的"文革"都是在"阶级专政"和"大民主"的招牌下上演的大悲剧。

这一切意味着：科学与民主是现代化的必由之路，却决非理想人生的全部。甚至现代化也不是人类的终极理想！

这样，"个性解放"才成为五四精神的又一个重要主题。李大钊呼唤"解放自由的我"、陈独秀强调"个人独立主义"的伦理与经济的双重意义、胡适主张"须使个人有自由意志"、鲁迅呐喊"任个人而排众数"、周作人倡导"个人主义的人间本位主义"……都因为他们看准了封建伦理的要害在于"牺牲个性";看准了"地球上至强之人,至独立者也";看准了"社会是个人组成的,多救出一个人,便是多备下一个再造新社会的分子"。发展科学也好,建设民主也好,都得从"个性解放"做起。而现代化进程中,科学压抑个性、"民主"戕害个性的无情事实,更突出了"个性自由"和"个性解放"的重要意义:现代化不是人类的终极理想。"个性自由"则是理想人格的必要前提,是人不断超越现实的基本动力。正是在"个性解放"、"个性自由"的精神鼓舞下,五四那一代人谱写了中国新文化运动中最激动人心的篇章。那个时代产生了一批对 20 世纪中国文化影响至大至远的巨人。尽管"个性解放"、"个性自由"的呐喊几度被"爱国救亡"的时代大潮和"阶级斗争"的政治舆论所吞没,它仍然奇迹般地熬过了浩劫,在世纪末文化思潮中再次大放光芒,使"新时期"成为 20 世纪中国新文化运动中又一个辉煌的时段。

现在的问题是:"个性解放"、"个性自由"的主张为什么命运多难?除了"爱国救亡"主题和"阶级斗争"高压的挤压以外,"个性解放"、"个性自由"倡导者本身的问题是否也妨碍了"个性自由"原则的切实施行?

我想从两个方面来探讨一下这个问题。

一是倡导者对"个性自由"原则的阐释方面的问题。本来,倡导者个性气质的不同(例如胡适温和、陈独秀激烈、鲁迅冷峻、周作人淡泊)、世界观的不同(如胡适、周作人倾心于自由主义、陈独秀倾向于共产主义),对"个性自由"的阐释便难以一致,从而也就埋下了分裂与交恶的种子。例如:同样是张扬生命崇拜,"相信人的一切生活本能,都是美的善的,应得完全满足";"满足欲望(自食色以至道德名誉,都是欲望)是个人生存的根本理由,始终不变的",周作人的立足点是"改良人类的关系……营一种利己而又利他，利他即是利己的生活"；而陈独秀则充满革命的热情："有主义的战争所流的血往往洗去人类或民族的污点。极大的瘟疫，往往促成科学的发达。"——是啊，又有谁能否认流血牺牲也是人类的一种欲望呢？而流血牺牲的欲望又分明是与人道主义的公理相冲突的。五四是多元主张竞自由的时代，但"尚力"的激进主义却最终成为动荡岁月的主旋律，这一事实昭示了怎样的文化之谜与历史之谜？

"尚力"的主题近代以来不断得到强化，是中华民族救亡使命的需要。陈独秀鼓吹"兽性主义"（"兽性之特长谓何？曰意志顽狠，善斗不屈也，曰体魄强健，力抗自然也，曰信赖本性，不依他为活也，得顺性率真，不饰伪自文也。白种之人，殖民事业遍于天地，唯此兽性故。日本称霸亚洲，唯此兽性故。"），鲁迅也一再歌颂"意力绝世"的"超人"、"多力善斗"的"强者"，认定"20世纪之新精神，殆将立狂风怒浪之间，恃意力以辟生路者也"，追求"所遇常抗，所向必动，贵力而尚强，尊己而好战，其战复不如野兽，为独立自由人道也……不克厥敌，战则不止"的人生理想，都在张扬个性的同时为20世纪一段时间内"斗争哲学"的流行奠定了基础。必须看到，近代以来中国各种矛盾的空前激化势必导致空前激烈的阶级斗争、主义之争、宗派斗争、生存竞争，另一方面，"斗争哲学"的膨胀也酿成了"反右"、"文革"那样本来完全可以避免的历史大悲剧。这样一来，个性扩张为强力，也就必然以另一部分个性的牺牲为代价了，从而也就给"个性自由"的原则打上了大大的折扣。这样的偏颇除了救亡的焦灼使然而外，是否也与中国传统文化心态中根深蒂固的"易走极端"情绪有关？鲁迅就曾尖锐地指出过中国人"中庸"后面的"过激"本色："我中华民族虽然常常的自命为爱'中庸'，行'中庸'的人民，其实是颇不免于过激的。譬如对于敌人罢，有时是压服不够，还要'除恶务尽'，杀掉不够，还要'食肉寝皮'。""圣人为什么大呼'中庸'呢？曰：这正因为大家并不中庸的缘故。"由于"斗争哲学"大倡,由于战争和政治运动成了20世纪解决社会矛盾的主要方式,结果在20世纪绝大部分时间里,自由主义、渐进主义、人道主义、保守主义的人生主张都为激进主义所压抑。甚至到了80年代,中国已走出了"斗争哲学"的阴影,激进主义的偏颇主张仍在浮躁的人们中有相当的市场。

其实,五四先驱在张扬"个性自由"的同时,也是注意到自由之度的。鲁迅说过:"我之所谓生存,并不是苟活;所谓温饱,并不是奢侈;所谓发展,也不是放纵","我们要革新的破坏者,因为他内心有理想的光。"也就是说,以"理想人性"去约束自由的放纵。周作人也认为:"从前的人以为非损人不能利己……现在知道了人类原是利害相共的……这样的大人类主义,正是感情与理性的调和的出产物。"——这,便是他所倡导的"新宗教":"人道主义的理想"。正因为每一个人的个性不一样,所以才要有理性去约束个性,不使之膨胀、变异为专制的强力;也正因为人类利害与共,才需要理想不断引导人们走出一己的狭小天地,超越兽性,建构美好的理想人格。也正因为那一代人怀抱着"少年中国"的热情,憧憬着"善美刚健"的理想,所以,他们的著述才永远焕发出朝气蓬勃的力量。

应该说,"个性自由"与"理性"、"理想"、"人类意识"的矛盾,是人类社会发展的一对矛盾。正如英国思想家罗素指出的那样:"每一个社会都受着两种相对立的危险的威胁:一方面是由于过分讲纪律与尊敬传统而产生的僵化,另一方面是由于个人主义与个人独立性的增长而使得合作成为不可能,因而造成解体或者是对外来征服者的屈服。"个性的千差万别、利益的彼此矛盾交织成层出不穷的社会矛盾与冲突,社会在矛盾冲突中曲折发展的不平衡状态决定了"个性自由"与"理性"、"理想"、"人类意识"的矛盾不可能得到尽如人意的解决。五四那一代先驱在追求理想的进程中不时会发出绝望的叹息,除去旧势力太强大的黑暗现实使人绝望外,便是渐渐意识到了理想不可企及:陈独秀注意到苏俄肃反扩大化的悲剧、胡适"好人政府"梦想的幻灭、鲁迅关于"将来就没有黑暗了么?"的诘问、关于叶赛宁之死的沉重之思("凡有革命以前的幻想或理想的革命诗人,很可有碰死在自己所讴歌希望的现实上的运命")、周作人新村梦想的落空……这样,"个性自由"对于胡适、鲁迅、周作人,以及经历过革命和苦难的陈独秀,都落实到学术研究与文学创作事业上,五四运动作为一场影响深远的新文化运动,最具体的成果便在于:那一代人将奋发向上的个性凝聚在对后世影响深远的经典性著述上。

俗众容易把"个性自由"理解成"为所欲为",而精英才知道如何把"个性自由"落实为"积极创造"。

另一方面,则是倡导者在张扬"个性自由"的传统中因感情冲动而走极端方面的问题。五四运动是一场青年学生的运动。青年的革命热情与偏激情绪常常天然地联系在一起。这样,在革命热情和偏激情绪的驱动下,五四那一代人不仅在"反传统"方面走上了极端之路(如"全盘西化"的思潮),而且在革命阵营内部,也常常因意见分歧而出现过激言行。这一类过激言行既是个性的鲜明展现,又隐约使人感受到不尊重不同个性的、带有一点专制色彩的倾向。五四游行的总指挥傅斯年就因在5月5日与一位同学激烈争执中被打愤而退出了学潮;五四的旗手陈独秀也在成为共产党总书记后实行"一言堂"、"家长制"而逼使李达、陈望道等人退党;创造社、太阳社从"左"倾立场"围剿"鲁迅,鲁迅的反应也"是和对敌人一样憎恨的"……一切,都是时代精神的影响所致(革命,就讲究"爱憎分明");一切,又何尝不是封建专制思想的深长效应(既然那一代人多赋有极自觉的"中间物"意识)!中国,从来是讲"中庸"、"爱人"的国度,也从来就流行"人心险于山川"、"除恶务尽"的说法,流行"爱憎分明"(爱则"肝脑涂地"、"抛头颅洒热血",恨则"食肉被皮"、"碎尸万段")的情绪;中国,从来既讲"温良恭俭让",也讲"狂狷"、"天马行空"——这样,除去个性与社会的矛盾以外,还有个性与个性的冲撞。如果说，在一个宽松、民主的氛围中，个性与个性的冲撞至多不过结出反目为仇的苦果，那么，在一个泛政治化的年代，当个性之间的冲撞与政治斗争纠缠在一起时，个性的悲剧也就演化成血泪的冤案了——封建时代的一次次"党争"、当代的一场场"文艺运动"变成"政治斗争"，都是明证。到了80年代，"宽松、宽容"的呼声之所以产生热烈的回响，正是历史反思的必然。

人的痛苦正在于此："个性自由"是人的理想。同时，"人是无法摆脱那种整个的和重大的责任感的……一个人应当永远扪心自问，如果人人都照你这样去做，那将是什么情形。"也就是说："个性自由"只能是一个相对的概念，它一旦异化为"为所欲为"，势必演成悲剧。

这，便是"个性自由"精神在20世纪中国的命运：它一方面冲破了封建礼教的罗网，打开了中国人走向现代生活的思想之门，另一方面，又以无数个性与个性冲撞、强力个性毁灭弱小个性的悲剧昭示了"个性自由"的必要前提——"人人平等"。

下篇：超越五四的艰难

在世纪末的反思中，总结五四的经验教训，一直是思想界的一个焦点话题。某学者所谓"不是像五四那样，扔弃传统，而是要使传统作某种转换性的创造"的思想、余英时关于"现在又回到了五四的起点"，但思想的激进化程度"只有过之，而无不及"的思考、钱理群有关"不能不对五四所提出的许多问题'重新做起'，而且要接受五四'浮光掠影'、'浅尝即止'的历史教训，'做'得更扎实，更深入，更彻底"的思索、李欧梵所谓"上一代的反传统的狂热，使得下一代对于本国文化的距离更远"的警告……都显示了当代学者评说五四、超越五四的胸襟。是的，后人应该有超越前人的勇气和识见。后人也可以在许多问题上超越前人。但是，历史也无情地告诉后人："轴心时代"是无法超越的。

因为"轴心时代"意味着"提出根本性的问题"、"安排了最高的目的",意味着"不同的道路全被试探过"。

今天看来,五四精神在至少三点上是难以超越的:

首先,五四的"立人"理想便是一个难以企及的伟大目标,它不仅超越了现代化进程,甚至可以说超越了一般人的理想。鲁迅所谓"刚健不挠,抱诚守真;不取媚于群"的理想人生、丁文江所说"不但有知识而且有能力,不但有道德而且要做事业"的"好人"境界,其实都是将"改造国民性"的理想变成了精英意识、"超人"理想;胡适所憧憬的"要在这个世界建立'人的乐园'"、李大钊所向往的"一切乐境,都可向劳动得事"的境界、周作人所歌颂的"人人能享自由真实的幸福生活"的理想人生……也直至今天仍只是理想。那一代先驱者在世纪初的风云中为"少年中国"而呼喊,充满了理想主义的激情,但战乱和政治劫难却一次次延误了现代化的进程;而当中国在世纪末终于急起直追现代化时,世俗化大潮的汹涌澎湃之势嘲弄了那一代先驱者的理想憧憬!如果现代化注定是一个世俗化的进程,如果人类的幸福之旅注定与焦虑与堕落相联,五四的理想就永远也不会过时;它将作为一种批判现实的参照系,永放光芒。

其次,是那一代先驱者的少年热情。无论是游行、办杂志,还是结社、著述;也不论是办实业、还是从政……都干得意气风发、轰轰烈烈。那一代人创造历史的事业出奇地顺利,也正是因此才使他们格外自信、格外热情、格外理想化。那么年轻就干出了那么惊天动地的伟业,成就了不朽的盛名。相形之下,后起的几代文化人都不再有那样的幸运:要么是战乱中颠沛流离,要么是政治劫难中饱经摧残,要么是经济大潮中一筹莫展,才华在磨难中凋谢,热情在绝望中消沉,以至于五四那一代文化人在时代漩流中弄潮的英姿竟成为后来几代人钦羡却莫及的神话!五四是巨人辈出的时代。巨人都是激情充沛、创造力旺盛的英雄豪杰。当然,他们也有他们的苦闷与绝望,他们也有他们的局限性,但他们强烈的历史责任感却使他们的苦闷和绝望也焕发出震撼人心的力量,而且他们的著述也显示出了他们严于"解剖自己"、"随时随地都要问我为什么这样做?为什么不那样做"、坚决拒绝"醉生梦死的无意识生活"、拒绝"退缩的人生观"、拒绝"野心的投机主义"的奋斗精神、精英品格。苦闷也不堕落,绝望也要抗争——他们因此而伟大、崇高。他们因此而在思想革命、文化创造、个人奋斗诸方面都实现了自由而崇高的人生价值——那种风云际会的历史性机遇("得益于帝制覆灭后意识形态的松动和政治文化权威的真空;另外,也得益于其时孕育通俗文化的现代都市生活尚未普及"以及"新文化倡导者优越的社会角色和经济地位")、那一代人在世纪之初呼风唤雨的英雄气概和学贯中西的良好素质,也是后来的文化人难以超越的。而当世纪末的学者钱理群重复了鲁迅的浩叹"什么都要从新做过"、王晓明发出了"今天的文学危机……不但标志了公众文化素养的普遍下降,更标志着整整几代人精神素质的持续恶化"的悲鸣时,他们实际上都道出了一个无情的事实:五四的精神高峰,是难以逾越的。

　　最后,是那一代先驱者的学养与见识的难以超越。中国古代就有"文史哲不分家"的学术传统。到了五四时期,一代读书人走向西方,不仅钻研西方的文史哲,而且广泛涉猎现代西方自然科学、心理学、人类学、医学、社会学等新奇科学,从而极大开阔了治学的眼界,极大丰富了治学的知识:鲁迅、郭沫若都学过医;周作人为建构自己的"杂学"钻研过文化人类学、生物学、性心理学、医学史及妖术史;傅斯年为建立"科学的东方学"广涉心理学、政治学、物理学、地质学;陈寅恪为研究历史而钻研语言学、并"能运用二十几种外文来治史",成为一代"通儒";胡适在文史哲各个领域都有开拓性研究……都令人惊叹。在治学上,"个性自由"显示为广博涉猎、从心所欲开辟新天地的胸怀和硕果。然而,由于战乱和政治劫难的打击,也由于学科建设越分越细、各科之间划地为牢(不仅文史哲分家已久,而且文史哲各科内又有古代、近代、现代、当代和中国、外国之分），以致于后来学人的眼界越来越窄、心胸越来越小、识见也越来越浅了。另一方面，激进主义的治学态度也使得"中国的人文传统的研究到今天已衰落到惊人的地步"。"五四第一代的反传统者如陈独秀、胡适、钱玄同、鲁迅等人都是旧学深湛的人……他们反中国传统，是入室操戈以后的事，因此确有所见。五四第二代、第三代以至今天的知识分子对于中国人文传统大概只有一个抽象的观念，即使其中有人肯花些功夫去翻检古籍，他们所戴的五四眼镜也使他们很难'与立说之古人，发于同一境界'"。发"反传统"的宏论不难，有勇气就行；做研究传统的工作则不易，非有深厚的学养不可。在世纪末的思想解放运动中，青年学子们的导师依然是鲁迅、胡适、陈独秀等人；学贯中西的大学者迟迟不能出现；激进主义的传人们止于不断引进西方新思潮；保守主义的传人们一时也只能从摹仿梁漱溟、陈寅恪、钱穆、钱钟书等国学大师作"重新做起"的工作……一切都进一步证明着五四的难以超越。

但难以超越又决不仅只具有悲剧的意味。人类文化史的进程中，西方"文艺复兴"的壮剧和中国儒学不断更新的事实、以及20世纪末西方、东方的保守主义复归的思潮……无不昭示着一条文化演进的定律："文化中始终有一种回跃，即不断转回到人类生存痛苦的老问题上去。"——"轴心时代"的永恒魅力正在于此。它永放光芒，永难超越，同时，它又因此而不断焕发出激励后人的无穷魅力！

因此，五四精神才成为一种情结：整个20世纪中国文化人追求现代化的焦虑、重新建构新文化的雄心、为后来人悬一轮新人格理想、新社会梦想的太阳的激情。这情结经过炮火的考验、争民主的奋斗、世俗化的冲击，虽然已饱受创伤，却依然深深地植根于中国文化人的集体无意识之中。尽管"改造国民性"的伟大事业已被历史证明，将由经济改革、民主变革和文化建设共同完成，但五四情结作为批判现实、追求理想的灯塔，五四先驱作为中国文化新生的精神导师，其影响必光耀后世，而不仅仅只是这个多灾多难的20世纪！

△本人供稿

【编者絮语】讲演者12次登上华中理工大学人文讲座，讲题非常丰富：当代小说中的人文精神，当代作家的英雄主义、中国知识分子的命运、当代女性文学、20世纪文化思潮等等，每次只要提前一天预约，就可以有一个新题目开讲。

● 戴锦华 北京大学比较文学研究所教授

狂欢节的纸屑

[在清华大学讲演]

当代中国文化的每个侧面都极端丰富,每个领域都正产生深刻的变化,其原因其表象都很令人深思。但我认为:与这种丰富性并存的是一种危险——把当代中国文化简单化,或者说一厢情愿的乐观主义。

基于这种观点,我对中国电影和评论将采取一种批判或者说自认为清醒的态度。通过对1995年中国电影和中国电影市场的分析,阐述对当代中国文化的看法。

1995年有两个与文化相关又超越了文化范畴深入大众生活的引人注目的事件,这就是足球和电影。它们构成了很久以来中国文化上所缺少的狂欢节。

去年中国足球俱乐部化引发了一系列围绕足球的狂欢节景观:甲A联赛、国际商业赛事及其带动的不断涌动的乐观、激情、狂喜。电影学院老教授中流传一个笑话:中国有两件事是与生俱来都做不好的:踢不好足球,拍不好电影。(大笑)它们都关系到一个问题:中国能否走向世界?体育赛事总牵连着"强国梦",稍加观察我们可知,体育是迄今唯一一种能激发全社会不同阶层、年龄的人激情的手段。我在北大做学生时,中国女排第一次拿到世界冠军,第二天大概全体学生没有几个脸盆是完好的。(笑)

去年,许多几乎没花钱进过影院的人,包括我——研究中国电影以来就没再买过电影票,去年都或多或少掏钱买票去看电影。电影市场的繁荣来自两方面:一是好莱坞电影以"准同步"方式,仅迟4至6个月,进入中国,这说明中国人终于参与到世界一体的电影市场中。中国市民常为很多事莫名其妙地兴奋,比如麦当劳在北京开了第一家分店,又比如北京街头出现了那么多"必胜客",我们为什么为这种蹩脚的快餐食品进入以饮食文化著称的中国市场而高兴呢?我们实际上是为它所呈现的一种景观而高兴,这就是中国不再是一个独特的地方,一个闭锁的地方。所以当北京各"龙头影院"飞扬着好莱坞电影的海报时,中国人所感受到的不纯是一个影迷的欣喜。好莱坞电影的进入引发了电影圈内的纷争,其焦点是:一、这是否意味着中国民族电影的没落?二、中国到底要不要引入好莱坞?好莱坞到底是什么东西,它是否会为中国文化带来有益的东西?最后一种声音占了上风:这就是"置之死地而后生",中国电影应该在引入竞争的情况下加速自己的发展。1995年,中国电影市场真的非常争气,国产电影出现了空前的繁荣,典型的是《红樱桃》,在北大校内就反复放映了5次,这是绝少发生的。《红樱桃》票房收入接近5000万元人民币,接下来《阳光灿烂的日子》,在此之前是《红粉》,然后有《摇啊摇,摇到外婆桥》。后三部被认为是中国艺术电影的精品之作。而在以前,这种电影在中国电影市场上几乎没有任何生机和活路。

有意思的是,在欧美一部影片要获奖,其票房收入一定扶摇直上。美国情况则特殊,它包括好莱坞和美国独立制片电影,没有一个单纯的美国电影。奥斯卡是美国的商业电影节,纽约的金球奖则是美国的艺术电影节。奥斯卡轻意不爆冷门,它依据什么标准,是所谓众望所归吧?不是,它依据的是美国中产阶级的主流派标准。看一看美国主流的各大报的评论标准,就知道李安的《理智与感情》不会得奖,原因在于奥斯卡永远不会将最佳影片奖给一个非美国裔的导演;《北极风云》中有16个暴力镜头,过于残忍,刺激了资产阶级情感不可能得奖;(笑)《邮差》也因为一个意大利人和一个法国人联合执导而无望;《离开拉斯维加斯》则是16毫米拍摄的非主流影片。于是用排除法也可确定哪部影片得奖。1995年以前,中国电影市场是被中国电影公司、省市电影公司的选片人决定的。这时的中国电影很像中国文化现在所处的位置,这就是它始终挣扎在精英文化与大众文化、东方与西方、市场与意识形态之间,这之间还存在一个体制的高墙。而1995年情形似乎有了根本改观,艺术电影创造了奇迹,好莱坞似乎激活了电影市场。这是在各种传媒上达成共识的一种说法。现在我想唱点反调。

去年我们或许经历了这种狂欢,而"狂欢节的纸屑",不是纸片漫天飞舞的时候,而是狂欢过后人们会毫不留情地踩过去的那些东西,比较扫兴。

我认为1995年中国电影市场确实揭示了中国文化的一种转变,可惜这个转变亦不是沿单一、清晰、乐观的方向完成的。中央电视台一个《纪念电影百年》的节目重播四次,其中一个板块是访问各电影人讨论1995年十部大片的进入,结果众口一辞。比如一位青年导演说:中国观众不再是"二等观众";众多演员欢呼太好了;但最后一个张艺谋有点异样的声音,说:"中国电影出现了日本、法国电影同样的局面,民族电影不再有立身之地!"电视台作了个有意思的处理:张说这段话的时候,屏幕下角出现了画中画,开始插放《狮子王》、《阿甘正传》、《亡命天涯》。这个视觉的效果大概使张的话没有被人听到。我作了一个小小调查,我的学生感觉节目里所有人众口一辞,我提醒他们张在节目里发表了反对意见。而他们甚至确信,反对意见在公开播映时被剪掉了。(大笑)另外,节目中心位置是对姜文的访问。姜说:好莱坞进入是件好事,以前和假想敌人打,我们永远不能赢;现在和真实敌人打,我们便可能赢。说得很鼓舞人心。但姜文告诉我:这句话只是他长篇谈话中的一句,接下来他说,我们是要和真实敌人打,但必须有策略。如果每年我们替别人精心挑选10部最好的影片进入中国市场,这意味着自缚手脚,让别人打。姜文想出一个聪明的主意：先进口优秀外国影片，吊起观众胃口，再进口中档片子让观众兴趣开始偏移，最后进口次的好莱坞影片，（笑）这样由优秀外国影片创造的巨大电影市场就属于中国电影了。（笑，掌声）

但这一策略是一个反市场和非市场的办法。要实现这个办法，必需整个电影市场在中国国家机器强有力的控制之中，进口什么片子和如何进口都在一个传统机构控制下完成。但1995年进口大片的背后只有一个杠杆起作用——牟取暴利。这里我不想多谈经济。十部大片是以"国际接轨"的方式引入（这四个字是当代中国的最响亮的声音），采取票房分帐，就是进入时我们不花钱，当然需要投入宣传经费，放映后，供片公司、影院、进口片子的公司分享收入，这样既能获利又没有风险。在这个背后，真正的动机助推力、润滑剂都是金钱。在世界范围内，电影是一个有暴利可牟而又极具风险的行业，这也正是电影的尴尬。电影与生俱来就不是纯粹的艺术，就与商业系统联在一起，从制作完成的那天起就作为商品出售，这与经典的艺术的反功利的本性不相容。去年12月27日全球庆祝电影百年，其实这一天并非电影的生日。法国卢米埃尔兄弟制作出电影摄影机，2月拍摄工厂大门、火车进站等最早作品，3月首次试映，而12月27日只是电影第一次商业放映。电影的放映行为作为一种牟利手段是无可指责的。但有趣的是，1995年引进十部大片，在言辞上自始至终未曾流露与"金钱"有关的内容，而是用各色华丽词藻把自己塑造为"文化英雄"，什么"改革开放，推动中国电影走向世界的进程"，什么"我们面对的敌人是保守封闭、固步自封挡住中国历史车轮不让前进的人"。传媒使用各种肉麻语言称赞这个行为。（笑）80年代一位捷克作家米兰·昆德拉极大影响了中国知识分子，从他那儿我们学到两个词："媚俗"和"伟大的进军"。引进十部大片恰是以"媚俗"的内容却打着"伟大的进军"的旗号。我们更关心的是操作者与描述者用怎样的话语掩盖了许多重要事实。

"置之死地而后生"之说掩盖了这样的事实：好莱坞平均一部

电影制片成本4000万美元，宣传费用1000万美元，《阿甘正传》、《狮子王》等片子更是几倍于这个费用。而中国国产片平均成本130万元人民币，它能与5000万美元成本的影片"公平"竞争吗？这简直是狼与蚂蚁的争斗。一天我无聊时做了这么一个算术：假设中国影片成本翻番，再加40万元宣传经费，以年产量150部计，刚好是一部好莱坞电影的成本，真是令人瞠目结舌。引入好莱坞影片对民族电影工业是否是引狼入室？

  有人会说：当前中国经济腾飞，几年后成本必定高扬，哪还是你所说的什么300万元？但请注意，全球电影与经济同时起飞的唯一例子是香港，香港电影的地位随香港地域经济的加强而加强。还有一个例外，印度由于宗教原因，保持自我封闭的电影市场。孟买有"东方好莱坞"之称，年产影片1000部，自产自销。我在孟买发现很多都是"三支歌两个舞"民族电影，它的国民为什么如此热衷看这类片子？我不知道。印度是一个真正的"后殖民国度"——被殖民者赶走殖民者统治后，被迫延续文化体制、政治体制，它是没有殖民者之殖民文化。"后殖民"非常复杂，这儿不去讨论它。在印度大街上听到的都是比美国人还纯正的英语，每个书店内都是英文书刊，别忘了印度和中国一样是文明古国，它有自己的艺术和语言。如果幸运，你可能在大书店的一个小角落发现二三本印地文的书刊。我还有这么一个经验：我在大街上走失了，找到我的人说："你好危险啊，刚才误入贫民窟了。"贫民窟的判断标准之一就是周围的英语越来越稀疏。（笑）这样一个"后殖民国度"，保持了电影市场独立，这是一个例外。现在有这样一种欺骗：你们看香港电影，成龙《红番区》在美票房收入绝顶，成龙站在奥斯卡颁奖台上是何其的风光！吴宇森也已征服好莱坞，徐克进军好莱坞，那么公平竞争就将给大陆电影带来同样的未来。但这遮蔽了问题的其他方面，香港的例子是世界影坛的两个例外之一，其他地区电影根本没有与经济同时起飞。现今日本人钱多得没处花，一会儿去买白宫办公地点，还可以买好莱坞的制片公司，买洛克菲勒广场，可日本国产电影占不到日本电影市场的3%。另一个例子是艺术电影的发源地、大本营并为此骄傲得发狂的法国，你在街上可以看到，夜晚香榭里舍大街的彩色灯箱里最灿烂的装饰全是好莱坞电影。每一个法国人都有强烈民族自尊心，他们对美国文化嗤之以鼻。可是法国电影却无法抗击好莱坞。纪念电影百年时，法国的一部纪录片有这样一个镜头令人哭笑不得，百感交集：一位演员像个暴徒似的冲进一家影院，从放映间中拖出胶片，狂奔到国民广场，放火烧毁。可见法国电影人的仇恨和敌意是多么深刻，而他们又多么无能为力！（笑）另一个我亲历的触目惊心的例子：我去过马里——联合国重点援助的一个赤贫国家。进入他们的首都时，我脑海里涌出几个汉字："赤壁千里"，首先那儿是红土，其次到处是骆驼，首都没有什么建筑挡你的视线，市民在石棉瓦搭成的低矮小棚里爬进爬出。但在这样一个城市街上，你可以看到什么？日本"Panasonic"的广告牌和好莱坞电影的海报。这是一个法语区，但影院里没有法国电影和非洲电影，全是好莱坞电影。肮脏的街车上贴着麦当娜、史泰龙的画像，我第一次用自己的眼睛和体验懂得了什么叫"跨国资本"。我是一个极端的民族主义者吗？不，如果你们马上问我一个尖锐的问题：我的立场是什么？我答不上来。我可以表演，扮一个民族主义者，一个激进的改革开放主义者，但我若要保持一个知识分子基本的真诚的话，一方面我相信中国必须推进改革开放，历史倒退就意味着死亡；另一方面，我越来越对"进步"感到迷惑，在什么意义上我们推进进步？当所谓现代主义和进步历程在西方经历数百年历史之后，中国，作为一个迟来者，在开始这个进程时有没有更好的选择？所以我并非想作结论，指出某人是歹徒，某个是谎言家，在干灭绝中国文化的事儿。但这后面确实存在深刻的隐患，它不是靠乐观主义和一厢情愿就能消除的，残酷无情的事实，已在世界各地显现出来了。

中国知识分子对好莱坞、麦当劳进入中国的热情里含有一种潜台词：他们含有一种热望，相信某种体制能解决一切问题，这可以说是一种制度拜物教。但我们应该明白：任何一个制度都不是万能的。我们是否该有更复杂的思考，更冷静的选择？但这可能只是痴人说梦。因为推动这个进程不单单是一种文化选择、一种政治选择、少数人的热情，而是一个已经开动并将滚滚向前的全球化、商业化、现代化的巨大机器。这个机器还能否有一个冷静的驾驶者？我们需要回答。

下面进入第二个话题：国产电影的繁荣所揭示和掩盖的文化问题。

十部大片的引入确实带来了两样东西。先倒退到1993年，这一年广电部颁布文件，电影人描述为"强劲的东风"，因为它结束了中国电影统购统销的历史，使电影能直接面对市场。我在1982年从影以来，所接触的中国电影人都在"血泪控诉"中国电影发行放映公司，说它是国家官僚垄断资本，（笑）害苦了中国电影业。1993年，这个公司的"霸主地位"宣告结束，但同时出现一个有趣现象。这就是自由了才发现自由的枷锁同样沉重。1993年整个中国电影业陷入了极大的惶恐。人们突然发现，市场在哪里？我们怎样到达市场？他们曾经如此憎恨一手遮天统购统销的"太上皇"，可"太上皇"消失时，他们却不知道如何运用自由。这个问题有两个层面：一、除了激情和狂喜之外，是否设想过利用这种自由去创造未来的现实可能性；二、中国电影人并不笨，但多年来，电影比其他文化形式更多地承担了意识形态的宣传功能，它的商品功能在最大程度上被削弱掉了，好像更多地属于社会生活和政治生活的范围。上面规定某部电影每个职工都应观看，应受教育。红头文件保证票房收入，这个"票房收入"与市场毫无关系。影院里坐20％的观众并不影响票房收入，因为所有的票都卖出去了。（笑）所以中国电影人久久地隔绝在商业系统之外，市场是个近在咫尺却是可望不可及的东西。

1993年市场之路打开了，可惜这是一条迷宫般的小路。打个比方，盗取金羊毛的英雄已临近山洞了，但他们没有梅狄亚的红丝绒为他们指点迷津。（笑）因而到1993年6月，没有一部全资国产影片投拍——不敢拍。虽然打破了中影公司的垄断，但并无替代的中介机构，同时缺乏成熟的市场操作经验。

另一个原因是更为深刻的文化原因。改革开放以来，中国社会在经历一个急剧的变化，用"摧毁和重建"来形容已过于乐观，我们是处在一系列的摧毁、再摧毁之中，昔日的权威倒塌了，但没有也没有可能建立一个新的权威。在对昔日的权威的质疑、批判、破坏和拆毁当中，又展开了一个商品化的过程。而商品化是必须要有随之而来的以商业社会的职业伦理为核心的文化意识形态作铺垫的。现在一个可怕的趋势出现了，中国形成了一个可以在最大程度上组织观众认同的常识系统，通过它大家不用讨论就能基本一致地认识到这是善、那是恶。大众接受一部影片的方式和热情，始终与这部影片是否能成功地借助这个常识系统来运作联系在一起。

80年代至今，中国电影越来越丧失了一个有效和有趣的故事。其中原因之一是现在中国丧失了制造一个公众敌人的可能性。我曾经和一个十几岁的女孩子一起看《红色娘子军》，一会儿她就准备离开，我不解，她说"那个女主角太难看了"。（大笑）我愣了一下，试着用她的眼光去看，我发现，女主角确确实实不漂亮，但在此之前，我从未用"美丽不美丽"的眼光去看她。那女孩子继续评论，"你看，她的腰那么粗！"（大笑）我简直有一种震惊的感觉，我一直是用一种塑造过的眼光看《红色娘子军》，虽然可能看一部新影片，我一下子就会注意到女主角不漂亮，但我从未想到可以用这种态度去看《红色娘子军》。生活在今天的你们，看那样的片子可能觉得好笑，但当时的人却是真正充满了热情去看。后来者看前一代判断出弱智低能太容易了；生活在今天的人也难免被后人视为弱智低能。当时的观众如此迷恋那一类电影，一个重要因素是当时的观众被有效地组织在同一个认同系统中。举个例，我和另一人坐在火车上,他说出两个字,"韩战",我马上睁大眼睛把他作为一个阶级敌人监视起来,因为我们讲"抗美援朝"、"朝鲜战争",而没有"韩国"字样,没有"韩战"。

新时期以来,那些年所塑造的人民公敌形象土崩瓦解,一个人有台湾身份说明什么?什么也说明不了。当年有部爱情传奇影片《庐山恋》,一小伙子与姑娘在庐山相遇、相恋,小伙子父亲是共产党将军,姑娘父亲是国民党将军,不共戴天,但是故事结尾,不只是小伙子与姑娘拥抱在一起,而俩父亲也握手在一起。当然,男方之父是共产党,女方之父是国民党,性别的权力关系和父亲的权力关系对等。(大笑)可毕竟是国共两党人在儿女亲家的意义上开始握手言欢。逐渐发展为在银幕上、文学作品中难以分出何为国军、共军。到1987年,有部电影叫《顽主》。里面有场时装表演,其间穿插了关于中国历史的活报剧,开始是前清遗老遗少,然后北伐战争的军人,农民和八路军押着日本鬼子,翻身农民在斗地主。接下来一场狂欢的迪斯科中,国共两党军官在跳,前清的遗老遗少和穿泳装的模特儿小姐在跳,贫下中农和地主在跳——一场狂欢。(笑)我认为它不只是有点政治寓意,它更反映创作者对当时的文化现实的理解。

作为一个民族主义者,我感到恐怖和厌恶的另一个东西是,80年代以来,我们不断经历一种书写方式,它瓦解掉一个人民公敌的形象。在当代中国文化、人文心理留下一个非常暧昧和含混的领域,这就是对日本侵华战争的书写。80年代初作为第四代电影的代表作是《樱》,然后有《一盘没有下完的棋》、《离别广岛的日子》、《晚钟》。你悟出了什么?一种中华民族的深刻的战争忏悔意识。这让我疑虑。作为被侵害者,本土抗战,八年焦土,可是这些影片却不断灌输我们:中国人民和日本人民都是受害者。这对吗?对,但在我心目中,杀人者和被杀者永远不能站在一个平台上去握手。后来有两部作品:一是《晚钟》,第五代电影作品,开始是日本天皇下令停战,紧接着一个美丽的场景,日本军人把遗书托付给一只白色的鸽子后，集体自焚，接下来是一群疯狂的嗜血的中国孩子在追打一只日本狗,在这部片子中看不到日军暴行，只能看到严整的充满民族尊严的日本军人和残酷的中国人，接下来虽是一个中国军人的精神战胜日本人的故事，但从印象上日本人的精神大大压迫了中国军人的精神。另一个例子是一部我不知其名的电视剧（我也不能容忍看下去）。日本军人战败后准备撤退哈尔滨。中国的老百姓皆尽其所能侮辱、杀戮日本侨民。我相信写作者以为自己站在人道主义平台上，以为自己在发掘人性中肮脏的、阴暗、嗜血的东西。这也是我质疑人道主义和永恒人性的原因。在历史意义上，我们不能把自己置身于这个人道主义的高度。有个例子，一位日本人问中国留学生美军在日投掷原子弹是否非正义，这位留学生迟疑一下回答说，当然非正义；日本人又向美国人问同样的问题，美国人迟疑一下答说，这先得问问为什么在日本不在其他地方投原子弹。（笑，掌声）我并不是说美国人多么聪明，但是，当我们回到历史时，自有历史回答善恶。

　　试想一部影片中，敌人未被真正消灭，魔鬼未被真正驱逐，大团圆的结局有什么意思？而中国社会的急剧变化使中国电影不知何以组织公众的认同,在最大程度上讲述一个公众认可的故事。这些年来，香港电影在大陆取得辉煌成就得益于它具有非意识形态化的表象，借助中国传统文化的某些内核，吴宇森的英雄片，无是无非，无善无恶，警察和歹徒是哥们，超出一切正义与非正义，这个"义"正是中国传统文化中特有的，我称其为"桃园三结义情结"。所以这类电影能被丧失了常识系统的中国观众接受。另外，中国的通俗电影也有几个被接受，我考察了一下发现，这些片中建立了一个"人民公敌"的形象，这就是晚清王朝，你们想一想，《京都球侠》、《神鞭》及众多的电视剧。晚清朝廷之所以成为"人民公敌"：第一，代表封建没落、腐朽的势力，这与观众"进步"、"现代化"、"富强"的愿望背道而驰；第二，正是在它统治下，从古老的东方强国变成低微、落后、被人不齿的形象，它难逃其咎。

另外两个因素是秘而不宣的,其一,它是少数民族建立的王朝,辛亥革命的宗旨就是"驱除鞑虏、恢复中华";其二,它是一个女人统治男人的王朝,(笑)而80年代的观众记忆犹新的是对江青的憎恶和仇恨,慈禧多少被"殃及池鱼"。(大笑)于是在性别的偏见和对现实的记忆中,晚清王朝成为了"人民公敌"。可惜的是,我们不能把所有故事都搬到晚清王朝上演,这个"人民公敌"的效用是有限的,所以说回来,1993年电影圈获得自由却陷入了恐慌。在1993年国内电影陷入恐慌时,陈凯歌、张艺谋在国际上频频得奖,1993年在国际上竟然叫做"中国电影年!"法国大报通栏标题"《霸王别姬》震撼戛纳",意大利报纸说:"《秋菊打官司》拯救了威尼斯电影节"。(笑)我在欧美时有个感觉,所有研究中国的学者都把目光盯住中国电影。(笑)我在巴黎的地铁上,用蹩脚英语和法国人高谈,我说自己"from China",他们追问"Which china",我说"People's Republic of China",他们竟然不知道。后来我发现有两个办法使他们明白,一个是"Beijing",另一个就是"Zhang yi mou"。可见中国电影在国外何其风光而同时国内电影业何其衰落。1995年好莱坞片的引入带来驾驭市场的两种方式:一是"票房分帐",在金钱的润滑剂作用下,保证整个电影界的参与、投入和获益,二是一套市场营销策略,原来的"宣传发行"改叫"炒作",一系列有效的炒作使中国几部影片似乎的确达到了与好莱坞大片一决雌雄的局面。但这又掩盖了许多问题。首先票房前四名的国产片,只有《红粉》名副其实地在市场意义上获得了成功,拍摄成本280万元,以380万元售出,国内市场回收近100万元,大赚其钱。其他呢?《阳光灿烂的日子》和《摇啊摇,摇到外婆桥》是外资,没有使投资者亏本,主要获得的是海外市场。他们几乎是奉送放映权给中国。一部成本100万元左右的影片以基本无成本或极低成本在中国操作,谈市场回收,所以其辉煌不足为据。《红樱桃》套拍12集电视剧,一共2000万元人民币,票房收入5000万元,分帐后基本持平。这还包含另一个令人不安的事实,就是2000万元是中国电影的投入上限,以《红樱桃》的成功操作,巨大票房收入,也就回收了2000万元。

掩盖的第二个问题是除《红樱桃》外,都有外资介入。《阳光灿烂的日子》和《红粉》的真正收益者是一家在大陆注册的港资公司。中国电影始终未进入人们描绘的那个民族电影工业的良性循环。

问题之三,有人说中国电影观众素质提高了,如踊跃观看艺术电影。我作了点调查,《红粉》、《阳》、《摇》是市场炒作的成功,他们详细分析了观众心理,把市场宣传定位在公众心理之上,引动了公众的观影兴趣。他们的定位其实是一种与此影片无关的方式,或者说一种成功的"误导"。以《红粉》为例,导演李少红,为数不多的获奖女导演,卖点之一;卖点之二,改编自苏童的小说;卖点之三,影片全部使用方言;卖点之四,制作精良、表演到位,都可构成宣传。但这部片子定位在:第一,明星效应,王志文刚主演了《皇城根儿》、《过把瘾》,王姬刚主演了《北京人在纽约》,正在当红;宣传者使用"模糊性的诱导词汇",广告词使用"王志文王姬何赛飞青春大曝光",还有什么"佳片有约,《红粉》登场"。(大笑)第二,定位在妓女的故事。如果没读过苏童原著的观众,必然想象这是一个青楼故事,而不是一个妓女改造故事。同样《阳光》始终定位在姜文、王朔的明星效应,几乎所有广告词都不涉及影片本身。据我不完全调查,很多观众有口碑的影片只有《红樱桃》,其他几部片子都只为某一层面观众接受,多数人看后大呼上当。(大笑)

1995年国产电影的辉煌给1996年留下遗患,因为这类误导是不可能持久的。这类误导建立在某种意义上观众耻于承认也未曾正视的对于暴力和色情的窥视的愿望。(笑)所以宣传不断暗示你,在影片中你可以看到这些东西。唯一成功的《红樱桃》货真价实地在影片叙事过程自身利用了潜在的这种观影心理,打了一个漂亮的擦边球(成功的大众文化作品,从畅销书到广告,都属于这种擦边球),巧妙地综合了几种似乎彼此对立的因素。比如说它成功的因素:第一是被主流意识形态认可的影片,具有革命历史故事的特征。第二,故事发生在异国他乡,成功地避开了当代中国故事的常识系统干扰,选在二战时期的苏联,也就获得选取迄今为止全球公认的"人民公敌"纳粹——印象的特许。(笑,掌声)

岔开讲一点,西方世界和纳粹经历了一场战争,到今天他们仍不断申明胜利者形象,不断地审判纳粹;前苏联在4年本土作战中,孕育了从前苏联到今天的俄国的四代作家、艺术家,用不同的笔法书写,他们也写人道主义精神,但他们的界限永远不会逾越到对纳粹倾注一掬同情的泪水。而经历8年本土作战、经受了不能忍受的暴行的中国人如此多情与健忘,以至于自己设法从自己的苦难中发掘灵感。

话拉回来,很多欧洲知识分子指出,从50年代到70年代的大众文化中,纳粹的形象经历了一个微妙的变化,有人称之为"性爱化",就是纳粹形象逐渐与一种性变态的、残忍的、暴虐的而又带有一点诗意的形象联系起来。这就为《红樱桃》的故事提供了一个商业背景。美国有一种说法,商业性就是暴力加色情加猫或者是狗或者是孩子,这就是畅销的配方。(笑)但是这一人所共知的常识实践起来并不容易,必须有效地与公众常识系统联结。比如在中国的话,赤裸裸的暴力和色情就会遭到人们本能的直觉的抵抗。在我看来,《红樱桃》的另一成功之处即是它刚好包含了暴力、色情和孩子,而它让这几样东西发生在一个战争环境当中,发生在一个法西斯狂徒手里,一切都在战争的非常、战争对于正常生活秩序的超越中得到释解。几次我一讲到这个观点,都有人马上质疑。它不能不说是《红樱桃》的成功,它一直在展示暴力和色情,而观众竟没有意识到一直在观看暴力和色情。(笑)我说这是一部真正通过商业化手段达到成功的商业片,就是这个意思。稍加回忆可知,杀戮的暴力在此片中是被有节制地使用,但变态的纳粹狂徒不断拿出来的那根针,针上带有污血的棉球,这种暴力的暗示比杀戮还要具有观赏性；当观念不断投入战争的苦难中时，其实同时又在参与观看那个女孩子的身体。电影理论的观影心理的每一条都在此片中得到印证。（大笑）你是多重认同，你认为自己在认同于女孩子的苦难，在仇恨战争的暴行时，你的一小部分正在那个纳粹狂徒身上，正在分享他的视点、快感和追求。（笑）

另外，一种影片不曾预期的成功因素是它吸引了大批50年代投身中国社会的中老年知识分子。我所尊重的一位北大教授激动得热泪盈眶，他的观影心理与我们前面所述不尽相同，他去看的是前苏联。影片有原汁原味的异国情调，这个异国——前苏联的文化、艺术表现、风光曾经感染过不止一代中国人。比如孩子们洗马的场景，让你想到巡回画派艺术家的作品，浴室里男孩和女孩的天真让你想到《这里的黎明静悄悄》……每个段落都可找到前苏联艺术的痕迹和影子。这并非是在抄袭的意义上讨论影片。这些本用以构成异国情调的东西不期然之间唤起了一代人的文化记忆。

但它仍不具有重复性，不可能让所有的事都发生在二战时的前苏联，正如不可能什么都发生在晚清。所以《红樱桃》探索了中国商业电影的一种可能性，但不具有可行性，重复性。

1995年电影市场造就了一种"虚怀若谷"——只有能赚钱，来者不拒。不久前我们还在说，国产电影如何和好莱坞影片相映成趣，1996年第一部重要的国产电影是这样推出的，海报上写"挑战好莱坞进口大片，国产精品隆重上映"，这一次真的把卖点建立在民族的心理，建立在对民族电影的渴望之上。我来作点小的分析：《兰陵王》作为"国产精品"，它的选材来自导演胡雪桦在"外百老汇"演红的一部戏。大家知道百老汇是美国戏剧的中心，同好莱坞一样，异族人、非主流是进不去的，"外百老汇"并非一个空间概念，它是广义的非主流戏剧的别称。影片用了一个华裔美国男孩主演，广告上不断叫嚷什么"夏威夷仔洛兰隆重出演"，而且不断暗示暴力与色情的因素，什么"一个男人和三个女人的故事",结果投资2000万元,全部收入还不足成本的三分之一。这个事实粉碎了很多说法。一,"高投入才有高产出,大成本才能出精品";二,中国电影前途无量,国产精品前景辉煌。

另外一部《红天鹅》虽经过爆炒,上映后还是非常不如人意。

我曾在报上发表文章对引进大片表示忧虑,用了个"狼来了"的字样。我把自己放在那个撒谎的孩子的位置,是想反用这个寓言。当时我有个不舒服的感觉;一个孩子撒谎固然很糟糕,但若付出生命的代价未免过分。今天我还想说:为一个昔日的谎言,我们不应付出太多的代价。如果狼来了,仅仅吃掉撒谎的孩子,达到惩恶扬善的目的,那真是太好了。但是狼还要继续吃人的,这是它的本性。我们曾经听过关于资本主义的罪恶肮脏的太多的套话,这些确实作为宣传、灌输迷漫在我们的生活之中,以至我们对世界的真实情况非常无知。我念大学时,一句"狄更斯已经死了"的口号震惊了全国许多半瓶醋的知识分子,大家意识到狄更斯所描述的仅仅是100年前的西方。可是,我们在检讨反省那一某种意义上的谎言时,我们是不是自觉不自觉地产生了对现代西方资本主义的新的幻想呢?是不是把它视作文明、进步、繁荣的理想而趋之若鹜呢?我们需要在作出选择时考虑自己准备付出的代价。

我这种到处挑错,质疑的论调,无非是觉得需要冷静的态度,不同的声音,面对复杂情况作复杂思考,得出复杂结论。当代中国文化生机勃勃,也包含许多潜在危机。我们作为目击者、记录者或思考者,但更多意义上是作为参与者。

今天的演讲就到这里,谢谢大家!(掌声)

△记录:清华大学人文讲座组委会

【编者絮语】 本篇原稿收到太晚,只好搁置起来。最后所有稿件编完,还是不忍舍弃这篇时效性较大的讲演稿,于是重又抢编进来。讲演者没有讲稿,即兴讲演的语言却极富思想内涵和感染力。建议练讲演能力的同学以这样的文章作朗诵材料。

●张　弘　华东师范大学中文系副教授

再回首：'95人文精神热潮

[在华东师范大学讲演]

　　在1995年思想文化界的几大热点中，人文精神问题是最突出的一个。自从1993年上海文学批评界提出这个问题以来，近两年的时间里各种议论一直不断。1995年夏初，北京的《读书》、《文艺报》等报刊为人文精神的讨论刊发了综述或专辑，又把这场讨论推到新的聚焦点下，使它受到更普遍的关注。年底上海《新民晚报》列举1995年文坛的十大热点，关于人文精神之争赫然排在第一位。港台和海外一些华文报刊对此也十分瞩目，纷纷登载专文进行评述或报道。完全有理由说，人文精神的问题已超出文学领地，进入了文化界、知识界和学术界的总体视野。

　　时当经济转轨和文化转型的今天，人文精神的火炬霍然而高扬，无疑是向拜金主义与功利权欲抗争的一大壮举。它所面对的，是精神战线的大溃退，是人文生态的畸形化。教育滞后、知识阶层贫困化、文化环境严重媚俗与腐败、科学发展上重工轻文或重应用轻基础……所有这些皆有目共睹。尤其文学艺术与人文科学的活力衰竭：小说失却了理想的光辉和浪漫的勇气，只剩下调侃与卑琐的写实；诗歌沦为小圈子里的浅吟低唱，微弱得几乎无人听见；电影靠把本民族的落后东西用西方已过时的手法调配起来获奖卖座；哲学则缺乏怀疑精神和批判勇气……在人文精神的烛照下，它们一一显出了失血的苍白。

不过事情也有其复杂性。首先一点，对人文精神的具体理解就并不一致，而这恰恰是高扬人文精神的关键。如果承认人文精神不只是个人的理想或修养，那在化为实践行动之前，应当对它取得一个大致统一的认识。但恰恰在这点上众说纷纭，难以一致。所以进入1996年后，情况相对显得有点沉寂。当然也有可能在走向深化，因为经过上一段时间的交锋，不同见解基本上已展开，解决的途径还需要经过进一步的思考与探讨。

其次是人文精神的超越性问题。提出人文精神，目的当然是为了克服和超越上述现实中的弊病。但人文精神究竟该发挥什么样的作用？它将引导人们采取什么行动？在这方面并没有提出真正切实可行的措施来。

一个焦点是终极关怀的问题。把终极关怀当作人文精神最重要的东西，用终极关怀来批判现世追求，是讨论中相当普遍的一种倾向。有人认为，人文精神对人的生存意义或价值的关注，更多是形而上性质的；有人说得更明确，它就是对终极的关注，是为把握终极价值而不懈的努力。所谓"终极"，至少有两层意思，一是相对于当下过程的更为根本的目的，一是指形而上即现实世界之外的彼岸世界。关怀终极，有助于人跳出眼下的物质利益的怪圈，但同时又带来了新的问题，容易简单化地对待所有的现世追求，以终极关怀为准则一概否定现实的人生需要，同时容易把精神的东西当成麻醉品，使人忘却实际困难，回避对它们的解决。

这样一来，就使得人文精神不可避免地带上了某种程度的宗教信仰色彩。但在历史发展过程中，人文主义恰恰是在批判基督教信仰的过程中形成的，它所肯定的正是现实人生的意义。基督教要人们相信，真正的幸福在来世的天国，人世间的一切都是罪恶，应该唾弃；而人文主义则告诉人们，天国不在彼岸，就在我们生活的现世。至少在西欧，从文艺复兴以来，倡导人文精神的人都是这样认为的。

当然，也有人不赞同把我们今天说的人文精神和西方的

Humanism（通译为人文主义、人本主义或人道主义）等同起来。与此有联系的是，有人根据中国不存在产生人文主义的条件，从没有过人文主义的思潮或运动，认为重建人文精神的提法并不妥当。的确，中西古今有时空环境上的差异，但不管怎样，本质上人文精神是对人的价值的追求，因此理当和宗教信仰划清界线。

另外有人也表示了一种隐忧。由于中国有搞思想"大一统"的习惯，近几年好不容易出现了学术文化多元化的良好氛围，人们不想看到因人文精神的提出又损害或破坏了这样的好形势。他们担心把人文精神搞成新的"精神中心"或"思想中心"，搞成"具有普遍性的价值规范"，搞成评价思想文化与学术的"唯一尺度"。如果真的这样，那就会违背提倡者的本意，使得人文精神在不知不觉中被赋予了意识形态的话语权力，很有可能滑向思想专制，变成一种新的"僭妄"。

看来，要回答上述争议的问题，把关于人文精神的思考推向深入，有两个关键问题必须解决，那就是多元化与现世性的原则。

首先要认识到，人的价值的维度不是单一的，也是多元化的。因此人文精神只能理解为是价值追求或价值判断的一个方面。这样一来，人文精神在坚持对人生或存在的精神价值的追求与实现的同时，就不应当排斥其他的价值尺度，尽管它和它们并不简单地认同。比方说，还可以有形而上的或宗教的价值标准，甚至也允许有意识形态的价值标准，后者在特定条件下对维护一个社会的相对稳定也是必须的。同样的道理，也不反对物质价值的追求与实现。事实上，物质价值的追求与实现，是人类生存的重要方面。显然，采取这样的态度，同时也就阻绝了人文精神成为新的权力话语的可能性。

与此相关的是人文精神与科学理性的关系。正由于缺乏多元化的视野，在某些人目光中，科学理性是同人文精神对立的，科学理性被认为是造成人文精神失落的重要原因，因此重倡人文精神就意味着要排斥科学理性，最起码也要将人文精神和科学理性作为分属于意义世界和事实世界的不同范畴，进行"划界"的处理。

不妨介绍一下，把人文精神和科学理性对立起来或进行"划界"，根据的是德国著名社会学家马克斯·韦伯的价值理性与工具理性的二分说。这一理论近年来国内颇为流行，它认为现代化是个工具理性化的过程，因此必然导致同价值理性的冲突，即科学理性与人文精神的冲突。然而，这样的二元区分，并非不刊之论。和韦伯同时的德国著名哲学家文德尔班，就在所著的《哲学史教程》中提出，"对崭新的世界知识的迫切需求"和"自然科学的建立和扩展"，恰恰是西方文艺复兴时期诞生的人文精神的"内在的推动力"。他强调的是二者的联系，显然和韦伯的观点不一致。其实西方知识界提出工具理性与价值理性的对抗，有他们自己的话语背景，反映了西方面临的社会问题。但中国的国情却是科学知识还不够普及，科学技术水平还不够发达，这情况至今也没得到根本改变。在这种形势下，倡导人文精神的同时却把科学理性逐入冷宫，实在是接受上的错位，并且只会造成严重后果。

人文精神和科学理性果真水火不相容吗？金岳霖等前辈学者早就指出，人文精神和科学理性不一定绝对抵触，科学理性中既可纳入人文精神的内容，也能导出具有人文精神的因素。同样的道理，今天倡导的人文精神也应包容有科学理性。当然，科学不是万能的，理性也无法解决所有问题，但反过来单靠感性、官能、非理性、直觉等也不可能包办一切，对它们过分推崇同样会带来消极的东西。如果承认人文精神所追求的人的价值的实现，指的是人的身心全面的发展，那没有科学理性的人文精神就只会造成残缺不全。

从多元化的原则出发，甚至都不能在人文精神和价值理性之间简单地划上等号，要看到价值理性也有许多维度。因此人文精神首先应是开放兼容的，在坚持人的根本价值的同时又允许人的各个维度的价值的实现。与此同时，人文精神的实质又是关怀现实的，是现世性的精神追求，是"入世"的而不是"彼岸"的。应当说，人文精神关怀的中心是现实生活中人的身心全面价值的实现，而且通过文化的建设与创造来加以实现。它通过哲之思或诗之思来超越物欲与感官中的迷失，但并不因此就沉溺于哲之思或诗之思，相反它注重体现人的根本价值的文化创造行为，也就是思践于行，思行为一。或许这即是人文精神中"人"与"文"两个方面的题中应有之义。

既然人文精神体现为对人的全面价值的关怀，就不应该认为人文精神主要是知识分子的一种生存和思维状态或话语结构，这样的关怀也是社会全体成员的职责。更不能说只有知识分子需要有人文精神，或者才配有人文精神。哲思诗思并非知识分子的专利，文化建设更要求社会全体的努力。事实上，工人，农民，职员……所有的普通人，都从自己境遇出发，关心着人类身心全面的真正价值的实现。因此应当说人文精神是所有人的健全的生存状态或思维状态。要做一个真正的人，就不能不具备人文精神。

需要指出，那种把人文精神当作知识分子专利品的观念，多少跟当代中国知识分子并未摆脱旧式士大夫心态的情况有关。由于数千年长期的"学而优则仕"的社会制度和生存方式，"官本位"体制某种程度也即"儒本位"体制，"万般皆下品，只有读书高"的传统观念根深蒂固。这在讨论中也反映出来了。尽管有对知识分子"好为天下师"（同时也是"好为帝王师"）的自我反省，但那种直接把人文精神说成一种新"道统"的提法，或想把"道统"、"学统"和"政统"合而为一的意图，无不显示出古代士大夫动辄以"道统"的化身或继亡存绝者自居的身影。

事实上，对人文精神的理解，很大程度上和知识分子的自我定位联系在一起。如果知识分子自以为是"精英"或"精神贵族"，人文精神就会成为他们用以骄人的独家专利；或者知识分子自认是道义与良心的表征，那人文精神必然变成道德理想主义。对于知识分子，较实事求是的见解，是把他们当成社会的有机组成之一，以智力性的社会职能作为标志，换言之也即社会劳动者的一种类型。因此尽管所有人都掌握一定知识，而且随着社会发展，知识将越来越普及，知识分子仍能作为专门化的行业或社会力量被区分出来。像这样，把知识分子看成社会有机组成中有特定生产方式的劳动者，既避免像过去那样片面强调知识分子是普通劳动者而抹杀脑力劳动与精神创造的特点的错误，也不至于走向另一极端，继续以"精神贵族"自居，抱着士大夫的优越感不放。

由此出发，也就使得另外一些焦点问题迎刃而解了。比方说人文精神与市场经济的关系，彼此是否就格格不入呢？为了发扬人文精神，知识分子是否就不该有经济观念或经济行为呢？普遍倾向确是把二者对立起来的。但如把知识分子视为劳动者，他们以不同形式在经济生活中发挥作用，就是天经地义的，同样知识作为精神劳动的产品，也肯定应有自己的价值与价格。据法国新史学派著名代表 Jacques Le Goff《中世纪的知识分子》一书介绍，知识分子刚在西欧形成时，和商人一样是种新行当，都为顾客节省时间而实现自己的价值，不同的是商人出售商品，知识分子出售知识，所以当时教会办的大学对学生应付给教师的报酬有明文规定。关键就看知识分子提供的精神产品或知识成果，是否是假冒伪劣产品。

讨论中还谈到了人文精神的实践性与可操作性。从根本上说，这也只有解决上述问题后才谈得上。实践性和可操作性要求人文精神不停留在学院或书斋深处的个人操守或道德律令上，那它就该体现在投入市场即投入交流的精神产品与知识成果的生产和创造之中，这些精神产品与知识成果因根本目的在于关注人的身心全面的发展而具有不容置疑的精神上的价值，同时因其中凝集的社会必要劳动而具有经济上的价值，并根据市场供求程度而表现为不同价格。反之，如果把人文精神当成和市场经济对立或对抗的东西，提倡人文精神就意味着不能有经济行为与经济观念，这在越来越发达的经济社会中必然行不通。我们已经看到，有些人文精神的倡导者,由于把人文精神说成是和经济观念格格不入的东西,而他们本人又不可能不按照现代经济法则办事,已经陷入了言行不一的窘困,遭到了别人的攻讦。

总的来说,我们提倡的人文精神,尽管在思想渊源或词源上,均和 Humanism 有一定关系,但不同的时代,不同的地域,不同的文化与话语背景,决定了它们不可能是一回事。一个重要的方面是,西方文艺复兴以来兴起的人文主义,是和个体主义(Individualism)相伴生的,但在我们今天以群体为主的社会里,提倡人文精神就不能照样强调个体主义,而是要在保证群体社会的稳定与发展的前提下来最大限度地实现个人全面的价值。所以我们探讨有关问题,同样不能够脱离中国的实际情况。如果搬来外国的辞书或历史课本,查到 Humanism 是什么意思,再来考查中国有没有过人文精神,够不够资格谈论人文精神的失落,那就成了按图索骥的概念游戏。由于人文精神主要来自人类对实现自身的身心全面价值的追求,所以它是深深植根在历史与现实的人的实践之中的。80年代中期,姜国柱、朱葵菊合作编著过一本书:《中国历史上的人性论》,从中不难发现,人性、人格及其全面的发展也是中国历代思想家们关注的焦点。对此我们应该作一认真的梳理,但同时也要防止非历史主义的做法,如笼统地把"仁者爱人"看作传统的人文关怀的全部,或干脆把明代中叶前农业宗法制尚未受到触动时的文化价值观当成中国本土的人文精神。毕竟中国历史上的人文关怀长时期以来脱离不了封建社会的环境条件,有它与生俱来的各种局限。

所以一方面,确实像有人所说的,人文精神在中国有一个生成的过程;另一方面也不能否认,现代意义上的人文意识的觉醒,是随着反封建的任务的提出而开始的。正是通过这个关节点,我们借来了西方 Humanism 的思想武器。看不到引入 Humanism 是我们本身的历史使命的一种需要,再像过去那样动辄就扣上一顶"资产阶级"帽子必欲置之死地而后快,是非常可笑的。不幸的是,这种现象在"人文精神热"中又见到了隐隐约约的影子。有的人虽喜欢自称是马克思主义的信徒,却完全忘记了马克思说过的一句话:理论的流行程度取决于现实生活的需要。否则很难解释,为什么我们建国后会一再提出和人文主义有关的话题来。这决非思想界没来由的偏爱,而是反映了现实生活中反封建的任务并未彻底完成,即使我们已踏上了现代化的道路也仍然如此。如果接受以上的见解,那么还应当指出,近一个半世纪以来中国人民走向现代化的艰难曲折进程,也就是中国人文精神育化和再生的具有决定性的新阶段。今天的提倡,不外是它的又一个发展。

因此有理由肯定,讨论人文精神的热潮虽可能已过去,但关于人文精神的思考不会停止。随着学术文化建设的持久深入,人文精神的问题还会在更新更高的层面上提出来。

△ 本人供稿

● 张　洁　武汉大学中文系博士　副教授

黑马乎？黑驹乎？

[在华中理工大学讲演]

　　1994年的文坛"新"帜满天，1995年则是论争频起。这里不谈"新"帜，只说说文学论争。先说缘起。

　　打头的是"二王"笔战。笔战的引线是青年评论家王彬彬在1994年底发表的一篇文学随笔——《过于聪明的中国作家》。该文责备某些作家太聪明，丧失了立场，见风使舵，并指名道姓地批评了肖乾和王蒙。这一下可惹恼了老王，连写了好几篇相关的文章，其中有篇短文专对小王，刊在《新民晚报》上，标题很刺激，叫《黑马与黑驹》，对小王连刺带损，把他派作尚未出道而急于出道的"文学青年"，讥讽他捞名无道，想靠骂名人出名。于是"二王"相争，传媒相助，把个笔战搅得热闹非凡。

　　刘心武声援王蒙，把小王攻击老王比作高长虹骂鲁迅；郜元宝批评张炜借长篇小说《柏慧》泄私愤，王彬彬则称赞《柏慧》抗击世俗恶流；屡遭非议而未予反击的"张后主"（颐武）、陈晓明终于按捺不住，站出来否证近几年沪上学人倡扬的人文精神，否证"二张"（张承志、张炜）的反现代性及对道德和神性的询唤……

　　论争不是孤立、偶发的现象，当然有它的起因。说到起因，首先得提到1993年由《上海文学》始倡、次年在全国若干大都市风行的人文精神讨论。我觉得，论争是人文精神讨论泛化的一种表现。

　　这就要问人文精神是什么了。是什么，连倡扬者自己也说不清楚,而不是什么,即倡扬者反对什么,则明摆着,清清楚楚,是王朔、汪国真、张艺谋和贾平凹,是梁凤仪、席慕蓉,是猛炒哄抬文艺明星的大众传媒……一句话,是文艺日甚一日的"物化"即商业化、世俗化。原来人文精神已被喧嚣不已的文海商涛所吞没。

可是,乐观派不这样看问题,王蒙就是其中一个。这个曾经主张"费尔泼赖应该实行"、写过《暗杀》、充分理解世俗生活和大众文化的王蒙,为王朔辩护,对倡扬人文精神的人多出微词,一再呼唤宽容。王朔不仅否认人文精神失落的提法,而且挖苦弄出这种提法的人,断言现在是人文精神最好的时期。1994年《文汇报》设专栏讨论人文精神,已露出两派对垒的苗头。就在这个专栏上,王彬彬拥护和声援张承志,首次向非难人文精神、提倡宽容的人发难。

论争由王彬彬挑起,绝非偶然。论争对象是王蒙,也很正常。"二王"的立场和观点截然对立,气候合适,就会争起来。张颐武和陈晓明搞商业后现代搞得热火朝天,怎能不拆穿启蒙神话?怎能容得下"二张"?"二张"一皈依哲合忍耶,一"融入野地",是为了抵御和抗击所谓商业后现代……总之,一方认同文学商业化、世俗化的现实,一方反抗这种现实,变得越来越神性化、圣洁化。这就是今年种种论争的实质。存在商业化、世俗化与神性化、圣洁化两种对立的趋向,势必存在对立的见解和论争。

由此可知,论争缘于社会的结构性变动,其前奏是人文精神的讨论。

也由此可知,认同还是否定商业化、世俗化的现实,关系到论争双方各自所循的标准或尺度。

认同者执持的是历史尺子,这只要看看他们的文章就清楚了。所有执持历史尺子的作家和批评家,没有不为市场经济取向的改革拍手称快的。搞市场经济,就得建立文化市场,而建立文化市场,一个必不可少的前提就是使文学产品化、商品化。

请看王蒙。多次见到王蒙笑谈文人下海、文学市场化和宽容问题的报道,那种因历史进步而产生的情不自禁的欣悦和自信,溢于言表。他认为,文学走向市场是历史的进步,那些忧心忡忡的文人为此喋喋不休、怨声载道,不足为奇。文人有两种下海方式,一是弃文从商,一是以文从商。王蒙践行的是后一种方式。这样一个王蒙,指望他痛斥王朔,抨击大众文学,岂不是滑天下之大稽!

再看"张后主"。他也绝对不会抨击大众文学,抨击大众文学就等于抨击他自己。搞商业后现代,不可能不激赏商业后现代社会至为显赫的雅俗合流,精英文学日渐商业化、世俗化的趋向。历史前进了,"二张"和人文精神的倡扬者却逆历史潮流而动,他们所有的言述在商业后现代的文化语境中都是悖时和失效的。

很明显,执持别种尺子的是"二张"、王彬彬那些人。那是一把伦理尺子。王彬彬将"二张"等人的文学宗旨称作道德理想主义,张承志"逆着滚滚红尘,人欲横流的时潮",高高地扬起神性化的道德大旗,张炜在《柏慧》中猛烈攻击柏老、瓷眼和柳荫之流道德沦丧……都再清楚不过地说明他们执持的是伦理尺子。他们使用的一些基本词汇,如正义、良心、人道、人心、理想、真诚、信仰、道德和神圣等等,大都能在伦理学大典中查到。面对物欲横流、价值中心失散、道德滑坡和信仰跌落的险恶精神境况,他们感到焦虑不安、愤愤不平,以异乎寻常的激进语势讨伐一切势利、世故、圆通和利欲熏心、失去立场的人及其文学制品。张炜等人甚至认为此时缺乏不宽容,不该讲宽容。其实,他们不是不讲宽容,而是认为不能向恶俗的时流妥协。

执持伦理尺子判定、褒贬文坛是非,有其制衡的现实意义。历史与对历史的认识并不是一码事,历史行程与精神流向往往对逆。历史与伦理的二律悖反,是黑格尔、马克思和恩格斯反复阐明过的一条公理。历史以"恶"为自己开辟前进的道路。历史进步打乱了既定社会秩序,必定会造成一定程度的精神倾斜,而制止精神倾斜,理所当然,须当仁不让。

然而,历史或伦理并非唯一的尺度,执一端太偏。这两种尺度各有所长。相关而不相越。用伦理尺度取代历史尺度,把它当成绝无仅有的评价一切文学现象的价值尺度,这是泛道德主义。用历史尺度取代伦理尺度或道德化的精神尺度,把它当成独一无二的评价一切文学现象的价值尺度,这是泛历史主义。泛道德主义与泛历史主义殊途同归,都逾越了自己的权限范围和固有边界,误入了绝对化的思维禁区。

现在再说层次。在哪个层次论争,不是一个无关紧要的小问题。论争需有风度,需达理性深层。滞留在感性层面,不正视论争对手,漠视对手的论旨,一古脑儿地将对手推到非理无道的位置,诉诸感情,意气用事,是没有意义的。

时下诉诸权威的讨伐已很少见,而诉诸感情的辩难却日见其多。

诉诸感情是一种煽情悖理的推论手法。推论者以情惑众,是为了转移视线,偷换论题(点)。举两个诉诸感情的例子吧。有人提倡宽容,也有人反对。有这样一种反对者,他并不辨明宽容的语义,完全不顾提倡宽容者的本意,一上来就感情充沛地一个劲儿地罗列与论争对手的论旨毫无关系的五花八门的文坛非道德例证,然后酣畅淋漓地斥之鞭之。这样干痛快倒是痛快,但压根儿就没有触及到问题的实质,准星远离他设下的枪靶,连他自己的论点也十分可疑。这么说吧,即使他把文坛所有非道德例证全都收拢归堆,堆成一座大山,也丝毫不能证明现时不讲宽容的必要性。从论争角度看,宽容是一种承认差异、尊重个体人格、维系人际正常交往的精神尺度,它不是潘多拉的匣子,不等于放纵、和稀泥、无原则的一团和气,不能平白无故地为文坛种种非道德的恶行承担责任,何况论者所示例证未必都是非道德的恶行。

再一个例子是老王回击小王。小王不对,只要扣住题,怎么说都可以,何必要辨此公是黑马还是黑驹呢?黑马乎?黑驹乎?按老王的逻辑推绎,都不是。就算是黑驹吧,未必是因发不出文章才起心骂名人。靠骂名人出名,是动机不纯,这在善良的常人听来,从感情上来说,就接受不了。静心一想,老王要的就是这个效果;就针对小王文章的主旨,老王似乎什么都没有说。

可见,纵容情感冲动是不行的。诉诸感情的逻辑错误在于偷换论题。你说你的,我说我的,大家伙儿说不到一块儿。说不到一块儿的论辩是没有一丁点儿价值的。你说张承志、王朔和贾平凹这三种类型的作家可以在文坛并存。反对者接过话茬往下说:"如果一个人的心胸大度到什么都可以,什么都行,什么都能往里装,这心胸倒有点像一只垃圾箱了。"照这位论者的这个比喻推绎,他所极力推崇拥戴的张承志,以及包括他自己在内的一切具有道义良知的好人,岂不都成了与他所深恶痛绝的王朔和贾平凹一样能够装到这个垃圾箱里去的垃圾!这是缺了目标的对空放炮。

偷换论题是悖理的行为。双方论来争去,原来连界都没搭上。避免偷换论题,有效的办法是排除意气用事,制止道义情感的膨胀。道义情感的膨胀也许对作家并无什么了不起的损害,而对批评家则有百害而无一益,因为批评是理智活动,论争者必须在理性层面讨论问题,哪怕在讨论时带有理性的激情。

在理性深层进行的论争才是高品位、高档次的论争。要么就干脆不论争,要论争就要追求高品位、高档次。最要紧的是留下成果!感性层面的论争不可能留下有价值的理论。热衷于写些随意性的短章。宣泄一通义愤,抒发一番情感,与对手死较劲,以势压人,表面看挺热闹,其实空洞无物。

最后说前景。论争是在作家和批评家之间进行的,因而论争前景实指创作前景和批评前景。

我注意到,论争中有一个文学流派的声音。这是一个在80年代后期发轫,于90年代成型,以张承志和张炜为中坚,以反体制规则、反物化原则为基本立场,以构拟神性化、圣洁化的审美乌托邦为基本宗旨的文学流派。张承志是这个流派当之无愧的标杆,在他的感召下,张炜和朱苏进等人纷纷向他脱帽致敬,集结在他的旗帜下,共同发出一种十分强悍的抵御和抗击商业化、世俗化潮流的声音。

张炜是以一部20余万字的长篇小说《柏慧》卷入论争的。这部作品可看作论争双方的写真集。"我"和"我"的导师是精神类像，与另一精神类像即提倡宽容的练达的老胡师的分歧，我断定，就是张承志类与王蒙类的分歧。《柏慧》凝聚着张炜最为浓烈的道义情感，是"不吐不快"的"急就章"。急就章自有速成的种种毛病，但这些个毛病并非出自道义情感，道义情感可以成就作品，这是自古以来的通例。

论争的成效往往要经过较长一段时间才能充分显示出来。近距离观察，不免短视，看不见远景。五四文学革命中的论争，其成效有目共睹。论争不是无缘而起，实际上是时势逼出来的，结出创作的硕果，当指日可待。

批评说到底是一种理智活动，单靠激情是无济于事的。遗憾的是，迄今为止，我所看到的大量论争文章都是随意性极大的随笔类短章，很难发现真正具有理论深度的建设性文章。有些批评家与作家取同一视界，所发议论甚至比作家还要激进和情绪化。看看他们惯用的词汇，什么"战斗"、"抵抗"、"投降"、"短兵相接"、"反侵略战争"、"绝望的抗战"、"刺刀见红的肉搏"，什么"堕落"、"垃圾"、"无耻"……文坛似乎是污秽不堪、臭气烘烘的垃圾场；刀光剑影、腥风血雨的战场。把论争对手假想为敌人，把自己一方设定为正义之师，对错先已判定，与敌论战不过是兴兵讨逆、收复失地的歼灭战，所谓对话、交流、辩论，一切都无从谈起。照此下去，批评家岂不成了捍卫道德的卫士！

批评不能感情用事。批评不是创作，批评家不是作家，把批评家等同于作家就等于取消了批评家。如果连批评家都不在理性深层讨论问题，那么一轮又一轮的激烈攻击下来，到底成效如何，是值得怀疑的。理智地对待论争对手，尊重、理解对手的思想，在紧扣对手论点的基础上与对手论辩，在遵守规则的论辩中，在对创作的深刻体验和洞察中提炼自己的批评理论，这才是通途。

△ 本人供稿

王岳川　北京大学中文系教授

90年代诗人自杀现象透视

[在清华大学讲演]

诗人里尔克说:"在真理中歌唱,是另一种呼吸。"

然而,在匮乏的时代,真诗人在与伪诗人的对垒和对真理的艰难追问中,在边缘化处境的虚无冷漠和内在狂暴的创造力的双重夹击下,以生命的终结发出了没有答案的"天问"。

一、90年代:诗思的消失

如果说,80年代是中国知识界"现代性"精神觉醒和反思历史、重写历史的时代,那么90年代,在商业消费大潮兴起及其与国际主流文化接轨中,整个文化界出现了全面转型,即从现代性走向了后现代性,由西学热转向了国学热,由激进主义退回到保守主义,由理想启蒙走向了务实改良,由拷问灵魂进入到优雅怀旧。使人弄不清是我们改变了世界,还是世界改变了我们。

90年代,无论是重金属摇滚的地动山摇,还是MTV的感伤纤柔;无论是时装时尚的媒体广告热,还是电脑多媒体的风靡南北;无论是愈打愈多的假冒伪劣,还是愈来愈恶化的环境,都分明使人感到沉重的不再是"精神"而是"肉体"。精神在稀释中变"轻",肉体在聚焦中变"热":股票热、扫黄热、外企热、考托热、养狗热、学车热、追星热、时装热,甚至有伪诗人热、行为艺热、"后"学热、白领热……当精神品质成为超出当代人生存需要的奢侈品甚至无用品时,诗思消逝,世界沦为"散文"世界。

在这短短几年的"弹指一挥间",诗人被"边缘化"了。长发披肩的流行歌手成为这个时代的"文化英雄",而批评家们却在忙着写一篇又一篇不关痛痒、不知所云的专栏文章。当滑行在意识话语和精英文化之间的"码字儿"的写家设好了一个个"叙事圈套"等着渴望消费的读者去兜圈子,当批评家们号召知识分子向大众文化交出"笔"并"群体自焚"时,那些热闹的"○○○"(纯客观)写作、"×××"(国骂)写作、"□□□"(欲望)写作使无真心、无真情、无真思、无真理的写作变得堂而皇之。在创造的生命激情转化为"零度写作"、思想的魅力变成无深度的唠叨平庸、深切的价值关怀置换成"金币写作"的策略(稻粱谋)时,语言浮肿、思想干瘪、诗意散尽——也许,海子在90年代的门坎前自杀,正是他以"临终的慧眼"看到世纪末诗歌将在商业消费和技术理性的压榨下枝叶飘零,濒于绝灭,而先别而去?

在生存域和言说域的"末世感"中,文艺的诗思对话功能为所谓商业效果所取代。在打掉了知识者"精英"的反思之后,大众传媒担当了"人生指南"和"金钱神话"的再造职能,并在不断制造的"热点"和肥皂剧的"生活阐释"中,将受众引入追求感官快乐的短期行为中。当金钱成了生命中唯一目标时,人们日渐远离对意识话语的反思,而是无所驻心地从作为"革命机器的齿轮和螺丝钉"变为作为"商业机器的齿轮和螺丝钉",在拼命奔波挣钱却不知忙碌挣钱的目的为何的"真累"的生活中盲目来去。

我不得不问,在技术时代,我们何以安身立命?何处才能真正安顿我们的精神?而且,诗人何为并何去?在后现代文化理论语境中,理性、心性、理想、真理之类的关键词在思想的空场上日渐消隐,代之而起的是游戏规则的彻底改变或游戏规则的彻底解体:消解、平面、边缘……人们曾经依持"理性"、"启蒙"张扬"人道主义",而如今,在"后乌托邦"的场景中,反理性、反启蒙、反人道主义者终于迎来了"理性的终结"和"人的终结"（福科）。于是"物道主义"正在取代"人道主义"，如今"生命意义"和"如何做人"竟成了理论和实践的双重问题。无论如何，离开了思的根基和人之为人的理想，剥离人与精神的本体联系，人将变为非人之"物"，变成时代迷惘气氛中手忙脚乱、了无方向的随波逐流者。在生命和世界"意义"被搁置、终极价值全面颓败、人文精神成为不合时尚的对象时，当代人已不可能像过去一样生活下去，因为精神的降解，人的存在变成无根之轻。

诗人作为生活的目击者和意义的揭示者一直是人们讴歌的对象，因为诗人可以独特的体验方式，把现实浑浑噩噩的生命变成一种有意义的生活，一种"返归本心"的、诗一般的生活。然而，在价值错位的今天，诗在伪诗中日益贬值，伪诗人们开始以轻浅谑浪的文字游戏，去掉了沉甸甸的价值关怀，使伪体验走上诗的祭坛。那些在语言操作中排列着长短句的"诗人"，给人们的是"非诗"——冷漠的叙述方式，随意捏合的语言意象，疲软情感的裸露，本真意识和血性情怀的消逝，游戏与痛苦的转位，这就是世纪末诗艺的疲惫尊容。

当"诗"不能给人以生命的启迪和灵魂的唤醒，或"诗"背离了直面苦难并拒绝苦难，而只以大众文化包装过的软语柔甜的耳畔私语或无所追求的粗野放纵，去征服漠视深度、玩味平面的读者，则无异是诗之悲。这是怎样的一种诗的贫血症！一种缺乏"当代性"的历史本质的无生命之"诗"。

于是，在物质的消费主义怂恿中，在精神搁浅时，诗人一连串自杀行为成为 90 年代文化风景中最为沉重的"事件"。对其"解释"尽管各各不同，但直面这种生死界面，返回歧路之初，回到思之根基，回到价值理性，是"失园"后的民族进入新世界的新觉醒，也是在物欲横流的世界中用诗思把握灵魂甦生的心路历程。

二、诗人自杀：形态学分析

尽管屈原的自沉和王国维的自沉形成 2000 年来"诗人自杀"的张力场，引得人们有"问天"而"天"不在的"思无所归"之叹，或理想社会的可望而不可及的沉痛，但那必定因时空的阻绝而难以真切地感到灵魂的悸恸。而 90 年代诗人的自杀却无法使我们沉醉在后现代文化的"冷风景"中玩"语言游戏"，我们只能睁大眼看，尔后思，再思。

在 90 年代的帷幕拉开前的瞬间——1989 年 3 月 26 日，北京大学诗人海子在山海关卧轨自杀。我不知这位二十几岁的青年诗人在冰冷的轨道上怎样坦然地目睹钢轮的扑近，在生命最终时刻，他的生命天平测量着什么？他的脑海预感到了什么？死亡带走了深不可测的思和不可言表的痛。这沉重的死不仅给每一个生者留下巨大的问号，而且随时以其鲜红的刻度指明"生命之轻"的不合法。也许，海子的"殉诗之死"是给 90 年代"轻飘的生"一个巨大的反讽和冷静的寓言。

在商品逻辑浸渍一切的时代，甚至连诗人之死也有被污染的可能，尽管这污染以"神化""光环"的方式出现。有人认为海子死于物质世界对诗神的挤压；有人归于海子的个体存在的危机和意义危机；有人强调是"语言的欲望"和重大压力逼死了诗人；有人看到了海子死亡的时代悲剧；有人有感于海子与耶稣的"惊人相似"而相信海子是与黑暗"主动地抗争"。以上说法忽略了海子之死的个体选择性，因为他说过："我的死与任何人无关。"

这种个体选择为生命承担思想的重量划出了终点。直面真必然直面死亡。大哲有言："朝闻道，夕死可矣。"（孔子）、"在科学的入口就是地狱的入口。"（马克思），当个体达到存在的极限而目睹本真（真相）以后，必定面对死亡。俄狄浦斯作为人认识自己（本体反思）并为此付出最大代价的原型，在解悟了"人"这一大谜的同时迈出了人的界限，最终成为杀父娶母、刺瞎双眼而流亡科罗诺斯的忧郁老人。难道，人的本体超越性反思真能将人带到意识的边缘和存在的边缘而使之坠入深渊？难道人敢于同自己的极限挑战，面对真实就必然陷入毁灭吗？海子透过自己奋力写作的"大诗"看到了什么？他是对自己的写作的高度厚度阔度感到怀疑？还是生存状态超越了生存的极限，甚或是目睹诗国前景而扭身而去？猜测，毕竟是猜测。我倒宁愿将海子的死看作目睹本真以后的个体跨越生存界限的选择，在界面的一端是诗国的辉煌——诗言思而思言道——对"大诗""大道"超越性领悟，在界面的另一端是生命处境的烦扰窘困。

海子的死标明中国纯诗已抵达人类精神的最前沿却又在现实中濒临灭绝。处身于这一怪圈之中，一些诗人转向海外汉学界发表诗作，可惜影响甚微；另一些小诗人则转入"地下"，在苦苦挣扎中使诗意的光辉射向被金币烧红的大地。

戈麦于1991年9月在圆明园附近投水自杀。这位北大诗人在个体生存价值危机中毅然选择了个体生命的毁灭。这种重复发生的"事件"使整个90年代初死寂的文坛再也不可能缄默。诗人并不是死于物质的匮乏艰难，而且也不是死于关于"类"的形而上学思考，更不是死于心灵过度的敏感和脆弱。相反，诗人死于向思维、精神、体验的极限的冲击中那直面真理后却只能无言的撕裂感和绝望感。他在人类精神的边缘看到了诗大用而无用的状况，而毁掉了自己大部分诗作，以此使诗思的沉默变为大地的窒息。

90年代，一些人对"诗人之死"过分赞颂、推崇，甚至发展到关注诗人胜过关注诗本身的地步，于是诗似乎只能浸透了血才能具有诗意的光辉，诗人似乎也只有通过自杀才能引起人们的关注。这表明商业消费逻辑已经伸进诗的肌体：诗人似乎不再重思，而只重社会的轰动效应，人们不再读诗而仅热衷于成为诗人之死的看客。当十几位小诗人在全国各地相继自杀时，诗界发现，人们已不再对"诗人自杀"感兴趣，人们不读诗也不在乎诗人的死。

诗人成为多余人，诗成为多余品。或许可以说，当诗失去思言道之本真时，诗人自杀了，诗也自杀了。

当顾城在海外杀妻儿后自杀时，似乎给沉寂的诗坛带来一些刺激。人们又谈诗人了。但当人们为这位杀人自杀者极力开脱时，我发现，短短几年，不仅时代的诗歌鉴赏力大大衰颓，而且作为人的心性价值判断也被抛弃,而热衷于一些漏洞百出的欺世之谈。

我痛心地注意到，海子、戈麦们的死刚使人们关注诗人的以刺锥胸的荆棘鸟之歌，便很快被一些文人导入一种维持诗界存在的理由，一种以真诗人的鲜血制造假诗人玩物的"说法"，甚至成为一些伪诗人无病呻吟的商业企图的外衣；而顾城的死则像一张试卷测出了诗界心性不健全的种种问题，似乎只要是诗人，他的杀人就具有了无上的"豁免权"，似乎诗人的桂冠不再是诗本身的魅力，甚至也不是诗人自杀的鲜血所构成，而是杀人的凶残和血腥所染红。对此，我们还能说什么呢？！

我在面对90年代诗人自杀现象时，只能小心地将顾城这样的个案排开,以免让真正诗人自杀的血白流和诗性的光辉黯淡无光。但我仍要重申,诗人自杀现象如此频繁地出现在世纪末的中国,似乎是一种痛切的警示，一个不祥的预言。尽管我们看到这警示、这预言在喧嚣的商潮中，已被作为榜样的英雄的死和作为反面教员的非英雄的死所掩没，并被人们所遗忘。

诗人自杀的结果是诗人被遗忘和诗被遗忘。时代真的是不以人的意志为转移了。诗人作为这个时代的精神求索者和追问者,却死于一个诗意匮乏的时代，一个不需要诗人、诗性、诗情的时代。诗人自杀是"诗"人独憔悴的极端形式。

诗意在诗人自杀之后开始散落入其他新的艺术类型，并为其赢得满堂喝彩。当纯诗失去读者时,诗意闯进或被挪用到MTV中,于是"月落乌啼总是千年的风霜，涛声依旧不见当初的夜晚……"一时红遍南北；当诗意散落入"散文"中,便使得一些初试散文随笔的人暴得大名，一部《文化苦旅》使人们蓦然发现散文叙事中的诗意凝聚的动人魅力,于是屡试不爽,而当诗意被兑水以后,读者锐减;当诗意散入古典重读中时,白话古典或古诗英译成为今日文化摆设的必备品。然而,我要说,这一切的诗意挪用尽管为某些人赢得巨大的商业价值,但却并不能说明诗意具有了新的生命。相反,我要说,这类诗意"播撒",多了些旧式感喟和伤怀,唯独缺少了当代性的诗之思以及思中之"道"。当诗意成为时尚,成为平庸生活的装饰点缀,当纯诗被校园歌曲、文化散文、白话古典挪用甚至误读时,诗歌的当代命运如同诗人的当代命运一样不可忽视。

纯诗作为当代中国人诗思的透视,必然秉有超越性气质和精神性品格。它不玩技巧,不加盟"语言游戏",甚至不张扬,不逢迎,它既对生命存在的根基发出本体论追问,又对世界的意义保持不懈的形而上关注;它既不断地锻造新的语式新的节奏新的意象和新的感性,又将这新的感受新的希望新的运思和新的语言注入新世纪的肌体;它将抗击物"道"主义和商业消费至上主义,而保持人生中最朴素最微妙最神秘的感受、体验和领悟。它在沉默和默默无闻中积蓄自己的力量,在自己的踽踽独行中显示遗世独立的风骨,在寻找生命的终极真理的路途上担当自己的天命。

诗人自杀表明了一种生命价值的勇毅取舍,这将使一切苟活的个体获得新的震撼和审视灵魂的契机。同时,诗人的自杀又阻死了自杀之路,因为诗人们死得过早而急促,使其诗境终未臻达"大道"之境。而且诗人自杀如此快地被大众遗忘,使得任何诗人都不再会因为死亡而获得其诗的价值属性,相反,诗人的遗像会掩住诗本身的光辉。

因此,诗人将坦然行进在艰苦卓绝的诗之道上。真正的诗将由活生生的诗人去完成。诗人和诗将成为一种天命,将使90年代浮躁文坛的"本文"们速朽并开创新世纪健康清新的新文学。

新世纪的诗人将从死亡之剑下站起来,并坚信:运伟大之思者,必行伟大之迷途。

△ 本人供稿

● 谢　徽　西南交通大学社科系讲师

"泡沫文化"：繁荣还是危机

[在西南交通大学讲演]

"泡沫文化"是一种类似"泡沫经济"的文化现象：表面的繁荣背后潜藏着深刻的危机，精彩纷呈的现象掩盖不住价值缺席的阴影。

"泡沫效应"——文化的现象学分析

"泡沫文化"以"泡沫效应"最能反映其现象与价值相背离的特性。"泡沫效应"追求的是轰动与热烈，迎合甚至取悦于大众，令他们在很大程度上放弃了必要的文化积淀与价值追求。"泡沫文化"因此而变得浮躁，急功近利，在瞬间的自我膨胀之后往往陷入一种深刻的虚无与失落之中。

"泡沫效应"在影视娱乐界表现为热烈的传媒宣传与冷淡的观众反应形成的巨大反差。电视广播、报刊杂志几乎无时无刻不在报道影视新景象，"每日一星"、"明星专访"、"今夜星辰"等专题节目不厌其烦地告诉人们影视娱乐界如何"今夜星光灿烂"，名目繁多的各种影视大奖更让人产生影视界一片繁荣景象的错觉。然而事实是我国的影视界不仅没有迎来繁荣，却正是在今天陷入了深深的低谷。

电影界存在着一个耐人寻味的怪圈：一方面是大量的国产电影在国际、国内获奖，以至有人认为中国电影已经走向世界，而另一方面却是电影观众急剧下降，国产电影无人问津，电影业举步维艰，一些制片厂甚至几年拍不出一部片子。回顾 1995 年，受引进大片的冲击，国产电影深感苦涩，于是十几家电影厂厂长联名上书要求抵制进口大片。而"第五代"的顶尖人物张艺谋却没能讲好《摇》这个故事，许多人断言中国电影的"第五代"已经成为一个历史名词。至于被称为电影"新生代"开山之作的几部国产大片《阳光灿烂的日子》、《兰陵王》与《红樱桃》虽然比起同类国产影片上座率大增，但却并不能说明中国电影有了真正的转机，而且，高投资的影片并未得到高回报，《红樱桃》算得上佳作，但 2500 万元的投资却无法收回，亏损 1000 万元。

与电影业的冷清形成对比的是电视，越吹越大的电视"文化泡沫"面临着一触即发的危机。电视剧首先感到力不从心的疲惫与无奈，电视早已失去了轰动效应，虽然每年有近 6000 余集的电视剧推出，但量大质劣，其中有 40% 是根本无法播出的废品，余下的电视剧即使勉强播出也大都反响平平。电视节目的整体水平也在下降，最能说明问题的莫过于一年一次的春节联欢晚会，从 1983 年到现在，一年不如一年，联欢晚会几乎成了中央电视台的一块心病。各地方电视台为了提高收视率，大打有线电视这张牌，而大多数有线台却基本不具备制作电视节目的能力，只好"洋为中用"，放映境外的电视剧与电视节目，靠企业赞助"以商养文"，于是我们就在电视上看到被广告分割得"体无完肤"、惨不忍睹的电视节目碎片，观众必须具有专业的组合技巧才能将其还原为可理解的图像。

文学"泡沫"的破裂实际上早就发生。文学刊物读者近年来锐减，如《人民文学》、《十月》、《收获》、《花城》等刊物从以前的几十万上百万订户下降到现在的十几万几万订户，地方性小刊物更到了难以为继的境地，但痴心不改的文学界却企图在 90 年代再一次吹起文学"泡沫",于是便有了所谓"文学新状态",一时间出现了数不胜数的各种文学流派:"新写实主义"、"新感觉派"、"新体验派"……令人恍然有文学复兴之感,然而不到一年,人们甚至还没弄清这些"文学流派"的内涵是什么,它们却早已如烟消散,只落得个"白茫茫大地真干净"。至于各出版社推出的文学丛书,如"布老虎丛书"、"红蜘蛛"、"蓝袜子"、"红茶馆"之类,也是数量多,精品少,虽然轰轰烈烈,却并没能在文学"荒原"上开出几朵玫瑰。

美术界不甘寂寞,高扬"现代主义"与"后现代主义"大旗,期望能开辟一块艺术的绿洲。然而热情与理想不能代替现实,响亮的口号并不能掩饰内在的虚脱。美术界举办的"现代艺术"展上的"后现代主义""行为艺术"并无新意(如向地上铺撒避孕套,枪击画布等),不过是对西方早已结束的"现代艺术"运动的幼稚模仿,除了让人们惊讶之外,很难让人感觉到什么"后现代"而且"主义"。

"快餐文化"构成了"泡沫效应"的第二道景观。这种量大质劣的"文化快餐"以大众化为幌子媚俗,甚至向庸俗投降,既败坏了文化界的名声,也使文化受众处于严重的精神虚脱之中。

缺少创建与理性精神的丛书为"快餐文化"之滥觞。丛书最初出现是基于一种令人肃然起敬的理由:向大众进行启蒙主义教育。然而遗憾的是这种努力最终目的与结局严重背离。短、平、快的发展策略驱使着许多出版社放弃了必要的严谨与文化价值追求,本该"十年磨一剑"的百科类丛书,现在却几乎一月一书,从幼儿百科全书到老人百科全书,从自然科学百科全书到社会科学百科全书,充斥着大街小巷的书店。但翻开一看,或者名不符实,或者内容陈旧,相互抄袭,至于各种普及本、缩写本、改编本系列则更是错讹百出,既损害了原著的精神又令读者受害匪浅。

打着"神秘文化"、"传统文化"幌子的"地摊文化"则可算是文化的"白色污染",它不能像有形的"白色污染"那样可以回收,因此它虽然是一次性消费的短期文化,但其污染却是长期性的。

价值的缺席——文化的伦理学分析

"泡沫文化"导致了文化价值的失落。

理想与信仰在今天已经成了幼稚与愚昧的代名词。在文化界,尤其是文学作品中,对理想主义与信仰的调侃与反讽已经成为一种时尚。近几年出现的"痞子文学"与"文化中性"观表达了文化虚无主义。在这些文化现象与文学作品中,充满了对"文化"的怀疑主义(如80年代的传统文化批判热),对"文化人"的讥斥(如电视剧《编辑部的故事》)以及对"多余人"无可奈何的感叹(如《本命年》)。《围城》之所以在今天再次引起人们的兴趣,也并不是由于审美趣味使然,而是作品充分展示的对文人与文化的极度反讽。这种价值虚无主义并不是空穴来风,在很大程度上是对文化界自身价值失落的哀叹。

走向世界的焦虑使很多人价值失衡,文学界的"诺贝尔情结",影视界冲击世界大奖的努力,使许多人变得浮躁。文学界近年提出的"削平深度""消解主流话语",从而走向"表现人的原生态"的"现象学",使文学的人类终极关怀、文学的人文价值与文学理性的历史厚度显得那么不合时宜。于是就有了表现小人物、卑微琐事的《一地鸡毛》等作品,有了《顽主》一类反讽文化的作品,更有了猎艳、畸形的人性直露之作《红粉》、《三寸金莲》等。近年来中国电影在国际上频频得奖,令电影界陶醉于"走向世界"的喜悦之中。然而冷静地分析,就可以看出这种获奖到底能说明一些什么。有一点却是无庸讳言的,即以评委审美趣味价值观为选题导向。于是就形成了具有中国特色的影视怪圈:与热烈的获奖场面形成对比的是国内观念对此类影片的冷漠。

奸情、妓女与陈年旧事成了许多导演的宠物。1995年电影界似乎都染上了怀旧情绪,相继拍了《风月》、《上海旧事》、《摇啊摇,摇到外婆桥》以及《人约黄昏》等反映旧时江南的影片。更令人深感困惑的是,妓女竟然大受欢迎,出现了多部以妓女为题材的影视作品:《青楼》、《红粉》、《红尘》,而《画魂》则表现了一个出身妓女的画家的故事,就连《霸王别姬》也毫无必要地出现了妓女的形象。即使我们以最宽容的心态来观看这类影片,也无论如何看不到其中所"渗透"的对往事的美学与历史反思。

"有偿新闻""有偿文化"更是败坏了文化人的名声,文化已无路可走。金钱这个"靡非斯特"令中国的"浮士德"变得"重利轻义",不愿或不能进行生命意义与文化价值的探求,显得浮躁、短视甚至浅薄,"泡沫文化"只不过是一种精神的回光返照。

自由的悖论——文化的社会学分析

"泡沫文化"的根源在于政治、经济与个人人格深层结构。

"文化"的兴起是以自由为前提的,因此我们不难理解为什么不是在过去,而仅仅在今天才会形成文化的"泡沫效应"。1979年开始的"思想大解放"运动,使禁锢多年的文化界获得了自由,然而现实的自由却使文化界陷入了茫然与困惑;文化并不因自由的出现而繁荣。

自由不是被给予的,而应该是自身内在的需求与现实之间的一种双向制衡。长期处于思想禁锢状态的中国知识分子自身对自由的需求已经大大弱化,而历次运动的阴影更使他们在面对自由时不知所措,心有余悸。他们如同久居笼中之鸟一样,放飞后往往对过于浓烈的自由空气产生过敏性反应。于是便有了各种费解的文化现象:因滥用自由而产生的"有偿文化",因担心自由转瞬即逝而产生的"快餐文化",因缺少自信而产生的"后殖民主义"文化……

社会主义市场经济的建立,在促进经济发展的同时也要求着文化走向市场。然而丢了"皇粮"的文化立刻显出一副窘态:独善其身、安贫乐道已不合时宜,况且寂寞难耐,生计也有问题,奋力"下海"又缺少必要的弄潮之计。一向自持的文化界乱了方寸,终于为五斗米折腰,高扬"时间就是金钱,效益就是生命"的大旗,文化积淀让位于"快餐文化",价值追求成了遥远的神话。文化与经济同流,还能够"出污泥而不染"吗?

哲学家说过:"最深层的黑暗来自内心。"中国文人内在的依附性,使他们从来就没有真正成为一个独立的阶层。历史上,文人或者成为达官贵人的门人、幕僚,或者甘居人下,成了大嗟嗟来之食的"食客"。儒家倡导"入世"、"修身齐家治国平天下",除了"兼济天下"的内在需求外,在很大程度上是为了解决现实的生存问题。辞官"归去来"只是无可奈何的事,即使飘逸傲岸如李太白,在得到进京为官的诏书时,也同样"仰天大笑出门去",以为这才终于达到了"第五种需求层次"(马斯洛语)。科举制度更是令众多文人"皓首穷经",一心只读圣贤书,到最后"封妻荫子",吃上皇粮,否则便只有"老病遗孤舟",客死他乡。

全国解放后,知识分子并没有从历史的阴影里走出来,他们仍然是一群寻找"精神家园"的不确定群体。就政治的意义而言,他们要解决的是如何走与工农相结合的道路,在"灵魂深处爆发革命"。就经济意义而言,他们仍然摆脱不了"变相食客"的耻辱,因为在一种歪曲的舆论中,他们是"穿着工人织的布,吃着农民种的粮"的"寄生虫",他们必须自食其力。1979年以后,知识分子虽然被认为是工人阶级的一部分,但那只是哲学意义上的肯定,或者说是一种外在的肯定,知识分子缺少精神上的自主意识,缺少一种人格意义上的独立性,这就使得知识分子在社会转型期显得无所适从,"泡沫文化"的形成也就不可避免了。因此,我们必须对自我在社会历史中的定位有自觉自持地把握,对自身的价值判断有相当的自信,才不会当下一次社会转型期到来时,陷入新的困惑之中,才能避免文化的"泡沫效应"再次出现。

△ 本人供稿

● 郑贞铭　台湾中国文化大学新闻传播研究所教授

现代传媒与青少年的偶像崇拜

[在华中理工大学讲演]

　　最近读到一篇香港的研究报告，其中有一项关于青少年偶像的问卷调查显示，在2000多名被调查的中学生中，有70％的人心目中有偶像，他们的偶像人物以本地歌星为主，其次是电影明星和电视艺人，而作家、艺术家、历史人物与公众人物则瞠乎其后。总体来说，香港青少年的偶像绝大部分是传播媒介的人物。

　　许多学者早已指出，现今青少年的偶像崇拜，逐渐由生产型的偶像转变为消费型的偶像。所谓"生产型偶像"，是对人类有正面贡献的人物，属于"产出"型的人物，我们过去的偶像崇拜，多是政治家、科学家、思想家、文学家、军事家、艺术家、外交家等等，我们钦佩他们的贡献，多以他们的生平作为立志的方向；而所谓"消费型偶像"，则是一种时髦的追求，英俊潇洒、美丽大方、有魅力……影星歌星与运动员，透过传播媒介无法抗衡的力量，最容易在青少年的心目中变成偶像人物。

　　大众传播因科技的发展而进展神速，它不但成为20世纪的新宠，而且逐渐取代传统教师与父母亲的教育角色。就文化而论，许多文化学者认为，因为媒介的无孔不入，而使传统文化的观念变了质，产生了所谓"大众文化"（mass culture）。

　　大众文化的明显特征在于它是直接为大众消费而制造出来的产品。相对于上层文化（high culture）与"精英文化"（elite culture)，大众文化着重于产品的标准化、规格化与批量化，强调利润取向与消费者取向。

具体来说，大众文化有以下几点特色。

一、重感官满足。由于大众化没有阶级性，具有普遍性，因此它多以人的本能为诉求对象，以满足感官需求为主，所以不需要特别的天赋与训练。君不见近几十年间，社会上（尤其是青少年间），主要流行的音乐舞蹈是爵士乐、摇滚乐、披头舞、迪士科、闪舞与霹雳舞，那一种不是人类的感官诉求？

二、同质化的发展。我们常说，人之不同，各如其面，所以各种人类的衣饰、品鉴和行为差异，均可看出其异质性。文化发展是强调异质性的，你我各不相同，文化才会多彩多姿。大家看中国历代服饰，就可一目了然，什么身分、什么服饰，均有一定规格，但今日"大众文化"透过媒介的影响力，任何大都市中流行的，很快可以传到乡村；城市与乡村，何尝有大的差异。

三、普遍性渗透。有人说，传播媒介像水银泻地，将媒介中出现的人物、服饰、举止、歌谣，很快地传入每个家庭，因此，青少年多以其为摹仿对象，崇拜心理自然形成。

有人访问台湾中南部中学生，问他们的志向，得到的答案，男生最多是想打棒球，女生最多的是想当歌星，在银幕上出现，似乎可以让人一夕成名，自然就很少人再想"十载寒窗"了！

四、崇尚简化。"大众文化"喜欢一切事物均以简易而固定的方式处理，不喜欢复杂，更不喜欢动脑。有人说，人类近几十年的发明几乎都是按钮性的"动作"，收音机、电视机、照相机、洗衣机，哪样不是"按钮"呢？更有人说，一切崇尚简易，怠惰了人类思想，所以天才无用武之地，个性逐渐被抹煞，是耶？非耶？

不过，不管怎么说，大众文化缺乏创造性与个体性，它所提供的往往只是时尚之所趋，不会有深刻的思考与薰陶，训练与教育，恐怕这是不容否认的事实，尤其是今天的台湾文化，移植的成分居多，创造的、融会贯通后再蜕变的成分居少，所以既无法习得外国文化的精髓,甚至连本国的文化也逐步丧失,这岂能不引起我们的警惕?

再就香港上述的研究发现而言,青少年开始崇拜偶像的原因是:电影电视的影响占 36.5%,喜欢其作品者 29.3%,上述两种原因占 13.2%,认同其言论者占 4.9%。

至于崇拜偶像而引发的行为,包括收集偶像照片者占 60.6%,阅读偶像著作、言论或消息者占 64.4%,请求偶像签名者占 19.7%,在偶像出没地方等候者占 9.6%。

从心理分析的角度来看,崇拜偶像是自我认同的一种;从社会分析的层面看,则是自恋型文化的一部分。自恋型文化的特色是非政治和非道德意义横扫一切,政治和道德上的责任不被承认,人与人之间只能维持一种短暂的关系。

因为人与人之间的关系失去了普遍认同的规范与准则,因此,迫使人凡事以自我为依归,渐渐丧失原有的道德伦理价值、自我的约束力,而使责任心、上进心等(传统自我)逐渐沦失,余下的就是空洞、缺乏象征系统事物的自我。

文化学家有这样的忧虑:

一、青少年不肯思考。大众传播像"按摩"器一样,使人们懒于去思考。人要思考,要有思想,国家、民族的文化才有竞争力,台湾的青年一段时间流行留长头发,其实我说,人留这么长头发干什么呢?人所重要的是头发下面的东西。

二、青少年饮水思源的关怀不够。人来到世界什么都没有,是父母、师长花了心血,是国家社会对你有所给予,你就应该有所回报。

三、青少年自尊而不够自重。你尊重自己,要求别人也尊重你,那么你同样也要尊重别人,尊重社会,遵守社会的法律法纪。

四、青少年的敬业精神不够。把我们的知识奉献给社会,而不光是谈报酬,谈金钱,人的终极关怀是如何奉献!台湾的青年生活在优越的生活环境中,社会为他们提供了许多的条件,可他们却很少考虑敬业。

五、团队精神比过去要差,个人主义过重。过多强调个人主义,则于集体、国家不利。在商业制度下,广播、电视却产生了一定的偏差,过度地追逐商业利益。西方讲"一份耕耘,一份收获",中国讲"前人栽树,后人乘凉","正其义不谋其利,明其道不计其功",道理是一样的。

由于上述原因,传播学者一再指出,商业电视节目的低级与庸俗,实在是不容忽视的问题。有人说,电视是插电的毒品,日本有识之士甚至指出,电视将一亿日本人"白痴化"。

我们当然不能说这些话全是持平之论,但至少传播媒介提供的官能上的刺激远较理性的思考为大(有的学者批评媒介淹没了思考),并非全无根据。

香港这次对青少年偶像崇拜的研究指出了有关偶像的具体标准,结果在8项预先提供的选择里,平易近人、英俊潇洒、技术过人、奋斗精神与有魅力,选择者多;而品德高尚、学识渊博、贡献社会等条件,则选择者少,这种价值系统导向,难道还不值得我们警惕吗?

基于此,我们在欣慰于近三四十年间传播媒介的技术突破与数量成长时,是不是该为媒介内容上的贫乏单调而极力改正,有所作为呢?

大体来说,过去的贵族与传教士垄断知识,而今日因传播发展,社会大众的民主理念与平民思想因而兴起,传播媒介是有贡献的。但是,20世纪以后精英文化遭受侵蚀退化,乃至人际关系的疏离——"比邻若天涯"、暴力犯罪的增加、青少年的犯罪、家庭的解组,也使传播媒介首当其冲,成为被批评的对象。因此,政府有责任使媒介定位,要由学者研究媒介政策与制度。我们所希望的是不仅理论上要坚强,在行动上尤其要有魄力。

电视台所使用的波频率,乃是全体国民所共有,人民有享受优良节目服务的权利;媒介工作人员受社会的托付,职责何其重大，岂能任意率性？我们希望人们秉于良知，善用职权，以促进文化交流，提升国民文化水准。

教育部门，不仅要着重于培训媒介从业人员，要从学科间综合的观点，研究新闻的影响力；如果更能进一步深入中学，透过演讲、表演、座谈等方式，使青年人进一步认识传播媒介，培养有选择、批判能力的新一代"观众"，则善莫大焉！

最后，我愿意指出的，观众才是媒介的真正主人，如果观众的品味不提升，则任何的努力均将徒劳无功，我们希望社会大众不只是消极的"接受者"，更是主动的"鉴赏者"。我们并非无奈、无助的。事实上，传播媒介内容是人类思维的经理（Mind Manager），也有的学者称其为"知觉工业"（consciousness industry），足以表明媒介的影响力及其重要地位。且让我们共同关心它，鞭策它！

△ 记录：周全　编者根据本人提供资料整理

【编者絮语】讲演者是台湾著名学者，他经常来大陆讲学。

现代科技造成了大众传媒在大众文化中的主导地位。新闻界可以为此欢欣鼓舞,而我们也为能享受到丰富的信息资源而满足。可是如果由此得出结论,人们的文化素质会由此自然地提升,那就错了。本篇所提出的问题可能是正在踌躇满志的新闻界人士很值得反省的。其实,现代传媒给人类文化和国民素质的冲击还远不止于此。没有远虑,必有近忧。

文学与艺术

● 曾 卓 武汉市文联副主席

新诗漫谈

[在华中理工大学讲演]

我今天有一点紧张。这样的场面对我来说应该是很多的,因为我谈新诗,照理说这是我的本行。列夫·托尔斯泰的《安娜·卡列尼娜》中的主人公有这么一句话:"爱情是一个太神圣的东西,所以我不轻易说她。"我想我也套用这句话,诗,我有几十年的体会,诗,我不想轻易说她,因为她对于我来说是太神圣的东西。这是第一点,我愈来愈不知道怎么谈诗了。第二点是因为要我谈谈对当代诗歌的一些看法,这使我感到很狼狈。在我看的东西中,诗只占很小的一部分,所以很难说我对目前新诗的状况有很深刻的、很全面的了解,我今天只是作为一个读者谈对当代诗坛的一些看法,也作为一个诗的作者谈谈对诗的某些看法。

首先想说一点,目前诗坛比较消沉。有的人称之为"低潮"、"低谷",各种各样的说法都说明诗不像前几年那样兴旺热烈。粉碎"四人帮"以后,70年代末到80年代早期那几年,诗坛一片繁荣景象。由于长期——不仅是"文化大革命"十年，我想说包括在此之前很多年——以来中国文艺界是处在教条主义的影响下；另一方面，除前苏联、东欧以外，对当代世界文学几乎是隔绝的状态，偶尔接触到一些作品，也是站在批判的立场上，这就形成一种定势，一种思想的禁锢，形成一种眼光的狭窄和浅短。"四人帮"粉碎后，一个新的时代到来了，每个人都从自己不同的遭遇出发，开始反省一些问题，甚至对一些被看作是神圣的东西，也要冷静地考虑一下是不是这样。国外各样的思潮慢慢地引进来，眼界开阔了。尤其是"实践是检验真理的唯一标准"理论的提出，导致了"百家争鸣，百花齐放"的局面，那形势总的来说是可喜的。表现在，一方面老作家、老诗人的复出，诗歌方面最有名最有代表性的就是艾青，30年代写诗的，很有名气，50年代卷入泥潭里面，与诗坛隔绝几十年。他是"鱼化石"，是一面红旗，所以有人说艾青是"复活的鱼化石"，而且打着红旗回来了。当时被打为右派的一大批诗人，如邵燕祥、公刘、流沙河等，要数可以数一大串出来，也包括我，我们又一次回到诗坛，重新拿起了笔。老诗人复出，人虽然老了，但是风采仍不减当年，而且对诗的艺术感受，对生活理解、感受的深度超过了以前。另一方面是一批新诗人出来了。当时人们常谈到一个油印刊物《今天》，像顾城、舒婷、北岛等人都是在这一个油印刊物上崛起的，诗歌界一时非常热闹。我想说的是这一批新的诗人给我们的诗坛带来了全新的气息。一方面从诗的内容上说，从他们对生活的感受上来说给我们带来新的气息。对人的价值的肯定，对自我的肯定，显得非常突出。你不妨翻一下当时出的诗集，可以看出这些青年的风采。像舒婷、北岛都是"老三届"，都经过了"文化大革命"，各自的生活都有一段坎坷，他们亲身经历了许多不幸和灾难。他们认为，过去不把我当作人，现在要尊重自己。要尊重人，这是他们内容的中心点，如舒婷的《不是一切》，我记得不太清，还有顾城的。在诗的艺术形式上，他们甚至不满足五四以来的新诗传统所形成的那些格式。

他们认为表现方法上太直白了，诗的主题太简单了。他们要求题材的多样性，表现手法的新颖，也就是说要求创新。他们的诗吸引了许多青年读者，也影响了一些比他们更年轻的诗作者，老一代的诗人都在他们的刺激下也考虑一些问题，考虑自己的创作应该如何发展。他们的诗给予我一些启发，也给我一种鼓舞，一种刺激。我给老朋友写信时也谈对当代年轻人的看法，谈当代年轻人对诗的看法，我们基本上是肯定，因为我们也年轻过。我们办刊物的时候也不过十几岁、二十几岁。当时在复旦大学办的一个杂志叫《诗垦地》，有绿原、冀仿、牛汉这么一批人，当时我们的口号是"不要买这些老诗人的帐！"除了少数如艾青外，许多人不在我们眼里，也是气概不凡。当我们进入老年的时候，我们对年轻人应该有所理解，有所谅解。但我们也应注意到，这些年轻诗人里面也有一些偏向，他们对五四时期以来的新诗传统过分地采取了否定态度。贵阳有一个油印刊物说："我们要把艾青送到火葬场上！"艾青看了这个刊物，很幽默地说："如果我要火葬的话，我就自己走去，不要他们送。"整个新诗，我们应该承认有这样那样的缺点：公式化，社会现象的表面描写，表现手法的陈旧、雷同，过多地表现自我等等。对中国传统采取一种轻视态度，过多地、没有经过自己认真思考而吸收了外国的东西，有一个时期是尼采热，有一个时期是叔本华热，还有海德格尔等。老实说，都没有经过很好地思考。我们那时说"食古不化"，现在是"食洋不化"。这是在思想上滋长了至少是贮藏了某些个人主义的东西。其结果最明显的，就是顾城先杀了自己的妻子然后自杀的悲剧。有人在回顾顾城过去时，说他写了一些相当不错的诗，但某些个人主义的东西也在滋长、发展、蔓延，以致走到危险的不健康的境地。顾城我见到过，谢烨我也见过，觉得他俩都很真诚善良，但没有真正地交往过。开始听到这个消息，我也大吃了一惊。武汉前些天举办书市，舒婷来了，我们同吃过几餐饭。她说顾城在精神上确有些变态。探讨一下顾城的悲剧，是不是有点个人思想素质的问题。对某些人来说应该是警惕，尊重自我的价值同个人主义的膨胀是两码事。这是从思潮上来说。

另外一点，从形式上说，的确是生硬的，不少人是生硬地搬弄西方现代派的某些东西。我是不大赞成朦胧诗这个说法的，因为不太准确。前些年以朦胧诗为中心进行了热烈的讨论。这个事情引起诗坛轩然大波，诗人、年轻诗人、各方面的评论家、各大学的教授参加讨论，各抒己见。有的人是辩护：厦门大学的孙绍振、北大的谢冕都写了文章，徐敬亚也写了《崛起的诗群》，这三个人做文章都有崛起的字样，他们为新一代诗人辩护。但是有一些评论家和诗人称朦胧诗为古怪诗，并且举了许多实际例子。对新诗有兴趣的同学可以翻翻当时的文章，其中有些意见对我们有启发。这个讨论是不会有结果的，因为不能作出一个众所折服的结论，最好的回答是诗歌本身实践的回答。而正是在这种形式的影响下，新一代，更新一代、更更新一代的诗人也出来了。舒婷、北岛他们算是第一代了，像舒婷、北岛对待过去的老诗人一样，对更新一代诗人来说，舒婷、北岛也不在话下。这是当你们抬着他人的棺材走的时候，我们也在等着抬你们的棺材。（大笑）

《深圳青年报》曾登过六十几个诗派，各种各样的派别，魔鬼派，还有撒娇派，各派都有自己的宣言，有的几百字，有的一二十个字。老实说，我扯了半天都搞不清这派和那派的区别在哪里，而且我在等待着他们宣言下的作品，我几乎没有看到。只有宣言，没有作品。这些在几年前已烟消云散。目前的诗坛情况怎么样呢？朦胧诗人们已经不提了、不讨论了。老实说，那样奇怪的诗已经很难看到了，各种派别已经没有了，新诗已经形成一种安静，甚至是平淡的局面，没有那种轰轰烈烈热热闹闹的情景，所以说是沉寂的。《诗刊》的销路跌得非常厉害，从十几万下跌到几万，《星星》的销路也不大，至于《银河系》、《诗神》等更少。过去我们坐在家里，几个出版社找来，请求甚至哀求出书。现在相反了，诗人找出版社请求甚至哀求出书。许多诗集是诗人自己花钱买书号、自己印、自己发行,其中甘苦一言难尽。有一个年轻诗人为了出诗集,把彩电、冰箱全卖了,家里堆了一大堆书,不知道怎么推销。书店里,除了一些翻译的诗外,几乎看不到新诗。这届书市我逛了两次,想买一点有份量的文艺书籍,但不多;想买学术著作,更少。这的确是一个令人心忧的现象。也没有热烈地讨论,没有新出的为大家所注视的诗人。前几年也热闹了一阵,汪国真、席慕蓉,一阵热就过去了。在有些诗人眼里,汪国真的份量就看得出来了。很少像北岛、舒婷那样为大家瞩目的诗人。当年艾青的《可爱的土地》、《北方》、《向太阳》、《火把》,前几年在湖北的熊召政《举起森林般的手制止》、叶文福的《将军,你不要那样做》,好坏、内容且不谈,当时至少引起很大的轰动,现在没有。很少看到特别好的,赶快读一读。这是读者对诗人的冷漠的态度。有一个朋友说精装的书销路较好,为什么呢?一些个体户甚至企业家把精装的书摆在橱窗里,像摆古董、字画一样,是一种装饰,有人在报纸上建议给出版家制作一批精装的书壳子,内部全为白纸,一定有很多人买(笑)。这当然是一个笑话,但很有讽刺味。武侠小说确实是不仅发达,而且造成了泛滥。五四以来,解放前是没有的。我们从小开始接触文学作品,那时旧书店比现在多得多,各种各样的旧小说都有,一般青年不大看,往往因看而羞耻,而是被冰心、巴金这样一些作家所吸引,还有张天翼、萧红、萧军。那时候许多旧小说销路也不广,现在相反,这样的书一印几万、几十万册,而我们有许多作者耐不住寂寞,主要是经济上的寂寞,守不住清贫,也卷入这里面去,通俗的往往做得庸俗了。通俗的东西应该有,但太多,比例太大,就不是一个健康的现象。如雪米莉,几个很有写作才能的中青年作家的共同笔名。这些东西所贩卖的是一种廉价的娱乐,廉价的消遣,说坏一点,就是感官的刺激。寻找这种原因的社会基础,我觉得在市场经济条件下,不少人把钱看得太重,一心追求某种以他的能力达不到的奢侈的生活,这种风气的滋长,使人们过于追求物质,而在精神上要求少了。其实有些个体户感叹：我穷得只剩下钱了。这是一句很可悲的话。

我不是个悲观的人，我想我们的新诗，我们的文艺会有它的出路，不会走向一个悬崖，也不会走向那种过于狭隘的荆棘的道路。以诗来说吧，我不能想象，一个国家，一个民族没有诗。艾青说，如果人类没有诗，那是不能想象，人类怎么能够匍匐前行。正是因为有了诗，人类许多神圣的、宝贵的感情保留了下来。《诗经》、《离骚》，古诗十九首，唐代李白、杜甫这一批诗人，也包括五四时期以来的郭沫若、闻一多、戴望舒这么一些人，他们确实保留了人类许多神圣的感情，圣洁的感情，微妙的感情，给我们以温暖，给我们以享受，人类社会不可能没有诗人，人也不可能没有诗。

我在好几个地方谈到，人在一生中某几个时候他是诗人。在恋爱时，的确有诗的感情；在极为悲痛，极为欢乐，极为愤怒的时候，你都有诗的感情。做过小吏的刘邦，做了皇帝以后就吟出了诗：大风起兮云飞扬，安得猛士兮守四方。项羽当时只有二十几岁，在乌江自刎之前，与虞姬告别时：虞兮虞兮奈若何。他唱出来了。不自觉时会感觉到诗，当你第一次看到大海的时候，当你面对满天云彩的时候，当你面对雪花飘飞的时候，甚至夜半听到火车的汽笛时，都可以引起内心轻轻地赞美，这就是诗的感觉，你把它升华一下，提高一下，就是诗。人需要发泄，我到1945年读完大学后几乎不写诗，1955年我被关起来之后，第一个想到的是要写诗。但是没有纸，手纸、草纸是有的，就写在草纸上面，当时不大懂规矩，一检查，枕头底下一大撂诗稿，马上收走了。很惋惜那些诗丢掉了。后来我就用口念，慢慢地念。一个人在房里，报纸、书什么都没有。我是最怕寂寞的，但那不是寂寞，简直是一种孤独的煎熬。我一向在外面是放荡不羁的，我最受不了的；一个是人格上的侮辱、心灵上的创伤；另一个就是孤独。我就写诗，不给纸笔，就用口念，帮助我度过难熬的白天黑夜。我的诗集里最珍贵的是受难时写的诗,它们正是同我最痛苦的日子连在一起,而且在我最痛苦的日子里给了我安慰,给了我希望,给了我鼓舞。我在一篇文章里写了,题目是《在我生命炼狱里的小花》,就是指我在监狱里写的那些诗,包括我写给我妻子的情诗。

一方面社会需要诗,一方面人需要诗。好在现在写诗的人不少,许多有成就的诗人不顾清贫,不断地埋头写诗。有人统计,我们现在一年的诗超过全唐诗,集中起来,发表的、未发表的,有好多万。我常收到吉林一个叫崔建芳的人的诗,一封信打开就是一首诗、两首诗。他说"很感谢你看看我的诗。"看诗的内容大概是青年学生或工人。我后来急了,就问他有底稿没有,寄了这么多,我也没办法保存,他不答复。像这样的诗人不少。当时有人说笑话:你从窗子里扔一颗石子下去,必然会砸中一个诗人。《诗刊》、《星星》的这些编辑还在默默地耕耘。有诗人,有编辑,也有诗的读者,销路不多,正因为销路不多,这些人才是真正爱诗的人,真正能体会诗的人。最重要的是我不相信我们的国家、我们的民族只满足于追求物质上的东西,在精神上没有追求,我不相信。如果那样,太可怕了。我们的政府提出来要一手抓精神文明,一手抓物质文明,这口号提得是对的,可两手总有不能平均使用力量的时候,在精神文明建设上可能会差一点。但是我相信我们的社会,人们的素质会提高的。有人从俄罗斯回来,说俄罗斯那么混乱,在电车上、汽车上还有许多人看书,看报。人们排队买东西没有人插队。上次读了龙应台的一本书《人在欧洲》,三十几岁的一个大学教授,文章很有锋芒,说欧洲人看着就彬彬有礼,精神上那么丰富,那么不仅尊重别人而且尊重自己,体现出一个社会的公民的素质。我相信我们的国家,能达到这个样子,而且一定要达到这个样子。整个民族素质提高的时候,我们的文化应该还会掀起高潮的。在座的同学们都是我们社会的骨干力量,都应该在丰富人民精神文明生活方面积极努力。我相信你们一定会发挥自己的力量。(掌声)

我再谈一点对校园诗歌的看法。我同大学生还有点接触,特别是每年的五四都有诗歌朗诵会,而每年的一二·九诗歌大赛是一定举行的,都在华师,形成统一的时间,而每一届我都参加了,除非那时我不在武汉。我作为评委,这是听同学们诗歌的机会,平常同学们也寄些诗歌给我。小型座谈会,和大学生谈诗的机会有两次。我谈到大学生的诗有才华,不管学工还是学其他,都很有才华,会有发展前途的。但我不想说那些好话,赞扬的话。我想就值得注意的方面提两点:第一,我感觉到校园里的诗显得感情狭隘;有些比较消沉,不像是、不应该是青年所有的。感情的狭窄可以理解,很多人比较幸运,不像老三届、红卫兵的那一代,小学、中学、大学顺利地来了,经历不那么丰富,感情没有受到那么多的磨练,因而诗不可能很宽,感受也不是很深。也可能是受到某些思潮的影响,某些社会阴暗面的影响。这一点我觉得大家要避免。第二,在诗的形式方面上追求过多,有些形成一种模仿。开始写诗有些模仿是难免的,但到真正写诗的时候应该而且必须要跨越这个模仿的阶段。我们这一批人都受艾青的影响,他的诗,形成一种风格,一种个性。我们写诗也应有我们的风格,我们的个性。所以我们学艾青的诗不是学他怎么写,而是应该独立完成自己的艺术生命,完成自己的艺术价值,我觉得这一点恐怕是最重要的一点。我们在大学时代,像何其芳、李广田、卞之琳等,都是大学时写诗。在武汉,武大出了王家新、高伐林,方方是写小说的。可以说大学是诗人的摇篮,能出大诗人。

　　另外,我想极为简单地谈一下对诗的体会。我要求的诗是什么,我自己的诗是什么,这是我常常思考的问题。我在一篇《谈诗的题目》中说了,重要的是爱。如果要用一句话为诗下一个定义的话,我就用一个简单的说法:诗是心的歌。就是要真正从自己心里流出来。诗不是依靠美丽的句子,甚至不依靠奇异的想象,甚至也不是依靠你的智慧。恩格斯说过一句话,谈德国的一个诗人:他写的不是诗,他认为诗是智慧的产物。诗绝对不是智慧的产物。诗里面可以有智慧，但诗里面最重要的东西是真实的感情和真实的感受。事实上，感情和感受是联系在一起的，没有真情实感就没有诗，但这种感受应该是纯粹的感情。有人说少女可以歌颂失去的爱情，守财奴不能歌颂失去的财富。其实守财奴也会歌颂他失去的财富，像"我的天呀"什么什么地喊，不过他那种感情是一种低劣的感情。我们的诗里要的是纯洁的感情，而且要的是一种浓缩了的感情。怎么表现它呢？你认为怎样把你的感情感受表达出来就怎样表达它，就是我所要求的形式真正地为内容服务。形式真正地表现内容，融合成为内容，形式和内容不可分。黑格尔说形式是依附内容的形式，但我们承认形式的反作用，形式用得好就能够把内容传达得更丰富，传达得更好。但首先一点形式是为内容服务，来表现内容。所以一切创新要服从这一点。所谓创新，首先是新的审美态度，对事物、对现实、对人生新的视野，新的视野角度，新的对现实观察的角度，新的感受以相应的形式表现出来，这就是创新。绝对不是、至少不是在形式上标新立异，那往往变成哗众取宠。有人写诗写了几十万字，都写得不错，但我认为人生的真谛总是越来越朴素。你可以在这上面有很多表达，但中心点是有没有真正的感情。提炼了的感情，浓缩了的感情和能不能够很准确很完整地用诗表达出来，这是我对诗的一个最朴素最简单的体会。写诗是有题材可取的，没有什么题材不可取，只要是在你感受的范围内。是哪一个画家说了一句话：我画的不是我看到的东西，而是我感受到的东西。

　　下面我朗诵一首诗结束讲演吧，诗叫《老海鸥》，是我过生日时写的：

　　　　在海边的一座礁石上/栖息着一只老海鸥/它已无力展翅了/静静地匍匐在那里/没有忧愁/没有哀伤/也曾呼啸着穿越风雨/也曾扑向海的风/一生都在浩瀚中飞翔/此刻它依然清澈地望向白云，望向远方/浪潮一阵一阵向前涌来/一声一声亲切地呼唤/他突然爆发一声高啸/纵身一摇/随着波浪起伏着/他的身影远去了，远

去了,远去了/晚霞灿烂/大海茫茫。(掌声)

我觉得这首诗真是从自己内心写出来的,我想写得朴实些,没有过多地装饰。诗是不需要装饰的,没有过多的娇气,我显露的是我自己,我向读者捧出的是我自己,写的是心。我希望我的努力没有白费,不知道我这样的诗能不能给大家一个参考(掌声)。

问:不讲究韵律的诗能够成为诗吗?诗是不是必然包括一种节奏,不管是内容还是形式?

答:两个回答是肯定的,只要称得上是诗,就必然有韵律,必然有节奏。事实上,节奏是表现韵律,韵律是什么呢?韵律是诗人感情的波动状态。

问:您的笔名叫"曾卓",是不是取考虑"斟酌"之意?

答:有点意思,的确如此。当时我读初二,总希望名字被记住。后来就糟了:你这是曾国藩的曾,董卓的卓。另外我进中央大学时,被人注意上了:曾卓,化名曾庆冠,进入你们大学,注意。(笑声)事实上曾庆冠是我的本名,曾卓倒是我的化名。60年代,我戴了反革命的帽子,但叫写一个剧本,就是《江姐》,公演第一场就是招待党代会,不准署名曾卓,我就用庆冠,这是我的本名。所以"文革"当中就成了把柄:你为什么叫庆冠,是不是庆祝你摘了帽子啊?"曾卓"就有这一段经历。

问:生活中需要爱,但怎样才能摆脱那种狭隘的男女之爱呢?怎样才能抒发对祖国和人民的深沉之爱呢?

答:我说一下,千万不要摆脱男女之爱。(笑)爱的确是个永恒主题,写了几千年了,从《诗经》第一首诗开始,一直到现在。但是要注意,任何时代,爱有共同的东西,也有不同的东西,也包含着社会内容。我本来想念念我的爱情诗,在抗战时期,一般的诗人从来不写爱情诗的时候,我写了爱情诗。有人说你怎么搞的,写这样的东西,我觉得爱情可以看出一个人,他的品格,他的素质。在我遭难的时候,我与我的爱人7年不通消息。那时候,我写了爱情诗,写了一组叫《有赠》,那是包含着血和泪的爱情诗。为什么不能写爱情诗呢?这是人类必有的生活内容,但是不要把爱情想得那么狭小,现在像有的歌里面,我觉得那种爱太浅薄。一些诗人青年时代激情奔放,随着阅历的增加,社会生活的丰富,转向小说创作。诗歌的表现力不如小说,不能反映更全面的生活经验,这有一定的道理。诗是年轻人的。因为年轻人有激情。一般是这样,年轻时写诗,中年写小说,晚年写剧本,剧本更能体现人生中细微的东西、心理过程等。但我们有许多人年纪大了也保持着诗情,比如艾青,他复出时已六七十岁了,他写了很多诗。歌德在83岁时还在写诗,而且还在恋爱。

问:你初写诗的时候,是不是有这样的感觉,心里有诗的感觉,但不能用准确的诗句表达出来?

答:过去有,现在也有,通常在这种情况下写诗,而且有时进入到里面写诗,酝酿,慢慢地成熟,终于写成了一首诗。我写《遥望》这首诗时,想着我怎么60岁了,我很激动,想着我年轻的时光并没有好远,感到要写诗,怎么也写不好,仅成八句,我念念,很简单。

当我年轻的时候/偶尔抬头/遥望六十岁/就像遥望一个远在异国的港口/经历了狂风暴雨、惊涛骇浪/而今我达到了/有时回头/遥望我年轻的时候/就像遥望迷失在烟雾中的故乡。

童年遥望60岁的时候,就像遥望异国的港口,非常陌生,非常遥远;老了,再回想年轻的时候,就像遥望烟雾中的故乡,朦朦胧胧。有许多时候有这种感觉,但伸展不下去,我感到无法很完整很认真地表达出来,像这样的草稿我很多。不是每种有诗的感觉就能写诗,有时我为酝酿一首诗,我找旁边的好多诗来读,启发我的感情,演化我的感情。像这种感觉,不仅初写诗的人有,而且写了很多年诗的人也有。但有人不管表达准不准确,把它写出来了,那,不是诗,虽然是诗的形式。

问:那些所谓的朦胧诗,根本读不出什么感觉来,更不用说爱,初读甚至看不出作者的思想境界来。你能否谈谈对这些诗的看法,它为什么能发表?

答:我问过编辑,这些诗你怎么发表了呢?你读懂没有?他回答:我也没有读懂。这就使我想起安徒生的《皇帝的新衣》,他要不发表吧,反而说他不懂诗。

问:生活是一所大学,你现在写诗是不是见好就收?

答:恩格斯说了:"愤怒出诗人。"有人说:"国家不幸诗家幸。"写诗时往往怀着一种痛苦,在痛苦中对人生的一种渴望。对于理想的追求,从中产生一种痛苦,这种痛苦也可以促使你写诗。但不要把它理解过于狭隘了。写诗写得少有两个原因:一个是我的感情不像过去那么丰富;另外一个原因,我现在发表一首诗,就应该是一首诗,可以称得上是诗的诗。我不想利用我现在所谓某种名声去媚诗。我何必让他人说:曾卓写了多少坏诗!

世事风霜,可在心灵深处,诗人永远是个孩子。他用孩子般的真诚和质朴去感受这个世界,永远对生活有一种新鲜的感觉。一个诗人应该是一个朴实、有赤子之心的人。诗人老不老,不是看年龄,而是看心境。有一个诗人说:我的心年轻又美丽。我不敢说这句话,但我很想说这句话。

△ 记录整理:姜洪

【编者絮语】讲演者是著名诗人,一生经历坎坷。少年时便参加革命,50年代在胡风事件后下狱,80年代平反。年届高龄,讲演时诗人的激情不减;所有语言都是即兴托出,没有一丝矫饰。特别是最后朗诵自己的诗时,抑扬顿挫,声情并茂,感人肺腑。

● 成文山　湖南大学原校长　人文学院院长

我的文学阅读与欣赏

[在南昌大学讲演]

1993年，对于我有不比寻常的意义。首先，这是我萌志学习土木工程的50周年。其次，这年11月我们湖南大学成立人文学院，校长俞汝勤院士邀我出任院长，我欣然接受了任命。最后，学校获准建立土木—水利学科博士后科研流动站，我又是专家组的召集人。另外，这年8月我还去美国东、西部参观访问了一趟。

我相信这可能是自己一生事业的鼎盛时期，越过顶峰就将转入人生曲线的"下降段"了。我该仔细想一想这过去了的大半生，人生的价值在哪里？我还需要些什么？好些教师或科技专家，刚到我这样的年龄就遽然去世了，有的甚至比我还年轻。他们都还没有来得及思索一下、品味一番这不易的人生，就匆匆地走了。我深为他们惋惜，真是"哀吾生之须臾，羡长江之无穷"！

人的一生总免不了与文学艺术有缘，不论是高雅的或者是低俗的。我的生日就应上了毛泽东的一首词。他的《采桑子·重阳》就是1929年我生日那天填的："人生易老天难老，岁岁重阳。今又重阳，战地黄花分外香。一年一度秋风劲，不似春光，胜似春光，寥廓江天万里霜。"

我是湖南宁乡人。我的外婆家在湘潭，与毛泽东住的韶山冲相隔10多公里，我有个舅舅和他在第一师范同学。毛泽东到过我外婆家里，我的母亲看见过他。但是毛泽东比她大了8岁，他不会在意那个黄毛丫头,更不会承认说:"将来你儿子出生那天,我给填首词。"

不管怎么说,这两个日子巧合。我非常看重这件事,也极喜爱这首词,似乎它预示了我的大半生,而且还将指引着我的今后的生命历程。这首词上阕的"战地黄花",不正是告诉我前半生要历经战乱,"苦其心志,劳其筋骨,饿其体肤,空乏其身"吗?那下阕的"胜似春光,寥廓江天万里霜",则一反自古悲秋的感叹,正寄寓着人生最高境界的遐想。

通常,青年重理想,中年重事业。及至老境来临,仓皇不已,于是自叹"夕阳无限好,只是近黄昏"。而毛泽东"胜似春光,寥廓江天万里霜"的结句,意境恢弘,情调高昂,激励着我继续前进。我决心在人文学院与土木—水利学科博士后流动站两个岗位上再作奉献。

我立志学习土木工程是 1943 年读初二的时候。我家离学校 10 多公里,我们是寄宿的。那一年春天学校决定兴建新宿舍。数学老师黄民泽先生教我们班的几何。我到他房间去送作业本时,看见他在桌上画图设计。不久,图纸交付施工,秋天我们就住进新宿舍了,那是一幢两层楼土筑墙、木楼面的混合结构。黄老师是武汉大学土木系毕业的。他的设计引起了我极大的兴趣,于是我立志学土木,而且后来居然就考上了武汉大学土木系。

初中三年(1942~1944 年),除萌志学习土木工程外,还有几件影响了我一生的事情。

一是更改名字。原来,我入学时叫成云山,因为贪玩期中考试成绩不好,学校没有将我填报县教育局,他们以为反正我会留级的。同班一位叫去抄花名册的同学告诉了我这件事,于是我发愤读书,赶到前几名,并一直保持前列到快毕业,但是我在县教育局的花名册里还总是低一个年级。后来,学校给我弄到一张转学证书,要我改个名字好如期拿到毕业文凭。当时正读文天祥的《过零丁洋》,语文老师的讲解使全班同学感慨涕零。我尤其喜欢诗中颈联的对仗工整和那尾联的悲壮高亢。那时，家乡处在抗日沦陷中，日本鬼子驻军离学校才 20 多公里，他们不时出来骚扰掠夺。我仰慕文天祥的英雄气概，就以他的号——文山，改作了自己的名字。

更名一事首先给我的启示是，只有刻苦努力才不会掉队，不会任人编遣。但是，万万没料到不出两个月，我真正要实践文天祥"人生自古谁无死，留取丹心照汗青"的名句了。1945 年春节的大清早，日本鬼子来村里骚扰，我兄弟两个给抓去了，跟鬼子兵走了好一段路才让我俩回家。到了下一村他们就杀人，我的一位同族给捅了 18 刀。那才真是任人宰割，生死由人了。这是极深刻的爱国主义的一课。直到 1984 年去日本访问时，我总还想会不会在鞠躬致敬的欢迎行列中遇到当年来过我们村子的老兵。

二是激发了我对文学的兴趣。那时初中的语文课是够深的，初三已读到了王勃的《滕王阁序》。我们虽然摹仿不出那华丽的骈文，但多少能领会"落霞与孤鹜齐飞，秋水共长天一色"千古绝唱的意境。唐宋八大家的有些文章是要熟读背诵的。我们的课外读物非常丰富，有商务印书馆的《万有文库》和众多现代作家的小说，如：茅盾、巴金、冰心、靳以和施蛰存的。

李白、杜甫的诗以外，我们尤其喜欢南唐李后主的"春花秋月何时了，往事知多少？"欧阳修的"庭院深深深几许？"还有苏东坡的"大江东去，浪淘尽，千古风流人物"和李清照的"寻寻觅觅，冷冷清清，凄凄惨惨戚戚"。有的同学真还"少年不识愁滋味，为赋新词强说愁"，竟也学着填起词来。

无疑，通过初中的语文课和文学阅读，不但是学了语文知识，更重要的是开启了我们领悟文学之美的心扉，使我们萌发了广泛阅读的兴趣。这大概也就是今天所强调的素质教育的内容之一吧。

再有一件事，就是生物老师带领我们开荒种豌豆，修教学楼前的花坛。他还借给我看《花卉园艺》、《果蔬园艺》等书，指导我们耕作、嫁接。我居然还学会了大丽花块根分株繁殖的方法。我至今有养花的爱好，后来当校长时曾极力支持创建花园式单位，应该说是受生物老师教育启发的。

初中毕业后，我读了几个月的古书，主要是朱熹注的《四书》，不但知道了"大学之道在明明德，在新民，在止于至善"和"君子慎独"的道理，而且对孟子的善辩尤其有了深刻印象。在1945年秋天欢庆抗日胜利的时节，我考进了文艺中学读高中。我记得最清楚的是校长开学典礼上说的，"本校长以自由教育为宗旨，君子以德服人"；还有语文课上周敦颐《爱莲说》中"出淤泥而不染"的警句。高中有一流的老师：英语老师留美，化学老师留日，物理老师留德；但同学则出身各异：金铺老板的少爷，军旅长的儿子，退伍的青年军人和农村子弟。我信守着这几条，专心读书，成绩在全班一二名。虽然处在大变动的前夜，但仍不问政治。为了准备高考，我还特意买了钱歌川、林语堂教授编的英语辅导材料。时局动荡，也开始看起费孝通主编的《新观察》来。

1948年秋天，我考进了武汉大学。我从农村到省城读完高中，现在要过洞庭湖去长江的武汉三镇了。谁说过的，人一出远门，离开家、离开父母越远，他就越能成长自立。不过，我没有坐船过洞庭湖，而是坐火车去了，也挺新鲜的。

武汉大学有文法理工医农6个学院，是20年代新发展的综合性大学。布达拉宫式的学生宿舍，古典建筑的图书馆，珞珈山的樱花，东湖的水。没有围墙的校园，典雅、清新、开阔！走出家门，真是豁然开朗，别有天地。

当时校长是著名国际法专家周鲠生，他时常邀来知名人士讲演。我印象深的有大家熟知的胡适和考古学家李济之。其实也未必听懂了多少，但总算有了个名家学者的概念。学生社团也有自由集会，包括基督教的礼拜，随自己的兴趣去选择。我那时思想不算进步，幻想走所谓无党派人士的"中间"道路，只埋头读书。

艾思奇的《大众哲学》，艾青、田间的新诗，赛珍珠的《大地》，不管是从图书馆借到的，或者是同学中间传抄的都读。

《飘》(Gone with the Wind) 才出版不久,厚厚的洋装书还不大好啃。我看得更多的是翻译的俄国小说和文学评论,首先接触的是屠格涅夫的中篇小说《父与子》、《前夜》和别林斯基、杜波罗留波夫的文集,谁晓得图书馆哪里来的那么多书。慢慢读到早期苏联的小说了:鲁迅一再赞扬的《铁流》和与土木工程有关的《士敏土》,后来才晓得是进步同学有意推荐给我看,让我"有所觉悟"的。

我们大学一二年级的功课本来不轻松,但入学才一个月就"反内战、反饥饿",大罢课。老师不上课了,也没有考试。我不参加进步同学的政治活动,一心走自己的"中间"道路,所以读书的时间特别多。我不愿意浪费时光,在宿舍里读,到山上丛林中读,还可在东湖岸边找个清静地方读,真自在!我的阅读已经从文艺扩展到了哲学、政治。就是文学阅读,也开始深入到对时代背景、主人公命运的思考。随着东北、华北战局的南移,特别是刘邓大军西进大别山,武汉的紧张形势加剧了,同学纷纷逃散,学校宣布放假,我也于1948年除夕挤火车仓皇回到长沙。这时我面临的问题是"今后往何处去"。

如果说我的高中校园有围墙,但让我们自由出入从不查究的话,那么到了珞珈山,武汉大学就根本没有围墙,也毋须框定学校与社会的边界。另一方面,高中阶段凭"君子慎独"的准则,已经开始在思想上有了一道修身自律的"墙",能做到洁身自爱,不同流合污。进入武汉大学校园,本来是学术纷呈,有如山花烂漫任人采撷,但是风云突变,走向何方?更严肃的人生问题不容回避,"慎独"不能解决根本问题,而第三条道路并不存在。

广泛的政治书刊阅读,使我从理论上接受了进步思想;旧社会的黑暗和腐败,更使我在实际活动中靠近共产党。1949年5月武汉解放不久,我就加入了新民主主义青年团,再过3年,又加入了中国共产党。那时理论学习的高潮是读《社会发展史》、《实践论》和《矛盾论》。李达校长给大家讲《实践论》。苏联大使、哲学家尤金博士和莫斯科大学校长、数学家彼得洛夫斯基院士来珞珈山讲演,把我们年轻人的理论学习推向了新的高潮。大学生个个争当"红色专家"。

1952年夏天,我毕业走向社会,但仍未出大学校门——当了土木系结构力学的助教。大量的苏联小说如潮似涌地译过来:奥斯特洛夫斯基的《钢铁是怎样炼成的》、西蒙诺夫的《日日夜夜》和波列伏依的《真正的人》,等等。既不是西欧又不是东亚的地域,严酷的战争中依然穿插着青春的恋情。啊!全新的意境,全新的笔调。电影《幸福的生活》,显现的好似富饶的天堂。我若能去那里,多么好!

1955年秋,我考取了留苏研究生。先得在北京预备学习一年俄语和哲学。政治道路问题或者说人生观问题,自认为基本解决了,现在是世界观和学识水平的进一步提高了。留苏预备部为我们开的是马列主义原著导读:《共产党宣言》、《自然辩证法》、《反杜林论》和《国家与革命》,都是中国人民大学的教师来讲授,而他们又是直接聆听过苏俄马列主义专家讲课的。我们学的近乎"真传"了,虽然有的并不好懂,但总还是一股脑儿地在阅读、钻研。

这一年留苏准备还有新的文艺门类,对我影响深的是欣赏音乐和油画。我第一次知道了柴可夫斯基和列宾。俄语学院为我们主办了交响乐讲座和19世纪俄罗斯批判现实主义画家的作品展览。不必去请校外专家,就由准备去苏联艺术院校的同学负责讲解,其实他们都已经小有名气,像油画家罗工柳、指挥家李德伦这些人。文艺小说暂且搁下来,时间太不够用了。但去市内观看国内外油画展览,正是可以劳逸协调的。我记得专门去看过英国的版画展览。受它的启发,我在圣·彼得堡3年多的日子里,剪集了一本《人民日报》副刊的版画,现在我仍留意那些可能剪下来的这类作品。交响乐太玄妙了,我虽然从农村到县城、到省会,经过中心城市武汉又到了首都北京,但是仍然进入不了那个神圣的殿堂。

1956年11月,我们一整列火车从满洲里出了国门,途经贝加尔湖,越过乌拉尔山进入欧洲,到达列宁主义的故乡——今圣·彼得堡,开始了3年半的留学生活。我师从萨赫诺夫斯基院士,经他的引荐还请教过莫斯科的格沃兹捷夫院士,这些都是混凝土结构界的权威学者。政治理论又重读马列的经典,而且是苏联教授用俄文原著考的"5分"。

1960年初夏归国,我带回了自己的学位论文和反映苏俄学科最新成就的40个缩微胶卷,希望"又红又专"地报效生我养我的祖国。但是,专业学术上的报效且慢,上边要我们先"斗私批修",肃清修正主义流毒。据说是因为我们不但那几年生活优裕变"修"了,而且更主要的是读多了苏俄小说,看多了芭蕾舞,听多了交响乐,走多了艺术画廊,总之是成了文化意识各方面浸透了封资修的"苏修门徒"。于是我检讨了,下厂、下乡了。最后,那场"史无前例"的"文化大革命"一来,自不免给横扫到劳改队。经过了60年代初的"饿其体肤",现在又要"苦其心志,劳其筋骨"了,而且是斯文扫地。

的确,苏俄很强调文化教养、艺术教育,不用说中、小学阶段,就是对大学生也如此。莫斯科大学有一位校长说过:"在莫斯科大学,我们努力扩大大学生的知识面,其中包括把人文学科的知识列入自然科学系的教学大纲。我们认为狭窄的专业视野,不仅有害于学生文明的个性发展、人道主义的品质和为世界、为社会进步创造财富的志向,而且有害于培养学生创造性能力。人文学科的教育可以使学生的丰富的感性世界和艺术想象力得到发展,使他们用新的眼光去看待自己的专业和整个世界。"难怪卫星第一个上天的是他们(1957年)。美国在震惊之余才研究出类似的结论(1961年):"杰出的科学家不是局限在个人的专业领域之内。通晓和熟悉艺术与人文学科,能促使优秀科学家变得更加敏锐,视野也将更加开阔。"

现代作家张炜说过,大学期间应该涉足一些高深的领域,美学的、哲学的、重要的文学作家的世界，因为这个人生阶段是入门的最佳时期，身边能找到重要的老师和同伴。即便是学理工的、学经管的，在大学阶段都要涉及比较重要的、深邃的思想体系。这种开阔视野的过程，对一生都非常难得，也算没白上了一次大学。我完全赞成这种见解，认为自己没有白上那几年的大学，同时还愿意将英国数学家、哲学家 A. N. 怀特海（1861～1947年）的话转赠给大家："青年在中学时代，常是低着头，弯着腰，在书桌上面，实验室中消磨。但是等到大学的时候，每个大学生就应当抬起头、挺起胸，高瞻远瞩，才能领略到大学教育乃为了培养真正的人才，发挥人类内在的美德与潜在的天才。然后才可在学术上创造种种的奇迹，不仅贡献给国家世界，而且是全人类。"

我认为现代大学教育的理想仍可概括为"在明明德，在新民，在止于至善"。当前，学科繁多，信息爆炸。但是质而言之，自然科学最终给人以知识；技术科学最终给人以能力；人文社会科学，尤其是哲学和文学艺术则最终给人以智慧。在真正的大学里，应该坚持人文与理工相通，科学与技术相融，教学与研究并重，知识与智慧同尊，以培养社会经济文化发展所需的复合型人才。否则，纵然更名为大学，实际上却还是一所专业学院。而我们大学生自己，虽然是考上了大学，倒头来却只得了张专业文凭，岂不可惜？

我在苏俄那些年除专业学习之外，从一生成长来看，更重要的是再上了文化艺术教育的一课。普希金和莱蒙托夫的诗，托尔斯泰和高尔基的小说，屠格涅夫的抒情散文，列宾和舍什金的油画，以及柴可夫斯基和肖斯塔科维奇的交响乐，我们都涉猎到了。我感受到更完美充实的人生。在这种熏陶下，不但拓宽了文化艺术欣赏的领域，而且更喜爱那最富东方艺术魅力的王羲之的行书、曹雪芹的《红楼梦》、齐白石的国画和《梁祝》、《二泉映月》、《春江花月夜》等乐章了。我爱世界，我更爱自己的祖国。

当然，有时也不免多带来一些忧虑。前年春天，我的一个研究生论文答辩后毕业了，为酬谢老师，请我去上夜总会。正好4月22日电视晚间新闻报道，长沙某夜总会招聘了俄罗斯姑娘来湘表演。大家知道，4月22日是列宁的诞辰。他家乡的年轻姑娘到毛泽东的故乡来表演。我不禁想到他们两位中哪一个会更为欣慰，或者两位老人都在感叹"人间正道是沧桑"。我心情沉重，无心观看表演，却想起了俄国作家屠格涅夫（1818～1883年）的《门槛》和他着意刻画的那个奋不顾身、为革命理想甘愿承受一切苦难的俄罗斯姑娘的形象。圣洁、奉献、大无畏，难道当今社会在青年人中不再呼唤这种高尚的精神与品德了吗？

安徽桐城的方东美先生（1899～1977年），谈到教育的目的时说过："我们要把人的生命领域，一层一层地向上提升，由物质世界——生命境界——心灵境界——艺术境界——道德境界——宗教境界……这才是人们受教育的目的，更是文化与教育的最高理想。"虽然到了峨嵋山和五台山的佛教道场也偶尔会浮掠虔诚祈祷的意念，但我一直未能遁入法门，所以也体会不到方先生所说的最后那个宗教境界。我想以世俗的眼光看，能达到道德化成境界就堪称最高的了。

回顾这大半生，我阅读与欣赏的体会可归结为：少小启蒙，萌发兴趣；壮年努力，增长才识；老大归真，品味人生。我的做法是：博览群书，结识二三师友；愉悦享受，塑造五彩人生；净化心灵，追求最高境界。我愿以此与青年朋友共勉。林语堂说过："一个人必须从古今中外的作家中去找寻和自己性情相近的人。一个人唯有藉助这个办法，才能从读书中获得益处。"我就找到了俄国的列夫·托尔斯泰和这位林语堂。你们时代不同，经历不同，相信终能找到自己喜爱的作家，并引以为师友。

△ 本人供稿

●蔡钟翔　中国人民大学中文系教授

语文修养与性情陶冶

[在中国人民大学讲演]

　　语文修养，包括语言修养和文学修养，是文化素质的一个重要方面。近年来，在一种"重经济，轻文化"、"重科技，轻人文"的潮流影响下，我国国民的语文素养，尤其是知识分子的语文素养出现了滑坡的趋势，已经引起了各界有识之士的关切。

　　我们先从社会上存在的一些令人忧虑的现状谈起，最明显的是语言文字运用不规范。记得解放初，《人民日报》针对当时语言文字运用中普遍存在的问题发表了题为《正确地使用祖国的语言，为语言的纯洁和健康而斗争》的社论，报纸上连载了吕叔湘、朱德熙的语法修辞讲话。经过整治，情况大有改善。而现在的问题远比当年严重。最常见的是错别字，不仅见之于街头巷尾的招牌广告上，而且大量见之于大众传播媒介——报纸、刊物、广播、电视中，成了常见病，多发病。还有错用成语，也很多。例如"不尽人意"、"不以为然"、"差强人意"等成语的错用几乎要习非成是了。至于文句不通、不知所云的句子，在广告词中，在流行歌曲中，甚至在文学作品中，都是屡见不鲜的。这样，原来应该作为人们学习语言文字的范本的报刊、书籍、广播、电视却成了传布语言错误的发源地。另一种现象就是脏话、粗话的泛滥，这可以说是语言污染。这种污染的程度相当严重，甚至一些流氓痞子的黑话、行语也渗透到群众口头语言中，侵入到全民语言词汇中。

特别遭到非议的是污言秽语也充斥在某些电影、电视剧和小说里面。文学作品要表现人物的身份性格特征，有时不能不在对话中插进一些粗话、脏话，比如《水浒传》中的李逵，开口就有脏字。但作者如果采取欣赏的态度，把粗话、脏话当作妙语来加以展览，来迎合某种低级趣味，那就不合适了。语言污染对于我们民族语言的纯洁性会造成极大的危害。还有一种现象是交际语言的失范。我国素称礼仪之邦，敬语是特别发达的，甚至讲究过度而流于烦琐。然而近年来人际交往中，敬语尊称被废弃。比如对于上了年纪的人过去称"老先生"、"老大爷"，后来即使对于客气的对象也直呼"老头儿"。我们曾经花大力气推广"您好！""再见！""谢谢！""对不起！"等四句话，本来是幼儿园的孩子就应学会的。最近在各种服务行业中颁布了服务忌语，这是十分必要的，但也反映出我国交际语言失范的严重状况。还需要一提的是空话、套话的流行，这是一个文风的问题。当年毛泽东曾作过一次《反对党八股》的著名讲演，列举了八大罪状。其中一条是"空话连篇，言之无物"，一条是"语言无味，像个瘪三"，这两种症候，现在仍然随处可见。有些讲话、文章，从思想内容上讲完全正确，就是毫无新意，说了等于没说，而且语言无味，面目可憎。

　　以上所说是就消极方面讲的，而从积极方面讲，那么还要提高我们的语言文字的表达能力。中国的语言文字是有很强的表现力的，有丰富的词汇库（同义词很多），有极富变化的句式，有多种多样的修辞手段（由于汉语汉字的特点，还可以构成特有的对偶句），因此汉语运用得好，是很有魅力的。中国古代就有讲究言辞的传统，在典籍中有大量的记载。便如《战国策》这部书，集中记录了战国时期谋士辩士的谈话，这些人是实用主义者，不讲什么仁义道德，而且多纵横捭阖、权谋诈伪之言，但是能够随机应变，话说得机智巧妙，像《邹忌讽齐王纳谏》、《触詟说赵太后》等名篇，至今传诵，历来都被选作语言教材。又如《世说新语》中一章，记录了不少魏晋名士的应对之辞，虽然只有片言只语，却精巧工整。如顾恺之从会稽回来，人家问他山川之美，顾回答说："千岩竞秀，万壑争流，草木蒙笼其上，若云兴霞蔚。"这几句话用最简练的言词勾勒出江南山水的特征，简直就是一首绝妙的短诗。口头的应对之辞尚且这样讲究，书面语言就更不用说了。连公文这类应用文体都是极其重视辞藻修饰的。《论语》中说到郑国的政令要经过四道手续才能写定："裨谌草创之，世叔讨论之，行人子羽修饰之，东里子产润色之。"（《宪问》）对此，孔子是深表赞许的。这种传统一直延续到后代，而且是变本加厉，踵事增华，许多诏令奏议都是用美文形式写成的，以致历史上曾多次纠正公文中过分追求华艳的倾向。因此，中国古代很难划出文学和非文学的界限，因为非文学的文化也要求有高度的审美价值。语言运用得好就是一种艺术，就可以列入文学的范畴。那么，语言修养和文学修养就是密不可分的了。远在春秋时代就有赋诗言志的时尚，诸侯卿大夫在与邻国交往的外交场合都必须用诗来表达意思。所谓赋诗不是自己作诗，而是引用现成的诗句，所以孔子说："不学诗，无以言。"不学诗不能表达自己的意思，也无法听懂对方的意思。"登高能赋可以为大夫"，赋诗被看作当大夫的必备条件，于此可见对于文学修养的重视。后来赋诗言志的风气逐渐消失，但重视文学修养的传统则一直保留下来。这种重文的传统突出地表现在选士制度上。汉代选士采用察举征辟，魏代实行九品中正制。察举注重门第，保证了门阀世族的特权，但从当时的品藻人物看是十分重视文采的。南北朝时期，在察举制中兼用考试的办法，秀才一科就着重考核文才。到唐代建立了科举制度。这是选士制度的一次重大改革，它是对世族特权的否定，给出身寒族的知识分子提供了公平竞争的机会。而唐代科举制度的一大特色就是以诗赋取士。各科中以明经、进士二科为主。进士科要考杂文即诗赋，完全是测验应试者的文学才华。通过考试取得进士资格以后，还要经过吏部诠试才能委派官职。吏部诠试的标准有四条，叫做"身、言、书、判"。"身"要求"体貌丰伟"，

"言"要求"言辞辨正","书"要求"楷法遒美","判"要求"文理优长"。这里需要说明的是,"判"即撰写诉讼案件的"判词"。这个判词不同于今天的公文,是用华丽精致的骈文写成的。因此这四条中,除了"身"是指生理条件以外,其他三条都属于语言修养。这个科举考试的指挥棒,对于促进知识分子的语文素养的提高是起了重大作用的。唐诗的繁荣不能说与此无关。当然科举制度是有重大缺陷的,忽视科技便是造成我国古代自然科学研究滞后的原因之一。特别是发展到极致,产生了种种弊端,终于走向反面。但不管怎样,这种重文的文化传统影响是深远的。我们老一辈的革命家、政治家如毛泽东、周恩来、朱德、董必武、陈毅等都是诗人;老一辈的科学家如华罗庚、苏步青都能写诗,都有深厚的语文功底。而今天的中青年一代就相形见绌了。

我们还要看到,加强语言修养不仅仅是个提高语言文字的表达能力的问题,它还关系到美育和德育,关系到精神文明的建设、理想人格的塑造。陶冶性情这一老词,旨在揭示语文修养对于改变人的品性、气质、人生境界的作用,主要不是理性、理智的层面上,而是感性、情感的层面上发生影响,是一个潜移默化的过程。因此用陶冶性情这个短语似乎更确切一些。我的童年、少年时代是在解放前度过的,回想当时所受到的思想、品德的启蒙教育,几乎都是来自语文课。上小学和初中的时候,正是祖国遭到日寇铁蹄蹂躏的苦难岁月,语文老师领着大家高声歌唱岳飞的《满江红》。读《孟子》的某些章节,其他都忘了,而"富贵不能淫,贫贱不能移,威武不能屈"这几句话深深地刻印在脑海里,认识到做人应该有骨气、有气节。读范仲淹的《岳阳楼记》,"先天下之忧而忧,后天下之乐而乐"这句名言使人感受到一个政治家的博大胸襟。读李白的《梦游天姥吟留别》,最后两句"安能摧眉折腰事权贵,使我不得开心颜",令人十分痛快,意识到做一个知识分子应该有独立的人格,决不能奴颜婢膝。这些掷地作金石声的警句,既给人以美感,反复吟诵而余味悠长,也给人以教诲,启示你怎样立身处世。孟子有所谓"尚友"，这个说法很好，"尚友"是与古人交朋友。我们和古人生不同时，但读了他们的诗文，也就是和他们交朋友了。鲁迅说："我们从古以来，就有埋头苦干的人，有拼命硬干的人，有为民请命的人，有舍身求法的人……这就是中国的脊梁。"（《且介亭杂文·中国人失掉自信力了吗？》）我们和这些品格高尚的古人交朋友，接受他们的熏陶，我们的精神会得到升华，心灵会得到净化。昭明太子萧统说，读了陶渊明的文章，"驰竞之情遣，鄙吝之情袪，贪夫可以廉，懦夫可以立"。（《陶渊明集序》）优秀的文学作品就是以一种强大的人格力量来感染你，你心里如果有什么卑鄙庸俗的念头就会自惭形秽，不知不觉之间改变着自己的品格，提高了自己的精神境界。如果我们把陶冶性情看得宽泛一些，那么还可以包括心理素质的培养。苏轼的弟弟苏辙谈到，苏轼被贬谪海南儋耳以后，住的是茅棚，吃的是薯芋，平生所好的读书也丧失了条件，于是只有作诗来寄托情志。而他的诗中，看不到"老人衰惫之气"。如果我们身处逆境，那么，读读苏轼的作品，以旷达的心态来对待，是可以提高生活的勇气的。即使是王维的带有消极情绪的山水田园诗，也能使我们欲虑顿消，陶醉在自然美中，获得心理上的调谐。"松风吹解带，山月照弹琴。君问穷通理，渔歌入浦深。""空山新雨后，天气晚来秋。明月松间照，清泉石上流。"吟诵这些诗句，会引导我们进入一种超越的人生境界，就不致因为遭遇一点挫折，便陷入烦恼不能自拔了。中国传统历来是把文品和人品相联系的。王国维说："无高尚伟大之人格，而有高尚伟大之文章者，殆未之有也。"（《文学小言》）人品决定着文品。因此特别强调人格修养是文学创作的基础和前提。古代有所谓"养心"、"洗心"等种种说法，就是指的人格修养。值得注意的是，很多论者都把"去俗"作为作家修养的一条重要原则，认为"俗"是与文学创作不相容的恶德。所谓"养心"，就是养得心中无俗气，所谓"洗心"，就是洗涤心中的俗气。黄庭坚论书法时说："士大夫处世可以百为，唯不可俗，俗便不可医也。"(《论书》)后来有人说,诗可以医俗,所以首先要医诗之俗。去俗既是人格修养的要求,也是艺术创作的要求,在这里人格理想和审美理想合而为一了。自古以来的无数诗人、作家,能有高尚伟大的人格者毕竟是少数,但是一切能在历史上站住脚的优秀作家和作品,确实都有一条基本的优点,就是能"去俗"(这里所说的俗,不是通俗,而是庸俗、鄙俗)。因此,多读优秀的文学作品,增加文学修养,便能够医俗,使我们多一点书卷气,少一点市井气。现在看到有些女青年,长得很秀气,打扮很入时,但不能说话,因为开口便俗。谈吐的高雅,关系到人的气质、风度,有文学素养的人,才能有高雅的谈吐。这也是陶冶性情的一个方面。文学修养陶冶性情的作用,是多层次的。从高尚的人格、情操到高雅的气质、风度,对于大学生来讲都是必要的。文学的教育功能是通过审美方式来实现的,人们在获得审美愉悦的同时,也净化了心灵,陶冶了情操,这是文学的特殊作用。德育是同美育结合在一起的。古希腊哲学家柏拉图曾讲到音乐的教育作用:"音乐教育比起其他教育都重要得多……如果教育的方式合适,它们就会拿美来浸润心灵……受过这种良好的音乐教育的人可以很敏捷地看出一切艺术作品和自然界事物的丑陋,很正确的加以厌恶;但是一看到美的东西,他就会赞赏他们,很快乐地把它们吸收到心灵里作为滋养,因此自己的性格也变成高尚优美。"(《理想国》)中国古代就很重视乐教和诗教,在六艺之教中居其二。乐教和诗教都是美育和德育的结合。荀子说过:"声乐之入人也深,其化人也速。""其感人深,其移风易俗易。"(《乐论》)音乐诉诸感情,所以它的教化作用能深入人的内心,收效更为迅速。明代的李东阳也指出"诗在六经中别是一教"。诗教即文学教育有其特殊性,正像音乐需要懂得音乐的耳朵,文学也需要能够鉴赏文学的眼光。因此文学修养的重要一环是提高审美的能力,特别是欣赏高品位的作品的能力,如果我们只能读通俗小说,读不懂古典诗词散文,那么我们的获益就会受到很大的局限。

最后，谈谈提高语言文学修养的途径和方法。毛泽东同志提倡向劳动人民学习语言。他说："人民的语汇是很丰富的，生动活泼的，表现实际生活的。"（《反对党八股》）鲁迅也说过："名人的话并不都是名言；许多名言，倒出自田夫野老之口。"（《且介亭杂文二集·名人和名言》）中国古代的《诗经》和《乐府》中包含了大量的民歌，元曲中有许多生动活泼的大众口语，连明代标榜复古的李梦阳到了晚年也认识到"今真诗乃在民间"。古今中外的大文学家几乎都从民间语言、民间文学中汲取新鲜活泼的东西。但是，在这个问题上一定要注意不要把糟粕错当精华。作为一个大学生，提高语言文学修养的另一条重要的途径就是阅读文学名著名篇。这是大家都有共识的。关键在于怎样阅读。我以为，有些传统的方法是可以借鉴的。略读和精读应该并举，不可偏废。略读求其广，精读求其深。一般人欠缺的是精读。古人讲精读，用了"涵泳"这个词，我觉得很有意思。所谓"涵泳"，就是沉浸其中，用今天的流行词就是"很投入"。韩愈《进学解》说的"沉浸浓郁，含英咀华"，也是这个意思。特别是优美的短篇诗文，不宜匆忙读过，而要从容涵泳，含在嘴里慢慢咀嚼玩味，要品出味道来。有些一时不懂、懂不透的，也可以先囫囵吞枣地背诵下来，像牛吃草似的，以后慢慢反刍。可能有一天你会豁然开朗，真正领会到其中蕴藏的深层含义或艺术上的高妙之处。读文学作品，还需要有联想和想象，用自己的生活经验来补充，可以生发出自己的独特的体会，不一定和作者的意愿相符。如果精读熟读的作品积累比较多了，自己写文章时就不必机械地模仿别人的写法，搬用别人的辞藻，而自然会有佳词妙句络绎奔集到笔下。为了更深入地理解和欣赏，我们还需要读一点文学理论和批评的典范之作，掌握一些分析作品的武器；也需要读点历史书，了解作家生平和作品产生的历史文化背景，就是所谓知人论世。这样的阅读，持之以恒，对于提高文学素养必然是大有益处的。

△ 中国人民大学教务处供稿

●邱紫华 华中师范大学文学院教授

悲剧精神与人生态度

[在华中理工大学讲演]

　　我今天的演讲要把悲剧美学同人生态度联系起来讲。在80年代初,美学曾作为解放思想的一面旗帜,率先提出了其他学科没有能够提出来的口号,并引起热烈的讨论和激烈的论争。例如,由研究有没有共同美而触及到的人性、人道主义问题,以及社会主义时期有没有人性异化现象等问题的争论,这些非常重要而敏感的理论问题就是由美学和哲学界提出来的。当时在全国兴起了美学热,美学成为知识界关注和学习的热点。那时我也是学生,正是在这种热烈的气氛中,在美学理论的感召下投身这门学科的研究之中的。所以说,美学是一门富于积极进取的、敢于突破的学科,应当受到青年同学的欢迎。

　　在美学的每一个研究领域中,几乎都存在着争论,悲剧问题也如此。美学中的悲剧不是专指戏剧中的悲剧。美学悲剧包括了人类历史上、社会生活中所发生的不幸和苦难的事件,包括了其他艺术对这种苦难现象的表现。戏剧中的悲剧仅仅是其中的一种表达形式。美学悲剧性是一个严肃的领域。早在2000多年前,希腊的亚里斯多德就在《诗学》中谈到悲剧是一个严肃的、完整的事件。因为它面对的是人生的死亡,人生遭遇的苦难,人所遭受的厄运。喜剧可能会给人留下一些理性的思索和愉快轻松的印象,但是,悲剧是沉重的,它直接撞击人灵魂的深处,产生巨大的震撼力量,甚至影响人终身的行为。所以我们说,悲剧是一个神秘的迷人的领域。

目前美学悲剧的研究存在不少牵强附会、难以自圆其说之处。过去流行的教科书和其他著作中常常说:悲剧是好人受难,悲剧的主人公只能是社会生活中代表历史前进方向的、代表先进力量的人物。人们不禁要问,奥赛罗出于男人的强烈忌妒,把美丽善良的妻子莱丝苔梦娜掐死了,这在法律上他不会是一个好人,在道德上,他也不算一个善良的人,他这种反人性的行为更不能说就代表了历史前进的方向或进步的力量。马克白斯为了篡位夺权,把国王邓肯骗到家中吃饭并在国王熟睡之中杀害了他,以后他为了巩固已得到的王权,杀死了忠于国王的大臣及亲属,最终导致了众叛亲离,在同忠于王权的军队的决战中失败而死去。如果用流行的悲剧理论来看他,他算不算一个善良的、正面的或代表历史前进方向的人呢?恐怕只能算是一个杀人犯,一个政治上的阴谋家和一个残酷的杀害自己亲属的人。如果这种悲剧理论不能解释莎士比亚的悲剧,恐怕不是莎士比亚错了,而是我们错了。我就美学悲剧性问题谈谈这方面的体会。

一、美学悲剧性的对象

喜剧是表现人们生活中可笑的东西,从笑声中发掘生活的真理,抨击不合理的、腐朽落后的现象。在笑声中烧毁人性发展中愚昧、失误、缺陷等一切可鄙的因素。悲剧呢?悲剧面对的是人类生存和发展中面临的苦难、毁灭和痛苦,是把人生当中的不幸和苦难以及由此引起的悲哀和痛苦的情绪,作为自己的审美对象。也就是说,悲剧是在血迹中、痛苦中、苦难中、悲哀中发掘出生命的美,人生价值的美。其次,悲剧还要表现当一个人陷入苦难、不幸、毁灭之中时,这个人面对死亡、面对苦难、面对不幸,他是什么态度?他这态度是否是美,能否给予人以强烈的美感?

曹禺先生的《雷雨》中有两位女主人公，一个是年轻美丽、思想深沉、极有个性的繁漪。她憎恨周朴园，敢于反对封建家长的专制，大胆地和周前妻的儿子周萍恋爱，发生了暧昧关系。如果我们放在当时历史的氛围里看，那还是在20年代的中国呀！还有一个是受尽了周朴园凌辱，被周朴园始乱终弃的鲁妈，她在被周朴园抛弃以后，遭受了很多折磨，跑得远远的，同一个非常没有地位的人鲁贵成家，同鲁贵又生下了一个女孩。到了晚年，她发现她的亲生女儿和儿子是恋人，而且发生了暧昧关系，还怀上了小生命。这个时候，她认定是自己前世造了什么孽，做了很多坏事，认为这是命运的操纵。在这种情况下，她非常绝望：既然老天是这么安排，她只好同意周萍和四凤出走，要求他们跑得远远的。她对遭受的苦难采取了逆来顺受的态度，这就是宿命论和认命的态度。相反，繁漪却尽量想脱离这个代表封建专制的周公馆，她仇视伪善冷酷的周朴园，敢于同周朴园抗争，敢于同周萍相爱，以乱伦的方式反对现有的伦理秩序。繁漪面对人生的苦难具有强烈的超越和抗争精神。因此，曹禺先生把她比喻为雷雨，她是具有雷电暴雨性格的叛逆者。繁漪的特点就是雷和电，敢于劈开周公馆的黑暗和脏脏。相比之下，繁漪更具有悲剧的美感，她引起的震撼力量就更大。因此，我们说，美学悲剧性的对象之一，就是要对它的主体，即悲剧人物面对人生的苦难和不幸，甚至生命的毁灭时的态度进行审美的评价。一个人遭受到了不幸与苦难，遭受到不应当的毁灭是可悲的，这肯定要引起人们的怜悯和同情，但是悲剧不是重在对苦难的渲染，而是重在对反抗苦难和毁灭中所呈现出来的抗争之美的表现上，只有对苦难和毁灭的抗争，才能够揭示出人性中的美，才能够焕发出生命的全部光辉。有的理论家说得很好，例如英国美学家斯马特，他说："如果苦难落在了一个生性懦弱的人头上，他逆来顺受地接受了苦难，那就不是真正的悲剧。只有他表现出了坚毅和斗争的时候，才有真正的悲剧。哪怕表现出的只是片刻的活力、激情和灵感，使他超越了平时的自己。悲剧全在于对灾难的反抗,陷入灾难的悲剧人物奋力挣扎,拼命想冲破越来越紧的罗网的包围而逃奔,即使他的努力不能成功,但心中却总有一种反抗。"这是斯马特对悲剧本质的精辟的总结。我国美学家朱光潜先生也谈到:"对于悲剧来说,紧要的不仅是巨大的痛苦,而是对待痛苦的方式。没有对灾难的反抗,也就没有悲剧。引起我们快感的不是灾难,而是反抗。"悲剧就是在表现人生痛苦和毁灭的同时,表现出悲剧人物的生命活力,表现他超越死亡,敢于撞开一条血路而拼死抗争的胆识和勇气。这才是悲剧焕发光彩的地方。这种精神,就是敢于同苦难毁灭拼死搏击、九死不悔的悲剧精神。

在我们指出的许多悲剧人物中,他们并不代表历史前进的方向或道德伦理上的善良。悲剧的动人之处不在于政治上的先进落后或道德上的善与恶。悲剧的精髓在于人对人生苦难和毁灭的抗争。著名的俄罗斯作家屠格涅夫写了一篇散文《麻雀》,是写一只母麻雀为了保护自己的幼儿同猎狗拼死搏斗的场面,结果庞大的猎狗反倒被这只麻雀的拼命精神吓得退缩,这个景象使诗人感受到麻雀超常的生命力和面临死亡的悲剧精神。美国作家杰克·伦敦所写的《热爱生命》是表现一个淘金者在经过长期的饥饿和衰弱,生命濒于死亡时,仍然努力同死神搏斗,最终获救,战胜了死亡。这个故事对列宁震撼很大。在列宁生命的最后日子里,他仍要求夫人克鲁普斯卡娅读这篇作品给他听,从中获取生存下去的精神力量。可见,美学中的悲剧精神就是一种人生态度,是人的生命本质的张扬。

与悲剧精神相对立、相冲突的是禁欲主义、苦行主义和宿命论。它们对于悲剧来说,是腐蚀剂,起着强烈的消解作用。例如,《圣经》中有一个约伯的故事。上帝为了考验约伯是否是无条件地忠实于自己,便制造了许多灾难去伤害约伯,但是,约伯在极度难忍的痛苦之中也没有埋怨上帝,坚信上帝使自己痛苦是有道理的。于是上帝就把约伯失去的一切财产归还给了他,并解除了他肉体的痛苦。佛教也把人生的本质看做是"苦",有所谓四苦、五苦、八苦、二十四苦,乃至无量诸苦。在佛教看来,人生受各种物质欲望的煎熬,而各种苦难聚集于一身,正是所谓"三界无安,犹如火宅"。人们每时每刻就生存在着了火的房子里,即生存在苦难之中。因此,佛教呼吁人们抛弃对物质的贪求,舍却对物质的享受,懂得人生是苦的这个道理,这就是解脱。佛教宣扬人们对于人生之苦要逆来顺受,因为这是自己在前世所造成的罪孽的报应,责任在于自己。这种理论直接消解了悲剧精神,淡化了人们对苦难和毁灭的抗争意识。佛经中有一个极为悲惨的故事,这就是《大藏经·本缘部·贤愚品》中的《微妙比丘尼经变》的故事。微妙是个美丽的女人。她在同丈夫、孩子回娘家生小孩时,丈夫在森林中被毒蛇咬死,大儿子在路途上又被大水冲走而死,小儿子又被狼吃掉了。她孤独一人向娘家走去,在路上得知娘家又被大火烧毁了,全家人都死去。她悲痛万分,求死不得。后来她被迫嫁了一个凶暴的丈夫,这个丈夫经常虐待她。甚至在她生下孩子时大骂她,而且把新生儿扔进开水里煮熟了逼她吃下去。微妙只好逃跑。后来她又碰上了一个好心的男人,有了家庭。但是好景不长,丈夫得暴病死去,她被迫陪葬。在墓中,又被一伙盗墓的强盗发现,当了强盗头的情妇。后来官兵捉住了强盗并处死了他们,又把微妙陪葬。晚上,野狼又刨开了洞穴吃死人的尸体,微妙幸免于难而死里逃生。微妙经过这些苦难,实在活不下去了,她碰上了一个尼姑庵就出了家。以后,佛陀显圣告诉了微妙,她此生受的苦难都是她前世的恶行的报应。原来微妙前世是一个非常狠毒的妇人,生性淫荡而且有强烈的忌妒心,曾逼丈夫的小老婆把自己亲生的儿子吃掉了等等。这样,微妙便知道了自己今世的苦难是自己前世恶行的报应,从此而一心一意念佛,洗涤自己的罪孽。这说明,一切宗教都是悲剧精神的消解剂,腐蚀剂。微妙的苦难不能唤起我们的悲剧美感。

二、悲剧人物的美学特征

悲剧人物最突出的特征就是必须具有悲剧性的抗争精神。他们在对苦难和死亡的抗争中超越了自己，焕发出了耀眼的生命光辉。例如关汉卿的《窦娥冤》中的窦娥就是典型的例子。她是一个贫穷善良的女人，是受黑暗势力迫害和侮辱的女人。但是，当她蒙冤而死时，她的反抗性得到了最充分的表现。她敢于诅咒天地，咒骂世道的昏暗，并以三条誓愿来表白自己所受到的冤屈。面对死亡，她显示出了强烈的、惊天动地的抗争精神，使她的人格力量远远地超越了平时的自己。如果她忍辱认命，她可以是一个悲惨的人物而不是一个悲剧人物。

悲剧人物陷入苦难或毁灭的悲剧方式有主动和被动两种。综观古今中外的悲剧，凡是主动挑起矛盾和冲突的悲剧人物，他们行为的动机和所得到的结果都是相悖反的。这种情况用中国通俗的话来说，就是"木匠带枷，自作自受"。其中最典型的例子就是古希腊悲剧《俄狄浦斯王》。他听说自己命中一定要杀父娶母后，就主动离家，企图摆脱这种厄运。但是他不知道他生活的这个家的父母并不是他的生父母，而是养父母。因此在离家出走中反倒杀了自己的生父，后来又在不知情的状况下娶了自己的生母。他越想逃避命运的安排却越是陷入了命运的罗网。还表现得较充分的是中国和外国文学作品中的"痴心女与负心郎"的若干原型故事。"痴负"主题怎么叫做原型呢？原型是每一个民族中永恒的主题，它永恒地存在于民族的文学创作之中，随着时代的变化而在具体人物、事件方面不断地陌生化，但总是这个根本的模式。所以原型就是一个民族审美心理、审美趣味的积淀，是民族审美意识改头换面的表达。例如，痴负原型在唐代就有《莺莺传》、《霍小玉传》；以后又有《秦香莲和陈世美》、《杜十娘怒沉百宝箱》；现代有抗日战争时期的《一江春水向东流》；当代又有《人生》中刘巧珍与高加林的爱情悲剧。这种悲剧中的女子都是悲剧人物，她们都是主动的，爱丈夫、鼓动丈夫考状元，闯天下。当她支持丈夫外出发展时候，也就推掉了自己一生幸福和爱情，所以中国女性可悲就可悲在这儿。她们的动机和结果相反。杜十娘就是最突出的一个例子，落到被卖掉的地步。

另外一种就是被动型的，被周围的环境逼迫到悲剧的苦难之中，他们没有任何选择，任何一种选择对他来说都是苦难。这种类型作品在中外文学作品中都大量存在。如古希腊悲剧家索福克勒斯塑造的安德罗马克，她是特洛伊城邦大将赫克托耳的妻子,是贤慧、美貌的女子，在希腊同特洛伊战争中她的丈夫战死，临死前她问丈夫有没有什么话对她说，丈夫说希望她能把他们的孩子好好养大。他们对誓言非常重视，因此她发誓她一定要养大孩子，也绝对不嫁其他男人，永远忠于对丈夫的爱情。城破后，她和她儿子成了俘虏。希腊的一个年轻国王看中了她，要娶她，安德罗马克说她曾经发过誓，绝不能再嫁，国王威胁要杀掉她的儿子。如今她要在自己的贞洁和孩子的生命之间选择，她不能接受杀害她丈夫的凶手，没有儿子她也不能生活，最后，她实在没有办法，她只有嫁给国王，并要国王发最大的誓，把这个孩子当自己的儿子抚养，将来能继承王位。她在婚礼之后，穿着婚纱自杀了。还是落了悲剧的后果。还有一个希腊悲剧《安提戈涅》。主人公是我们刚才谈到的俄狄浦斯的大女儿。俄狄浦斯死后，安提戈涅的舅舅克瑞翁当了国王，她的两个哥哥争夺王位，两人都在战斗中死去。哥哥是当作爱国者，受到国葬待遇。弟弟被当成叛国贼，弃尸街头。对希腊人来说，尸体不能埋葬是对一个家族最大的侮辱，安提戈涅认为不安葬自己的亲人会导致家族的毁灭。安提戈涅不顾国王的禁令：谁违反禁令就杀了谁，她冒着死的威胁，埋葬了兄长。她埋葬了她的哥哥，被处以死刑。这样造成了悲剧。这在希腊悲剧中是很典范的。中国也有《唐明皇秋夜梧桐雨》中的唐明皇和杨贵妃。唐明皇必须在爱情和江山中作出选择，他尽管下命令处死杨贵妃，他整个人也没有了生命，他已经没有思想没有情感，也等于毁灭了。所以就悲剧人物来讲，有主动和被动两种。

关于悲剧人物还有一个特点，不是所有的悲剧人物都是代表先进的、政治上进步、善良的或代表历史前进方向的人物。那么什么样的人物可以当悲剧人物，我认为什么样的人都可以当，社会历史和文学史证明了这一点，善恶美丑的人都可以当。悲剧对我们的震撼不在于它伦理道德、政治上的地位，不在于历史上的作用，而在于对于苦难所表现出的生命能量，表现出的抗争精神。这就是马克思所说的：衡量人性的标准不是善恶的抽象原则，而是人的自觉的活动，是"合乎人性的对待非人的环境"。

在悲剧之美的评论中，会出现一种"倒置"现象。这就涉及到我们如何对悲剧人物进行评价的问题。例如，梁祝的自由恋爱在封建时代来讲，是一种"恶"行。当时是"父母之命，媒妁之言"才符合伦理道德。所以他们的爱情就是对封建道德的一种挑战和亵渎。悲剧人物就是超越者，不为人们的理解，是先知先觉的人。像鲁迅先生的《药》中的夏瑜，其原型就是秋瑾烈士，他是属于主动型的，他抛头颅，洒热血，把青春、才华献给了为民众的反封建专制的解放事业，民众却把他当作了反逆喝他的血。这就是动机与结果悖反的悲剧。

悲剧冲突直接导致悲剧结局。悲剧冲突不同于通常的社会冲突的地方，在于冲突双方是尖锐的、否定性的，因此必然要导致人物的苦难或毁灭，而不应当是大团圆结局。悲剧的大团圆对悲剧精神是一种淡化和消解力量，不利于悲剧精神的张扬。

一个民族、一个国家有没有真正的悲剧作品，有没有面对逆境和苦难的悲剧精神，是与该民族的人生态度紧密联系在一起的。人生态度中富有悲剧精神，是这个民族抗争精神和进取精神的表征。我认为应当提倡和发扬我们民族的悲剧精神，发扬坚韧不拔、积极进取的人生态度，我们民族就更能前进，更有希望。谢谢大家！

△ 记录：轶名　本人整理

●鲍国安　中央戏剧学院教授

我演曹操

[在华中理工大学讲演]

我是个普通教员,也在学院里工作,不演戏的时候,也是个教书先生。

曹操只不过是我艺术生涯中几个不多的角色之一。今天看来,在这个人物的塑造上,我还有很多遗憾,这并不是故作谦虚。过去,我们只是从某个侧面去看曹操,我接受这个角色之后,越是深入体验这个人物,就越是感到这个人物的丰富、复杂、多侧面,在三年的创作即将结束的时候,才感到非常对不起曹孟德,要和他分手的时候,才感到对他的认识是那样的肤浅。

今天和同学们见面,很想听到大家提出的直率的问题,包括批评意见,针对全剧也好,针对我个人也好。

现在,我先简单地把我和我们剧组的创作宗旨向大家汇报。

我们主要有两条创作原则。一是忠实于原著。这是由整个创作集体经过深入讨论,并得到有关专家的认可后确定下来的。具体到我来说,更得服从这个原则。用我们的话来说,演员属于"二度创作"。要受到小说、剧本、导演的制约。曹操这个人物,当然得体现原著"拥刘反曹"这种倾向,不能违背。另一个原则是我们全剧组提出的一个口号,"上对得起祖宗,下对得起今天的观众"。整个创作集体就是本着这样一种精神来创作的。

我认为,应该说这是一次比较严肃的创作。当然,不谈舆论如何反映,就我自己今天看来,确实觉得遗憾还是很多很多。

我说的遗憾,是指在整个拍摄过程中还是有一种准备不足的感觉。北京"人艺"的老艺术家于是之先生曾被邀请演曹操,于先生说:让我演曹操,起码需要两年的准备时间。以我今天的体会来说,我认为这话并无丝毫夸张之意。但我只准备了两个月。人的认识,有一个过程,今天我再去感觉曹操,比三年前有很大的进步。但是片子已经拍完了,遗憾只能留给将来的同志作进一步的探索。

下面我简单谈谈对于曹操这个人物大概的创作思想。我最初读《三国演义》,大概是十到十一岁左右,汉字还没有认全,似懂非懂。接受这个任务以后,重新阅读了《三国演义》,我感觉曹操这个人物,无论是奸是雄,都给人一种很强烈的震撼。这种震撼说不清楚,当时我就有一种直观的感觉,一定要把这种震撼通过我自己的创作传达给观众。接受了这个任务之后,感到压力很重,自身的和外界的都有。专家学者们对人物的看法有分歧,但一般不是太大,可对曹操的争论简直达到了一种白热化的程度。有的说:"你一定要深挖其奸。"有的说:"你一定不要把他雄才大略的一面抹掉。"还有的说:"你一定要演出人民群众心目中的那个曹操来。"可是,这个人民群众心目中的曹操又是怎样的呢?中国有12亿人,大家心中的曹操都是怎样的呢?当时我感到这次要坏事,很可能我的艺术生涯就要砸在这个曹操上。从确定我演曹操到开机拍摄的两个月时间里,半个月听专家讲课,半个月练马术,只剩下一个月的时间熟悉角色。于是我搞"逐个调查",见了人没有别的话题,只问"你看过《三国演义》没有,曹操在你心中是什么样的?"不同年龄、不同学历、不同职业的,大约询问了几百人次,这也是被逼到这一步的,但使我受益匪浅。我扮演的这个人物,主要是奉献给广大的观众,这个工作,使我了解到,随着时代的发展,不同文化层次的人,对于曹操有不同看法。那些当年对我侃侃而谈的朋友,帮助我从各个侧面去认识曹操,这也包括那些专家、老师们,我很感谢他们。

我是这样看曹操这个人物的。当我和曹操越来越贴近的时候,当我和曹操越来越"平等"的时候,我觉得我对于他的理解更接近于把他作为一个活的人,而不是几百年来戏剧中一出来就是个大坏蛋的白脸奸臣。这时候,也就明白了他给我的震撼到底是什么。这里,我特别感谢几位老学者。有一位北大专家,看到我压力很大,就说,你不要有太大压力,怎么理解曹操的"奸",奸臣历代都有,可曹操的"奸"几百年才产生一个。还有一位专家说,不要面面俱到地想,首先要抓住这个人物的基本气质和基本风貌,无论如何,罗贯中笔下的曹操是一位大军事家、大政治家、大思想家、大文学家,一个很豪放的诗人,这个最基本的风貌如果抓住了,出些小的失误没有关系。我这一生中,行政上连个小组长也没当过,现在我要演曹操,就应该尽快调动一切情感、记忆、生活积累,把曹操的这种最基本的气质"长"在我身上,让人觉得不是装出来的,而是确确实实有那么一点味道。当然,曹操性格上的弱点、道德上的缺点,是不可否认的,这在罗贯中的笔下也是写得很清楚,关键是要寻找出合理的逻辑。当你从居高临下的位置上走下来,和曹操平等对话,和曹操真正交朋友的时候,你就能感受到他为什么这样做,为什么这样说。罗贯中非常伟大,他塑造的曹操形象,其中的底蕴,恐怕再过几十年还挖之不尽。演员与导演合作,要为人物确定一个贯穿行动的基调,否则便很难把握这个人物。我最后给曹操确定的这个基调我觉得是比较贴切的。首先,从"奸"来讲,曹操的"奸"与历代奸臣的"奸"不一样。历代的奸臣,搜刮民脂民膏,中饱私囊,卖国求荣。而曹操则完全不同,曹操所有的道德缺点也好,性格弱点也好,他的宗旨还是为了统一大业,这是他的最根本点。我给他确定的基调就是:为完成统一大业而不择手段,或者说不择手段地完成统一大业。这也是曹操至死所追求的,用今天的话说是很有事业心。不能一开始就把他放到一个坏蛋的位置,两只眼睛总是斜着看。罗贯中的写法很科学,近似于近代、当代的现实主义手法,他对曹操的塑造是渐进的,曹操很多性格上的变化,包括道德、思想上的变化是随着年龄、时间的推移而不断变化的。例如:猜忌、多疑,在他年轻的时候就不是那么鲜明；官渡之战时，他能够虚怀若谷，礼贤下士，听取谋士的进谏，而当北方统一之后，就开始听不进谋士的意见了，有点滥杀无辜了。这里，我并不认为是诸葛亮的聪明而导致曹操的失败，曹操在赤壁大战中的失败，是一种性格上的悲剧。由于他骄横自满，不听谋士进谏，不能广开言路，自己又多疑、反复，往往把自己正确的东西否定掉，才最终导致失败。老朋友来信说：老鲍，你48年都是为曹丞相活的，我很感慨。感谢生活给了我机遇，把自己的艺术体验表达出来。

尽管我们职业不同，但我们都在做学问，我也做过一些年头的教学工作，有自己的体会。我上课时往往用半节课的时间和同学们一起谈专业，谈社会，谈人生。我们表演专业，有唱、形体、台词、镜头感等基本功，但这些，只占我们所说功底的30%，最多40%，剩下的是生活的积累。拍《三国演义》之前，我带了一个班，一些同学不大知道什么是爱，如何去爱别人，我对他们说，搞艺术的人，如果不能尽量保持一颗童心，一颗爱心，那么，在创作中恐怕有很多东西难以完成。童心，即对一切都保持好奇；爱心，即把许多东西都包含到自己的内心情感世界中，当你接受一个角色时，你才会从自己内心情感世界的仓库里面把应该有的东西焕发出来。当你真正和人物沟通之后，你就会感觉到很多情感是可以体会到的。

你们学校有文学院，我第一次听说在工学院把文科包容进来，使大家有这样一个机会交流。我想，无论是从事哪一门学问，里面都是有生命、有灵魂的，实际上都融汇了创作者的思想情感，在这一点上，我希望能和同学们共勉。

我就讲到这里。

问：我感觉您好像很严肃，而且笑容让人看起来不那么自然，所以我想问您的性格是怎样的，您的性格和曹操的性格有何相似之处？

答：问题提得很尖锐。我在泰国访问的时候，泰国记者有的提问也很尖锐,如问:曹操是个奸雄,你演曹操,和他有何相似处?我坦率地回答,曹操是个奸雄,一个很复杂的人,我也是一个复杂的人。如果我不是一个复杂的人,就很难体会曹操这样一个复杂的人。刚才这个同学提的问题很尖锐很敏感。我在五六十年代受的教育,形成了这样的性格。老实讲,我只有到了镜头前,或者上了舞台,才得到解脱。我演曹操很开心,儿子说我演曹操以后,回到家里,比过去开朗,曹操那种敢怒、敢骂、敢笑都有了。我在22岁就成了"牛鬼蛇神","文革"一开始,我拍了一个戏,被江青一伙说成是"反革命黑戏",我进了"牛鬼蛇神第三班",也就是最小的一班。这也给了我很多机会,我和许多高层领导人一起劳动,看到了很多人平时不被看到的一面。所以,这种磨难,是营养,是财富。我与这些领导人的接触为我塑造曹操形象提供了很多体验的依据。这个回答能让你满意吧。

问:毛泽东晚年发生的悲剧与曹操统一中原后的骄横,两者之间是否存在民族背景、文化背景上的相容性?

答:这给我出了个难题,如果在"文革"中就要把我第二次变成"牛鬼蛇神"了。这题目很大,我很难回答。我印象最深刻的是我接受任务后,我所阅读的资料中有一本叫《毛泽东读史》,我发现毛泽东对曹操有一种特殊的情感。

问:曹操和刘备哪一个"奸"些?

答:这个你总不能让我自己去夸自己吧。我在三年中几乎是"两耳不闻天下事,一心只拍三国戏"。和曹操有一种情感,当后来快要结束的时候,我觉得一旦停机,在我今后的生活中,失去了曹操这样一位朝夕相处的朋友,会有一种失落感。让我谈这个问题,肯定有一种不客观的东西,所以我还是不说。

问:演完曹操之后,您是不是觉得自己也有点像他了?

答:这是创作上的一个问题。我要说生活的积累是最大的基本功,比如说我演曹操也好,还有过去演的其他人物,像宋江,像魏征,我都力图在我自己的内心世界当中寻找到类似的体验。我可以大胆地宣称,人都是有七情六欲的,因为我们的道德观、生活观的不同,我们是在剔除身上不应该有的东西,在弘扬着我们认为应该弘扬的东西。在创作曹操这个人物时,我的好多体验就来自我内心深处的这个小仓库,我就从这里让它生根、发芽。当我把这个角色演完之后,除了我觉得曹操的某些方面我应该向他学习之外,其他的需要一个"净化"的过程。

问:您怎么评价曹操为达到自己的目的而不择手段?

答:曹操的不择手段,我认为是绝对要进行批判的。这点没有什么含糊的。我见到的评论当中,对曹操的一句话"宁叫我负天下人,不叫天下人负我"。有很多解释,有替曹操这句话开脱的,有对这句话作莫衷一是的解释的,也有批判的。但是我个人觉得,在我们当代来讲,按照我们汉语语法这种一目了然的习惯,这句话依然是不可取的。

△ 记录:轶名　未经本人审阅

【编者絮语】 正是"三国"热的时候,讲演者与总制片人任大惠先生经过武汉,应邀讲演。场面当然很热烈。不过这与一般明星露面有区别:一是讲演者成功塑造了曹操形象,这在当今影视界是难得的,二是他不是靠影视包装,而是靠自己的体验、学识、涵养以及艺术的执著而成功的。有学生说,他首先是一位大学教师,然后才是一个成功的演员。这不是学生对教师的偏爱吧!

●周华斌　北京广播学院教授

中国戏曲文化谈

［在北京科技大学讲演］

一

　　文化艺术的民族化与现代化并非水火不能相容。无论民族化的提倡，还是现代化的追求，都不应该是表面化的、肤浅的生搬硬套。鲁迅先生有句名言："民族的倒容易成为世界的。"以我的理解，这里存在着辩证法：一方面，世界文化由五光十色的民族文化构成；另一方面，民族的文化也应该努力向世界文化靠拢，这叫互补。互补双方都是一种充实，是一种发展，也是一种创新。

　　人们谈论"戏曲危机"已经多年了。当代青年总觉得戏曲不外乎"公子落难，小姐赠金；十年寒窗，一举成名"。故事老一套，情节单调，节奏缓慢，拿腔拿调的唱段和道白令人费解，离现实生活太远，武打好像是杂技……等等。有人甚至认为：戏曲虽然是国宝，早晚要进博物馆。

　　戏曲的危机与生机，不能只从表面现象看问题。我想不妨把戏曲看成一种文化，作为文化，应该是活性的。戏曲以及它所代表的传统的、民族的文化，自有存在的价值和意义。同时，它的精魂正在融入当代文化艺术的方方面面。就戏剧来说，戏曲可以吸收话剧的精髓，话剧也可以汲取戏曲的意蕴。

二

戏曲是什么？

戏、戏剧、戏曲，是三个不完全相同的概念。

"戏"字在 4000 年前的商周钟鼎文中作为一种祭祀性仪式出现。秦汉时期，娱乐性表演又称"百戏"，包括乐舞、杂技、魔术、马戏等。后来，娱乐性的玩耍也叫"游戏"。所以"戏"原本有仪式、百戏、游戏的含义。

戏剧是人物扮演故事的表演艺术。表演是手段，故事是情节和内容核心。有了"故事"，戏剧便区别于广泛意义上的"戏"与"百戏"。故事内涵在戏剧中的存在和被强调，与小说相对应，意味着文学性成分的增强，于是，便有了剧本。尽管戏剧是一种剧场中的表演艺术，没有剧本文学也可以有戏剧；但是，文学的参与使思想内涵深化了。

戏剧有四要素：演员、观众、剧场、剧本。这四个要素共同构成了戏剧表演和戏剧活动的氛围。英语"戏剧"有几种表达方式：play、theatre、drama。play 侧重于玩耍、游戏、表演；theatre 则重于剧场艺术；drama 侧重于戏剧情节、剧本文学。这说明中外戏剧原理和戏剧要素都是一致的。

戏曲是中国传统的、民族性的戏剧艺术。它把中国传统的诗、歌、舞、乐、技的手段在舞台上综合运用起来，表演故事，区别于西方的话剧、歌剧、舞剧。

前些年，流行"世界三大戏剧体系"的说法：一是苏俄的斯坦尼斯拉夫斯基体系；一是德国的布莱希特体系；一是中国的梅兰芳体系或中国戏曲表演体系。简单地说，所谓斯坦尼体系，指的是幕景化的、模拟现实场景、创造生活幻觉的话剧表演体系；所谓布莱希特体系，指的是将舞台视为流动空间、无场景无场次的、使演员与观众产生意识交流（即所谓演员与角色的"间离效果"），并带有某种哲理意味的戏剧。这两种戏剧理论,是第一次世界大战之后欧洲戏剧界出现的表演艺术方面的理论探索。斯坦尼和布莱希特30年代在苏联都观看过梅兰芳的演出,不约而同地大为赞叹,都认为梅兰芳的表演可以印证他们各自的理论——当然,这是与西方戏剧观念不同的东方文化观念的产物。后来,就有人称中国戏曲为"梅兰芳表演体系"。

实际上,斯坦尼体系和布莱希特体系与梅兰芳所代表的中国传统戏曲是不同文化背景的产物,三者并列,甚至鼎足为三,在理论上、逻辑上都不严密。如果要讲体系的话,那么中国戏曲是"神形兼备"(即写意)的戏剧表演体系。在世界戏剧史上,东西方古典戏剧(或传统戏剧)可以进行比较,但不宜将西方现代戏剧与中国传统戏剧加以类比。

中国戏曲有古老的传统,通常以公元12世纪左右宋金时代(即南宋)的杂剧和南戏为戏曲成熟的标志,从那时起,戏曲的艺术传统一脉相承,从未间断,到现在已有800余年历史。目前中国戏曲有300多个剧种,剧目数以万计,戏曲工作者的队伍数十万人。如此深厚的文化积淀、如此庞大的艺术队伍,任何一个国家都无法相比。

三

人们看戏,看的是什么? 一看故事,二看艺术。

故事,就是戏剧的情节、矛盾冲突,人物的性格和命运。故事情节有一个交代、发展、高潮、结尾的过程。其中有高潮的形成,又有悬念的设置,包括等待、紧张、突转、惊奇等技巧的运用。戏剧舞台上所展现的具有典型意义的世态人生,以及形形色色的人物性格、人物命运,不论悲剧还是喜剧,不但会引起观众的关注,而且能使观众程度不同地得到人生的启迪。

看戏单纯是看故事吗? 不尽然。《空城计》的故事尽人皆知,已失去了悬念的作用。《群英会》、《借东风》、《玉堂春》、《闹天堂》也都如此,可是人们仍然要去看。同一个剧目,看了梅派,还要看程派。同一个诸葛亮,看了谭派,还要看余派、马派、言派、杨派、奚派。看净角,要看郝派、裘派;看武生,要看盖叫天、厉慧良、李少春,等等。这说明观众看戏不是单纯地看故事,还要看戏赏艺,要欣赏艺术,品评艺术趣味,也就是得到感官上的愉悦和精神享受。

中国戏曲300余种,每个剧种有不同的艺术流派。作为整体的戏曲文化,除了少数民族戏剧以外,可以用"声腔"来分类。声腔即腔调。南腔北调,因南北各地不同的方言、乡音,在唱腔上造成差异。大致可以纳入这个腔系:昆山腔(即昆曲)、高腔、梆子腔、皮黄腔(即西皮调和二黄调)。此外,又有若干以民间歌舞或民间曲艺为母体发展而成的声腔剧种。京剧主要唱皮黄腔,但其中有的剧目也唱昆曲,甚至唱小调。

除了唱腔和音乐上的差异外,各个剧种在剧本体制、舞台表演、乐器配置、舞美化妆等方面大同小异,基本上是一致的。所以,中国戏曲尽管剧种繁多,却可以视为同一戏剧表演体系。

这里轮廓性地介绍一下中国戏曲在艺术体制方面的特征。

(一)剧本体制——时空灵活,唱念相间

中国传统戏曲是写意的,一无所有的、空旷的舞台,"假作真时真亦假,无为有时有还无",假戏真做。空无一物的场地可以演出上下数千年、纵横天地间的种种现实的、非现实的故事。所谓"人生大戏场,舞台小天地",天地鬼神、社会人生,都可以浓缩在一方空台之上,用载歌载舞的形式表现出来。这种"写意"的戏剧体制,区别于西方近现代戏剧的模拟现实的"幕景制",在题材的选择上有极大的宽容度。西方戏剧因幕景问题而不得不在舞台上回避的东西,如爬山涉水、上天入地等等,中国戏曲一概可以展示。中国戏曲和诗词一样存在着"意境"的观念。这种"意境"观念在观众、演员之间达成一种默契,文人固然赞赏,妇孺也都明白,其中存在着中国传统文化的底蕴。

戏曲的写意式的表演体制,在剧本形式上明显地表现出两个特征:

1. 分场灵活,有戏则长,无戏则短——传统戏曲其实是不分场次的。说分场也只是角色变换。角色一变换,就是一场戏。

中国戏曲通过角色走马灯式的上场、下场,流水般地叙述剧情。于是,舞台成为一个非固定的、流动的表演空间。表面看来它"无场景",演员的表演却"有情境"。戏剧性的"场景"或"情境"在演员的嘴上、手上、身上,即通过演员的唱词和指手划脚的虚拟动作体现出来。所以,剧情中的时间是灵活的——举杯落杯,就是酒过三巡的一场宴席;一段抒情唱腔,可以使剧中的时间凝滞起来;环境是假定的——舞台环境任意变幻,登门入室、翻山越岭,不过几个动作、一个圆场而已;有时,演员还可以脱离剧情直接与观众交流——例如自报家门、叙述剧情经过,甚至插科打诨、开玩笑。

2. 唱念相间的语言形式——即诗歌、韵语、白话兼用。《诗经·大序》云:"情动于中而形于言。言之不足,故嗟叹之;嗟叹之不足,则咏歌之;咏歌之不足,不如手之舞之、足之蹈之也。"这里道出了人们表达感情的语言规律,其中既有诗歌的规律,又有乐舞和戏曲的规律。其核心是一个情字。情之所寄,由言而叹,由叹而歌,由歌而舞。

在戏曲中,"言"是道白,包括"口白"(口语)和"韵白"(文白相间的书面语);"叹"、"咏"是韵语、诗词,用念和诵的方式道出,带有声调、节奏;"歌"便是诗歌、唱词,伴随着旋律、腔调,以乐器配合。此外,还有"手之舞之、足之蹈之"的乐舞,可以说是"态势语言"、"形体语言"。所以,中国戏曲用来表情达意的语言形式十分丰富。可以说,中国戏曲是一种"诗剧",或"剧诗"。

(二)脚色行当——生、旦、净、丑

中国戏曲的脚色(或谓角色)具有行当化的特征。所谓"脚色行当",是按舞台角色的分类而出现的表演技艺上的分工。戏曲有生、旦、净、丑四大行当,其中有规律可寻:主要是男女、老少、文武和技艺上的区分。生为男,旦为女;净、丑则是性格特异的人物——净为粗豪或奸诈的性格,丑为滑稽或刁钻的性格。四大行当中,又有老、少、文、武的细密区分。以京剧为例,如:

1. 生(男性)——可分为老生、小生、武生。老生有做工老生(念、做为主)、唱工老生(唱为主)、靠把老生(顶盔穿甲,持长把兵器)、红生(绘红色脸谱之老生,或称红净,主要是关羽和赵匡胤这两个人物)。小生有文小生(或称扇子生)、武小生(或称翎子生)。武生有长靠武生、短打武生。

2. 旦(女性)——正旦(以唱工为主,又称青衣)、花旦(以做工为主)、武旦(又称刀马旦)、老旦、丑旦。

3. 净(男性。特异性格,粗豪或奸诈)——正净(以唱工为主,又称大面、黑头)、副净(以做工为主,又称架子花脸)、武净(又称武花脸、摔打花脸)。

4. 丑(男性为主,特异性格,滑稽或刁钻)——文丑(含丑官、丑生、方巾丑等)、武丑(又称开口跳)。

(三)表演技巧——四功五法

中国戏曲表演的技艺性很强,概括起来叫"四功五法"。四功指唱、念、做、打,这是各行当戏曲演员必备的四种基本功;五法主要指做功的技巧。

1. 唱,讲究字正腔圆、板眼尺寸和韵味,主要是吐字、节奏、运腔的把握。其中的"韵味",既包括戏曲"一唱三叹"的总体韵味,也包括个人风格的追求。

2. 念,讲究吐字清晰、平仄分明。在带有吟诵腔的"韵白"中,要区分上口字、尖团字和清浊音。

3. 做,主要是身段技巧。讲究五法,即"手眼身法步"。手眼,强调手势与眼神相配,手到眼到,眼到手到,以动作和眼神助感情,使感情外化为表演;身法指舞蹈化的身段技巧;步,也称台步,即适应舞台上各种人物和各种感情的艺术化的步态。

4. 打,指武功。主要是毯子功(身段、拳术、筋斗)和"把子功"

(乐器)。此外又有髯口功、翎子功、扇子功以及椅子功、火彩、变脸等特技。

(四)音乐配置——文武场面

中国戏曲除了以声腔作为剧种分类的标准以外,按唱腔音乐体制又可以分为三类:曲牌体、板腔体和混合体。

1. 曲牌体,就是曲调联唱,相当于今天所说的"组歌"。这是由一支支曲牌(歌曲、歌调)连缀起来的唱腔音乐体制。它的旋律比较丰富。昆曲、高腔类的剧种属于曲牌体。

2. 板腔体,主要用一种或数种曲调,通过板式(即节奏)变化,丰富唱腔的表现力。板腔体的"板式",有导板、原板、慢板、散板、摇板、二六、流水、回龙等多种形式,但基本规律不外乎快、慢、急、徐。梆子、皮黄类的剧种属于板腔体。

3. 混合体,是曲牌体和板腔体的综合,即唱板腔,又有曲牌和各种曲调。例如京剧,它主要唱板腔体的"皮黄"(西皮调和二黄调),又有"南梆子"调和"高拨子"调,也经常唱昆曲的曲牌。

戏曲的乐队称作场面,分为文场和武场。文场用丝竹管弦,即管弦乐。其作用主要是演奏曲牌,烘托唱腔和舞蹈。武场用锣鼓铙钹,即打击乐。其作用主要是配合演员表演的动作节奏,烘托气氛。文武场的总的乐队指挥是鼓师,俗称"打鼓佬"。锣鼓的打击乐有丰富的"锣鼓牌子",称锣鼓经。鼓师指挥乐队是靠锣鼓点。鼓师开什么锣鼓点,武场就知道要打什么锣鼓牌子,文场随即就知道要奏什么曲子。所以,戏曲乐队的互相配合是靠耳朵听鼓师的锣鼓点。中国戏曲的一个重要特征是"节奏化"。一场戏的演出,自始至终不能离开音乐节奏。演员的一举一动,一言一行都在节奏之中,而一出戏的节奏,不仅仅表现为音乐和唱腔的节奏,也包括念白、动作的节奏,甚至感情、心理的节奏。这些节奏,把握在鼓师的手上,把握在鼓师的心里,从这个意义上说,鼓师不仅是乐队指挥,而且相当于半个导演。

(五)舞台美术——化妆、服饰、道具

传统戏曲不设幕景,却并非不讲究舞台美术。戏曲舞台美术的总的特征是写意化、装饰化。这种风格特征的形成,有美术传统的原因,有长期流动演出的原因、有表演技艺的需要。戏曲舞台上色彩缤纷,绚丽夺目,配搭和谐,体现出极具东方意味的色彩情趣。不但中国老百姓爱看,更令外国观众惊叹。

传统戏曲的舞台美术主要表现在演员的化妆、服饰和砌末(道具)上。戏曲的化妆,生旦讲究眉清目秀、端庄大方,即体现为古典美、标准美。生旦都要吊眉(勒头)、画眼。老生挂髯口(胡须);小生敷粉;旦角涂脂、贴片子(以髯发的片子调整脸型)、梳大头、插珠翠。生旦的古典美、标准美是千人一面、千篇一律的。至于净丑,则采用脸谱式的浓重的涂面化妆。净称"大花脸",丑称"小花脸"。人们常常以脸谱化作为概念化的代名称,实际上,与"千人一面"的生旦相比较,净丑脸谱恰恰是性格化、个性化的产物。如果说丑角的"小花脸"以鼻梁上一块可笑的"小白粉"为滑稽幽默的标志的话,那么净角的"大花脸"却是一人一个脸相,互不雷同。无论如何,不能将张飞的脸谱画到项羽或者曹操的脸上。净角脸谱的色彩和图案造型并非随心所欲,要符合角色的身份、性格和其他特征。

戏曲的服饰、道具,统称衣、盔、杂、把。衣、盔是服饰,此外还有靴、鞋。它们主要按人物的身分区分为蟒、袍、靠、裙和各种盔、帽、靴、鞋,并以色彩、花饰区分,使观众能够对舞台角色的身分地位一目了然。"杂"、"把"则是砌末道具。最常见的舞台装置是一桌二椅。桌椅摆法不同,围子不同,配置的中小道具不同,可以分别寓示皇宫、官衙、军帐、厅堂、内室、庙宇、客店,甚至可以寓示床铺、楼层。所以,一桌二椅在戏曲舞台上往往是不定位的,因剧情而异。其他如中型道具的旗、帐;小型道具的船桨、马鞭、扇、巾、兵器等,都以装饰华美、随身上下为特征。人们常说,戏曲表演是"以鞭似马,以桨代船";水、火、风、云、车、轿皆以旗代;几个龙套,可以代表千军万马,在"战场"上鏖战不休……这就是中国戏曲的"写意"特征。

中国戏曲体现着传统文化的方方面面。它在传统的诗词文化、乐舞文化、礼乐文化、游戏文化中孕育和生成。数百年的传统，使它在以上各个艺术侧面形成若干程式规范，这就是戏曲的"程式化"的特征。

一方面，戏曲的程式不是哪一个人制定的，而是在长期的艺术实践中约定俗成的。它既是艺术上的规范，也是对演员技艺水准的要求。另一方面，传统程式固然有它完美的一面，但过于凝固的程式对艺术的发展又是一种束缚。尤其在戏曲反映现代题材问题上，旧有的举手投足的程式尽管适用于蟒袍衫裙，却显然不适应当今题材和当代的审美观念。

戏曲在中国，是雅俗互见的传统文化，是人们喜闻乐见的文化习俗，是普遍的艺术修养。在西方文化和现代文化的冲击下，尽管它不再具有昔日的辉煌和至高无上的艺术地位，但是决不会消亡。它依然是中国艺术百花园中一枝艳丽的花朵。

△ 北京科技大学文法学院供稿

● 王克芬 中国艺术研究院研究员

漫话中华舞蹈

[在北京科技大学讲演]

我中华民族有历史悠久、灿烂的舞蹈文化。青海大通县出土的舞蹈纹陶盆，展示了五六千年前新石器时代先民们戴着尾饰、走向一致、舞姿整齐的集体歌舞场景。内蒙的阴山岩画、乌兰察布岩画、广西的花山岩画、云南的沧源岩画、新疆的呼图壁岩画、宁夏的贺兰山岩画等，描述了人类在求生存、图发展的艰苦历程中留下的种种历史印迹。其中也包含了创造和发展舞蹈艺术的轨迹；其中有先民们在狩猎等活动中产生的模拟鸟兽舞。这类舞蹈既是劳动生活的反映，又有图腾崇拜的遗迹。直到今天我国各民族民间还有数不清的拟鸟兽舞，如狮舞、龙舞、孔雀舞、鱼舞等等。特别是代表中华民族精神的《龙舞》，在3000多年前的殷商甲骨文中已有作龙求雨的记载。到了汉代，就有了舞各色龙求雨的明确记录，至今民间还有舞龙求雨的风俗。当然更多的是喜庆节日舞龙欢庆。在岩画中还有祈求神灵保护的祭礼舞；有为繁衍氏族的神圣使命而产生的生殖崇拜和求偶舞等等。这些岩画向我们形象地展现了我们的祖先在史前时期创造的各种舞蹈形态。这些舞蹈的最大特点是广泛的群众性和浓烈的自娱性。

在进入阶级社会的夏商时代，舞蹈逐渐进入表演艺术领域。出现专业舞人，他们的身份是奴隶，但他们为创造和发展中华民族的舞蹈作出了贡献。相传夏桀有女乐三万，他的审美标准是"以炬为美,以众为观"。看来当时欣赏的是豪华、壮丽、人数众多的大场面舞蹈。舞蹈艺术没有发展到一定水平,是达不到这样审美要求的。到了商代,是神权统治的时代,事无巨细都要占卜问卦,巫的地位十分显赫。巫人的祭祀中有舞蹈活动,我们叫这类舞蹈为"巫舞"。"巫舞"从远古一直流传到今天,各地区、各民族有各自不同风格的"巫舞"。"巫舞"是求神媚神的。戴着凶狠面具跳的"傩舞"则是驱鬼逐疫的。同属宗教祭祀舞,却表现了人类两种不同的精神,"巫舞"求神保佑,"傩舞"则充分显示了人类的抗争精神。"傩舞"经过数千年的传承,奇迹般地"活"到了今天,并东传日本和朝鲜半岛等地。宋代以后,随着戏曲艺术的发展,"傩舞"发展为"傩戏"。这一历史悠久的剧种,引起了世界,特别是邻国学术界的重视,在亚洲出现了一个研究"傩"的热潮。

周代是我国舞蹈史上第一个集大成的时代,汇集整理了从原始时代以来有代表性的乐舞,如歌颂舜的《大韶》、歌颂大禹治水的《大夏》、歌颂周武王的《大武》等等,编制了"六大舞"和"六小舞",创立了雅乐体系。"雅乐"虽然一直延续到清代,但由于它刻板、僵化,仅仅成为祭祀的仪式,毫无艺术感染力,又没有欣赏价值,所以很快趋于衰落。在东周春秋战国时,已引不起人们的关注和兴趣了。在雅乐衰落的同时,民间舞蹈蓬勃兴起,我国第一部诗歌总集——《诗经》有许许多多描写人们如醉如痴地参加民间舞蹈活动的诗篇,其中有不少描写爱情的诗歌,朴实、真挚、热情,感人肺腑。

统治长达400年的汉代,是一个强盛的封建王朝。汉代是中国舞蹈史上第二个集大成的时代,当时最盛行的表演艺术形式是"百戏"。百戏是音乐、舞蹈、杂技、幻术、武术等各种技艺串演的艺术形式。其中最著名的舞蹈有《盘鼓舞》(有时称《七盘舞》)、《巾舞》、《鞞舞》、《拂舞》、《铎舞》。从众多的汉画像石看,《巾舞》是今日《长绸舞》的源头。《鞞舞》是一种鼓舞。鼓形如扇,很像今日的太平鼓。《拂舞》是执拂而舞。你们见过戏曲中神仙、和尚、尼姑等角色常常执拂尘舞蹈,也许与这种古老的传统有关。《铎舞》是执铃而舞,至今土家族还有《八宝铜铃舞》，藏族"热巴"也有摇铃舞蹈的，汉族的《巫舞》等也有不少执铃舞蹈的。古今映证就会发现，我国许多民间舞都有数百年甚至上千年的历史。这的确是一笔十分宝贵的文化遗产。

大唐盛世在我国的古代史上，写下了极其光辉的篇章。唐代在文学艺术上，特别是诗歌、音乐、舞蹈等方面，取得了辉煌的成就，达到相当高度的艺术水平，是我国古代舞蹈艺术发展的高峰。它上承周、汉传统，近取魏晋南北朝各族乐舞大交流、大融合的丰富滋养，广采国内各民族、各地区的传统舞蹈，吸收世界各国、特别是周边邻国舞蹈文化的精华，创造了绚丽多姿、光彩夺目的大唐舞蹈文化。它光照四方，在世界上产生过深远影响。时至今日，这种影响仍继续存在。

在繁花似锦、品类繁多的唐代舞蹈中，有著名的宫廷燕（宴）乐——《九部乐》、《十部乐》、《坐部伎》、《立部伎》等；有艺术及技术水平较高，具有较高欣赏价值，流传地域广，时间长的表演性舞类——"健舞"、"软舞"。一般说来，"健舞"矫捷雄健，富于阳刚之美，软舞柔曼婉畅，长于抒情。唐代健舞类的名舞有从西域传来，有以连续多圈旋转的《胡旋舞》，有以腾跳及踢踏舞步见长的《胡腾舞》，还有兼具婀娜多姿和娇捷俏丽的《柘枝舞》等。而最最著名的，还要数唐代著名民间舞蹈家公孙大娘在传统基础上创作表演的《剑器舞》，并因唐代伟大诗人杜甫的名篇——《观公孙大娘弟子舞剑器行》而流芳百世。诗曰："昔有佳人公孙氏，一舞剑器动四方。观者如山色沮丧，天地为之久低昂。爥如羿射九日落，矫如群帝骖龙翔。来如雷霆收震怒，罢如江海凝青光。"绘声绘色地描写了公孙大娘的精彩表演，气势磅礴，动人心魄。

此外，还有含戏剧因素的歌舞戏，如《踏谣娘》等。还有包括器乐演奏、歌唱、舞蹈的大型多段体套曲——"大曲"。你们大概都看过电视连续剧《唐明皇》，那里有许多舞段。其中有一段大型女子群舞，叫《霓裳羽衣舞》，当今编导根据白居易的《霓裳羽衣歌》等史料，依据自己的理解与意想，新创编了各种版本的《霓裳羽衣舞》。这个以表现仙女美姿的舞蹈精品，白居易盛赞道："千歌万舞不可数，就中最爱霓裳羽衣舞"。各种不同品类的舞蹈，充分展示了唐代舞蹈高度的艺术成就和独特的审美价值。

宋元以后，直至明清时代，戏曲兴起，作为独立的表演艺术品种的舞蹈逐渐趋于衰落。但是，被吸收、融合在戏曲中的舞蹈，却得到了高度发展，并取得了辉煌的成就，形成了一套严格的训练体系和表演方法及程式。作为戏曲主要表演手段的唱、念、做、打四功，其中的做与打都是舞蹈或舞蹈性极强的舞台动作。这方面我不多说，你们看看今天的各种戏曲就一目了然了。

舞蹈发展的另一条线，即民间舞这条线。民间舞与各族人民的风俗习惯、生产劳动、宗教信仰等紧密结合，其活动方式又多是业余、节庆时令性的。一到年节或庆典等，人们自动组织起来跳舞歌唱，在歌舞中唱述历史，歌颂家乡，庆祝丰收，祈求平安吉祥，驱赶疾病和不祥，赞颂英雄，寻找爱情和友谊，渲泄人们内心的苦痛和欢乐，使人得到精神上的享受和满足，感受到集体的力量。自娱娱人兼而有之。千百年来这些深深植根于人民生活中的各族民间歌舞，一直伴随着人民传承发展，虽时有兴衰荣枯，时有起伏曲折，但它们在千百年漫长的岁月中，从未中断和消失。汉族的《秧歌》、《狮舞》、《龙舞》，藏族的《锅庄》、《弦子》、《羌姆》，蒙族的《安代》、《查玛》，傣族的《孔雀舞》、《象脚鼓舞》，苗族的《芦笙舞》、《铜鼓舞》，朝鲜族的《农乐舞》、《长鼓舞》，壮族的《蟆拐舞》、《板凳舞》，满族的《太平鼓舞》、《莽势舞》，彝族的《跳左脚》……等等，数也数不清，举也举不完的各族民间舞蹈，真是千姿百态，异彩纷呈。

外国人常感叹中国的舞蹈真丰富，而我们自己却似乎并不太重视自己民族的舞蹈传统。对外国的、西方的舞蹈，我们应该学习、借鉴，吸收其长处，因为艺术从来都是在相互交流、吸收融合的进程中发展的。但交流一要保住自己的根，以自己民族传统为立足点，融合也不能抛弃自己的传统，否定民族文化。我深信，中国普通的老百姓,会用自己的身体传承、发展、创新本民族的舞蹈文化,并使之发扬光大的。只要世界上还有中国人,有中华民族,就会有独具特色的中华民族舞蹈文化。君不见,第十一届亚运会开幕式上由中国农民自己表演的《安塞腰鼓》、《威风锣鼓》、《太平鼓舞》等,通过卫星向世界传送,震撼了世界人民的心。第三届中国艺术节上,由云南各少数民族农民自己表演的本民族舞蹈,曾受到许多港澳同胞、五洲朋友的热烈欢迎。这些事实雄辩地说明中华民族的传统舞蹈从远古走来,一直传到今天,流向明天,还将传播久远。

△ 北京科技大学文法学院供稿

●江柏安　武汉水利电力大学艺术教研室讲师

音乐欣赏的基本观念

[在华中理工大学讲演]

　　有人说,"音乐欣赏就是听歌",又有人说,"音乐是'皇帝的新衣',不想被看成白痴又实在没听懂"。

　　前一种说法把音乐等同于通俗流行歌曲,这代表了现在相当一部分人的文化消费观念,艺术层次较低。后一种说法则描述了一些人对高品位的音乐欣赏望而生畏的心理。

　　这里,一方面反映了人们音乐欣赏能力水平上存在的问题,另一方面也反映了音乐欣赏观念上的问题。长期以来,音乐教育努力教人听懂音乐里面某种意思,甚至特定的故事情节。有时脱离了音乐艺术的直接感受性,落到了抽象概念化、程式化的套子里。这是有悖于音乐艺术本身的宗旨的。而当下文化市场上"玩音乐"的倾向,正是迎合人们音乐文化水平的低层次需要,把音乐欣赏搞成浅层次的消遣。"消遣"一词在英语里是"kill time",直译"杀时间",打发时间而已。许多流行歌曲内涵很少,只是反映了人们某种特点的心态,流行一时,并不能在内心深处留下什么痕迹,更不能在人情感上引起艺术的升华,流行期一过,新鲜感消失之后,人们弃之若敝屣。所以人们说,流行音乐是会"生锈"的艺术。这当然没法和那些具有永恒的艺术魅力的音乐精品相提并论。

　　培养高品位的音乐欣赏能力,首先要在观念上端正一些认识。音乐是一门古老而常新的艺术,它深刻而全面地影响着人们的精神状态和生活品质,几乎没有人说他不喜欢音乐的。可见音乐在人们文化生活中的地位。由此也可以看到音乐在整个人类文化中的地位以及它所承担的文化使命。高等教育不仅要培养和提高学生的音乐欣赏能力,而且要树立他们音乐欣赏的文化观念,以扩大其艺术视野,加深音乐艺术修养。

一、音乐的文化价值

音乐基本上被分成两大块,一是通俗流行音乐,一是庄重高雅的音乐。这两者并不一定冲突。通俗往往是高雅的一个铺垫,高雅是通俗的升华,人们可以由通俗为起点,进入高雅的境界。所谓高雅音乐,一般是在历史上曾流行过的音乐作品,通过时间的筛选,经过音乐家们的整理、创作,被保存下来,为后人传唱、演奏,再发挥、再创作。那些保存下来的作品,成为人类文化的典籍。

欧洲传统音乐有很悠久的历史,但其繁荣主要是近400年。文艺复兴时期的人文精神与传统基督教精神,加上近代科学技术的发展,使欧洲音乐获得了巨大的成就,尤其是在19世纪前后达到辉煌顶峰。我们今天听到的许多伟大的古典音乐作品大多是19世纪前后产生的,它们象征着欧洲文化对于人类文化的贡献。欧洲人对此是很骄傲的。直到今天,许多欧洲文化名城的交响乐队和歌剧院,乃是这座城市文明的标志。每天都有经典的名作上演。不管是年轻人还是老年人,不管是大学生还是市民,不管你喜不喜欢流行音乐,一到这样高雅的音乐氛围中,都会肃然起敬,所有人都像个绅士,一律都是西服革履,黑色礼服。高雅音乐成为文明和教养的标志。

我国有更加古老的文明史,音乐同样是伴随整个文明的发展而发展的。所谓"礼崩乐坏",就是形容文化的破落,孔子讲"六艺":礼、乐、射、御、书、数,可见,音乐在文化中的地位何等重要。70年代湖北随县擂鼓墩出土的战国时代乐器编钟,堪称世界音乐艺术的瑰宝。我们知道，华夏文化有着强大的内聚力和适应力，这一品质体现在中国传统音乐的气韵和意境上，它特别强调创作的风骨与神貌，注重人与自然的交流，追求艺术表现中情感与伦理的结合，推崇艺术表现的含蓄、婉曲，关注艺术形象的谐调、简约与适度。这样的传统精神在音乐中呈现为内涵的深厚、表达的深刻、情境的深远。悠悠岁月，难以尽数的音乐精品作为珍贵的文化遗产极大的丰富了华夏文化的宝库。

进入这些人类文化珍品的宝库里，不禁会让人感到心灵的震撼和精神的超越。

二、音乐艺术的特点

音乐是一门独特的艺术。首先它是时间的艺术，时间不可颠倒，不可停滞，任何音乐作品都是在时间中展开的；其次它是听觉的艺术，它的载体极为独特，是看不见、摸不着、但能听得见的声音；最后它是情感的艺术，它把声音组织起来，激发起欣赏者的情感，而这种情感是任何语言难以表达的。

声音是音乐的"颜料"，时间是音乐的"画布"，音乐艺术家是用心灵来创作。他们发出的是好听的声音，或者有趣的声音，或者有意味的声音。这种声音传达给听者，引起心灵的共鸣，艺术的目的就达到了。感受到音乐给人的愉悦和启迪的人，会对它由衷的热爱。当然，感受不到的话，就只能遗憾地说："我没有音乐细胞。"或者只能为了表现自己高雅，不懂装懂了。

可是，如何让我们摆脱比较浅的通俗音乐的理解方式，进入纯粹音乐的艺术殿堂呢？如何才能使我们不仅仅是从"让我们荡起双桨""风中有朵雨做的云"这样一些具体而形象的词句欣赏音乐，而且要从没有这些语言提示的器乐作品中去欣赏纯粹的音乐呢？

有的人听音乐，总是习惯从纯音乐中搜寻哪怕是一丁点与现有概念对应的东西，比如鸟啼、风鸣、流水声、波涛声等等，有人说要从音乐标题、介绍性文字中寻找到这类启示。我不否认这在某种程度上可以帮助我们理解音乐，但从根本上说，不是从音乐本身去理解音乐。音乐是听觉的艺术，是凭人的直觉感受的艺术，一旦落入概念的体系中，就束缚了人的直接感受，束缚了人的想象力。你在听音乐时，感受一种情绪，便可以自由地想象。同样一种旋律，你可以想象草原的辽远，他可以想象为夜空的深邃，我可以想象为大海的宽阔。问题不在于你想象什么，而在于你能随着音乐的旋律把自己调动起来。

三、音乐语言

音乐当然也有它的语言，我们看到乐谱上记载的各种不同形式的符号特指不同表现手段、发音方式，它们都是音乐语言的记录。正如不识字的人也能听能说一样，不识谱也能欣赏和演奏音乐，但是局限性就太大了。许多人视乐谱为天书，有一种畏惧，某些成名的流行歌手甚至连简谱都不会，更不用说五线谱了，这不能不说是一大遗憾，很难想象这样能有很深的造诣。诸位你们能掌握那么深奥的现代科学技术知识，我不相信连个简谱都学不会！

如果说这个世界存在着全球通用的不用翻译的语言，那我想就是音乐语言了。真正要对音乐有进一步的理性的把握，就只有掌握一定的音乐语言。音乐语言是长期的音乐创作与交流中形成的，带有规范性和习惯性，它又是可以感悟的音乐表现手段。具体来说，在这些表现手段中，旋律是音乐的灵魂，节奏是音乐的活力，音色是音乐的服饰，和声与复调是定型剂，调式体现乐曲的风格。了解了这些音乐语言，再去欣赏音乐，当然就内行多了。

四、音乐形象

假如我们面对一首诗，大家理解它可能并不会太困难。如果不是太朦胧的诗的话,每个词的意思可能是清晰的,可以确切地把握。但是如果要你将它谱上一段音乐呢?那就没有定式了。各人都可以根据自己的想象谱曲了,而且不提示的话是听不出原诗是什么的。因为音乐语言和普通语言中并没有可对应的规则,两者是不可直译的。没有人规定"黑云"、"白浪"、"绿原"的音乐语言。

因此,所谓音乐形象,与我们的视觉形象完全不同。你要谱曲,得把诗里的视觉形象雾化为一种感受,然后在音乐语言中表达这种感受。音乐形象是抽象的,带有浓厚的主观色彩。但正因为这样,人们在音乐中体会到的精神的自由是所有艺术中最大的。你可以把情绪化的音乐形象用流动的音响表达出来,你的思绪可以在超越时空的境界里驰骋,你可以凭自己的感觉使用什么旋律,安排什么节奏,配置什么和声,选择什么音色,限制怎样的速度与力度。

如果别人听了你谱曲或者直接演奏演唱的音乐之后,联想到了你根本没有的东西,这就像导游把游客带进游区之后要自由活动,你导游是毫无办法的,你也没有必要限制别人的想象。"情人眼里出西施","一千个读者就有一千个哈姆雷特",欣赏其他文学艺术尚且如此,欣赏音乐就更是如此了。欣赏者的世界观、生活经历、趣味、习惯、修养千差万别,这都直接影响各人对音乐形象的把握。

当然,音乐语言有它相对的规范性,一般是不会把《春江花月夜》和《葬礼进行曲》、《梁山伯与祝英台》和《罗密欧与朱丽叶》混同起来的。一千个读者会有一千个哈姆雷特,但哈姆雷特就是哈姆雷特,而不是麦克白或罗密欧。

五、音乐内涵

音乐除了使人愉悦之外,还有没有更深的意义,有没有它特定的内涵?

音乐不只是声音与时间这样纯自然的东西,也不仅仅是有人耳朵中树叶在微风中瑟瑟作响,或者波涛在海岸边汩汩有声。一部音乐作品,有它特殊的内涵,表达特定的情感。只是有的强一些,有的弱一点。这种内涵或者意义并不具体为一列火车、一场风暴、一次葬礼或者其他任何具体的场景,而是表达诸如安祥或者热情洋溢、懊丧或者胜利、愤怒或者喜悦的情绪。

六、倾听音乐

音乐是听觉的艺术,是只可感受而难以言说的。可是我还是说了这么多概念,这不是音乐欣赏,顶多只是帮你树立一种更好的方式和态度去欣赏和理解音乐。要真正进入音乐艺术的殿堂,即便是听一位伟大的音乐家讲授,也不能代替你直接去听一部作品。音乐欣赏就是倾听,而且唯有倾听,才能把自己的感官调动起来,进而把你的情绪激发起来,把你的整个灵魂与身体都动员起来。所有关于音乐欣赏的问题都只有在倾听中得到答案。离开了倾听,一切理论的阐述都是徒劳无益的。

好了,我已经说的够多了。如果你手上有哪怕是最简单的音响设备,打开来,开始倾听吧。如果没有,你安静地坐下来,说不定,耳边似乎有一首似曾相识的乐曲响起!

△ 本人供稿

【编者絮语】讲演者是位年轻教师,在华中理工大学开音乐讲座 11 次,讲的全是音乐基本知识和中外经典名作欣赏,听众却由 200 人、300 人,依次递增,最后稳定在 500—600 人之间。加上由他策划的两场大型音乐会,总听众达 9000 人次,另外还有别的音乐讲座和音乐会近 5000 人次。这标志着人文讲座形成了近年来少有的与流行港台歌曲相抗衡的艺术力量。

音乐是心灵的艺术,任何一个民族底气十足地跃上文明的顶峰时,它必然有辉煌的音乐艺术。

哲学与科学

●涂又光　华中理工大学高教所教授

论人文精神

[在华中理工大学讲演]

人文精神,在中国,在西方,像一轮喷薄而出的海上红日,正在高等教育中升起。这是高等教育发展的必然。

中国高等教育的发展,从传说五帝到清朝末年,可谓"人文"阶段;近百年来,可谓"科学"阶段;正在发展为"人文·科学"阶段。

西方高等教育的发展,在大学兴起以前,是教会主持的"人文"(此"人文"不等于"人文主义"。西方"人文主义"是一个反对教会的流派。尽管受到西方人文主义反对,西方教会仍然主持人文。)阶段;在大学兴起以后,是大学主导的"科学"阶段,也正在发展为"人文·科学"阶段。

西方高等教育,由教会管人文,管灵魂,管德育;由大学管科学,管知识,管智育。西方大学本是行会,是教师行会,是学生行会,是考究职业技能、保护职业利益的行会;后来不是行会了,却保持和发展管智育的传统,与教会配合,构成西方高等教育的整体。

清朝末年开始,中国搬来了西方大学,没有搬西方教会,只搬来西方高等教育整体的一半,即科学这一半,丢下另一半,即人文那一半。就科学这一半,也创造出空前的成绩,使近百年来中国高等教育堪称"科学"阶段而无愧。可是,人文那一半呢?

中国自己有几千年的人文,管灵魂,管德育,管得怎样呢?至少不比西方教会管得差。所以不搬西方教会,是对的,因为中国自己早有一套,这当然不是否定互相学习。中国自己的人文,我是说人文"精神",是中国民族、中国文化的"灵魂",总也应当是"中国特色"的灵魂:是不是呢? 我看是。

近百年来,"可为痛哭""可为流涕""可为长太息"的是,中国人文,尤其是人文精神,被中国人(当然不是全部)"批判"、糟踏、凌辱、摧残、横扫,没有与科学同步发展,而是濒于绝灭,沦为垃圾。于是人失灵魂,恶于癌瘤(当然也不是全部)。物极必反,剥极而复,复兴人文,呼声四起。这是极好消息,是真正值得敲锣打鼓送喜报的"特大喜讯"。

应当看到,近百年来,中国老一辈科学大师,在专修科学之前,已有很高的人文修养。人文修养出人文精神,人文精神造就灵魂。一旦造就灵魂,则任何外力对他的灵魂的任何折腾,他都无动于中,所谓"造次必于是,颠沛必于是",完全奈何他不得。灵魂主导着他的一生,包括他的科学成就。作为科学大师,他的成就是科学成就,其实是人文精神为主导的成就。所以在老一辈科学大师那里,人文精神不可能绝灭,也就没有绝灭,不仅没有绝灭,仍然发挥主导作用。老一辈科学大师,人数极少,却是"人文·科学"类型的典范。中国高等教育的"科学"阶段有"人文·科学"类型的典范。中国高等教育的"人文"阶段也有"人文·科学"类型的典范,例如墨子、张衡、李时珍、戴震。这些为数极少的"人文·科学"类型的典范,都是中国高等教育发展为"人文·科学"阶段的内在根据。中国高等教育发展为"人文·科学"阶段,固然有外部需要,尤其有内在根据。若没有内在根据,外部再怎么需要,还是发展不成。

在这里,我要把一件事说穿,把一句话说死,好比钉钉子,钉穿了还要回脚,就是:人文不是科学,科学不是人文。

毛泽东说,研究问题,不要从定义出发,要从实际出发。我的理解是,定义再好,也是第二性的,有挂有漏;实际才是第一性的整体,任你研究,取之不尽。

从实际出发,人文就是文、史、哲。我的专业是哲学,学了50年,深知哲学不是科学,而"哲学史"是科学;我学过一点文学,知道文学不是科学,而"文学批评"是科学;我读过一些历史,觉得作为事实记载,历史在于真实,无所谓科学不科学,而"历史唯物论"是科学。

我将"认识论"分为"人文认识论"和"科学认识论",前者的根本原则是主客合一,后者的根本原则是主客二分。这两条对立的认识论根本原则,将人文和科学区分得清清楚楚。

主客合一的认识论,就是《老子》第五十四章说的"以身观身,以家观家,以乡观乡,以邦观邦,以天下观天下",简言之,以自己认识自己。所以人文的内容,是人认识自己;科学的内容,是人认识外物。

人文的内容,分为人文知识和人文精神。人文知识,来自《老子》说的"为学";人文精神,来自《老子》说的"为道"(均见第四十八章)。人文知识,是《庄子》说的"知道";人文精神,是《庄子》说的"体道"(均见《知北游》)。用英文表示,"知道"是 knowing Dao,"体道"是 embodying Dao。"知道"者与"道"为二,"体道"者与"道"为一。所以人文的本质是人文精神,不是人文知识。

我常对学生说:"知道"为"智","体道"为"德"。他们反应,这八个字把智育、德育的内容和方法都说了。

"体道",就是用自己的生命生活,用自己的言行,归根到底是用自己的行,把自己选择的"道"体现出来。《说文解字》说:"道,所行道也。"在宋代,有个学生问道学先生:道在哪里?先生答:你所行便是。

有自然的"体道",有人文的"体道"。万物都体现自己的道,就连癌瘤、艾滋病也都体现它们自己的道,这是自然的"体道"。人文的"体道"则上升一层,其特征是体道者具有选择能力,从他所知的道之中选择出若干而体现之。

于是,"选择"成了大问题。马克思主义认识论,历来说是"反映论"。前几年有人说,不对,是"选择论"。我看可以综合起来,叫做"有选择的反映论"。"有选择的反映论"就是一种"能动的反映论"。反映论是科学认识论,其根本原则是主客二分。而"选择"可以是科学活动,也可以是人文活动。

现在一提人文教育,人们就想到开人文课程,办人文讲座,读人文书籍,这些举措,可以增加人文知识,有助于修养人文精神,但人文知识并不等于人文精神。前面说过,人文知识是知道,人文精神是体道;前者是知,后者是行。人文知识,体之行之,才成为人文精神;人文精神,说之写之,就成了人文知识。

40多年来,中国的高等教育,即使是人文院系学生,也学不到系统的人文知识,更甭提高深的人文知识。缺乏人文知识,大家都看到了。尽管如此,青年人自己读人文书籍,谈起人文问题来一套一套地,仍然不乏其人。从人文本质看,当前真正缺乏的是人文精神,而不是人文知识。

这一点是我的切身体会。我在学校新图书馆研究室做事,上厕所,见便坑里总是满坑大粪,还有不能溶解的新闻纸手纸。我放水冲净后才能用。我问做清洁的女工,她说女厕所也是这样。这是缺乏知识,还是缺乏人文精神?孔子时代的小学功课,从洒水扫地做起,是极有道理的。

人文精神可以从洒水扫地做起。禅宗说:"担水砍柴,无非妙道。"妙道是人文精神,可以从担水砍柴做起。王阳明诗:"不离日用常行内,直造先天未画前。"达到伏羲画先天八卦以前的境界,是传说的一种极高明的人文精神,这种极高明的人文精神就在日用常行之内。

极高明的人文精神,是由主客合一达到天人合一。这当然是精神状态,不是物质状态。就物质状态说,主观是主观,客观是客观,并不合一;宇宙是宇宙,个人是个人,也不合一。就精神状态说,道家用"心斋"(《庄子·人间世》)"坐忘"(《庄子·大宗师》)等方法,儒家用"集义"(《孟子·公孙丑上》)"大其心"(张载《正蒙·大心》)等方法,进行修养,硬是达到了天人合一(包括人我合一),这种精神真实感比物质真实感更真实,至少同等真实。佛家以空为真,这个真也只是精神真实感。天人合一的精神状态,是处理天人关系、人我关系时的最佳精神状态,这种最佳精神状态,可以为运用科学以解决天人关系、人我关系的实际问题,启示最佳方向。修养天人合一的精神状态,就是"先立乎其大者"(《孟子·告子上》)。天人合一的精神状态,就是极高明的人文精神。

这里接触到了人文与科学的关系:人文为科学启示方向。以上我是顺着中国人文脉络讲下来的,讲到这里,却与杜威后期的讲法不谋而合。杜威一生写了两部 Democracy and Education(《民主主义与教育》),第二部是论文集,收入他的 Problems of Man(《人的问题》)中,其中有他 1944 年写的 The Problem of the Liberal Arts College(《人文学院问题》),此文只有一句是用斜体字,后来影响很大,就是 The Problem of securing to the liberal arts college its due function in democratic society is that of seeing to it that the technical subjects which are now socially necessary acquire a humane direction.(为人文学院确定它在民主社会中应有的功能,这个问题,就是寻求现在社会上需要的技术学科获得人道方向的问题)。简言之,人文使技术获得人道方向。这就是高等教育正要进入的"人文·科学"阶段的本质特征:在其中,人文为科学启示方向。果能如此,就不至于出现高科技杀手、智能匪帮、"奥姆真理教徒"了。

天人合一精神状态的人,处理天人关系用"和",处理人我关系用"恕"。

《礼记·中庸》说:"致中和,天地位焉,万物育焉。"这是"和"的人文讲法。"和"的科学讲法，就是环境科学了。

《论语·卫灵公》："子贡问曰：有一言而可以终身行之者乎？子曰：其'恕'乎！——己所不欲，勿施于人。"在阶级社会，各阶级内部要行"恕"；无阶级社会，只要有两个人，就有人我关系，就要行"恕"。"恕"的肯定式是"忠"——己之所欲，亦施于人。曾参说："夫子之道，忠恕而已矣。"(《论语·里仁》)

人际关系，分为普遍关系、特殊关系。普遍关系是有人就有的，如人我关系、婚姻关系、亲子关系、兄弟关系、朋友关系。特殊关系是有某种社会、某种行业才有的，如封建社会的君臣关系、资本主义社会的劳资关系，以及各行各业特有的关系。处理人际关系的道德，也分为处理普遍关系的普遍道德、处理特殊关系的特殊道德。普遍道德与特殊道德是统一的，如有矛盾，则特殊道德服从普遍道德，不可普遍道德服从特殊道德。毛泽东说："事情有大道理，有小道理，一切小道理都归大道理管着。"(《毛泽东选集》第二版第348页)目前的道德危机，正出在小道理不服大道理，特殊道德不服普遍道德。

怎样理顺普遍道德与特殊道德的关系？这是个道德建设问题，在于人为。西汉的贾谊已经懂得，道德"非天之所为，[乃]人之所设也。夫人之所设，不为不立，不植则僵，不修则坏"(《陈政事疏》，见《汉书》本传)。可是2200年后的今天，却有人迷信"经济决定道德"，以为经济上去了，道德自然跟着上去，以致抓经济一手硬(这很好)，抓道德一手软(这不好)。这种形势逼我重新研究经济基础与上层建筑的关系。这里只说我对马克思主义经典的重新学习。

关于经济基础与上层建筑的关系问题，马克思主义的经典论述，极其重要的有两段：一段见于1859年马克思的《〈政治经济学批判〉序言》，原文是德文；一段见于恩格斯的《〈共产党宣言〉1888年英文版序言》，原文是英文。这两段论述相隔30年，后一段更为精练。恩格斯写道：The "Manifesto" being our joint production, I consider myself bound to state that the fundamental proposition, which forms its nucleus, belongs to Marx. That proposition is: that in every historical epoch, the prevailing mode of economic production and exchange, and the social organization necessarily following from it, form the basis upon which is built up, and from which alone can be explained, the political and intellectual history of that epoch;(《宣言》是我们合作的著作,而我本人认为务必说明,形成《宣言》核心的基本命题属于马克思。这个命题是:在每个历史时代,盛行的经济生产交换方式,以及必然随此方式而来的社会组织,形成基础,而此时代政治的思想的历史建立于这个基础之上,并且只能从这个基础得到解释;)写得非常清楚:上层建筑的"历史"只能从基础得到"解释"。这才是"解释""历史"的历史唯物论,又称唯物史观(a materialistic interpretation of history,其中 interpretation 也是"解释")。这段论述以及此序言中前前后后的论述,都没有"决定"字样。恩格斯将《宣言》的核心提炼成命题,郑重声明这个命题属于马克思,这是完全可以相信的理论历史真相。

马克思《〈政治经济学批判〉序言》的那段论述中有"决定"字样,他写道:"不是人们的意识决定人们的存在,相反,是人们的社会存在决定人们的意识。"他在后面解释说:"我们判断一个人不能以他对自己的看法为根据,同样,我们判断这样一个变革时代也不能以它的意识为根据;相反,这个意识必须从物质生活的矛盾中,从社会生产力和生产关系之间的现存冲突中去解释。"也是归结为"解释"。在这段论述中,所说的甲"决定"乙,就是只能用甲"解释"乙,如此而已,岂有他哉。

可见说经济决定道德是多年来对马、恩原著的误解,希望能够通过认真钻研马、恩原著,结合总结实践经验得到澄清。如果真是"经济决定道德",则不妨一手硬一手软,而无须两手硬。事实上经济与道德的关系,是相互作用,不是谁决定谁(此"决定"是指有甲自然有乙,不是指只能用甲解释乙),所以必须两手硬。

大家常说办社会主义大学。社会主义怎样在大学落实?中国共产党领导,是第一条;社会主义方向,是又一条,正是这一条怎样落实?落实到课程?只有几门课程专讲社会主义,其馀的绝大多数怎么办?我在前面说到人文精神为科学启示方向。这里就要说,社会主义要为科学定向,社会主义就要人文化。这是一项长期艰巨任务,不可能短期轻易完成。我想来想去,在当前,社会主义可以在大学里落实到人(师生员工),落实到管理:这都是已经在做的。

社会主义不只是个经济概念,也不只是个政治概念,还是个文化概念,还要发展成人文精神。社会主义要成为人的生活方式、生活态度、生活习惯,才算真正扎根。中国历代王朝,到清朝退位为止,为养成、保持、发展中国人文精神,该是花了多大气力,简直是竭尽全力。他们除了"武功",只有"文治";而且建国之后,立即"偃武修文"。想想他们几千年历史经验,有助于当今认真对待社会主义人文建设。

"民主主义与教育"是杜威终身主题。他反复告诫美国人:民主主义不在风俗习惯中生根,就会灭亡。社会主义何尝不是如此!更是如此。杜威是科学主义者,他对民主主义的理解,却是人文主义的。我从他受到启发,在高等教育研究所向同事们建议,要研究"社会主义与教育",也要作为终身主题。

前面说过,人文精神在于行,却也离不开人文知识。关于增进人文知识,我极力主张精读经典。经典都经过历史筛选,新编的教材在这一点赶不上它。读经典可先让学生"吞"下去,以后"反刍",回味义理。这是中国传统良法,就用此良法,中国经典传了几千年而不坠不绝。新编教材包罗万象,有几个教师吃得透、讲得清?学生听了也当作耳边风,没有反刍、回味的余地,不能转化为人文精神。中国人文经典多,先从《老子》《论语》读起吧。

△ 本人供稿

【编者絮语】话说的最少,不一定是没有思想;文章写的最短,也不一定是没有学问。讲演者多年来很少写文章作讲演。近年来多方邀请才多说了些话,写了自己的书。他一篇文章发表在权威刊物上,提出关于中国哲学主根与主干之说,仅千余字。他翻译冯友兰先生《中国哲学简史》(由英文译成中文),公认是译著中的杰作(此书已成为中国哲学入门者和专业研究者的必读书目)。

他的河南口音很重,不过只要你英文好,也没关系,他会把所有重要术语用英语重复一遍。

●张世英　北京大学哲学系教授

通古今之变

[在华中理工大学讲演]

司马迁在《报任安书》中曾说道,要"究天人之际,通古今之变,成一家之言"。这个"通古今之变"就是我今天要讲的主题。古和今到底是个什么样的关系呢？我们现在经常说我们要对话,不仅包括中国人和西方人对话,还包括今人和古人互相沟通。我觉得太史公的"通古今之变"为我们今人和古人对话提供了一个理论基础,要把古今贯通起来的思想是他的一个独特的历史哲学观点。围绕今天的讲演主题,我想从以下几方面展开论述。

一、主体对待客体的两种态度

作为人,对待过去的历史到底应采取什么态度？大体上,可以说有两种态度：主客二分和主客融合。主客二分就是把主体和客体看作是对立的,把客体看作是主体之外的客观的、外在的东西,比如搞自然研究常常是这样；主客融合或者说主客不分就是认为客体和主体是浑然一体、融合无间的,客体如果离开了主体,是毫无意义的。这种主客不分借用中国哲学的术语来说,就可以叫"天人合一"。当然,中国哲学中的"天人合一"歧义很多,我这里只是取其人与万物、人与自然一体相通的意思。正如王阳明所说的,山里的花在没人去看它的时候是没有意义的,当人去看到它是多么姹紫嫣红时，花就变成一个有意义的东西，这时人和花便融合为一体了。简言之，主客融合的观点就是把人看成是天地万物的意义之所在，就像王阳明说的"人心"是天地万物之"发窍处"，即是说是天地万物开窍的地方。

二、历史的原貌可以恢复吗？

按主客二分的态度看待历史，就是把古代的、历史的东西看成独立于人之外的客体，研究历史的最高目的只是恢复历史原来的面貌，这是一种传统的、古典的对待历史的观点。搞历史的人总想恢复历史的原貌，这是理所当然的，大家都接受的。但现在德国有位哲学家、现代哲学解释学创造人伽德默尔却贬低甚至反对这一观点。他认为历史的原貌是不可以修复的。一个古代艺术品，它在古代给予当时人的那种感受、那种意味、那种鉴赏在今天是不可能恢复的。

黑格尔虽然是古典哲学家，但他也认为历史原貌是不可能修复的。在他看来，一件雕刻、一幅画，即使不是复制品，现在也不可能有它们当时带给人们的那种意境、那种体会。他打个比方说，这好像一位美丽的少女，端了一盘最新鲜的水果在你面前一样。这些新鲜的水果是从树上摘下来的，没有削皮，也没有用布擦它，似乎是原封不动地端在你面前。但是，他说，这是原来长在树上的水果吗？美丽的少女端着原封未动的最新鲜的水果放在你面前，这时你欣赏的和它们长在树上的时候已经完全不同了。水果离开了原来的树枝、绿叶、阳光、土壤和整个气氛，那个意义和意味就完全变了。

三、考察历史的"大视域"

既然历史原貌不能恢复，那么古人跟今人怎么沟通起来呢？黑格尔想解决这个问题,他采取了一个极其抽象的方法,把古今贯通起来。他说历史的东西是一个具体的东西,我们要把这个历史的东西、审美意识的东西提高到一个逻辑的概念。逻辑思维总是永恒的,具体的东西不具有永恒性。所以黑格尔想把历史、艺术提高到一个哲学的高度,使之变成永恒的东西,他说这样就可以解决古今相通的问题了。

但是伽德默尔对黑格尔的这种观点不满意,觉得太抽象。伽德默尔认为,一方面古代的东西,今天是不能恢复的,但另一方面古今是可以沟通的。他认为每个人都是历史的浓缩。每个人都是通过历史传统的眼镜去看待古代作品的,这个眼镜是摘不下来的,而且都打上了现代的烙印,那你怎么能恢复历史的原貌呢?历史原貌不能恢复,这并不等于历史可以瞎编。一些最低的层次,比如采用自然方法可以考证的事实是可以恢复历史原貌的,伽德默尔认为所谓的不能修复历史原貌,主要是指历史事件的意义。这个历史意义随着考查它的人,考查它的时代不同而不同。伽德默尔还认为历史事件的意义并不仅仅停留于古代,而要在今天和未来中展开。这个就像作者和读者的关系,作者作品的意义都要在读者那儿展开。

伽德默尔认为应从古今融为一体的历史长河这样一个整体观点出发来看待历史的东西,他把这个叫"大视域"。这种融古今为一体的观点在中国哲学史上可以看到一个与他非常相似的哲学家——王夫之。王夫之的历史哲学观点,实际上也是用伽德默尔的"大视域"来看待历史的。王夫之讲,我们评判历史,不能就当时的意义评价当时的事件,而应放在以后的历史大背景中去考察它的意义。比如秦始皇,罢诸侯,设郡守,仅仅研究秦始皇本人的意图,可以说他是为了一己私利。王船山说如果这样评判历史,那么这个历史学家的眼光也太浅了。如果从整个历史长河来评判,秦始皇对统一中国是有很大的功劳的。王船山说的"天假私以济公"的观点非常了不起。再如张骞出使西域,唐肃宗的自立,也都是"天假私以济公"。王船山认为要以"天"的观点来评判历史,"合古今而计之"。这恰恰是伽德默尔的"大视域"的观点。

四、万物既不相同又相通

世上万物都是不同的,但又是可以互相沟通的。德国的一个古典哲学家莱布尼茨说找不到两片相同的树叶,尼采说世上根本没有相同的东西。有人因此悲观得很,这样岂不是不能相互沟通。但是有些哲学家认为不同的东西可以相通。我认为我们每个人实际上都是世界各种普遍相互联系的一个交叉点,整个世界的普遍联系形成一个宇宙总体,尽管宇宙总体在每个人身上交叉的方式不一样,但从每个人反映的是同一个宇宙总体来说,他们都是相通的。我认为人是开放的,是向古代开放的,也是向未来开放的,不同人之间是可以沟通的。

结　语

我们每一个人都有被历史决定的地方,但这并不等于承认宿命论。人还是有自由选择的余地的,但自由选择必须建立在明了自己的"基底"这一基础之上。如果离开了自己的基底去选择未来和前途,那反倒对自己的发展不利。一旦明了自己的基底或根基如何,然后在这个基底之上,尽自己最大的努力,就可以获得很大的成果。我们常说的"人贵有自知之明"就是这个道理。不仅知识是一个不断学习的过程,"自知之明"也是一个不断碰撞、不断学习的过程。人生本来就是在不断碰撞中变得越来越聪明起来的。

△ 记录整理:万里鹏

【编者絮语】讲演者以研究深奥的德国古典哲学著名,但他的讲座却把深刻的哲学思想用日常语言讲出来。

● 夏佩尔　美国哈佛大学原教授
　　　　　美国科学院院士

科学与人类知识

[在华中理工大学讲演]

我想谈谈20世纪自然科学领域里的重大成就。这些最伟大的科学成就回答了我们无数的疑问,以至于我们可以得到有关整个宇宙、地球以及人体的所有疑问的大致解释。这些科学成就体现于以下四个领域。

第一,地质学。本世纪发现的地质板块理论取代了以往关于地质演化的理论。地质板块理论也即大陆漂移学说。该理论认为,我们所生活的地球由七个大陆板块组成,这七个板块最初连接为一体,由于地球运动所产生的力,大陆板块脆弱处发生了断裂,并逐渐产生了各大板块,这些板块经过无数年漂移,终于达到它们现在所在的位置。

第二,生物学。在本世纪,生物学中有了对DNA的重大发现。上个世纪人们就认为,生物一代代延续而又保持性状的相对稳定,其间一定有可称之为遗传密码或遗传信息的东西存在,人们称这种东西为基因。本世纪生物学与相关学科的发展,使科学家们发现了传递遗传信息的物质基础DNA。DNA能够自我复制,它由两条成双螺旋结构的分子链组成,其中一条分子链能同另一条分开,而且各类DNA分子链可以复制其自身,这种分子结构的复制,使得遗传成为可能。对于人来说,父母的DNA的分子复制将父母的特征遗传给下一代。对此观点也曾有过许多反对意见。在本世纪初，许多人相信，关于人的许多东西是不能用经学或科学来解释的。DNA 的发现证明人体的很大一部分可以由 DNA 化学或科学来解释。

第三，天文学。本世纪中有三个伟大的发现。

（一）恒星演化理论。该理论首先出现在 1936 年，这以后不断得到发展。今天，我们已有了一个关于恒星的产生、演化、消亡的非常精妙的理论。尽管这个理论的有些细节还需要完善，但我们已知道，它可以说明很多恒星的演化过程。在恒星产生之初，存在着许多巨大的气团，由于受到了引力和许多外力的作用，这些气团开始坍缩，这就是恒星形成的方式。

（二）关于化学元素的起源。当恒星接近衰竭时，释放出许多能量并发出光芒。问题是，恒星是怎样发光的，是什么使它发光的。对这个问题的发现也是恒星演化理论的一部分。原来，在太阳的中心深处所产生的核反应使一种化学元素变为另一种化学元素。宇宙刚产生时仅有的元素是氢和氦。我们现在假定恒星仅由氢和氦组成，在恒星深处所发生的最简单的反应是将氢变成氦。在实际的反应过程中，氢原子比氦原子要多出一些东西。在核反应中，四个氢原子聚合为一个氦原子，但是四个氢原子的质量要大于一个氦原子的质量。这说明当一个氦原子形成时，有一定的质量损失。根据爱因斯坦的著名方程式 $E=mc^2$，这些损失掉的质量就变为能量。现在比太阳小的恒星比太阳发光的时间长得多，但没有太阳放出的热量多，还有比太阳大得多的恒星，比太阳放出的热量多，但它们很快就消耗完了自身的热量。因此，在质量较大的恒星中，其行星是很难产生生命的，因为生命的产生需要很恒定的温度，而这种恒星发光时间比产生生命所需的时间少。太阳要用完所用的氢，需要 40 亿年的时间，那时太阳的核心温度变得比现在高得多，又会产生新的核反应，氦就变成太阳继续发光的燃料，这样，在核反应过程中，氦就变为氧、碳之类的重元素。这些元素对于生命是非常重要的,除了碳、氧以外,以氦作为核反应的燃料还会产生其他一些元素。在其他比太阳大的恒星中,核反应会产生如镭、铀之类的元素,这些元素是产生固体物质,如岩石所必需的。有的恒星在用完其氦燃料之后便会爆炸,在爆炸中恒星会变得非常大,我们称之为超新星。在爆炸过程中,恒星又会产生新的元素。现在我们已经知道,几乎所有的化学元素是怎样在恒星的演化过程中产生的。我们甚至知道每种元素的原子量,每种元素产生时所需要的其他元素的比例。这样,恒星演化理论就揭示出了恒星产生化学元素的过程。从恒星或行星里释放出的化学元素与星际尘埃混合,成为下一代恒星产生的原料——星云。星云中不仅包含有氢、氦,而且包含有其他重元素,这就涉及到 50 年代的关于天文学的第三大发现。

(三)关于行星系统的起源。在恒星经过很多代的变化后,在较后期的恒星的外围空间中,如岩石类的一些物质坍缩便形成行星。

第四,宇宙学领域,宇宙学即把宇宙作为一个整体来研究。在 20 年代就产生了这样一种宇宙学理论,认为宇宙从一开始就在膨胀着。但是在 20 世纪下半叶之前,这种理论的证据还相当少,因此很多人甚至认为宇宙学不能成为一门科学。到 1950 年,新的证据表明宇宙正在膨胀,表明宇宙有个开端。这个理论叫做大爆炸理论。使这一理论变得很确实的证据出现在 1964 年,在该年发现有一种穿过宇宙、弥散在整个宇宙的放射线,其绝对温度为 3K。经过努力探究,确认这种射线只是大爆炸的余烬,这种放射现象叫宇宙背景辐射。1991 年证明,这种辐射就来自于大爆炸。

在宇宙大爆炸的初期,发生着许多核反应,其过程即把氢变为氦,把氦变为碳,这种核反应过程与弱相互作用、电磁力、强相互作用三种力紧密联系在一起。在 10^{27}K 的高温下,这三种力实际上是一种力,这是近几十年来在物理学领域中最伟大的、最具有代表性的发现之一。那么在宇宙中何时、何地会有这么高的温度,以至比最热的恒星内部的温度还要高得多呢?我们指望在宇宙大爆炸一秒钟之内能找到。这样的话,关于这三种力是一种力的理论与大爆炸理论就结合起来了。这两种理论结合使我们能够对宇宙大爆炸的过程做出准确的计算。这种新的大爆炸理论说明,当宇宙大爆炸时,宇宙膨胀,温度变得越来越低,强相互作用力与其他力分离开来,随着温度的继续降低,电磁力与弱相互作用力也分离开来。在宇宙大爆炸开始之后的一分钟内,现存于宇宙中的基本粒子,包括电子、中子、夸克等等已经形成了。这个理论能够计算出宇宙大爆炸之初产生了多少氢,由于氢结合成氦,又可以计算出产生了多少氦,根据对现在宇宙中这些元素的含量及其他条件做出的计算,与现在宇宙大爆炸学说所作出的计算相符合。这样我们就可以回到恒星演化理论上。第一代恒星主要由氢、氦组成,它们在宇宙大爆炸中产生,此时其他元素还未形成。如果这个理论是对的,那么可以说万有引力在宇宙最开始时与其他三种力也是结合在一起的。尽管我们现在还没有将它们全部统一在一起的理论,但今后50年之内,有关的理论将被建立,这样我们就会得到关于宇宙历史的基本图像。

大爆炸理论不是说开始就有一团物质,大爆炸开始后这些物质就分散到宇宙空间去;而是说大爆炸就是创造物质、创造各种力的过程,也是创造时空的过程。在宇宙的膨胀过程中,氢、氦元素形成我们现在所说的星系,然后恒星在这种星系中形成,并在其内部产生新的元素。这些元素被抛散到外部空间去,形成气团,这种含有更多元素的气团坍塌时,就可能形成岩石。在某些恒星上产生的化学过程可能形成一些分子,这分子具有自我复制的能力,它们的产生就导致生命的起源。这个关于宇宙历史的理论是这么的完善,以致于我们可以计算或预言宇宙将来的发展情况。

在这个大的宇宙图画中也有漏洞。第一个重大问题就是关于星系是怎么形成的。是星系先产生呢,还是包括星系的星团先产生呢?在宇宙的早期,是否有时间产生一些如箱子般包容星系、星系团的大的结构呢?第二个问题即关于生命的起源问题。那种具有自我复制能力分子是通过怎样的过程由以前的物质分子产生的?

尽管在这个大理论中存在许多问题，但我们还是看到事情正在逐渐联结为整体。在科学中没有什么东西是绝对确实无误的，或许将来我们不得不丢掉我们已探究到的宇宙大图景中的一些片断，至少要对其中一些内容作出修改，但是这个理论可能有错误，绝对不能成为可以忽视这个理论的理由。我们不仅仅要满足于了解一个时代的科学所取得的成就，这固然是重要的，还要了解为什么这些科学所取得的成就是重要的。下面，我提出关于科学的几个问题。

一、在这个时代，科学几乎将所有的事情统一起来了。科学家们甚至想建立一个关于宇宙全部图景的学说。那么，这样一个宇宙图景给我们提供的是一个关于宇宙实际状况的理论呢，还是又一种神话、传说？现在许多哲学家说，科学不过就是关于神仙的故事罢了。那么，必须提醒的是，科学这种"神话"与普通神话有重大的差别，科学所具有的三个特征是普通神话没有的。第一，科学特别注意它所讨论的对象的细节，成千上万的科学家对化学物质、物质起源、宇宙尘埃中有多少物质、各种物质的比例等等，都作了许多努力，普通的神话是不会付出这么大的代价，作出这么大的努力的。第二，科学力图说明所有的一切细节，而神话在说明关于世界的某个细节时，是不会顾及到其他细节的。第三，科学知道如何判断它所提出的理论，知道如何改变我们的观点，修正某些东西的谬误，而普通神话是不会这样做的。

二、科学是有趣的，问题是除了满足好奇心之外，科学理论对我们有什么重要意义呢？第一，科学能够给我们超出信仰之外的力量，能给予我们对我们所面临的环境的控制能力，使我们力求避免对我们不利的事情。第二，科学能帮助我们理解我们自身、宇宙、宇宙与我们的关系，这种理解也是一种力量。这就涉及到这样一个问题，即人们是如何得到现在科学所描述的图画的？对这个问题的回答，可以帮助我们理解科学对人们的重要性。我们的注意力总是在日常生活中，就进化讲，这样产生的就是一个日常生活的大脑，那么，这样的大脑如何取得了如此巨大的科学成就，以至远远离开了日常生活的需要？答案就在于进行过程中。比如说，第一，人类在考虑他和其他动物共同面对的环境外，还可以考虑除生存外对人会有帮助的可能性，可以考虑其周围的广阔的世界。第二，语言不仅增加了我们生存的能力，而且可以用来交流思想。彼此间进行批评，促进共同发展。此外，人们还取得了一种能力，即能够用数学归纳某些观念，这些观念超出我们日常的经验。

三、关于量子场的问题。按人们的传统思想，物体的每一个性质特征有且仅有一个数值，但量子场论反对这种说法。按照其理论，在各个点上，物体并不具有单一的性质，它具有各种各样可能的性质。在量子场内，所有这些可能性在每一个点上同时存在，即使这些点相互不同，由于它们都有确定的位置，我们就能看到物体。如果说存在就是确定的质，那么物体是不存在的。我们可以用量子场论解释宇宙的产生。有几种可能性存在，但不知哪种正确。一种可能性即宇宙会消亡。宇宙的质量相当大，由于引力的作用，它会逐渐缩小，以至于消亡。现在还没有证据说明宇宙会按这种方式发展。另外一个可能性是宇宙会继续膨胀。物理学家会说，在遥远的将来，所有的恒星都会衰亡、变成黑洞或燃烧过的灰烬，所有的生命都会死亡，这些黑洞与宇宙的灰烬会继续衰亡以至消失，构成这些物质的原子也会消亡。到那时，宇宙剩余的东西就是电子、质子、各种射线。

问题是，这一切可能并不是对的，这一切都可能会被否证。科学中没有任何东西是绝对正确的，将来可能会出现各种各样的怀疑。在哲学史上，哲学家提出许多理由对知识提出怀疑，这是一种怀疑的态度，其中最著名的是笛卡尔的普遍怀疑的观点。如果怀疑就是怀疑一切的理由，如果可以怀疑命题是真的，也可以怀疑其否定命题是真的，那么这种怀疑不能称之为怀疑。按科学的原则，我们应该在两种命题中作出选择，像笛卡尔和其他哲学家所提出的怀疑一切，仅是提出这一怀疑可能产生的理由，而不是提出问题或表达问题的方式。怀疑科学没有确实地证明它所提出的一切，这种怀疑是没有意义的。具体的科学中的怀疑应该是具体的。有根据的准确表述,使科学家能作出选择,因此不能说科学是不可信的。也许将来某一天,我们会发现这些科学理论的荒谬,但在证据提出来之前,我们没有理由怀疑它们。

　　　　　　△ 朱志方教授现场翻译　记录整理:姜德增

●张曙光　河南大学管理系原教授
　　　　华中理工大学哲学系教授

人的世界与世界的人

[在华中理工大学讲演]

人是世界的一分子，世界本是先于人并且不依赖于人，常识和哲学教科书都这样告诉我们。"世界的人"好理解，又怎么会有"人的世界"一说呢？而且居然说这是马克思主义哲学的思想。稍有哲学兴趣的人一定要追究下去的。

以下我今天演讲的题目也是我一本书的标题。这本书还有一个副标题："马克思的思想历程追踪"，是对马克思的一个重读、重新阐释。我要从三个方面来讲这个问题。

第一，"人的世界与世界的人"是一个什么样的命题。

"人的世界和世界的人"，这个哲学命题来自于生活实践、生活经验。我们都在世界上生存，这是一个客观事实。我们不仅在生存，而且总希望在一个尽可能大的范围内肯定自己、发展自己。为此你们从家乡来到武汉上学，我则从河南来到这里开会、演讲。本来，我的世界里没有华中理工大学，没有在座的诸位；你们过去的世界里也没有我，现在我们的世界扩大了、相遇了，为我们共同拥有了。人类总是这样不断地向外部世界开拓、创造和选择，并且把一个原来不属于我们的、异己的世界，转变为属于我们的、家园式的世界。古希腊智者普罗泰戈拉说过："人是万物的尺度，是存在者存在的尺度，也是不存在者不存在的尺度。"从认识论、价值论上看，这是有道理的。如果没有人,那么世界就丧失了意义,并且我们不知道世界是否存在。当我们承认世界存在时,我们自己也存在着,世界是人类赖以生存于其中的世界,人类是世界的对象和参照系。当然,问题还有另一面,"万物也是人的尺度",因为人和外部世界是对象性的存在关系,离不开构成对象的两方面。

　　过去的哲学教科书里,曾批判过胡适这样一句话,大意是,世界因人而异,地质学家看来,世界由各种岩石、土壤构成;生物学家眼里,世界由各种动植物、微生物所组成;诗人、画家心目中,世界则充满了诗情画意,各种形象和色彩。这种看法,冲击了我们过去的"唯物主义"。过去的"唯物主义"认为世界是纯粹客观、绝对一元的,这就抽掉了人与世界的主体性关系。抽掉了这个关系,自在的"世界"本身并不存在主观还是客观、一元还是多元的问题。过去的教科书一上来就讲哲学是关于世界观的学问,世界观是人们对整个世界的看法。那么我要问,什么是整个世界?既然世界是无限的、永恒发展的,人怎么能够把握"整个"世界?这个说法没有顾及到人类就是世界不可分割的组成部分,没有顾及到今天人所把握的世界和后人所把握的世界有很大不同。事实上,包括人类在内的世界既是一个自为因果、自满自足的统一实体,又因为人的存在而具有了双重性、多重性,一个统一的实体分化为自在世界和属人世界、主体世界和客体世界,这才产生了世界的客观性和主观性、一元性和多元性的问题。从整个哲学史来看,哲学的基本问题正可以概括为世界的统一性和人的主体性的关系。过去哲学界研究世界统一性并没有和人的主体性挂起钩来,所以让人产生了唯物主义只重视"物"而漠视人的感觉,这就倒退到费尔巴哈以前的"唯物主义"上去了,因为费尔巴哈的唯物主义还强调人是自然的真理。实际上,人的主体性的提高,人的自由全面发展,正是人在分化和整合世界、为自己创造一个对象世界,即把世界的丰富性和可能性加以展现并内化为人自身的知、情、意等各种机能、各种需要的结果。从这个角度思考人与世界的关系,思考各种现实的或理论的问题,提醒我们注意,研究人就要研究世界,研究世界就要研究人,因为人和世界是互相确证、互相规定的,人的命运和世界的命运是一致的。所以马克思说,人的解放就是把人的世界和人的关系还给人自己。一个丧失了世界的人,也就丧失了自身。

第二,提出这个命题的意义。

首先,提出这个命题有利于打破自然本体论的思维方式。自然本体论是一种因果发生论的自然科学的眼光,认为先有一个客观物质世界,经过漫长的进化,出现了生物,并最终产生了人类。按照顺时的自然发生的因果序列的逻辑来看待人和世界关系,是一条重要的思路,也有它的合理性,但局限性也很明显。按照这一思路,先在的总是比后生的重要,先在的决定后生的,后生的可以还原归结为先生的。而事实上,事物发生发展的终极原因并非一种排除结果的单纯原因,而是各因素的相互作用。例如人类的产生就不是单由自然原因决定的,而是在类人猿和自然环境相互作用中生成的,并且人一旦产生,就反过来改造自然,成为自然界进一步变化的重要能动因素,以至于离开了人,我们就无法理解我们周围世界的变化。所以后生的往往比先生的重要,因为它是先在事物的较充分的发展,代表并主导着事物的进化方向。马克思就指出过:人体解剖是猴体解剖的钥匙;并认为"资本"作为过去死劳动的积累又反转来支配着活劳动。另外,自然本体论的观点还导致对人类及其实践活动的忽视,因为自然物质世界是无限广阔的,而人类及其实践毕竟是在地球上进行的,充其量达到对太阳系银河系有限距离的观察和影响。再大的有限对于无限而言,也是太小了,小到可以忽略不计,那么人类对于无限的世界不就成了无足轻重的存在了吗?的确,人类有时需要从这个角度观照自己,限制妄自尊大,自我膨胀。然而,人类不能总是处在自我压抑状态,人类是发展的,从可能性上讲,人类的发展也是无限的,自然的无限并不比人的无限更优越,而以人的实践活动为中介,自然的无限和人的无限可以互相贯通、转化。自然物质世界尽管具有先在性、独立性,但是在人类出现之后，它就逐渐地被纳入人的生活实践的范畴，作为人类生存、发展的要素、条件而存在。人类首先不是为了自然物质世界而活着，而是为了自身而活着，人类自己就是目的。并且，人类作为自然物质世界高度发展的产物，自觉地体现了自然物质世界的能动性、自由性，因而人是"宇宙的精华，万物的灵长"，人又何尝不伟大！

人和自然关系，从根本上说是俱损俱荣的，像现在一些地区的生态平衡被破坏了，人的生存条件变得恶劣了，人自身的生存和发展也就陷入了困境。所以我们既要超越"人类中心主义"，又要反对拜物教。

从我以上的演讲中，我们便可以形成关于一个多样、多重、多元而又统一的世界的辩证认识。我们不仅生活在物质世界中，还生活在人为的、情感的、价值的世界中。知识分子就更看重人文环境。有些地方物质条件不一定太差，自然环境也不算坏，但人感到在那里难以生存下去，就是由于那里的人文环境太差。

维特根斯坦曾说过，人的语言构成了人的世界的界限。一种语言构成一个世界，无论是人工语言还是自然语言。不掌握人工语言就进入不了比如计算机的世界；汉语和英语也反映了不同的世界。中国的唐诗、宋词的美感、境界，外国人即使初步学会了汉语，也很难体认。就是中国人，缺少这方面的修养，鉴赏水平不高，你也很难进入这个诗的世界。

英国哲学家波普曾提出一个著名的论点："世界1、2、3"，亦即存着物理、观念和作为人的精神产品的知识这样三个世界。实际上，世界何止3个？30个？300个？无限多，这个世界多种多样，又因人而异，我们每一个人都有属于自己的世界。但与此同时，世界又具有统一性，我们又共同拥有一个包容一切人和物在内的无限的世界。这种观点，非常有助于我们打开视野，提高境界。如果人们会误以为自己所把握的那个世界是唯一的、完全客观的，意识不到自己把握的那个世界有限性、相对性和主观性，也会因此导致人的自我封闭。有些人一辈子生活在一个狭小的、烂熟的环境中，坐井观天，还以为天就这么大，全不知天外有天、山外有山，不知道"前面的世界更精彩"，就会禁锢自己，陷入停滞。相反，承认每个人的世界的有限性、主观性，又承认整个世界的无限性、开放性，人们才能冲出自己的小世界，相互交往、相互敞开，彼此进入对方的世界，这样，一个多元统一、丰富多采的大世界才会出现在每个人面前。

这个命题还要求我们把人类的发展看作是一个有机系统，一个总体化过程。"人的世界和世界的人"，不是一个既定的、完成的命题，而是一个动态的、生成的命题。凭借实践，人类在不断地破除着世界上的各种障碍、壁垒。世界有分野，但无禁区。打破自然的和人为的束缚，就能不断地在更大世界的规模上发展自己。康有为在他的《大同书》中提出"破九界"，从而达到"大同世界"，以一种近乎乌托邦的语言指出了人类与整个自然界的统一性，体现了庄子"天地与我齐一、万物与我并生"的思想。用现代系统论的观点看，人和周围世界的确构成了一个有机的内在关联的总体。靠破坏、消灭自然对象来发展我们自己，那就无异于自毁长城、自掘坟墓。人类担负着天然的使命，这就是保护、拯救整个世界，使周围世界和人类一起得到发展，繁荣。当然，人和自然的关系和人与人的关系又是互为中介的。人们对自然采取敌视态度，与人对人采取敌视态度往往是相关的。正是因为人们从阶级、民族、国家的利益出发，才干出竭泽而渔、以邻为壑的事情，将来人类真正成为一个利害攸关的共同体，才会从全人类的利益出发考虑问题，把世界作为家园来建设。

最后，谈谈第三个问题，如何建设一个美好的世界、美好的家园。

着眼于人的世界是一个有机系统，建设美好的世界的关键便是抓住这个系统的发展机制，使各项事业都进入良性循环。

人的世界最根本的发展机制是人的社会实践。实践是人的对象化和对象化扬弃的活动。对象化是把我们自身的本质力量物化、外化,以对象的形式实现自己、肯定自己。而扬弃对象化,就是将自己的本质力量重新收回并将其放大。

实践是自觉的,不是盲目的,要靠实践观念来指导。什么观念？三个观念,一是经济效益观念或者说是功利观念,二是伦理道德观念或者说是公正观念,三是自主自由观念或者说是超越观念。人的实践讲经济效益、讲功利,力争投入最小,收益最大。人和生物都要遵循这一原则,投入大,收益小,入不敷出,就要灭亡。但是,仅仅遵循这个原则是不够的,人类不能像动物界那样优胜劣汰、弱肉强食,因为人类有血亲伦常关系。还要脱离愚昧和野蛮,走向文明和人道,所以,要遵循伦理道德,在实践中贯彻公正观念。我们讲搞社会主义市场经济,要效率优先、兼顾公平。不公平,伤害了人的正义感和道德信念,社会就不会安定,效率也会降下来。人类讲效率功利,讲公平合理,又都是为了实现自主自由,要达到自主自由,就要在贯彻以上两个原则的同时,讲"超越",不仅超越低效率和不公平,还要在精神上超越一切世俗的东西,不为一切外物所役,不为欲所困,如同庄子所说的超然物外,作逍遥游。冯友兰先生讲,人生有四种境界,一是"自然",二是"功利",三是"道德",四是"天地"。天地境界,就是我们所说的超越原则在人们精神上贯彻的结果。

上述三种观念或三大原则,也就是我们所说的"真"、"善"、"美"三个尺度。"真"是宇宙的、人类的尺度,在真理面前人人平等；"善"是群体的尺度,它要求个体维护群体利益、个人对集体负责；"美"是个体的尺度,美因人而异,具有最大的主观性,然而,美又是自由的体现。这三个尺度有差异,又具有统一性,落实到每个人身上,就是要使每个人的认知、情感、意志能力得到全面发展；落实到整个社会,就是形成一种社会的理性规范系统,市场经济基础上的科学、民主、法制和文学艺术的自由创作,使社会步入良性循环,形成自激励和自约束的机制,这个机制确立并正常地进行起来,人的世界就会朝着"真善美"的乐园演进。

△ 记录:轶名　本人整理

经济与社会

● 樊　纲　中国社会科学院经济研究所研究员

跨世纪的中国经济

[在清华大学讲演]

这个题目很大，只选几个方面讲一下。"跨世纪"要求分析经济的定势。经济学有两个基本问题：一是体制问题或者人际关系问题，一是经济增长问题。总的来说，经济发展的概念不仅包括物质生产的增长，也包含体制的改革，这是一个过程的两个方面。我准备讲两个方面的内容：1. 中国经济改革、体制变化的趋势；2. 经济增长过程中的几个特殊问题，比如转变增长方式、农业发展与地区差异等等。

一

首先讲改革。怎么看十几年来的改革？有一点，改革和很多经济问题一样，不是该不该的问题，而是一个利益冲突的问题。任何一个制度，都是涉及到多个人的行为和利益的规则。一个制度改革如果使某些人受益但又不使其他人受损，那么这在经济学中就叫

"帕累托改进",这种改进当然比较容易通过。但现实中改革总会受到部分人的反对,当然你可以说这是认识问题,是这部分人眼光短浅,但多数情况下这部分人是清楚自己利益的。他们反对是因为既得利益受损,哪怕将来可能有利益。由于触动某些人的既得利益,改革会充满阻力,于是改革就要面临一个基本问题——怎样去克服阻力?以及怎样使改革变得可以接受?

比如说价格改革,使用"双轨制"办法,把定量供给的"粮票"部分维持在固定价格,即是说在先不改变既得利益的基础上开放自由市场,通过市场发展使"增量"部分越来越大,"定量"部分越来越小。在这个过程中,没什么人受损但有人获利,这就是一个"帕累托改进"。改革之初,多数举措均如此,故而容易被接受。但是当要改革旧的体制时,阻力出现了,从经济学角度看,最根本的就是利益冲突。比如国有企业,要触动上亿国有企业职工利益,这决不是个别人想不想得通的问题。

不能简单地认为:设计出好的经济关系,凡不支持的就是反对改革。关键要看到其后的利益问题。制度不是设计出来的,它是人与人之间的关系。我们现在的出发点是旧的体制,向新体制过渡,必然充满各种矛盾。改革方案的可接受性表明它触动的利益的大小。

中国经济改革从1978年来逐步发展,基本上走了一条渐进的道路,这不仅是个时间概念,也是个方式问题。中国改革成功靠的是先基本不触动旧体制,先在一旁发展一个新体制,靠新体制的增长来改变旧体制。东欧、前苏联1990年后走的另一条路:直接触动了旧体制。中国之所以这么走,是因为改革之初,旧体制还能提供一定利益,比如1978年"文革"结束后,经济仍有百分之十几的增长,整个体制也不像前苏联70年以来的那样弊病累积,已走到尽头,因此当时不存在打碎旧体制的要求。那么农村为什么改革比较彻底,两三年内就实行了联产承包责任制,然后发展为个体农户,接下去是乡镇企业呢?因为建国30年来是靠抑农进行的社会主义工业积累,再加上中国人多地少,农民收入长期停滞,生活水平很低。我们曾做过分析:当时工人收入还在增长,而农民收入却停滞了。农民在旧体制下已无既得利益,自然接受改革。在农村改革基础上,城市也开放一片市场,实行"双轨制",踏上了渐进改革之路。现在非国有经济已从原来的占 GNP 的不到 10% 增长到 60%,税收增长要占全部税收的 40%,这个过程中,国有企业仅是在不改变所有制体制的方式下进行管理方式的改革,总的来说,是旧体制框架内的局部调整。我们之所以看到国有企业财政恶化,就在于一方面自身矛盾不断累积,同时又受到非国有经济的挑战。

进行渐进式改革,总有人说太慢了;而进行激进式改革,总有人讲太快了。当我们看到国企亏损、大量补贴、各种三角债等问题时,确实感到着急,希望更激进一点。但根据一般的逻辑,改革作为一项社会工程,从来都是不到危机很严重时不会出现很大的力度。从中国现在的各种条件分析,仍然是一种渐进式改革,而且可能拉得时间相当长,原因恰恰也在于有一块非国有经济的增长。比如南方一些地方非国有经济已达 90%,如果你问为何不把那亏损的 10% 也改过来,地方官员会告诉你,财政收入已经够多了,宁肯掏出 2000 万元来补贴那亏损的 10%,也要省却别的麻烦。这就是说,非国有经济的增量足够大时,可以补贴国有经济,这相当于个人和非国有经济的钱存到银行,国家再把这些钱贷给国有经济。但如果没有非国有经济的巨大增量,国有经济也接受大量补贴,就会出现俄罗斯的情况——高通货膨胀。因为它的补贴全靠印钞票。而我们由于有了一块非国有经济的增量,补贴无论是通过财政还是银行,都是真实收入的转移。所以我们的通货膨胀还不是太高,管一管还管得住。(全场笑)也正是因为这一点,尽管经济问题很多,但社会上的危机感却不严重,这时人们改革的动机一定不够,阻力一定很大。

一个改革措施没有人反对,只能是大家都觉得改了对自己有利,而不是靠思想上多么"改革开放"。(全场笑)尽管改革是不可逆转的,但每个人所说的改革不一样。在这个问题我拥护改革,但在那个问题我有可能反对改革。只要目前利益还有增大的希望,很难设想出现激进的变革。因此,从大的趋势看,跨世纪的中国经济在几年内还将是渐进式的改革。应该说这不是不改,各个领域现在都在往前走。老说"国企动不了",其实现在也在动。根据劳动部门资料,去年有500万名国有职工离开国有部门,这是相当大的数字,1994年第一次国有企业职工人数绝对下降,这是因为部分国有企业职工认识到到其他地方工作利益可能更高。没有十全十美的制度,也没有十全十美的改革。激进改革的增长潜力可能会大一点,估计今年波兰经济有8%的增长,捷克有5%,俄罗斯的通货膨胀降下来了,汇率也稳定了,正从谷底往上走,但也存在多种问题。我们的渐进式改革不是什么坏事,虽然双重体制长期存在,资源配置长期失效,但作为一个相对落后国家保持经济增长,渐进式自有它的好处。大家希望改革有更大的进展,现在转轨期出现的假冒伪劣、腐败等问题,都与我们的法制建设有关。须明白西方成熟的法律是花了几百年时间不断磨合而来的,咱们把它抄来了,并不等于马上实现法治。如果花40年能建成一个基本框架,就已经算不错的了。

二

下面讲改革与增长两方面结合的问题,即增长方式改革,用中央文件的话说,就是"变外延式增长为内涵式增长"、"变粗放型经营为集约化经营"。这话不错,但却是前苏联30年代、我国60年代讨论过的老话题。为什么我们总是滥用资本?只是扩大规模,不在效益上作文章?这也是社会主义国家的通病,前苏联经济模式的典型命题。在我们的经济当中,资本的权力最弱;本来我们劳动力过剩,最缺的是资本,但人人都在想方设法吃资本,剥夺资本利益,少给资本回报,所以这不是增长方式问题,而是体制问题。国有企业的投资体制是,大家都花国家的钱,结果国家的资本就最不值钱。所以这次讨论应落实到体制上。这里面涉及的实质是财产权问题。我们是从经营者——最多是从国有资产所有者的代理人(如国有资产管理局官员)——的角度来关心资本问题,而不是从所有者的角度关心资本效率。相反,股市上,股民天天睡不好觉,赔了钱能自杀,这才是从所有者角度关心问题。就是财产关系不顺导致我们叫了多年仍解决不了增长方式问题。

除了财产关系归属外,还存在一个如何增长的问题。现在"改变增长方式"的说法被很多人等同于"发展高科技产业"。对中国而言,不能忽视劳动密集型产业。大家要分析我们这个穷国到底处于什么地位。不知道在坐各位是否学过经济理论中的"比较优势理论"和"增长模式问题",对应四种生产要素:劳动力、自然资源、资本和技术,有四种产业:劳动密集型、资源密集型、资本密集型和技术密集型。我们来分析一下我国的"比较优势",凭心而论,恐怕主要是劳动力成本低,市场大。现在美国是资本密集型为主,辅以技术密集型,欧洲是技术密集型,中东、澳大利亚是资源密集型,亚洲主要是劳动密集型。韩国和中国台湾经过几十年发展,正在失去劳动力成本低这个"比较优势",资本因此向我们转移。中国若能吸引全球的劳动密集型产业就"发大财"了(全场笑)——当然印度是竞争对手,宣称要赶上中国的人口(全场大笑)——会有很大的潜力。中国还远未脱离重点搞劳动密集型产业的时代,沿海有些地方叫嚷要"上档次",看不起"小作坊",不欢迎外来劳动力,要搞高科技,结果吃了苦头,有些地方经济确实出现了衰退。从经济战略来看,不宜过早丢掉劳动密集型产业。

下面谈谈农业。最近世界上有人说谁来养活中国人,这有个大背景:中国农业很不稳定且后劲不足。粮食需求增长来自两方面,一是人口的增长;一是食物构成发生改变,吃一斤肉比吃一斤面消耗的粮食多。中国的农业问题出现在这个经济阶段非常正常。从根本上说,现在是农民没有农业投资和经营农业的积极性,因为农业劳动成本太大,回报率低。有人说,农业可以搞规模经营,报酬会很高。这不错,给某户200亩地,他的报酬一定很高,但其他人怎么办? 农业不存在该不该搞规模经营的问题,问题是你搞了,别人怎么办? 农业一是投资动机问题,一是利益冲突问题。如果你有了动机,别人可能没有活路。是故中国农业从增长来讲确实有困难,但换个思维方式,这不等于中国人会挨饿。外国人说:中国将缺少粮食,谁来养活中国? 目前中国人对此的典型反应是我们一定要自己养活自己。但是,虽然农业技术每年进步,出现一次"绿色革命"却并非那么容易,还有一个经济合理性问题。没有投资热情,土地会荒在那儿没人种。有人提出大幅度提高粮价,这意思是绝对不能进口粮食,然后把大批国民收入转移到农业中去。但要把大批资源投入农业,经济上合不合理? 我们有无足够的钱用于补贴农业去抵御进口? 提价工人干不干? 去年粮价涨了50%,通货膨胀已高得吓人了。于是造成恶性循环:提工资、劳动力成本增加,吸引不了外资。从国际资源配置角度理解中国农业发展的问题,其实并不复杂。最近两年还有一个论调,中国经济增长需要资源,这会导致世界能源价格上涨,从而夺走西方人的就业机会。这种论调与中国缺粮将导致全球粮价上涨如出一辙。看经济问题应从全球资源配置着眼,只要生产出足够多的工业品,换来外汇,买得起外国粮食,这也是自己养活自己。这是个思想方式问题。

1995年7月在韩国举办一次东方与西方关系的研讨会。一位美国历史学教授讲,11世纪时,中国的航海技术和欧洲是同一水平,但中国人没有走出去,结果西方走出去建立了殖民地,开拓了新疆土,从而有了在全球范围内解决自己问题的思想方法。我个人的理解是:西方多实行长子继承制,老二、老三没有生存资本,于是做了骑士,出外开拓;中国则七八个兄弟都拴在一块土地上,总搞内耗,眼睛只盯住这块土地,不断地分下去,没有形成在世界范围内解决问题的观念。我们以前追求自己养活自己,这恰恰美了西方人。首先,费了很大劲发展农业,配置了大量资源,耽误了工业化,给了西方人大量的就业机会,其次,这又使世界粮价稳定,保持了西方人的生活水平。现在已改革开放,一定要以全球眼光审视问题。现在日本60%的粮食靠进口,中国的进口不到消费总量的5%,我想就是10%~20%也不成问题。有人担心受制于人,其实,一、世界上粮食禁运基本没有成功的例子;二、不是怕人家不给,而是人家怕你不要,要与你签长期合同。为什么呢?现在很多国家农民都轮休,限制粮食生产,靠政府保护农业,生产了没人要政府还得以保护价买进来。所以咱们现在进口等于享受人家的农业补贴。(全场笑)现在说农业自力更生与21世纪的中国经济已经很不适应了。

最后谈一下目前存在的地区发展不平衡问题。这其实是经济增长过程中很难避免的。有人质疑先发展沿海是不是错了?但请问,难道要先发展内地吗?"文革"时,"三线"建设就是先发展内地,造成了极大的浪费。优先发展沿海地区已是带动中国经济起飞的唯一出路。没有一定的地区差距,整个经济都动不起来。不能单纯以伦理观念来考虑经济问题。

解决地区差异问题,大家提出增加对内地的投资。我赞成增加对内地基础设施的投资。资本之所以去沿海,是因其位置优越、交通便利,资本投到那儿收益也较高。对于内地,一方面要帮助其提高发展基础设施,另一方面可以鼓励一些投资项目挪过去。内地有些地区由于交通成本、劳动力成本低,已吸引了一些资本。但大部分内陆地区,从长远来看,不可能取得同沿海一样的发展水平。要明白,并非任何一种产出都可以不分地区地发展。美国也还有地区差异,它的东西沿海、南部沿海、北部大湖区较发达,但中部粮仓,落基山脉前后也很贫瘠。但为什么美国没有人谈论地区差异问题?这就是前面所说的经济学是人的问题。美国70%的人口集中在13%的沿海地区,各地的人均收入差不太多。这就给我们一个思路:解决我国地区差异问题除了致力发展经济外,同时要依靠人口流动。现在大家忽略的是:一毛不拔的地区、没有资源的地区、交通落后的偏僻地区,不是投资怎样进去,而是人口怎样出来的问题。

这几年,"打工仔"等现象是很好的现象。中国的经济平等应是人均收入的平等,而不是各地区经济发展水平的平等,不可能处处盖工厂、大厦。从经济学道理讲,只要外出谋生的收益大于你在当地的收益和迁移成本之和,就应该外出谋生。有人问,这么多人出来上哪儿去?我的回答是到有收入的地方去。沿海发达地区,要准备承受更多的人口。当地人可能要说:我们这儿人已经很挤了,怎么还往这儿来?交通拥挤、犯罪率高怎么办?所以现在沿海城市采取措施排挤外来者。但这是不公正的。为什么你又要有高收入,又要有好环境,而别人却只能在另一边长期受穷呢?(全场笑)出现犯罪率高的状况,更多的应从体制上找问题。

我们应该看看西方,看看日本。日本就是全国都是沿海地区,但也还有经济相对不发达的地区。站在东京的高楼上四处远望,这边看不到那边,这其实就是人口相对集中来分享高收入。这是一种自然的平衡,其中包含着经济平等的思想。

不管各地区怎么看,更多的人口流动是一个大趋势,不这样解决不了地区差异问题。我们的发达城市应该作好吸收更多人口的准备,要有"大城市"的概念。不要只扩展已经很大的城市,也应该把小城市、中型城市变成大城市,像美国和欧洲一些地区那样形成"城市群"。这也是未来中国经济的一个发展规律。

△ 记录:清华大学人文讲座组委会　整理:万里鹏

● 蒋德海 华东师范大学法政系讲师

契约意识和法治文明

［在华东师范大学讲演］

现代社会是契约的社会。英国法学家梅因指出："我们今日的社会和以前历代社会之间所存在的不同之点,乃在于契约在社会中所占范围的大小。"在某种意义上,我国法治文明构建根本就在于对契约保护。对契约的重视,应当成为我国法治文明的起点。

一、保护契约是现代法治的核心

契约是一个古老的法律观念,还在古罗马时代,就有了相当完备的契约制度。而罗马法之所以能够在近代早期获得复兴并成为欧洲大陆法系和英美法系的源头,不能不与罗马法的契约观念和法律制度有关。从广义的角度看,罗马私法就是一种契约制度,整个罗马法的基础就是对契约的保护。近代以后罗马法的复兴,特别是法国启蒙运动,把契约观念推到了至圣。根据社会契约论,国家也是一种契约的产物,人民作为契约的一方,以受到国家对其生命、财产和自由的保护为前提。近代的社会契约论在解释国家起源的时候,大抵采纳了一种与历史不符的猜测。介绍他们对于社会契约关系的解释无疑具有合理性。马克思曾谈到人类历史的三个阶段:人的依赖社会、物的依赖社会和人的全面发展,其中"建立在个人全面发展和他们共同的社会生产能力成为他们的社会财富这一基础上的自由个性,是第三阶段"。这第三阶段实质上就是社会契约阶段。

契约和社会契约的观念,也是今日法治的基础。《新社会契约论》的作者麦克尼尔指出:"现代契约关系从总体上说是卢梭的概念的活生生的翻版,并且这种看法已被公众广泛接受,虽然他们有些人从来没有听说过卢梭,或从不知道有这样一个术语。"契约的普遍化已构成现代法制突出的现象之一。现代社会中,几乎没有一个领域不存在契约。契约的严肃性和普遍性是法治的基本标志。

在现代法治社会,契约维护着人们的关系,也维护着社会的安定。维护了契约,也就是维护了社会的安定,也维护了人们的正常关系。而法律维护契约,也就意味着维护了社会秩序。在某种意义上,我们社会中的一切无序、犯罪行为,归根到底都在于契约制度不完善。充斥于经济领域的诈骗行为,形形色色的地方保护主义,主人和公仆地位的颠倒,农村的乱摊派以及吃喝风的长行不止等等,都源于我们对有关契约的保护不力。因此,保护契约理应成为法治的核心。而契约的完整有效,也就意味着法治的健全。

同时,契约所涉及的主体方面的权利和义务的规范,是法制秩序的基础。所谓遵法守纪,就意味着尊重权利和履行义务。社会的失范,就是源于权利的使用和义务履行的失控。在法治条件下,每个人都有一定的权利和义务。我国宪法规定,每个人在行使权利和履行义务时都是平等的,不允许任何人有法外特权,也不允许任何人被强迫承担法律规定以外的义务。因此,法制所确立的秩序,实质上是对契约关系的各方权利和义务的维护和监督。超越权利的范围和不履行义务的行为,都是对契约的破坏,因而也违背了法律。

因此,法制秩序的根本,就是在现存契约制度下,确保契约各方权利和义务的落实,既要保护权利的正当行使,又要防止权利的滥用;同样地,既要保证义务的履行,又要防止强迫承担法律规定以外的义务。近年来我国一些地方从"三角债"发展到"三角抢",抛开其表面利益动机,其实质就是当事人违背了起码的契约规则。为什么欠债的人比债主神气,为什么车被人抢了的人就理直气壮地抢人家的车,其根本就在于契约的当事人违背了契约。社会是一个契约链,契约链的某一个环节遭到破坏,必然影响整个社会法制秩序的健全,而契约的普遍破坏,则是法制崩溃、社会失范的象征。因此,法治的建设,必须从契约的保护开始。

二、我国契约保护的滞后及其后果

我国改革开放以来,由于契约观念的缺乏和契约机制不健全导致的社会问题日益严重。市场经济的发展和契约观念的背离已经成为我国社会健康发展的重大障碍。突出表现在三个方面:

第一,社会契约观念的缺乏。社会契约论是近代自然法学派的理论前提,它的基本原则至今仍是法制的基础。根据其理论,国家产生于社会契约,社会契约的两个方面便构成社会的两个基本层面:有权的人和无权的人民,后者即平民。平民是社会的基础,也是权力的根据,一切权力来源于平民,又服从于平民。社会契约的根本就是要保护平民的利益。平民的利益得不到保护,就不可能有真正的法治。在现代法治条件下,社会契约观对于维护人民人身和财产权力、防止国家工作人员滥用权力是绝对必需的。但我们在解释法权的根据时,迄今仍持一种"统治论"观点。由于法权是一种统治权,权力的执掌者和其对象之间就成为一种治与被治的关系,造成"公仆"和"主人"关系的错位以及权力的滥用始终不能根本解决。最近国务院"纠风办"根据 30 个省(区、市)和 42 个部(委、局)的统计,我国一些党政机关利用职权无偿占用的企业资金竟达 12 亿元。而个别权力人员之滥用权力更是到了令人吃惊的地步。

其次,契约神圣观念的缺乏。契约神圣是商品经济的观念基础,发展商品经济而漠视契约神圣是不可想象的。但由于我们长期忽视契约意识的教育,加上封建特权意识的干扰,随着我国商品经济发展起来的不是对契约的尊重,契约神圣的观念至今不能建立起来。突出地表现为契约的任意性,有些人甚至把契约当作行骗的工具。社会上公开流传着"不骗不发财"的奇谈怪论,人与人之间,同行与同行之间的契约信任降到了最低点。同时,伪证泛滥,作伪之手竟伸向法律,作伪证的有律师、审计人员和国家机关干部。据上海宝山法院的统计,1995年该院先后在14起案件中发现了当事人的伪证,而1994年只有两起。这些现象严重干扰了我国法治秩序的健全。

第三,契约保护观念的缺乏。由于人们对契约的保护缺乏正确的认识,因而实践中对契约的保护严重不足。为什么一件普通的经济案件一拖就是5年?为什么市场经济下,一些封建腐朽因素反而有所滋长?为什么在法律条件下形形色色的"私了"会大量涌现?为什么简单的吃喝风就是不能根治?为什么执法违法现象在法制建设过程中反而逐年上升?所有这些,我们都可以从契约观念的缺乏和契约保护机制的不力得到解答。1995年,湖北监利县1000多位农民被湖南益阳某"有权势"的公司骗去人民币62万余元,农民们告到益阳法院,法院不管;找到公安局,公安局的官员回答他们:"这是市政府办的公司,我们吃的是市政府的饭,怎能搞你们的案子呢?"

对契约保护的不足,在实践中带来了严重的后果。

(1)最突出的就是引发和导致刑事案件大量增加。近年比较突出的非法拘禁案大量上升,这是一个很重要的原因。以正常法律程序不能解决,当事人因而触犯刑律,受害人反成了加害人。这类事例屡见不鲜。

(2)契约对有关人员的制约和约束也空前无力。与之相联系,玩忽职守和渎职失职现象日益严重。1994年,仅全国检查机关立案查处的玩忽职守案件就达4 920件,给国家造成的经济损失15.2亿元。据估计,每年因玩忽职守给国家造成的损失至少有几十个亿。

(3)执法犯法和权力的滥用。在某种意义上,我们社会中契约得不到保护的根本原因就在于执法犯法和权力的滥用。契约的失效,首先源于权力部门对契约的破坏。据有关部门统计,司法人员的腐败案件,1995年增幅较大,各级检察机关查办构成犯罪的司法人员达到3500多名。最近透露的浙江石化公司1300吨棕榈油被骗一案,汕头锦丰公司对法官"停止放货"的警告置之不理。河北曲阳县有些地方个别干部私设"黑店",乡干部和一些执法部门可以用任何一个理由,不出任何手续,把人送到一些老百姓称为"私人监狱"的个体旅馆或私人住宅,接受所谓的"法制教育",不管你有没有错,要想出来,必须交足罚款和住宿费。当地一些农民对这种"法制教育"吓得"浑身颤抖"。值得警惕的是,这种任意侵犯契约、漠视契约的现象,在我们社会生活的许多方面正在蔓延,严重危害我们的社会秩序。

(4)社会契约关系得不到保护,使基本的社会秩序不能维护。辽河油田有个仲丛军,在当地为非作歹长达十余年,人见人怕,他曾在熙熙攘攘的市场上手持菜刀把公安派出所副所长撵得噌噌跑;他曾七次把人砍伤,当地医院不敢救治,逼得被害人不得不到几十里外甚至外市、县去就医;辽宁义县老爷岭下的大榆树堡镇原党委书记于平印,人称"座山雕",在镇上纠集一伙打手,横行乡里,鱼肉百姓,为所欲为,他们竟可以在人家的婚礼上,强行奸污新娘!

三、关于我国契约保护的理论思考

首先,契约保护应成为我国整个法治的核心。严格意义上的契约观念是法国启蒙运动的产物,而近代契约观念的最大成果就是社会契约论,它是近现代法治的基础,在某种意义上可以说,没有社会契约观念,就没有法治。按照日本法学家川岛武宜的说法,它已经成为法治社会中"空气般的存在"。因此契约保护自然成为整个法治的核心,现代法治的一切努力都可以归结于契约的保护

——无非是广义和狭义契约之别。没有契约保护的法治,根本就不可能是法治。这一点,西方侵权赔偿制度很值得我们思考。为什么西方一件普通的民事赔偿,动辄就是几十万甚至上百万?殊不知这种大额赔偿的实质,恰恰体现了对契约关系的尊重。我国现行侵权赔偿制度,受害者所得赔偿往往与所受损失不符,有时甚至相差甚远。比如我国被害人受害致残时,只能得到医疗费、误工损失、生活补助费等赔偿,被侵害致残后只能维持一般生活水准,这实际上是让受害者在承受身心痛苦的同时,还要承受经济损失,显然是不公平的。同时,这也在客观上减轻了加害者的法律责任,使加害人逃避了部分原应由其承担的费用。这种现象产生的根本原因就在于我们社会还缺乏契约意识。在法治条件下,社会所要保护的契约不仅具有最一般的社会性,而且具有人格性。尊重契约、保护契约的根本是对人格的尊重。而这恰恰是近代以来法治的实质。

对于契约的重视,正是法治精神的体现,社会秩序的文明化首先在于契约的保护。作为我们生活中最普遍、最广泛的社会关系的一种形式,契约的秩序就是社会法治秩序的象征。因此,契约保护应当成为我们法治秩序的出发点,我国法制建设和法治秩序的构建,就意味着高效、合理、坚决地保护契约。

其次,契约保护与我国精神文明有着密切的联系。精神文明的中心是道德,而在社会主义法治条件下,道德是否可能的根本就存在于契约关系之中。人民是社会契约关系的主体,人民之所以守法,是因为人民是社会契约关系的一方。保护了契约关系,也就保护了社会主义道德。反之,人民的契约关系得不到保护,任何道德说教都将无能为力。"文革"以后,我国精神文明教育几乎年年抓,但近年来我国社会精神文明的现状并没有根本好转,在有些地方还在倒退。这除了政治和社会方面的原因以外,理论上忽视社会主义法制意识的教育不能不说是一个重要的原因。社会主义法制意识是社会主义精神文明的基础,而社会主义法制意识的核心内容就应当是社会契约的观点,社会主义条件下人民做主人、国家公职人员做"公仆"的定位,就是一种基本的社会契约理解。社会主义法治是近代法治的最高发展,而近代法治的理论原则仍然是社会主义法治的原则,没有这些原则,就没有法治。同时,也因为近代法治的理论原则,在资本主义社会中并不能真正实现,只有在社会主义条件下,才为启蒙思想家法治理想的实现创造了条件。因此,契约保护理应成为我国精神文明建设的核心内容,忽略了人民群众基本契约关系的保护,就不可能有真正的社会主义精神文明。

第三,契约保护与公民人格塑造。这涉及到社会主义法律文化的建设,而这是比实体法的创造远为艰难和重要的过程,它涉及到人们的法律心理、法律制度、法律实践、法律教育及人们从事各种法律活动的行为模式、传统和习惯,并由此影响到人们基本的社会行为和心理。社会主义法制在一定意义上就是契约意识和人格象征的普遍化,没有这种普遍化,我们就不可能与传统的封建法意识决裂,也不可能建立起崭新的社会主义法治文明。

但是,我们社会中,由于长期封建社会的影响,历来缺乏契约神圣的观念。而皇权神圣和封建特权的观念却延续了几千年,人民无人格的独立,就不可能有真正的社会主义公民和社会主义法治文明。应当指出,我国法制建设中,对社会契约意识和人格独立意识迄今仍重视不够,这是我国社会中执法犯法较多和公民素质偏低的原因之一。社会主义法制建设,就法治主体而言,就是要塑造合格的社会主义公民,没有合格的社会主义公民,就没有严格意义上的社会主义法制。而社会主义公民的前提就是人格的独立和契约意识。契约意识也就是公民意识,而且是最根本的公民意识。我国法制建设中,由于对契约的法治意义理解不够,那种带有封建性的法权意识仍在许多地方蔓延和泛滥。一些公职、权力人员甚至不具备起码的平等意识,浮夸风、假话风至今不能根绝,地方保护主义、行业性的垄断、各种乱收费乱摊派泛滥,有些地方已经发展到了明目张胆地敲诈勒索。这些现象产生的主要原因就在于我国法律文化中,权利和义务的观念没有真正形成。因此,彻底消灭这一现象的根本途径并不完全在于一般地依法治理,而在于全社会契约保护观念的确立。为此,我们认为,我国法制建设必须把保护契约作为核心。法治如果保护了契约,就保护了一切,法治如果不能保护契约,就什么也不能保护。

△ 本人供稿

赵孟营　华中理工大学社会学系副教授

社会学的理论视野

[在华中理工大学讲演]

一、社会学理论的价值与主题

在充满浮躁气息的氛围中重塑青年的人文素质是一个筚路蓝缕的过程。已有的努力常常在两个方面走向极端：一是教育者急于让青年们回归到思辨式的人文主义之中，用玄妙的语言阐述玄妙的哲理或历史。这种方式可以对青年起到震慑作用，但震慑之后依旧是茫然。二是教育者急于让青年们认识到现实的伟大与自己的渺小，用激情的语言描述、分析世俗的社会中的热点或难点。这种方式可以震撼青年，但震撼之后依旧是麻木。茫然与麻木的原因并非是教育者教育内容的不当，而是受教育者并不具备理解内容的意义并将这理解存留的基础。所以，真正的人文素质教育应当是悟性教育，通过这种悟性教育，让青年体悟一种平和、宽容的人格精神，并用这种精神观察一切世俗与理性的领域。而培养这种精神的有效途径之一便是让青年学习社会学理论。社会学理论一方面在世俗与玄学之间架起了桥梁，另一方面更重要的，能够熏陶出笑看世界的风度。这里的"笑"乃是领悟后会心的微笑。

社会学理论流派繁多，但主题十分明确，所有的理论都是围绕社会秩序这一核心问题而阐发思想的。从创始人的理论到最近的后现代理论,关注的都是社会秩序正常与异常的种种表现以及人们如何在秩序中生活又如何在生活中构建秩序。顺便应提到的是,关于知识的本质与价值,许多思想名家作了精妙的归纳,但就我个人看法而言,我认为所有的知识都是关于秩序的学问。自然科学、社会科学、人文科学的分野在某种程度上就是对不同领域的"秩序"作了不同的描述和归纳。我所说的"秩序"是一个广义的概念,要素的排列、要素的运动、要素运动的排列、要素排列的运动等都是其重要内涵。社会秩序构成了社会学理论的主题,社会学家们正是从不同的层次、不同的角度、不同的动机、不同的背景出发构建了自己的知识体系,使社会学理论形成了既纷繁复杂又珠联璧合的整体特色。囿于篇幅所限,这里仅介绍四个有代表性的流派的理论观点。

二、保守的眼睛——结构功能主义

结构是秩序的第一要义。"大漠孤烟直,长河落日圆"与"狂沙浸炊烟,浊浪掩红日"这两句诗要素相同(沙漠、炊烟、太阳、河水),但因建构方式不同,展现的便是两种不同的景象。社会结构是怎样的呢?

1. 社会是由行动建构起来的行动体系

社会的实体是各种社会群体和社会组织。表面看来,社会群体与社会组织是由社会成员组成的。但是,一个社会成员可以加入很多群体和组织(他可以同时是大学生、篮球队队员、书法协会会员、共产党员),这就说明社会成员并不是"整个"地投入某一个群体或组织,而只是"部分"地投入。社会成员是怎样分割自己的呢?进一步考察群体和组织,我们会发现,每一个群体或组织的成员在行动上有相似性,篮球队的人都会打篮球,大学生都要参加规定的课程学习和考试等。社会成员用不同的社会行动来分割自己,参加到多个群体和组织之中。因此,从本质上说,一个群体就是一个行动体系,一个组织也是一个行动体系。例如一个班级是一个学习体系,而一个学校是一个以教与学行动为主的行动体系。推而广之,社会的建构其实也是社会行动,一个有序的社会就是一个巨大的行动体系。这个巨大的行动体系至少有四个子系统:经济行动体系、政治行动体系、社会控制行动体系、家庭。

用社会行动的眼光来观察社会、社会组织、社会群体,我们面临的社会世界发生了景象转换:社会成员变成了行动者,社会的基础在于行动。这样,我们也就更能接近实质并能够回答这样的问题:为什么同样一个人在不同的场合中会有绝然不同的行为表现——因为不同的行动体系中对行动类型的要求不同。

2. 功能分析模式

任何一个行动体系(即群体或组织)要想在社会中获得生存,就必须具备四个基本功能。第一个基本功能是适应性功能,即行动体系应当适应环境。这种适应包括两个方面:或者是消极服从环境,或者是积极干预环境。第二个基本功能是目标达到功能,即行动体系能够动员其内部资源实现自己的各种目标。第三个基本功能是整合功能,即行动体系能够通过一定的手段在其各组成部分之间建立起基本的一致和团结。第四个基本功能是模式维持功能,即行动体系在行动暂停之后重新开始时能够保持规范模式的一致性。

这种分析模式对于我们观察和分析社会单位的正常运转具有强烈启发意义。以企业为例,用上述模式来分析企业的生存与发展问题,我们会发现,企业必须在四个方面都获得成功才能够在竞争中生存:它首先必须适应市场的需求。这种适应既可以是生产市场急需的商品(即消极顺应),也可以是生产市场似乎并不急需但可以通过各种方式(如广告)刺激消费者消费欲望的商品(积极顺应)。其次,每个企业必须明确自己的根本目标乃是效益高于成本,并能够不断实现这一目标(否则便是亏损乃至破产)。第三,企业内部必须运作一致,生产、销售、计划、管理、决策等各个部门要保证充分地合作与团结。第四,任何企业都应当建立完善的规范体系并将其严格执行,以在公众面前树立完整的、独特的企业形象。在这里,我想进一步说明的是,当一个企业发生问题,也就是发生功能障碍时,可能是四个基本功能中的任何一种、两种或三种,因此,不可能用一种方案来解决所有企业的问题,而必须判别不同的企业究竟是哪些功能发生了障碍。

3. 社会行动与行动体系功能的复杂性

"功能"应当是一个中性词,是指的行动或行动体系引发的各种客观效果。倘若以效果对社会秩序的贡献分析,可以将功能分为正功能与反功能,前者是指效果促进了社会秩序的协调性,后者是指效果降低或破坏了社会秩序的协调性。倘若从行动者的角度分析,功能又可分为显功能和潜功能,前者是行动者意识到的或期望的行动后果,后者是行动者没有意识到的或并未期望到的行动后果。

功能的复杂性通过对越轨行为的分析可以得到充分显示。越轨行为,在一般社会成员看来,似乎都是反功能的。但是,当我们把功能后果与特定的对象结合起来考虑后就会发现并非如此。越轨行为可以分为四类:第一类,接受规范的目标,不接受规范的手段(这类越轨行为者称为创新者);第二类,接受规范的手段,但不接受规范的目标(这类越轨行为者称为形式主义者);第三类,既不接受规范的手段,也不接受规范的目标(这类越轨行为者称为隐退主义者);第四类,反叛规范的手段和目标(这类越轨行为者是反叛者)。以第一种越轨行为为例。一个银行职员盗窃储户存款,他接受了经济成功的目标(这是合规范),但用了违法犯罪的手段,他是一个"创新者",但他的行动具有反功能。一个发明家发明新技术,他接受了创造财富的目标(这是合规范的),但他没有接受既定的程式(接受不规范的手段),他也是一个创新者,他的行动则是有正功能。因此不能简单地对某一行动的后果作一致性的概括,否则就容易作出错误的判断。行动的功能是复杂的,行动者也是复杂的。

三、激进的眼睛——社会冲突论

结构功能之义描述的社会世界是宏观、乐观和保守的,它关注和认同的乃是社会正常的、有序的状况,但是社会的动荡、社会的冲突是社会生活中永远难以回避的现象。社会成员个人之间,社会群体之间经常会出现对立、对峙、对抗的社会行动。因此分析社会冲突是社会学理论不能推卸的责任。

科塞指出:冲突是有关价值、对稀有地位的要求、权力和资源的斗争,在这种斗争中,对立双方的目的是要破坏乃至伤害对方。工人罢工、法庭诉讼、球迷斗殴都是冲突的表现形式。

1. 社会冲突是如何产生的?

关于社会冲突的起源,可以从个人与群体两个层次作出解释。

个人层次的解释:人在具备爱的本能时,也就具备了恨的本能,这恨的本能可以叫做"敌对的内驱力"。敌对的内驱力在某些情境中外化为敌对的情绪。这时,如果社会成员在理性领域中对社会结构合法性产生怀疑,那么敌对的情绪就导致冲突的产生。简单地说,就一个人而言,冲突起源是敌对情绪加上对社会结构合法性的怀疑。

群体层次的解释:所有的群体中的社会成员可以划分为两类:一类是处于支配地位的行使权威者,另一类是处于被支配地位的服从权威者。地位的不同造成了群体内利益鸿沟,掌握权威的社会成员努力维持自己的权威,服从权威的社会成员努力推倒支配权。这种对权威的争压便成为冲突的结构性之源。

在第二种解释中,隐含着一个重要观点:人们常常形成一定的"利益群体",或者说,"利益群体"是社会结构衍生的必然产物。当然"利益群体"的形成必须具备社会条件、政治条件、技术条件(如意识形态)。

2. 社会冲突的意义

社会冲突并非是一种异常的社会表现，恰恰相反，社会依靠社会冲突不断更新和平衡。首先，冲突能够建立并维持社会权力关系的平衡。既定的权力关系是一种冲突的结局，或者是双方妥协，或者是一方战胜另一方。当权力关系中被动的一方对自己的实力有充分的信心时，便会挑起新的冲突，直到达到新的为双方可接受（包括不得不接受）的权力平衡。其次，冲突会导致社会公共组织的建立。在冲突双方实力接近时，双方都希望通过有组织的方式解决冲突（例如谈判）。为适应这种需要，新的公共组织便产生了。此外，冲突还能够创造联合与联盟。

对于群体自身而言，其内部冲突的功能也是正反两方面并存的，当冲突的目标指向群体核心价值、冲突的群体的结构僵化、群体成员关系过于亲密时，冲突会破坏群体的团结，反之，冲突会促进群体的良性变迁。因此，一个优秀的群体领袖，应当学会合理引导、处理、解决内部各种冲突。

3. 冲突类型与安全阀机制

社会生活中的冲突，有两种基本类型。第一种基本类型，冲突是获得某种目标的一种手段，当有别的手段能够实现目标时，行动者统统放弃冲突的方式。例如一个婚姻当事人提出离婚讼诉的目的乃是能够离婚，诉讼是一种手段，假如能够通过协议实现离婚，那么当事人便会放弃诉讼手段（诉讼是冲突的一种形式）。第二种基本类型，冲突者为冲突而冲突，冲突本身变成了目的，冲突者只是通过冲突释放敌对情绪，并非为了获得具体的某种目标，例如一个学生遭受教师批评之后向同学发泄不满，寻机滋事。第一种基本类型称为现实性冲突，第二种基本类型称为非现实性冲突。非现实性冲突的产生统统是因为行动者不解或不敢发生现实性冲突行为而不得不用其他方式宣泄不满与愤怒。

每一个人在生活中都有发生现实性冲突的理由，但并不是都能够把每一次冲突用现实性冲突方式表达出来。而从社会和平衡角度看，如果社会过分压制冲突，压制敌对情绪的发泄，那么，敌对情绪不断在暗中积累,当其能量足够大时,会突然暴发而导致社会的反面崩溃。为此,社会必须提供一种机制,一方面既不能让现实性冲突过多而影响社会稳定,另一方面又要提供发泄敌对情绪的机会以避免其过多积累。这种机制便称为安全阀机制。西方国家的体育竞赛市场化、博弈化便是典型的安全阀机制。这对于管理社会有重要的启发意义。

四、第三只眼看社会——社会交换论

一个行动者(社会成员)为什么会服从另一个行动者(社会成员),冲突解决之后社会成员之间的交往的依据与标准是什么?为什么你与有些人关系密切而与另一些人关系很疏远?要解答这些问题需要从社会成员行动的深入剖析中获得成功。这种剖析是采取中立、超然的方式进行的。

1. 交换是社会生活的基础

社会成员的许多行为,都是期待交往对方某种回报或者是回报对方的。以对方的回报作为行为发展依据的交往行为称为社会交换。社会交换无所不在。教学活动是师生之间、教师与校方的一种交换方式,销售是商人和顾客的交换方式,演讲是学者或政治家与听众的交换方式等等。正是各种各样的社会交换组成了丰富的社会生活的画面。

与社会交换相关的一组概念分别是:报酬,即奖励社会成员或满足社会成员需要的对象,它可以是有形的(如金钱),也可以是无形的(如尊敬);期望,即行动者对报酬的预先估计,它影响行动者对交换的满意程度;成本,即行动者失去的报酬或蒙受的痛苦;投资,即个人拥有的特征(如相貌)和经验。

2. 人际社会交换的过程

社会交换的第一步是社会吸引(与他人交往的倾向性)。每一个社会成员都努力在交往对象心目中塑造富有吸引力的形象。创

造形象有两种基本途径,即价值观的表达与才能的"自吹"。彼此相互吸引的一群人构成一个交往群体,于是出现了为获得更多报酬的竞争,竞争的第一个目标是时间。在不断竞争中,群体内出现地位分化,形成了权力的分配体系,一部分人将权力当作成本支付出去,另一部分人则获得权力作为报酬。交换的继续促使权力转化为权威,群体开始整合,该交往群体的交换模式固定。

社会成员在社会交换中保持优势并不是一件易事。为保持自己的吸引力和交换中的独立性,社会成员必须拥有可供交换的战略资源,或者拥有获得同一报酬的其他交往对象,或者有强制力量迫使交换对方向自己提供报酬,或者能够减少对某一报酬的需要。

在社会交换中,金钱作为报酬价值是最低的(这与经济交换不同),而权力和尊敬是最有价值的社会报酬。社会成员要获得他人的尊敬和对其他人的权利,就必须对他人提供的各种有形报酬或无形报酬表示冷淡,或者能够垄断他人所必需的报酬,或者有能力阻止对方试图通过强制力来获得报酬的努力,或者能够切断对方获得报酬的替代来源。

3. 社会交换的公平性

从历史的、宏观的、整体的角度看,任何社会都存在公平分配原则。当社会交换普遍不公平时,社会将会崩溃。但社会成员个人和社会系统本身对公平原则的理解是有差异的。作为个人,社会成员判定社会交换是否公平的依据是两个:一个是他过去的交换的经验,另一个是对相同交换的比较。当他在这次交换中获得的报酬达到或超过以前类似交换所得到的报酬时,他会认为是公平的,否则便会认为不公平。同样,当他与某一交换对象交换中获得的报酬与他同另一交换对象交换中获得的报酬相近时,他会认为交换是公平的。

社会系统应当确认社会交换的公平模式,这种公平模式就是一个普遍的公平交换比率的理论值。当具体的交换比率围绕这个理论值上下波动时,那么可以认为交换基本是公平的,但是如果某一交换比率超过了理论值所允许的波动范围,那么交换就是不公平的。社会如何确定公平比率的理论值呢?这正是每个社会中行使权力的社会成员必须谨慎处理的问题。确定公平比率必须遵从多数成员的接受能力和社会本身的承受水平。

4. 社会交换的不公平性

社会交换既存在公平性的一面,也存在许多难以解决的不公平性问题。首先,一个具体的社会交换可能是平衡的(否则交换不可能进行),但这种平衡统统是以另一个层次的不平衡为代价的。其次,每一种交换都需要交换对方的共同投入,但是每一个交换者又都希望以最小的代价获得最大的报酬,这就导致社会交换的曲折变异。第三,交换的成功需要交换者有足够的吸引力,但是吸引力太强的交换者会引起交换对象的恐惧甚至敌意,因此有出众才能的交换者往往在交换中处于受攻击和受敌视的不利地位。第四,尊敬作为报酬,价值极高,每一个交换者都以赢得对方尊敬为最高目标。要获得尊敬就必须与众不同,例如批评交换对象的观点,但这就会导致交换中止。另一方面如果为了维护交换的进行而一味附和交换对象,那么你将永远得不到尊敬。上述不公平性源于人性自身的矛盾,因此解决起来极为困难。只有人本身发展到完美阶段时,才能彻底解决交换不公平性问题。

五、笑看人生——戏剧理论

莎士比亚说,人生就是一个大舞台。社会生活中人们的各种行为都带有某种程度的表演色彩。看穿这种表演之后,我们会发现生活其实是多么简单和朴实。

1. 每一个社会行动者都是人生舞台上的一位表演者

我们可以用戏剧舞台上演员的表演来类比社会生活中的行动者。首先,舞台演员有一个角色定位,而生活中的行动者也总在一定群体中拥有特定的位置(即社会角色),而且同一个角色,不同演员的诠释会有所不同因而表演效果会有所不同,同样,处于同一位置的不同社会成员,行动特点和行动效果也会有所不同。其次,舞台演员一方面要与其他演员密切配合,另一方面必须随时注意观众的反映,而生活中的行动者在一个行动群体内必须学会与其他成员合作协调,同时必须随时注意群体外一般他人的种种反映。例如一个篮球队队员需要与队友密切配合,又必须以良好的道德、过硬的技术赢得观众的赞赏。再次,舞台演员一方面必须按照剧本规定的情节和台词进行表演,另一方面又必须领会导演的解释性指导,而生活中的行动者一方面必须遵守各种社会规范,用这些规范约束自己的行动,另一方面必须服从特定社会成员(如群体中的领袖等)的指挥和要求,例如篮球队员要服从竞赛规则,也要服从教练和裁判。总而言之,生活中的行动者恰如舞台上的演员,每天都在演出一幕幕生活的戏剧。

2. 日常生活的戏剧分析

每一个人的生活区域基本划分为前台和后台两个区域。前台区域是指行动者正式行动(即发生社会性而非个人性行动)的区域,它有规定的情境和标准的、有规则的表达装备。例如教室就是教师的表演前台,上课铃声规定了上课情境,黑板、讲台则是表达装备。前台分为布景和个人门面。个人门面又分为个人的外表与个人的举止。作为观众,总希望表演者(即行动者)有着与外表一致的举止,当然也常常错误地把某种外表与某种举止必然地联系起来。一般情况下,前台是不为行动者所创造的,而是为行动者所选择的,即社会本身为行动者预设了许多表演前台,行动者通常只在这些前台中选择某一些来作为自己的表演区域。

后台是与前台相邻但区分明显的区域,它是行动者非正式行动或个人性行动的区域。前台展现的是理性的自我,后台展现的是自发的自我。例如教室是教师的前台,而宿舍则是教师的后台,回到宿舍后,教师可以做许多不能在教室做的事。应当指出,前台与后台是可以相互转换的。如在宿舍中打闹的学生听到有外人敲门

(教师、不熟悉的人)时,会立即停止打闹并立即整理宿舍,这就是把宿舍从后台转变成了前台。

3. 理想人表演

事实上,无论在前台还是在后台,行动者都希望给他人创造成功表演的印象。而另一方面,大多数的社会表演也必须是成功的,否则社会互动难以维持。要实现理想化表演,行动者必须掌握隐藏技巧和神秘化技巧。所谓隐藏技巧就是掩盖那些破坏表演效果的事实,例如政治家掩盖自己从政生涯中失败的经历。所谓神秘化技巧就是在表演者即行动者和观众之间制造社会距离,例如经纪人故意不披露明星的行踪,外交家故意不披露谈判的过程等等。

尽管如此,在行动过程中,仍然难免会有难以预期的意外情况发生而导致社会表演不成功或不协调,面对这种情况,运动者、非行动者(观点或局外人)都可以采取各种补救性措施。如预防性措施(事先设计好各种可能性及其应付办法)、保护性措施(如对于失败视而不见)等等。

每一个行动者都在努力使自己的表演成功。我们应当学会宽容、理解那些偶然失败者,因为无论成功还是失败,都是日常生活的题中应有之义。

△ 本人供稿

【编者絮语】我们面临的社会总是纷繁复杂,眼花缭乱,用一点社会学的概念来分析一下,或许能理出些头绪来。当然这能不能解决人文领域里的所有问题,还值得考虑。讲演者讲的是一个个理论框架,但讲得很有生气,有灵气,细细品味,很受启发。

● 赵明华　西北工业大学社科系讲师

松下公司的激励艺术

[在华中理工大学讲演]

　　日本式管理成为以人为核心管理模式的现代管理象征和典型范例。美国人感叹，他们的理论、模式被日本人大胆地实践着、拓展着；我们中国人也在为日本管理模式背后渗透及透射出的中国文化神韵和气息，而怦然心动和感慨万千。今天，我们以松下公司为窗口，走进日本式管理的经纬之地，探寻松下激励艺术的秘密。

　　松下幸之助经营的松下公司从家庭作坊起家，靠生产双插座接合器创业，发展成世界水平的卓越成功企业。松下公司经营实力位居日本企业综合实力榜首，世界50家最大公司之一，松下产品商标为世界十大著名商标之一。

　　松下公司内部蕴含着强劲的内聚力，对外积聚着巨大的开拓力。而这一切都凝结于松下精神里："产业报国、光明正大、友善一致、奋斗向上、礼节廉让、顺应同化、感激报恩。"

　　松下公司高度重视员工的素质训练，它众多的管理程序、条令、制度和规范都无法同管理中的注重人性，体贴人心相分离。

　　设在日本东京近郊的松下经理人员训练学校的核心培训课目有三：其一，松下精神、信条和经营理念的学习和领会；其二，小到电话礼仪、名片接送，大到合同签约、贸易洽谈等工商经营实务的训练和学习；其三，管理人员心理素质训练，包括体质、道德品质和个体素质。

商战不同情弱者,商业竞争更不相信眼泪。众多企业都把管理人员的心理素质放在训练的核心环节上,要求其在恒久毅力、自我控制、忍耐力等方面具备一流的素质。松下幸之助坚信:要取得任何工作成功,员工的耐挫力和承受压力等心理素质极为关键;任何成功、显赫工作的成就背后,都包含众多繁琐、枯燥的工作努力,这一切应该纳入学校的经理培训计划。

例如拔草课。划一片空地,每人承包一块。该空地几乎无任何杂草,却让你在规定时间完成这件工作任务。能否冷静、克制、忍耐而又心安勿躁、认真、扎实地完成这件近似刻苦的工作,将关系到你能否顺利过关。否则,等待你的将是更大的一片不毛之地和更为漫长的时间。

再如唱歌课。把身着漂亮礼服、手提高级办公包、仪表堂堂的未来管理人员,送到繁华的闹市街口或者人流拥挤的超市广场。你须站直身子,取出公文包里的歌页,有一首为"销售员之歌",还有就是让人很有点难为情的"情歌"之类,大声地、气顺地、面不改色心不跳地去尽情表演。能否坦然地、自信、有礼、有度地面对众人的指责、嘲笑、刁难,是周围考核人员打分的关键点。不过关,更热闹的场景和更繁杂的人群将等候你的到来。

为消除员工怨气和不良情绪,松下幸之助创设了带有幽默色彩却极富心理学内涵的发泄室。它不仅能有效解决员工工作生活中出现的诸如怨气、压抑、矛盾、冲突和挫折等心理问题,而且更能从深层次上解除影响员工潜能发挥和创造活力显现的心理障碍。让我们通过角色扮演,去感受一位受挫折者在其中的心态变化历程。

第一个房间,四壁悬挂一排排平面镜子,让你先审视自己在挫折中的形象尊容,冷静一下。

第二间,平面镜换成了哈哈镜,让你在变形的世界里体味一下,消极情绪会使人的心灵和理智发生扭曲和变形。顺便,你也轻松一下,笑不笑由你。

第三间为出气室。这里存有各级主管人员的照片、橡皮模型人以及逼真实感的蜡像人。房子一角,放置一个大工具箱,"十八般兵器",样样齐全。你可以由着性子、放任脾气,发泄出你心中对其中某位积压堆积已久的怨气和愤懑。这里,你的行为完全合理合情。

第四间为咨询室。这里,有善于倾听、抚慰、精神按摩和心灵对话的心理医生和护士小姐,在亲切而又恪守职业道德的情景中,与你进行一次次心灵的交流与沟通。你会感到,你的人性尊严得到尊重;孤独心理得到理解;压抑的情感得以释放。

第五间为恳谈室。你可以与那些深孚众望、人格可信度高、面部总带着诚挚微笑和坦诚目光的公司管理人员,促膝谈心。有人会悉心了解你的不满和困难,有人会同你商讨解决问题的意见和方法,有人会为你的问题去查询并负责给你反馈回一个结果。

最后,我们全面透视了解一下松下风格的激励艺术。

松下幸之助在其先逝祖辈亲属的安息地,为殉难的公司员工立了一座永久性的纪念碑,每到祭奠时节,必携全家亲临,扫墓献花,从不间断。以心换心,松下幸之助本人 80 岁寿辰时,全体松下员工赠了一尊全身铜像。其仪式过程,浓情厚意,一派大家庭风范的和谐景象。

松下幸之助深谙人情之理,深悟人性之微妙。利益趋动——用奖酬、福利保障激励员工,激励直接迅速,但其效果短暂且有限;造就员工的工作成功机会,充分授权,扶助员工努力达到目标远景,满足员工的成就欲,虽能有效激发员工工作潜能和创造活力,但易滋生个人本位、松散内部关系等隐患。管理者应用感情激励来维系公司员工,签定一份比有形劳务合同更具心理约束力的感情契约,劳资关系得益于人际关系的改善而更趋稳定和持久。管理者对部属多一点关心和体贴;多进行人际间的交流与融通;多注重人格风范的感召和潜移默化,就可能产生"润物细无声"之神奇功效。

激励，形象地说就是让员工"充电"，即积蓄工作动力之源；或者说就是启动员工潜能和积极性的"金钥匙"。松下激励艺术有何特色呢？

1. 松下管理 21 条，其中 19 条皆与奖励有关，仅有两条与惩罚有关，而且要求批评者提出充分的理由，并应给被批评者指出改进其过失的方法。

2. 松下员工的生活档案，从员工的生辰八字、血型、生活习惯到个人兴趣、倾向，点点滴滴都记录在案。每当表彰奖励时、遇到员工出差海外、员工生病需慰问时以及日常小叙聊天时，档案就纷纷派上了用场。细微之处方显真情实意，员工能不动心吗？

3. 松下感情投资 9 字诀：(1) 拍肩膀。松下管理人员以最少坐办公室而著称，经常巡回、走动，观察员工优异的行为表现，及时发现，及时鼓励。(2) 送红包。每当员工技术创新、发明创造、销售产品取得进步和佳绩时，管理者不惜重金奖励。(3) 请吃饭。一顿家常饭，一份平常心。休闲时刻更利于捕捉到身心沟通的契机。

4. 松下的提案制度：(1) 逐级成立提案审议委员会，迅速审理提案；(2) 将提案按质分成等级，给予奖励；(3) 经常出榜征求事关企业发展的提案，使企业发展与员工成长休戚相关，同舟共济；(4) 对积极提案和富有创意的员工进行培养和提高；(5) 把员工的优秀提案汇编成册。这种提案制度，极大地增强了企业内在的凝聚力。

松下的管理是日本大和民族文化氛围中蕴育出的杰作。我们必须寻找日本管理与中国民族文化的嫁接点和生长点，以中国深厚博大的文化根基为背景，以民族文化性格的再塑为主题，创作一幅中国风格和气派的激励艺术杰作。心动不如行动，述而作，三思更要多行。

△ 记录：姜舒　本人整理

● 张代重 武汉市副市长

资本营运与搞好国有企业

[在华中理工大学讲演]

我从清华大学毕业后，在沈阳第一机床厂工作过6年，后来在船舶总公司下属的461厂工作了15年。1989年调到市政府工作。今天我回到学校是交一份答卷，寻求知音。我毕竟是搞实际工作的，所以，头脑里装的跟同学们在学校见到的有点不一样。今天我所讲的许多想法和观点，跟传统观点说法有区别，有的有很大区别，但它毕竟是关于现实生活中不可回避的问题，提出来供同学们参考。

我今天谈到的问题，主要是针对我们大家早已或多或少有所了解、有所感受的国有企业问题。我们讲了十几年的搞好国有企业，把它当作头等大事，都不能解决这个问题，"药方"开了一剂又一剂，到现在为止，有些方面还没有找到问题的真正答案，我觉得需要对现实作一个认真的分析。

我把现有企业的毛病分成两类。一类是跟所有制没有关系的毛病，有人讲搞好国有企业的根本途径是私有制，我觉得这个观点是不正确的，我今天来这儿不是进行政治说教，我觉得这些人没有研究企业，国有企业的第一类毛病是经营者不懂得市场经济、不懂得资本营运利造成的。另一类毛病是跟国有企业长期的实行高度集中计划经济体制有关。

分析了这些情况，我提出两个论点，一个叫资本营运论，另一个叫"老板"论。下面我分四部分来讲。

一、资本营运论的提出

在产品经济向市场经济过渡的过程中,我们经历了两个阶段,一是企业由产品生产到商品生产,二是由商品生产到资本营运。实际上是两次飞跃。第二次飞跃较第一次飞跃难度更大。我这一新提法,有些同志不同意,但我在实际工作中接触的就是这样。

社会中事实上存在着两种经营者,第一种是商品生产经营者;第二种是资本营运者。我们通常所说的产供销、人财物这个过程的管理,实际上只能算是商品生产者的事。而市场经济中间,确实还有另一类企业,没有经过产供销、人财物过程,就大量赢利,如今日集团、皮尔卡丹等。这里,我特别提到,在武汉有个红桃K集团。大家都看到公汽上"东方红,太阳升,中国出了个红桃K"的广告,这个企业集团是80年代末一些大学毕业生,用6000元起家,办了一个《青年心理咨询》杂志,接着又成立了一个科教公司,就这么几个人,开始用了50万元,研究了"红桃K"这个饮料。经过3年的努力,到1994年7月份,生产产品经过鉴定合格了,到年底生产90万盒,销售额1400多万元。通常办企业要先贷款,搞基建,然后再生产、销售,但他们没按这个常规办。设备和生产全是租用第三制药厂、第四制药厂以及南湖渔厂等单位现成的。一个企业没有制药厂,没有罐装设备,完全用别人设备,去年闹得全社会都知道个"红桃K"。所以经济生活中确实存在没有厂房的企业经营者,以销定产的这类商品生产经营者与资本营运者,他们对很多问题看法,有很大区别。我只想讲四个方面的区别。

1. 商品生产者对企业的保护是产品保护,资本营运者则是产业保护。什么叫产品保护?一个产品跟人一样,有一个生命周期。一般要经过导入期、成长期、成熟期、衰退期。一个产品进入成熟期，就马上开发第二个，等第一个快进入衰退期，第二个成熟期也快来了，这就是企业保护自己的办法。只不过生命周期有长有短，但是保护自己的办法是靠一代一代的产品更新。这也确实是一门科学，很形象地讲，正在干一个，生产一个，研制一个，试制一个，设计一个，还构思一个，这就很有准备了，一个接一个的，保证立于不败之地。比如说，武汉的冬装，在天气慢慢转暖时，趁北方还是冬季，赶紧就把产品往那儿运，使产品尽量地多销售一段时期，延长产品生命周期。但是有一条，大家都在开发，如果你开发的产品比别人慢一拍或者你一代一代开发错了的话，你将一败涂地，你保护不了自己。

我认为资本营运者，不是靠产品保护，当然它的产品也是一个接一个，但它更注重的是产业保护。一个企业以多个产业来保护自己。举个例子，有个韩姓华侨开了个餐馆，叫东薪楼，在美国曼哈顿岛，《北京人在纽约》就是在那儿拍的。他又跟武汉一个外贸公司建了一个文化衫生产公司，由我们在这儿组织汉布，由他的一个公司卖文化衫。他同时跟我们武汉出去的一位邓先生搞一个电脑公司。你看这样一个老板，一个餐馆，一个文化衫，一个电脑公司，他什么都懂吗？他既不懂服装，也不懂电脑，也不一定是个好厨师，但他有三个产业。他是很好的资本运作者，他能保护自己。餐馆不行，不等于文化衫不行，文化衫不行，不等于电脑不行，这是一个多产业保护。所以从这个角度出发，同学们，你们将来分到某个企业几年以后，就不一定固定在某个专业上了。

说来很简单，多产业保护好比篮子装鸡蛋，绝对不要把鸡蛋都放一个篮子里，放一个篮子里，一摔不就全都摔破了吗？所以多产业保护是一个认识问题。

2. 商品生产者往往以市场供求变化为自己决策的依据。假如全国需要500万台电扇，全国已有600万台电扇，不能干了。资本营运者分析对手，如果对手绝大多数很落后了，二三年就淘汰了,他就上这个项目。一个分析供求,一个分析对手,这两者有很大差别。比如过去顺德有一条,国家限制什么,它就上什么,它认为国家限制的,肯定很俏。它这咄咄逼人的产品开发,使得有些国有企业望而生畏,广州曾经得出个经验教训:只要顺德上的广州就不上。

3. 企业怎样发展?商品生产者着重考虑的是产供销、人财物,因此必须依靠技术改造,扩大能力,提高水平,发展生产,产销提高一倍,他马上把新的计划扩大一倍。资本营运者就不这样,他总是想组合。他像是打麻将的能手,手上有几张牌,把别人牌组成一句话,你的一句他的一句,四句、五句,和了,就行。

4. 由于商品生产经营者关心产供销、人财物,因此他对指挥权特别重视。跟别人合资不管自己出资本多少,一定要当总经理,要指挥一切,很注重"位",注意顺序。人家是董事长,我就是总经理,常务副总经理都不行。实际上资本营运者不这样,他考虑的是股份比例,能不能得到可观回报率,如果我出 20%,对方出 80%,我考虑的是 20% 的回报率。如果你干比我自己干强,就交给你好了。

商品生产者为了市场开发产品,干得再好,长大都是一个光秃秃的柱子,顶多是一个粗大的柱子。如武汉重型机床厂就只是个机床厂。但是如果是一个资本营运者,它是用多产业的发展思路。企业发展好比一棵树,根深叶茂,企业经营很多产业,将很多产业组合起来,就成为一个大的集团,它的增长是成倍的。如刚才讲到的红桃 K,6000 元至 1400 万元,今年超过亿元,所以说,确实存在着两种不同的业绩。所有知名跨国公司,全都是营运资本非常成功的集团,往往都是多产业的。

我们身边确实存在两种企业领导人,一种是会营运资本,一种是只会盘产品,观念不一样,业绩不一样。这就是我们提出来的国有企业,现有相当多的厂长、经理,仅仅完成了第一次跳跃,还只是商品生产经营者,距离资本营动者还差得很远很远。两军对峙,知者胜。这就是为什么我提资本营运这个问题。

二、资本营运的理论思维

我认为,资本营运理论,不仅仅是一种商品生产经营的理论,它由五个支柱构成。

第一,企业的本质是什么?回答好像很简单,企业是满足社会需要,向社会提供某种产品或劳务的一种经济组织。我认为,这个定义不确切,企业的本质是营运资本,使之增值。企业向社会提供产品,如果这种产品是亏损的,企业就不会提供了。企业是职工利益、国家利益的共同体,这种提法不能说它错,但这绝对不是个定义,如果企业资本营运的结果不是增值的话,所有这些特性全都不能存在。企业破产就不能向社会提供产品,只能提供多余的人让社会养起来,也不可能成为大家利益的共同体。

企业产品和产业是个载体。资本的运作跟载体是两回事,是有区别的;载体跟资本是可分的,资本营运必须有载体,总要找到载体;当产业和产品不能使资本增值时,资本就开始要与之分离,另外寻找可以使之增值的载体。企业产生的条件就是有人出资,站在出资老板的角度,企业的本质就是营运资本,产品和产业是载体。这种情况与过去不一样,过去服装厂就总做服装,毛巾厂就总做毛巾,直到产品卖不出去,还是做原产品。企业的定性不一样,企业家的标准就不一样。如果把企业看成产品生产者,生产产品国家销,这时候的企业还是计划经济体制下的运作模式,此时,一个技术专家就完全胜任厂长之职;如果把企业看成一个商品生产者,原料进来,加工生产销售出去,赢利回来,这时候的厂长、经理应该是个企业家,他懂得产供销,人财物的管理;如果把企业看作是营运资本使之增值,这时候的厂长是一个资本营运专家。

厂长、经理的第一本领是什么?在市场经济条件下,厂长的第一本领是资本营运知识和市场经济知识,专业知识相反是你的辅助本领、第二本领。同学们将来要想当厂长,你必须得适应这个转变。有一些人文化程度并不高,但通过若干次资本营运的成功与失败之后,他也可能拥有相当规模企业。例如兄弟、太和等公司就是通过若干次营运,总结出来的,这些公司都懂得多产业保护,例如太和就有房地产开发、的士高、娱乐城;兄弟服饰就搞了出租车、饭店、宾馆,还入了其他企业的股。

资本营运是一种新生产力量,厂长、经理是一种专门人才、职业人才,并不等同于所有技术人员,但他们是可以转变的。怕就怕我们的有一些厂长经理满脑子技术,他所有决策全都是技改想法。我原来当过厂长,我一当上厂长就成了外行,为什么呢?我如果太懂技术了,那总工程师怎么当呢?

第二,企业生命运动的核心是什么?在企业是产品生产者时,企业生命运动核心是物资流;企业是商品生产经营者时,人们把它看作资金流。这是一种提高,但是这远远不够。企业是营运资本,就是站在企业生命这个角度提出的。

企业是出资者出了资才诞生的。没有"老板"(出资者)就没有企业。站在"老板"的角度,企业是营运资本,使之增值。在企业生命运动中,如果你说的是资金流,其中最大的问题是没有运作资本的责任。比如1000万元资金,500万元建厂房,500万元买设备,没有流动资金了,这就正好说明我们对企业的运动认识不清,我认为企业运动的责任应该是物资进来,还是债务进来?它表现在资金,是物化了的资金,但它是债务进来,它不是欠物资部门的债,就是欠银行的债,债务链形成,然后长大,一天天长,不管你动不动,它都长大。当你加工完以后,产品销售出去,这就是叫制造三角债,就是债务输出,原先资本增值回来,就解脱你的这个债务。这就是债务链形成、长大、解脱。这就是企业运动的一个循环,解脱完以后,有了增量,又开始了第二轮循环。后来每经过一道工序,确实改变了它的形态,增加了它的价值,增值了，但每经过一道工序，债务就跟着长大一次，每道工序增值能收回来，实际上债务的增加和它的增值成比例。然后整个企业运动是若干次正值负值加起来，最后看这个企业是否盈利。

关于国有企业，有一种说法："不改造等死，改造找死。"从债务上分析，不改造绝对不行。因为不能使资本增值。问题是技术改造是堆积债务。企业自己堆积债务自己解脱不了，再好的改造也是错误的。这就是说不要贷那么多款、不要背债务。比如产品或技术设计完了以后，你出去找工厂，让人生产，你一分钱不花。他生产，你销售，不就行了吗？为什么非要改造呢？堆积的债务不能解脱，就不堆积这个债务或者只堆积上一丁点，我只干三分之一，三分之二是人家干的。

当然，技术改造是必要的，但不要堆积债务，不是靠堆积债务来解决它。国有企业是这样，那么其他企业呢？所有企业全都是这样，企业都是营运资本的。

第三，资本营运与企业质量、效益。平时讲，质量是企业的生命，质量能带来效益，这句话一点没错。但是我认为质量带来的是企业的基本值，不是企业效益的最终值。效益最终值＝效益的基本值×系数。从这个公式看，这个系数是企业领导人资本营运智慧和能力的水平。

由于资本营运的错误，制造的产品质量很好，但卖不出去；如果某个企业形象不好，乘上这个系数，还要糟糕，人家一看这个牌子就不要了。质量带来的利益，乘上的系数也有可能是几倍的。有个很特殊的问题，质量带来效益基本值不一定非要自己投入，可以借助他人，但是这个系数就是自己投入，自己享受。你不能投入到别人的牌子上面去了。这个系数关系很重要。比如小天鹅洗衣机与武汉荷花洗衣机合作，生产小天鹅的双缸洗衣机，武汉荷花洗衣机的产品质量乘以小天鹅洗衣机的系数，结果它的销价在南京比在武汉贵50块，650元的卖600元。我认为，小天鹅洗衣机、荷花洗衣机都不失为聪明之举。小天鹅洗衣机利用荷花洗衣机的质量，荷花洗衣机借助小天鹅洗衣机摆脱债务困境。我们以前把企业系数叫无形资产，这句话没错，但它没有一个动态的概念，它说的是，比如说可口可乐品牌价值200亿元，有的说值30亿美金，但没有说品牌跟企业效益的关系。如果你把它看作一个系数的话，这就不一样，因为你讲一个品牌是静止的资产，它怎么跟你的产品有关系呢？现在有的企业已经这样做了，把企业的品牌看作一个系数。

武汉有个劲士服装，做的西服只有秋冬两季，夏天别人给他绸子衣服，定他劲士的牌子，他用自己的品牌乘以别人的质量，也行啊！一些企业厂长对于这个系数的投入很不重视。有的厂长听说广告公司来了，报社来了，就叫办公室挡住，不见。我觉得很蠢，他应该说，你们几家都来，谁能帮我这产品出个好点子，把我的产品宣扬出去，把我的利润增加30%，我就跟你签合同。但我们的厂长深怕人家跟他见了，拉广告，他不知道系数要投入。

第四，筹资与债务。筹资有很大的学问，告诉你怎么搞钱。原武汉松风机船公司的经理，是个民营企业家。有个企业要破产了，他花500万元买下来抵押给银行，可以贷1000万元。他懂得资本运作。我们现在很多厂长就一个本领，只知道"跑部钱进"，所以，部里不理就找政府，这么好的产品，你不贷款就告吹。企业的举债问题不容小看，它推动企业前进，是外在压力，它告诉企业，你必须得到多大回报率。借你10%的利息的债务，起码得15%盈利率才行，这就是一种动力，堆积了债务，解脱不了，就会翻船。在资本主义社会，借钱就是讲债务。洛克菲勒就是从向他父亲借债中拼出来的。我们这儿呢？是借钱不讲利息，白借最好，讲情面，感情是第一位的，它把个债务链都搞没了，所以债务不谈了。

第五，企业的病患诊断是企业资金结构分布。看企业有没有病，就看它的资金分布上。因为营运资本的人，不要等产品全部完了以后才算钱，他中途把报表帐目一看，就知道企业在营运资本上有没有毛病。

我们企业厂长经理来源于专业技术人员、优秀的党政干部,但是他走到工作岗位以后,不知道第一本领是什么。这个转换比较慢,所以我觉得很需要把这一课补完,完成这一次跳跃。

三、"国企病"及其整治

"国企病"是指国有企业独有的一种病,不是所有制形成的,但确实是国有企业独有的一种病。它是跟计划经济,跟高度国有化有关的一种病,由于那种长期形成的观念和做法,与市场经济格格不入。所以,难以生存。

我在这里提四个论点,很简单地讲讲。

第一,国有企业有两种病:"企业病"和"国企病"。"企业病"前面已经说了,与所有制无关。"国企病"是国有企业独有的病。

第二,企业的产品、质量、管理、机制问题是病状,不是病因。产品、质量、管理、机制是企业经营者自己创造、自己设计的结果,不是外面强加的。由于没有找到病因,所以国企病始终没有得到有效整治。包括现在搞公司制,严格来讲,不能说公司制治百病,公司制是一种制度。独资企业要什么董事会呢?只有一个老板,找职工代表两人,领导两人等等,凑成董事会,恰恰这些人都不是出资者,对资产增值都不承担责任。

第三,"国企病"的病因的哪里?现在讲得比较多就是"政企不分",企业家感受比较深,政府干预过多,这是事实。不过,现在企业绝大多数权力都是具备的,企业的决策并没有政府的强行干预。实际上,真正病因是"老板"不到位。国有企业的老板是谁?现在不是讲产权清晰吗?其实国有企业的产权是很清晰的。问题是谁是人格化的"老板",管过这个资产没有。国有企业跟私营企业对比,私营企业之所以成功,不是这个财产私有一定成功,而是他的"老板"很具体,这个"老板"是人格化的"老板",责任集中、权力集中、没有分离。现在国有企业是什么情况呢？是一个真正人格化的"老板"没到位。

企业主管部门觉得自己是"老板"，他管了人；厂长觉得自己是"老板"，他是资本营运者；职工也觉得自己是老板，因为职工是企业的主人，国有企业大的决策要经过我，企业每年的招待费得向我公布一次。实际上一个真正能够承担责任的"老板"没到位，若干个自以为是的"老板"，都站了出来。

企业是没有上级的，上级的概念是在计划经济下形成的，但企业绝对不能没有"老板"，企业的"老板"对厂长要制约。"老板"到位问题，确实是当前"国企病"极其重要的原因。"老板"具体，能保证企业的正常运作。

所以国有企业病根："老板"不到位。

第四，"国企病"怎么治？开药看病，分君药、臣药、佐药、使药。君药是主要的，用药很重，然后是臣药、佐药、使药，治病也少不了，但这些药的用量多少不是主要的。过去改革问题没有抓住"君药"，结果是各个部门都改革，都认为自己应该怎么改革，结果把各个"药"加起来都成了"君药"，加起来就治不了。如果"老板"不到位，这就是"君药"不到位，我们就明确，"老板"必须权力集中，所有的改革，必然把权力给这个老板。所以我觉得当务之急是选准"君药"。如果是"老板"不到位，就赶快设计老板。

四、"老板论"要点

第一，企业是如何诞生的？我谈营运资本是站在"老板"的角度提出的。我说的"老板"应该是出资者，有人说："老板是指所有者"，我认为这个提法不准确，所有者只是讲利益，没有讲责任，不出资你能所有吗？所以应把"老板"定为"出资者"，"出资者"是企业诞生的先决条件。企业一诞生，它就受着两种制约和支持,一是"老板"对它制约和支撑,二是国家对它制约和支撑。国家觉得你这个产业对整个经济发展有利,就支持你,就开"绿灯",不需要你,就限制你。

第二,"老板"必须是权力、责任集中的经济责任体,即使哥仨办一个企业也必须权力集中,建一个董事会。目前,国有企业把责任分散了,管人是一个方面,管理运作是一个方面,财经税务又是一个方面,几个部门把"老板"权力全部分解了。要设计"老板",必须权力集中、责任集中。"老板"是企业生存的支撑者:企业生存,你要给钱;企业倒楣,你要认帐;继续发展,你还要给钱;企业陷入困境,"老板"要出钱。国有企业病在哪儿?没有"老板"出这个钱,开始有过国家拨款,后改为贷款。

天津无缝钢管厂投资100亿元,全部是贷款。按道理,企业由几个股东投资,开始是不分利的,有赢利后,"老板"才分钱。但银行贷款不一样,银行不是老板,债务就天天长大,100亿元一年就长10亿元,还没生产钢管就有10亿元债务等着,第二年又10个亿元,你说我国有企业能承担得起吗?按道理,国家该设立投资公司,作为老板,投入20个亿元,生产产品以后捞回来的,比银行利息要高得多,企业不能没有老板。

老板的责任包括两个方面:一是企业的支撑。二是"老板"全额承担资本营运的结果,亏也"老板",盈也"老板"。"老板"的权力,包括收益权、用人权、重大资产运作的决策权,监事权。

我说一下"老板"的用人权,用人的观点很重要。在市场经济条件下,国企用人的思维和方法还不行,不站在市场经济位置上管,会把这个权力肢解。如果你站在"老板"这位子就很简单,谁赚钱,我就用谁,用人标准是你必须要懂得资本增值。群众民意反映好,很廉洁,什么都好,就是不赚钱,那能行吗?那就是我们没有把国有企业"老板"这个角色演好。其他方面可以由党的纪律部门来检查它、监督部门来监督它,有工商税务部门来监查它。

此外,我讲一下监事权。我把资产交给你经营,我作为出资者就必须要监事你。再好的朋友，再亲密的关系，我授权你经营，我就要对你监事，这是制度。这个监事是老板的延伸。现在国有企业搞的监事会，我认为它是有问题的。为了发扬民主，监事会由企业出两个，政府官员出几个，这一搞又麻烦了，这些人能代表"老板"吧？全都不是出资者，都不能代表老板。给他们这些权利，对董事会进行监事，不执行国家政策，它有权进行制止。监事会只能是监事，出了问题，你报告出资者，出资者通过他的董事长或董事去修正他的方案，这才叫有效管理。所以说监事很重要。外部监事是"老板"责任。

第三，国有企业的"老板"设计。老板不能由官员来担当，因为政府官员不承担增值的责任。必须要设计一个经济责任体，这是完全可以办得到的。现在武汉已成立国有资产经营公司，公司董事长由原来的局长担任，对他管理24个企业增值承担全部责任，连续两年达不到增值，他就得下台，不再安排任何工作。当然，必须把用人权、受益权全部归这个"老板"。如果权利不给这个"老板"，"监事"没有"老板"作后盾，他画个老虎，谁都不怕。正因为"老板"可以动你的人，免你职、惩罚你，这才有效。

老板设计的核心是责任设计。要创造管理内部的一环管一环，关键是责任。我认为资产管理可以多级，如国有资产公司管理下面一个资产公司，资产公司下还有资产公司。那么每一个企业又是怎么管理的？责任设计是：一是资产经营责任制；二是监事，派你去当董事长，我就要你承担资产经营责任，增值怎样，不增值又怎么样。企业不增值，你可以免职工，我可以监事你。我们不能搞企业董事长是党委书记，厂长是总经理，你这样设计，非打架不可。企业董事长就一个人，你有决策能力，我就选你当董事长，没有决策能力，我就选有决策能力的厂长当董事长。因为你作为老板要对资产增值负责任，也许两年没有增值，你要下台的，把你的档案转到人才市场上，你经营不好企业，外面没有人要你。所以说，关键是责任设计，不承担责任"老板"绝对不能要。

最后一点，执政党应研究学会当国有资产的"老板"。中国共产党作为执政党，理所当然地应该当国有资产的"老板"。

△ 记录：包东喜　整理：危怀安等

【编者絮语】人们印象中的政府官员常常开会作报告，但出现在大学讲台上却不多。本篇讲演者没费多少口舌就请动了，而且讲演内容很有思想分量。近年来他在全国各报刊发表的大量文章，提出他建立在实际工作体验基础上的独到理论见解。

附　　录

人文精神与现代科技对话

——记华中理工大学的人文教育

9月17日上午，华中理工大学4000多名新入学的95级专科生、本科生、研究生，首次参加了学校组织的中国语文水平测试。8月中旬，他们在接到入学通知书的同时也被告知：在校期间不通过语文水平测试，将不能获得学位证书。

过了语文关，方可拿文凭。此举源于一位本科生写给杨叔子校长的一封信："现在不通过英语四级考试就拿不到学位，而作文不通，错别字成堆，连母语都不过关，能算一个合格的中国大学生？"于是，一贯重视人文教育的华中理工大学，又走出了在中国高等教育界颇具影响的一步。

人文讲座带动"人文工程"

1994年12月25日晚，华工很多学生放下紧张的期末复习，一个仅260座的阶梯教室挤进500多人。这是文学院第71期人文讲座《金陵十二钗——〈红楼梦〉中的超前女性》，由该校建筑学院张良皋教授主讲。讲座持续两个多小时，每隔几分钟便有一阵掌声和笑声。这已是张教授的第三次讲座了，此前他还讲过《建筑大师曹雪芹和〈红楼梦〉》等。他的讲座融文学、艺术、历史、科技为一体,颇受同学们欢迎,听众一次比一次人多。

华中理工大学文学院去年春创办人文讲座,绝大多数场合听众爆满。到目前为止,讲座已经开到第134期,100多位校内外、海内外人士应邀登台主讲,听众总人数近4万人次。

人文讲座开办之初,不少人建议采取一些"时髦"的做法:找热门话题、开通俗讲座、请明星露面。主办者则认为,讲座的根本目的不是迎合好奇心,而是要给人以深刻的思想启迪。因此,绝大多数讲座是以思想性、学术性、艺术性为主要尺度,在主题的选择上密切结合世纪之交中国和世界文化发展的深层特点,着力体现传统与现代、东方与西方、人文与科技、理想与现实之间的交融和创生。

在科学界,常有一些科学家凭着共同的研究兴趣,自发地形成学术圈子,进行交流与协作。这种现象被美国科学社会学家黛安娜·克兰称作"无形学院"。

去年秋季以来,"无形学院"则成了华工学子的周末新去处。在这里,参加者自愿而来,以人文讲座的内容为核心,结合自己的阅读和思考相互交流。一位92级女生很认真地说:"在那争辩声中,即使你一声不吭作听众,也会思想得到升华,自觉不自觉地卷入辩论之中。"

如果说讲座是火星,"无形学院"是火苗,火要烧下去,还需不断补充燃料。于是,人文讲座的主办者给大家推荐了100本书,倡议每位理工科学生每学期至少应读一本文、史、哲方面的理论书籍和一部文学艺术作品。书目一经公布,大家反响强烈,图书馆名著被借一空。

以人文讲座为开端,辅之以"无形学院"、"读100本书"活动,华中理工大学逐步建构起了讲座、交流、读书三位一体的"人文工程"!

"教育青年一代如何做人"

地处武汉的华中理工大学建于1953年,在校学生超过1.7万人,素以工科见长。70年代末,华工曾率先创办文科,旨在改变我国工程技术人才普遍存在的人文修养弱化的状况。

原华中工学院院长朱九思一直注重培养大学生的人文精神。他最近还撰文指出,有可能对我国教育产生长期危害的,除了目前教育经费紧张和教师待遇不高这类物质性问题,很重要的一点是一些地方出现的教育目标功利化的倾向。朱九思认为:"如何培养大学生的人文精神,关系到一个根本问题:教育青年一代如何做人。"

中科院院士、华中理工大学现任校长杨叔子博士经常"有诗酬岁月"。他说,我们当然要向外国一切好的东西学习,但也必须高度重视学习我国传统文化的精华。他曾在人文讲座上致辞:"学生进校来做什么?首先就是应学会做人,树立正确的理想、志向、人生态度,否则学习再好,却没有为国效力的思想意识,那又有何用?"因此,他上任伊始,便把华工的文科发展和人文教育放到突出位置。1994年1月,拥有10多个文科系(所)的华中理工大学文学院成立。

文学院院长刘献君认为,人文讲座不仅具有学术功能,而且具有人文教育功能,它以"启迪思维,加强修养,开阔视野"为宗旨,尝试着以深厚的人文精神与科技对话、以自信的民族传统与西方文化对话、以高远的大学文化与社会生活对话、以广阔的知识视野与专业体系对话,借此培育大学生的人文底蕴。

升腾着希望的文化绿洲

回想人文讲座开办之初,起步是艰难的。可贵的是许多同学即使在某些讲座初听起来很吃力时,也表现出执著的追求和崇尚,常常讲座结束了还围着主讲者提问、讨论甚至达一个小时之久;可贵的是一大批国内外著名学者陆续登上讲台,往往是一个电话说来就自己来了,从未过问什么"出场价"。

听过讲座的同学把新的话题、新的思路,带到班级里、带到人际交流中、带到学生宿舍熄灯之后常有的"卧谈会"上。一位同学说:"平时我们埋头学习,考虑的多是个人出路、毕业分配等,听了人文讲座,发现世界的天地如此广阔,国内外还有那么多问题需要研究,跳出了个人圈子。"有一位学工的同学,割舍不了从小对文学的爱好,有时真想弃工从文,听了几次人文讲座之后,"发现学工和学文不仅不矛盾,而且可以相辅相成"。

"每逢人文讲座,总能发现外校同学,有的甚至来自30多里外的高校。"华中理工大学人文讲座首席主持人姚国华介绍说。一位邻校学生几乎每天中午都要来看看有没有人文讲座海报,听讲座已经成了他专业学习之外最重要的事儿。

△《人民日报》记者 杨明方

(原载于《人民日报》1995年9月18日)

人文之钟长鸣钢铁摇篮

—— 北京科技大学"星期四人文讲座"简介

为适应高等教育由专业技能教育向素质教育的转变,贯彻落实国家教委武汉会议的有关精神,我校自去年10月26日起,作为教学改革的一个方面,开展了名为"星期四人文讲座"的系列活动。两学期共举办主讲座16期,副讲座1期,听众七千余人次,受到学校各方的关注,产生了很大的影响。在近一年的实践中,我校的讲座主要形成了以下几个特色。

首先，突出人文主题。

人文的涵盖面较为广泛，针对我校是一所以冶金材料为特色的理工科院校的具体情况，我们重点突出"文、史、哲、艺"的人文主题，使每一期讲座都能为听众打开一扇新窗户，展现一片新天地。每一期讲座都独立成篇，整个讲座主题突出、整体感强。加强了广大同学对这一活动的认知度。

其次，精选主讲专家、学者。

在聘请主讲人上，我们把握了三条原则。一是在本专业领域的学术造诣。全部16位主讲人，高级职称者占90％多。其中，具有博士生导师资格的占三分之一，这些卓有建树的专家学者在短短的两个半小时内，将知识的精华浓缩为深入浅出的一道快餐，适合讲座这种教育形式。二是年龄层次。老专家和中青年专家在治学风格上各有千秋，在接收新知识，开拓新领域上也颇有不同。考虑到青年学生的思维特点，我们以聘请五十岁左右的中年专家为主，兼及老年及青年。在16位主讲人中，年龄最长者是著名作家赵大年先生，年龄最小者在四十岁以下。实践证明中年专家更能与听众沟通，更受同学欢迎。三是表达能力。会讲不会讲，能说不能说，也是我们聘请主讲人的一个重要原则。清晰、流畅、生动的口语表达是保证讲座效果的重要条件，有些造诣较深的专家学者因缺乏这方面的能力而被我们婉言谢绝。

再次，兼顾理论性和通俗性。

人文讲座是高雅的，也是通俗的。有一些领域，由于工科学生过去接触不多，了解很少，暂时不感兴趣。但只要从素质教育的角度认为它是必要的，尽管目前曲高和寡，听众不多，我们也坚持安排，坚持高格调、高品位。我们坚信，同学正是因为不了解才无兴趣，只要我们坚持讲下去，让同学了解，逐步提高素质，以后肯定会受欢迎的。而对一些歌星、名星等学生关心的热点，我们也并不一味迁就，而是有所控制，并在讲座的选题上也注意提高其理论色彩。有些通俗性太强的讲座,则只安排副讲座。

最后,多种形式配合。

人文讲座是校园环境建设的"龙头",仅仅靠几场,十几场讲座来使同学的人文素质得到较大提高是不太可能的。为了最大范围内扩大影响,营造校园人文氛围,我们和学校有关部门合作,开展了有关人文素质教育的征文活动,成立了博识读友会,并将"大学生要不要加强人文素质教育"置为全校学生辩论比赛的决赛题。这些活动都积极配合了人文讲座的开展。

举办"星期四人文讲座",不是权宜之计,而是一项长期坚持的工作。学校领导和有关部门负责同志多次亲临现场听讲并讲话,文法学院负责人一直坐镇讲座现场。许多老师和学生付出大量的休息时间,承担了大量的事务性工作,保证了讲座的质量和效果。我们的口号是:

以深厚的人文素养,灵动的艺术精神,广阔的知识视野,丰富的情感体验来滋润现代科技文明之光。

本着这一宗旨,我们将继续坚持高品位、高格调、高层次的风格,使我们的校园人文之钟长鸣,人文精神高扬!

△北京科技大学文法学院 许放 供稿

走向人文殿堂

——清华大学人文社会科学讲座简介

1995年11月29日,一个寒风萧瑟的晚上,清华大学人文社会科学讲座拉开了帷幕。两位研究生与一位双学位生一起,挑起讲座组委会的重任,义无反顾地走向人文的殿堂。我们自豪地意识到自己是在做着一件跨世纪的开创性工作,为了推进校园文化建设，为了重振清华人文精神。

我校人文学院副院长兼中文系主任徐葆耕教授和教务处副处长袁德予教授是讲座的倡导者和支持者。徐教授从9月下旬武汉会议返校后，立即在全校公开招聘讲座主持人。但只有6人应聘，一个月之后，又只剩下3人坚持做准备工作。徐教授深有感慨地说起一件遗憾的事：中文系曾出面邀请一位青年学者在文科楼作有关第五代电影的报告，出席者竟不足10人。我们面临的起点是很低的。但我们决心走下去！

讲座开始之前组委会作了仔细的考虑和周密的准备。在校园内散发了讲座开幕式的宣传品，在主干道上拉起了"人文日新"的宣传横幅，又在各宣传栏上贴满了广告。第一讲邀请北京大学中文系王岳川教授主讲《世纪末诗人之死与当代知识分子的价值选择》，尽管他身体不适，还是讲得很精彩，第一讲成功了。

第一阶段到1996年1月10日结束，共有7位学者来校作了不同方面讲演，内容涉及文学、心理学、时事政治、经济、社会热点等。参加人次累计达2500人次。其中有不少老师和领导。学校广播台、校报及时作了报道，一时在清华园里引起不小的浪潮。由于涌向讲座教室的人越来越多，许多同学一再提出迁到更大的教室，我们向教务处、科技处反映，得到一个大型讲座专用教室。

假期过后的新学期开始，讲座组委会再次在全校招聘主持人补充进来。每周讲座由一次增加到两次，定期定点举行。根据内容分出四个系列，一是学术文化系列，二是社会热点系列，三是成功人生系列，四是新人论坛系列。另外每周五增设录像专场，免费放映世界经典名片。

1996年3月18日至6月19日为讲座第二阶段，共开讲座30次，录像16次，其他活动4次。参者达12000人次。其中清华老校友、著名学者季羡林教授作《清华大学与近代中国》的讲演，参加者达1000人。

每次讲座，组委会的同学一般都是乘公共汽车赶早去接主讲人，回来才和主讲人一起坐出租车，为的是节省经费，主持人明确表示不向学校索取任何报酬。几十次讲座开展得有声有色，却从未出过差错。

6月18日晚10点，组委会同学得知牛群从外地赶回北京，同意第二天来清华讲座。几位同学连夜分头准备，有的同学还取消了第二天安排好的重要工作，也顾不上复习考试。功夫不负有心人，第二天讲座吸引了比平时多一倍的听众。

我们的工作态度赢得了30多位主讲人的理解和赞誉。他们中没有任何人抱怨简陋的条件和无报偿的待遇。许多主讲人坚持不让人接送，自己准时赶到清华园来讲演。他们和所有同学保持一种平等、自由的交流姿态，赢得了广大听众和组委会同学的尊敬和爱戴。

当然，所有主持人都有着共同的感受：最高兴的事情是讲座从主讲人到内容都让同学们满意，不时爆发出掌声和笑声，几乎没有人退场的情况；最伤心的是主讲人口才或讲座的内容不好，让同学们失望而陆续退场的情况，同时讲座成功时许多同学拥在后面没有座位和讲座非常好但同学们去的人数较少的情况也都让我们感到伤心。尽管由于种种主客观的因素影响，讲座效果经常出现波动，但人文社会科学讲座在清华园里已经扎下根来。半年多来，学校的人文学术氛围明显地浓厚起来。一位大四的同学对我们说："你们的工作做得很好。社会对我们的要求正越来越高，提高自身修养，尤其是人文素质已愈加重要。""祝愿人文讲座在以后的学期里持之以恒，千万不要半途而废"。

△清华大学赵莫辉提供资料

知识分子・人文精神・大学教育

华中理工大学文学院人文讲座主持人　姚国华

一

真正意义的知识分子，不是通常所说的，拥有某种职业或者某种学历，拥有某种专门知识或者一技之长的群体。他们至少应在某种程度上具备如下特点：

——他不只算计事物对于自己的功利价值，而更多关注的是自己的全面发展，他有更多的好奇心、进取心、同情心、爱心、美感和情趣。

——他不只看着今天的、当下的事情，而更有一种历史的、多维的视野，特别是看到事物的规律性、发展方向以及全局性的意义。

——他不是无条件地顺应时尚与潮流，不是盲目顺从于规范与体制，而有自己独立的体验、感悟与判断，有执着的信念，创造性的思维，以及脚踏实地的实践能力与毅力。

——他不是狭隘的个人主义者，而有一种博爱的胸怀，对于他人、社会以及自然有一种责任感和使命感，在不断追求中，获得生命的提升，找寻精神的归宿。

任何一个社会里，这样的知识分子都是整个文明存在和发展的中坚力量。

有预言家说，21世纪是中国的世纪。可是我们准备了这样一代知识分子吗？他们具有宽阔的知识视野，博大的战略心胸，灵动的创造思维，深厚的文化底蕴，高尚的人格情操吗？

我们不敢贸然回答。我们需要反省，更重要的是从现在做起。

二

如果我们摆脱一种直观的思维，不是以静态的空间结构的分析方法，而从动态的时间演变的视角看人类的历史，便会发现一个事实：任何一个伟大的文明，其最早的生长点并非经济，也非制度，而是整个民族的精神状态与素质。先是有某种宗教、哲学树立人们的信仰，而后才有道德、科学、艺术等理智层面的发展，再有制度和规范体系的建立，再有生产的发达，物质生活的繁荣是最后的结果了。或许不难找到某些军事上、经济上的"暴发户"做反例，但是从文化的独创性和发展的持续性以及对整个人类文明的历史性贡献上看，那，不过是昙花一现的插曲而已。

正是从这一层面上看，人文精神是一个人，一个民族，一种文化活的内在灵魂与生命。所有规范、体制、物质手段及成果不过是其躯体、骨架、工具以及物化形态而已。

汉语"人文"与"天文"相对，人文是指区别于自然现象及其规律的人与社会的事务，其核心是贯穿在人们的思维与言行中的信仰、理想、价值取向、人格模式、审美趣味，亦即人文精神。

西方文艺复兴运动中，"人文主义"（humanism）与宗教信仰相对立，主张从宗教的神灵的彼岸的王国回到世俗的感官的物质的生活，认为前者是虚幻的，后者才是现实的，才是人本身。聪明的人马上会发现，现在不是人文主义实现最彻底的时候吗？

不错，工业与资本所能到达的地方，人们的物质生活方式都彻底地改变了，尤其是现代科技的运用，已经给了不少人过于饱和的感官欲望的满足。

可是物极必反，人们开始囿于现成的知识体系、常规逻辑、传媒语言、现存体制与技术规范里，尽管相互间的争斗有增无减，但对于现实的依赖、顺从以及惰性也在增加，想象力、创造力却在减退。

没有抽象的"人本身"，感官、肉体是人的，灵魂、精神更是人的。哲学、宗教、伦理、文学、艺术、政治、法律、经济、科学、技术、习俗等等都是人的。哪一单方面的膨胀压抑了人的全面发展，都是人的异化和失落，都需要回到"人本身"。

人文精神的重建，正是要弥补经济与科技的膨胀所造成的现代文明的裂缝。

三

泛泛地谈教育的重要性，无论是传统思想还是现代眼光，都是明确而坚定的。

但是一到具体的现实的操作层面，问题就复杂了。

今天若问教育要不要为市场经济服务，恐怕大多数人会毫不犹豫地回答：当然要！教育为现实服务，这几乎是天经地义的。

可是，如果教育仅仅是现实中某种经济体制的工具，教育对于整个人类文化的承继与开创的使命何从谈起？对于社会文化和国民素质的提升的责任何以实现？这种教育与简单的职业培训有何区别？其结果除了把人训练成"经济人"、"机器人"、"工匠"、"螺丝钉"而外还有什么？

教育者和受教育者都是人本身。人，人类，人类的整个文明，是社会的最高目的。教育是为此服务的，而不能沦为特定现实与某种体制的工具。只有当教育高于现实，引导现实的时候，社会才是向前发展的。

如果说基础教育是一种文化延续的必要条件，那么高等教育则是一种文化发展的必要条件。大学如果不能凝集一批民族的文化精英,他们反观自己,远瞰世界,重温历史,预测未来,如果大学里的人们也只是追逐着功名与时尚,那么它就不可能培养新的一代目光远大,学识渊博,修养深厚,境界高远的知识精英,那么社会的精神脊柱便要失去支撑,再辉煌的文明也要腐朽。

这些年里,中国的大学在市场化大潮中所受的冲击,远非人才"外流"与"南飞",以及这一本来应当冲在时代最前列的集团军"靠边站"等外部表象所能形容,甚至它被"看不见的手"拎着耳朵走,也不能代表其窘况。大学精神及其思想灵魂的失落才是真正致命的。

为此,我们坚定地立足于超越具体现实需要的文化高度,来推进大学的人文教育。我们吁请更多的人们参与营造下一世纪中国知识分子成长的精神家园的努力中。

中国的大学应当最先迈进21世纪!

后 记

在本书正式出版之际,我们有必要申明编辑原则,也是人文讲座的举办原则:

我们不是要给作者(讲演者)提供发表论文(言论)的阵地,也不是给读者(听众)提供实用知识或热点新闻的渠道,当然也不是要作为空洞说教的工具,而是给广大青年大学生与当代最前沿的思想者和实践者提供真诚对话的窗口。

本书强调的首先是对于青年学生思维的启迪性,其次是作者思想与体验的独到性,最后是文章的简洁、生动、有感染力。为此,1. 不收纯考证性专门学术论文。2. 不收脱离个人思想体验的概念性体系性文稿。3. 不收篇幅相对于内涵过于冗长的文稿。4. 不收已有相当影响的已发表的文稿。

本书可以容纳互相间并不一致的学术观点。我们希望读者摆脱先入为主的成见,不是满足于在对与错两极之间找到答案,而要辩证地全面地把握和理解每篇讲演的思维方法和视角,从而宽阔自己的视野,启迪自己的思想。这也正是书名里"启思录"的蕴义。

本书所收文稿大多经过了文字上的处理,篇幅长短不一,平均为5~6千字,比较长的文稿一般在保持原意基础上作了尽可能的压缩。值得强调的是,有些讲演录音整理稿看起来不如书面语言精练,但可能保留现场讲演比书面语言多得多的活的信息。这一点作为本书特色在以后各卷中还将进一步发挥。

本卷截稿于8月底,收到来自60多个单位的150余篇讲演稿、录音整理稿及其它文稿120多万字。其中很多文稿是非常有价值的。但限于篇幅,在本卷只好割爱,留待第二卷以后出版,敬请原谅。以下各卷继续征稿。

本书得到许多人士的参与、支持和帮助,这份热情显得十分珍贵。清华大学人文学院的人文讲座主持人李凌已、赵莫辉同学及有关老师、北京科技大学文法学院常务副院长许放同志,中国人民大学教务长石亚军,教务处副处长刘尔铎等同志提供了大量信息和各校讲座的讲稿。北京大学教务处杨承运同志,北京师范大学学生处聂振伟同志,东北大学教务长曹曰瑚等同志,以及大连理工大学教务处、湖南大学人文学院、广西大学教务处、南昌大学教务处、中国科技大学教务处、山东大学教务处、北方交通大学社科系、《东方》杂志社等单位的同志,提供了不同方面的帮助与配合。此外,海内外数百封有关人文讲座的来信,也给了我们巨大的鼓励。

华中理工大学文学院的许多同志为本书出版给予了帮助。两年来大批学生参与了录音记录、整理和琐碎的事务性工作,除了正文中所列的整理者之外,还有冯晓东、杨文明、孙龙、耿纪平、袁欣、张斌、柏波、何炳华、雷俊、徐建峰、郭电波、潘文新、杨耀宗、王立成、丁留华、何雪峰、鲍兵、刘瑜、何颖、张振顶等上百位同学。"无形学院"和人文社的同学作为集体也参与了许多工作。

本书由华中理工大学文学院人文讲座主持人姚国华同志负责组稿、统稿整理工作。

编　者

1996年9月20日

图书在版编目(CIP)数据

中国大学人文启思录(第1卷)/ 本书编委会 编.—武汉：华中科技大学出版社，1996年10月
ISBN 978-7-5609-1369-8

Ⅰ.中… Ⅱ.本… Ⅲ.人文科学-中国-高等学校-文集 Ⅳ.C53

中国版本图书馆 CIP 数据核字(2008)第 014232 号

中国大学人文启思录(第1卷)	本书编委会 编
责任编辑：余东升　刁翠萍	封面设计：刘　卉
责任校对：郭有林	责任监印：张正林

出版发行：华中科技大学出版社(中国·武汉)
　　　　　武昌喻家山　　邮编：430074　　电话：(027)81321915

录　排：华中科技大学出版社照排室
印　刷：湖北新华印务有限公司

开本：850mm×1168mm　1/32　印张：13　插页：3　字数：330 000
版次：1996年10月第1版　　印次：2013年3月第14次印刷　定价：29.80元
ISBN 978-7-5609-1369-8/C·21

(本书若有印装质量问题，请向出版社发行部调换)